dtv

Deutsche Geschichte der neuesten Zeit
vom 19. Jahrhundert bis zur Gegenwart

Herausgegeben von Martin Broszat,
Wolfgang Benz und Hermann Graml,
in Verbindung mit dem Institut für Zeitgeschichte, München.

Wolfgang Hardtwig, geb. 1944 in Reit im Winkl, studierte Geschichte, Germanistik, Kunstgeschichte und Philosophie in Basel und München und habilitierte sich 1982 an der Ludwig-Maximilians-Universität München. Er lehrte von 1985 an in Erlangen und ist seit 1991 Inhaber des Lehrstuhls für Neuere Geschichte (Schwerpunkt 19. Jahrhundert) an der Humboldt-Universität zu Berlin. Veröffentlichungen u.a.: ›Geschichtsschreibung zwischen Alteuropa und moderner Welt‹ (1974); ›Geschichtskultur und Wissenschaft‹ (1990); ›Über das Studium der Geschichte‹ (Hg., 1990); ›Nationalismus und Bürgerkultur‹ (1994); ›Genossenschaft, Sekte, Verein in Deutschland‹ (Band 1, 1997).

Wolfgang Hardtwig

Vormärz

Der monarchische Staat und das Bürgertum

Deutscher Taschenbuch Verlag

Originalausgabe
1. Auflage September 1985
4., aktualisierte Auflage Januar 1998

Umschlaggestaltung: christof berndt & simone fischer
Vorlage: Der Aufstand in Frankfurt am 3. April 1833
Einblattdruck (Bildarchiv Preußischer Kulturbesitz)
Gesamtherstellung: C. H. Beck'sche Buchdruckerei,
Nördlingen
Gedruckt auf säurefreiem, chlorfrei gebleichtem Papier
Printed in Germany · ISBN 3-423-04502-7

Inhalt

Das Thema

Man ist gewohnt, die Jahre zwischen dem Wiener Kongreß und der Revolution von 1848 in zwei Phasen einzuteilen: in »Restauration« (1815–1830) und »Vormärz« (1830–1848). Verglichen mit den vorangegangenen Jahren, mit den Umwälzungen der Französischen Revolution, mit der napoleonischen Hegemonie über Europa und ihrem Zusammenbruch, verglichen aber auch mit den folgenden Jahren der Revolution, der Reaktion und der Reichsgründung scheint es sich um eine eher ereignisarme Epoche zu handeln, durchbrochen allenfalls von einer vorübergehenden Phase der Unruhe im Gefolge der französischen Julirevolution 1830. Daher ist, von der Literatur ausgehend, der Begriff des »Biedermeier« auf das Erscheinungsbild der Epoche im ganzen übertragen worden. Man verbindet damit die Vorstellung eines ruhigen, etwas abgeschlossenen und behäbigen, eines selbstzufriedenen, vor allem aber friedlichen bürgerlichen Lebens – unberührt von großen Aufregungen. Dieses Bild ist nicht falsch: Das Leben der meisten Menschen, der ländlichen und stadtbürgerlichen Bevölkerung, blieb der Tradition verhaftet, ihr Erfahrungs- und Denkhorizont, ihre wirtschaftlichen Beziehungen, ihr geselliger Umgang und ihre politische Vorstellungswelt – soweit man überhaupt davon sprechen kann – drangen über die Gemeinde und die Region, über die territorialstaatlichen Grenzen noch wenig hinaus.

Versucht man jedoch, Geschichte nicht nur als Vorgeschichte des Heute, sondern auch als Nachgeschichte des Vorgestern zu begreifen – für die jeweiligen Zeitgenossen der bestimmende, weil durch Erfahrung gezogene Erkenntnishorizont – so ändert sich die Perspektive und damit auch das Bild der Epoche. Das politisch-gesellschaftliche Denken kreiste – von aufklärerischen Fortschrittsimpulsen und von Katastrophenerfahrungen bestimmt – vor allem um den Begriff der »Entwicklung«.

Barthold Georg Niebuhr, reformerisch gesinnter Staatsbeamter und Historiker, prägte 1829 für seine Gegenwart den Begriff des »Revolutionszeitalters«. Jacob Burckhardt beschrieb 1871/72 die Geschichte des vergangenen Jahrhunderts als »lauter Revolutionszeitalter«, als eine »Bewegung . . ., die im Gegensatz zu aller bekannten Vergangenheit unseres Globus steht«; die »scheinbar ruhigen Dezennien von 1815 bis 1848« erschienen ihm dabei im Blick auf die großen Brüche und Katastrophen

1789–1815, 1848/49 und 1864–1871 als »Zwischenakt in dem großen Drama«. Tatsächlich vollzogen sich in diesem Zeitraum tiefgreifende Wandlungen. Die Revolution von 1848/49 ist nicht aus dem Nichts entsprungen. Sie bereitete sich seit 1815 vor, die Restauration gehört ebenso zu ihrer Vorgeschichte wie die Zeitspanne unmittelbar vor den Märzereignissen. Daher faßt man auch häufig den ganzen Zeitraum unter dem Begriff des Vormärz zusammen. Unterhalb der Ebene spektakulärer politischer Ereignisse vollzogen sich Veränderungen, welche die Geschichtswissenschaft inzwischen ebenfalls als »Revolutionen«, als längerfristige, aber gleichwohl beschleunigte Prozesse mit weitreichenden Auswirkungen beschrieben hat: die »Agrarrevolution«, die den Grund legte für die moderne Herrschaft über die Natur; die »Industrielle Revolution«, die durch den Einsatz von Maschinen völlig neue Möglichkeiten der Güterproduktion erschloß und damit die gesamte Gesellschaftsverfassung umzugestalten begann; die »Verkehrsrevolution«, welche die Kommunikation und den Austausch von Gütern und Informationen erweiterte; selbst die »Leserevolution« im Zusammenhang mit dem Aufbau des modernen Bildungssystems, in dem sich die Wissensaneignung demokratisierte, und auf deren Grundlage sich die bürgerliche Kultur und die spezifisch moderne Intellektualität entwickelte. Neuartige Konflikte, aber auch Zukunftsperspektiven, zum Teil schon in der Aufklärung vorbereitet, nahmen die Zeitgenossen in Anspruch. Im Widerstreit mit dem Herkömmlichen bereiteten sich dabei diejenigen rechtlichen und gesellschaftlichen Strukturen, politischen Ordnungen, kulturellen Erfahrungs- und Deutungsmuster vor, die noch die Gegenwart bestimmen: die Gleichheit vor dem Gesetz, der Aufbau der gesellschaftlichen Schichtung auf der manuellen und intellektuellen Arbeit, das Ethos der individuellen Leistung, die Prägung von Lebensformen und kulturellem Milieu durch den städtischen Lebensumkreis, die »Verstaatlichung« des Daseins, die politische Orientierung an der Nation und an den Ideologien, der Parlamentarismus und die Parteien. Die Aufmerksamkeit des Historikers richtet sich naturgemäß stärker auf das Neue und Auffallende als auf das Herkömmliche und Selbstverständliche. Nur die Überlagerung und die Spannung *beider* Aspekte machten freilich die ganze historische Wirklichkeit aus. Dies sollte sich der Leser gegenwärtig halten, gerade weil es der historischen Darstellung unmöglich ist, die Fülle aller Aspekte zu berücksichtigen.

I. Politische Jugendbewegung, liberale Verfassungsforderung, sozialer Konflikt

1. Die politische Jugendbewegung der Burschenschaften

Als in den Jahren 1814 und 1815 die ersten studentischen Verbindungen vom Typus der »Burschenschaft« entstanden, war damit der Grund gelegt für ein ganz neues politisches Phänomen, das seither in wechselnder Gestalt auf das politische Leben in Deutschland eingewirkt hat: die politische Jugendbewegung. Ansätze zu einer Reform des studentischen Verbindungs- und Gemeinschaftslebens im Zeichen der Aufklärung hatte es bereits seit etwa 1750 gegeben. Politisierungstendenzen in der Studentenschaft während und unmittelbar nach der Französischen Revolution – etwa in Jena, Tübingen, Marburg oder Gießen – waren vereinzelt und folgenlos geblieben. Erst mit dem Aufkommen des neuen Nationalismus in der Auseinandersetzung mit dem revolutionären und hegemonialen Frankreich schossen die Reformimpulse der jugendlichen Bildungsschicht zu einer explizit politischen Bewegung zusammen. Sie hat das Geschehen in den deutschen Staaten bis zur Reaktionsphase der Jahre 1832/34 und darüber hinaus aufs stärkste beeinflußt.

1811 legte der ehemalige verbummelte Student und spätere Lehrer an der Plamannschen Anstalt in Berlin, Ludwig Jahn, dem Rektor der Universität Berlin, Johann Gottlieb Fichte, den Entwurf einer »Ordnung und Einrichtung der Burschenschaften« vor; Fichte lehnte das Projekt einer selbständigen studentischen Organisation rigoros ab. Während der sogenannten Befreiungsfeldzüge 1813/14 kam Jahn jedoch mit zahlreichen national gesinnten Studenten zusammen, die sich ebenfalls freiwillig gemeldet hatten und im Lützowschen Freicorps dienten. Sie planten, wie er selbst, eine Reform der bisherigen landsmannschaftlichen Verbindungen. Man traf sich in dem Ziel, diese regional geprägten Gemeinschaften zu erweitern zu einer gesamtnational und politisch orientierten Organisation. Am 1. November 1814 kam es in Halle zur Gründung einer Verbindung, die sich den programmatischen Namen »Teutonia« gab. Der entscheidende Anstoß ging aber von Jena aus. Der Seniorenkonvent der fünf Jenaer Landsmannschaften löste am 12. Juni 1815 die Landsmannschaften auf und gründete die Jenaer

Burschenschaft – seither bekannt unter dem Namen »Urburschenschaft«. Sie gab sich im Dezember 1815 eine Verfassung, die das Programm der studentischen Bewegung prägnant zusammenfaßt. Ihre wesentlichen Bestimmungen sind dann im Oktober 1818 in die Verfassung der »Allgemeinen deutschen Burschenschaft« übernommen worden. In der Einleitung proklamierte sie als Ziele und Motive der Bewegung: »Leben und That für Vaterland und Menschheit«, freie und unbeschränkte wissenschaftliche Tätigkeit, Ausbildung der gesamten Persönlichkeit, Freiheit und Ehre als »Grundtriebe« des studentischen Lebens und das »Gefühl der Kraft, sich selbst geltend machen zu können, und seinen Werth selbst darzuthun«[1].

Ins Licht der Aufmerksamkeit von Regierungen und politisch interessierter Öffentlichkeit trat die burschenschaftliche Bewegung mit der »Wartburgfeier« am 18. Oktober 1817. Dieses Ereignis steht in mancher Hinsicht am Anfang der Geschichte der politischen Demonstration in Deutschland. »Politische« Feste hatte es bis dahin ausschließlich zu dynastischen bzw. herrschaftlichen Anlässen gegeben, etwa zu Geburt, Hochzeit oder Inthronisation oder zu den Jahrestagen von Privilegienerteilungen. Daß die Nation, das Volk sich selber feierte, außerhalb des Rahmens von Hof, Kirche oder patrizischem Stadtregiment, war ganz neu und kündigte ein bisher nicht gekanntes politisches Selbstbewußtsein bei einzelnen Gruppen der Untertanenschaft an. Die Wartburgfeier durchbrach erstmals das obrigkeitliche Monopol auf die symbolträchtig-festliche Gestaltung von Ereignissen, die das ganze Gemeinwesen betrafen. Die Motive der Studentenschaft wurzelten darüber hinaus in einer ganz eigentümlichen Verbindung von Nationalität und Christlichkeit bzw. Protestantismus, die den entstehenden deutschen Nationalismus von dem anderer Völker, insbesondere Frankreichs und Englands, wesentlich unterschied. Im Kreis um Jahn war der Plan entstanden, die 300-jährige Wiederkehr der lutherischen Reformation und den Jahrestag der Völkerschlacht bei Leipzig gemeinsam zu feiern. Auf diese Weise brachte die Burschenschaft zwei Formen der »nationalen Befreiung« zusammen: sie erinnerte an die Überwindung der kirchlich-reli-

[1] Die Verfassungsurkunde der Jenaischen Burschenschaft vom 12. Juni 1815, in: Herman Haupt (Hrsg.), Quellen und Darstellungen zur Geschichte der Burschenschaft und der deutschen Einheitsbewegung. Bd. 1, Heidelberg 1910, S. 118–122.

giösen »Fremdherrschaft des Papismus« durch die Reformation, und sie feierte den Zusammenbruch der politischen Fremdherrschaft Napoleons.

Der Freund und Förderer Goethes, Großherzog Karl August von Sachsen-Weimar, stellte für den Festakt die symbolträchtige Wartburg zur Verfügung – was ihm später die Verachtung und die Vorwürfe Metternichs und die Beschimpfung als »Altbursche« eintrug. Es kamen insgesamt 468 Studenten aus Berlin, Leipzig, Rostock, Kiel, Gießen, Marburg, Erlangen, Würzburg, Heidelberg und Tübingen. Die protestantischen Universitäten dominierten, doch beteiligten sich auch einzelne katholische Studenten. Allein die Hälfte kam aus Jena, dem Zentrum der studentischen Reformbewegung. Man gab sich ganz altdeutsch und kultivierte die Erinnerung an das Mittelalter, an das Zeitalter vermeintlicher deutscher Einheit und Machtentfaltung. Man trug altdeutsche Röcke, gelobte einen dreitägigen »Burgfrieden«, um die üblichen Streitereien und Duelle untereinander zu verhindern und zog in einem »heiligen Zug« zur Wartburg. Im Luthersaal folgten Gebet und Lutherlied. Die Festrede hielt der Jenaer Student Riemann. Er appellierte an die Teilnehmer, nach vaterländischen und menschlichen Tugenden zu leben. Politische Akzente setzte Riemann mit der Kritik am Deutschen Bund: die Hoffnungen des deutschen Volkes seien in Wien vereitelt worden; Lob erfuhr hingegen Karl August, der bis dahin als erster deutscher Landesherr seinen Untertanen eine Verfassung gegeben hatte. Deutlich tritt hervor, welche Rolle das Geschichtsbewußtsein zur Begründung politischer Ansprüche spielte. Zweck der Veranstaltung war es, in den Worten Riemanns, sich das Bild der Vergangenheit vor die Seele zu rufen, um aus ihr Kraft zu schöpfen für die lebendige Tat in der Gegenwart. Die Teilnehmer trennten sich mit einem neuen Gebet und dem Lied ›Nun danket alle Gott‹. Am Abend zogen sie in einem Fackelzug zum Wartenberg und entzündeten dort ein Siegesfeuer zur Erinnerung an die Leipziger Völkerschlacht. Damit war die Veranstaltung an sich zu Ende. Jetzt begann jedoch das Nachspiel, an dem die Regierungen dann so schweres Ärgernis nahmen. Eine kleine Gruppe von Turner-Studenten aus dem Kreise Jahns blieb zurück und inszenierte ein Autodafé. Sie glaubte Luthers öffentliche Verbrennung der päpstlichen Bannbulle nachzuahmen und beförderte sogenannte undeutsche und volksfeindliche Schriften ins Feuer. Dazu gehörten der ›Code Napoléon‹, der als Gesetzbuch in den vom napoleonischen Frankreich geprägten Ländern vielfach noch geltendes Recht war, eine ›Deutsche Geschichte‹ von August Kotzebue, die ›Restauration der Staatswissenschaften‹ des hochkonservativen Schweizer Staatsrechtlers Karl Ludwig von Haller, eine Sammlung preußischer Polizeigesetze, der ›Kodex der Gendarmerie‹ des Staatsrats und Direktors im preußischen Polizeiministerium Heinrich von Kamptz, und einige Schriften des Staatsrats Theodor Schmalz, der sich als Gegner des freien Vereinigungswesens verhaßt gemacht hatte. Dann flogen Symbole absolutistischer Herrschaft, Zopf, Ulanenuniform und Korporalstock ins Feuer. Am nächsten Tag reisten oder wanderten alle befriedigt nach Hause.

Regierungen und Öffentlichkeit reagierten durchweg kritisch. Reformer wie der Freiherr vom Stein und Niebuhr, auch der weimarische Minister Goethe, empfanden das Geschehen als Majestätsbeleidigung. Die virtuell Verbrannten sahen den Staat in Gefahr: Metternich forderte von Karl August, gegen den »Geist des Jakobinismus« einzuschreiten, Friedrich Wilhelm III. verbot die Verbindungen an preußischen Universitäten.

Nach Jena zurückgekehrt legte Riemann, der Redner der Wartburgfeier, die Prinzipien der Burschenschaften in einer Programmschrift nieder, den ›Grundsätzen der Wartburgfeier‹. Zwar handelt es sich dabei noch nicht um ein Parteiprogramm im modernen Sinn, aber doch immerhin um die Fixierung der politischen Grundüberzeugung einer Gruppe, die mehr war als eine bloße Überzeugungsgemeinschaft. Die ›Grundsätze‹ verlangten die politische und wirtschaftliche Einheit der deutschen Nation, den Ausbau der deutschen Wehrkraft, als Staatsform die konstitutionelle Monarchie mit Ministerverantwortlichkeit und Gleichheit vor dem Gesetz, Öffentlichkeit der Rechtspflege, Einführung von Schwurgerichten, Schaffung eines deutschen Gesetzbuches, den Schutz von Freiheit und Eigentum und die Garantie der Meinungs- und Pressefreiheit – durchgängig also die politischen Forderungen des Liberalismus, die bis 1848 mit zunehmender Dringlichkeit immer wieder erhoben wurden. Gegenüber dem bestehenden politischen System der deutschen Staaten im Jahr 1817 erscheinen sie in vielen Punkten als revolutionär, im Vergleich dagegen mit der radikal-demokratischen Linken in Frankreich während der Revolution als ausgesprochen gemäßigt.

Die Resonanz, die das Wartburgfest bei den Studenten fand,

nützten ihre Anführer, um ihre Organisation auszuweiten und zu festigen. Am 18. Oktober 1818, dem Jahrestag der Wartburgfeier, konstituierte sich in Jena die »Allgemeine deutsche Burschenschaft«. Sie schloß sich im Programm an die Statuten der Jenaer Urburschenschaft an; die Verbindungen an den einzelnen Universitäten blieben aber selbständig, der Zusammenschluß war demnach föderativ, nicht zentralistisch. Zu den Mitgliedern gehörten auch die örtlichen Verbindungen in Preußen, die trotz des Verbots weiterexistierten. Innerhalb kurzer Zeit gab es Burschenschaften an 14 Universitäten; der Schwerpunkt lag im protestantischen Deutschland, von den katholischen Universitäten schloß sich nur Würzburg an. Trotz dieser Einschränkung kann man sagen, daß damit die erste gesamtnationale Vereinigung mit politischen Absichten in Deutschland aus der Taufe gehoben war.

Neben Jena hatte sich seit 1814 in Gießen ein zweiter Schwerpunkt der burschenschaftlichen Bewegung gebildet. Hier beteiligten sich Studenten, die bereits seit dem Sommer 1814 in den »Deutschen Gesellschaften« aktiv geworden waren – kleineren Vereinen überwiegend von Studenten, Pastoren, Ärzten, aber auch Handwerkern, die sich auf eine Anregung des nationalen Publizisten Ernst Moritz Arndt hin zusammengeschlossen hatten, um nationale Sitte und Gesinnung zu pflegen. Die Führung der Gießener Burschenschaft lag bei drei Brüdern, Adolf, Karl und Paul Follen, unter denen der mittlere, Karl, herausragte. Persönlich offenbar ein Charakter, der auf seine Kommilitonen überzeugend und zwingend wirkte, bestimmte er die Richtung bei der Radikalisierung des politischen Programms. Die Gießener Verbindung nannte sich »Bund der Schwarzen« oder der »Unbedingten« – »schwarz« nach der altdeutschen Tracht, »unbedingt« nach der Gesinnung. Hier trat erstmals ein Zug in die studentische Bewegung, der für den weiteren Gang der Ereignisse höchst bedeutsam werden sollte: die Macht der Überzeugungsethik – vom Katheder herunter vertreten vor allem von dem Philosophen Jacob Friedrich Fries, den Hegel später dafür als »Heerführer aller Seichtigkeit« verspottet hat. Der Kern dieser Lehre besagt, daß für einen als sittlich erkannten Zweck alle Mittel zulässig seien; der einzelne verwirkliche sich in seiner inneren Überzeugung, die, durch die Vernunft für wahr erkannt, in die Tat umgesetzt werden müsse. Der ethische und politische Rigorismus der Theorie wurzelt tief in der Emanzipationsbewegung der Epoche, in der sich aufklärerischer Selbstbestimmungsanspruch, romantisch-empfindsamer Subjektivismus und nationalistisches Gemeinschaftspathos zu einem neuartigen Geflecht von Handlungsantrieben und Gefühlen zusammenziehen. Der Gebildete beruft sich jetzt stärker als in der ständisch-korporativ geprägten alten Welt auf sich selbst, er orientiert sein Handeln weniger selbstverständlich an den Normen, die durch die Institutionen Staat, Kirche und Korporation vorgegeben und sanktioniert waren. Die subjektiv-bewußte Entscheidung nimmt an Gewicht zu und verlangt die volle Aufmerksamkeit der mit sich selbst ringenden Persönlichkeit. Erkauft wurde dieser Gewinn an Innenleitung und Selbständigkeit freilich durch die Gefahr, das Ich zur allein zuständigen und rechtfertigenden Instanz zu erheben und die Verbindlichkeit allgemeiner ethischer Normen zurückzustellen. Schließlich konnte dies dazu führen, daß das Individuum seine Überzeugung, seinen Willen und seine Erkenntnis verabsolutierte. Bei Karl Follen verband sich der Rigorismus der Überzeugung politisch mit der Hinwendung zu den radikalen Ideen der Französischen Revolution, zur Lehre von der Volkssouveränität und zur Forderung nach einer unitarischen deutschen Republik. In seinem ›Entwurf der deutschen Reichsverfassung‹, der 1817/18 im Kreis der Gießener »Unbedingten« zirkulierte, sah er die Auflösung der Einzelstaaten in einem einheitlichen Reichsverband, Rechtsgleichheit aller Bürger, allgemeine gleiche Wahlen zu einem Reichsrat, Wahl des Staatsoberhaupts und Nationalmiliz mit allgemeiner Wehrpflicht vor. Die Übersteigerung dieser demokratisch-liberalen Ziele zu einem neuen System des Zwangs kündigt sich an in der Forderung, alle Schulen zum Zweck der Erziehung zu Ackerbau und Handwerk von den Städten aufs Land zu verlegen; dahinter steht das Ideal einer Gesellschaft von kleinen und mittleren, in etwa gleichen Eigentümern – ein Ideal, das notfalls auch mit Zwang verwirklicht werden sollte.

Trotz seines politischen Radikalismus weist dieses Programm also durchaus antimoderne Züge auf und verrät gerade in der Verbindung des Unvereinbaren Ansätze eines neuartigen totalitären Denkens unter dem Vorzeichen des revolutionären Nationalismus. 1817 ging Follen, inzwischen Privatdozent der Rechte, nach Jena, um seine Ideen im Zentrum der Unruhe besser verfechten zu können. Hier fand er die Unterstützung einer radikalen Fraktion der Jenaer Studentenschaft, der »Altdeutschen«, die ähnliche Ziele vertrat, hier schloß sich ihm auch Karl Ludwig Sand an, der Mörder Kotzebues.

August von Kotzebue, 1761 in Weimar geboren, war eine jener kleineren literarischen Leuchten, die sich im klassischen Weimar neben den Großen, von denen freilich nur noch Goethe übriggeblieben war, zu behaupten suchten. Mit literarisch mäßigen Lustspielen höchst erfolgreich, verkörperte er zugleich eine frühe Spielart der intellektuellen »Rechten«, ein gebildeter, aber auch zynisch-freiheitsverachtender Anhänger der Restauration. Er war 1807 zum Staatsrat in russischen Diensten ernannt worden und berichtete in dieser Eigenschaft kontinuierlich über das geistige Leben in Deutschland nach Petersburg. Im November 1817 gründete er das ›Literarische Wochenblatt‹, um der ›Nemesis‹ Heinrich Ludens ein konservatives Intelligenzorgan entgegenzustellen. Heinrich Luden, neben Fichte, Jahn und Arndt einer der wichtigsten Wortführer der liberaldemokratischen und nationalen Forderungen, verkörperte den neuen Typus des politischen Professors, ohne den die studentische Reformbewegung selbst nicht zu denken ist. In seinen Vorlesungen drängte sich die politisch bewegte Jugend, er hatte an der Formulierung der Statuten der Jenaer Urburschenschaft mitgewirkt und Riemann zur Niederschrift seiner ›Grundsätze der Wartburgfeier‹ bewegt. Durch die Polemik gegen Luden erregte Kotzebue die Abneigung seiner studentischen Anhänger, die sich zum Haß vertiefte, als einer von Kotzebues Geheimberichten über Luden und seine ›Nemesis‹ bekannt wurde. Rußland und der Zar galten trotz der liberalen Ideen Alexanders, die in der Öffentlichkeit kaum bekannt wurden, als Inbegriff des Absolutismus und eines rechtlosen Regimes. Nach heftigen öffentlichen Auseinandersetzungen fühlte sich Kotzebue in Jena so bedroht, daß er nach Mannheim umzog.

Über Charakter, Motive und Gedankenwelt des Attentäters Karl Ludwig Sand ist man durch seine Tagebücher und die Rechtfertigungsschrift ›Todesstoß dem August von Kotzebue‹ unterrichtet. Sand war zum Zeitpunkt des Attentats 23 Jahre alt, er hatte als Freiwilliger im bayerischen Heer am Kampf gegen Napoleon teilgenommen und in Erlangen das Studium der Theologie aufgenommen, ehe er nach Jena kam und sich dort der radikalen Fraktion der Burschenschaft um Follen anschloß. Ein grüblerischer und schwermütiger Charakter, schloß er sich von den Möglichkeiten eines freien und unbeschwerten Lebens ab und versank in eine ebenso hartnäckige wie bedrükkende Selbstbeobachtung. Gerade die radikale Isolation scheint den Wunsch gefördert zu haben, sich durch eine befreiende Tat in Einklang mit der Gesellschaft zu setzen. Weil es ihm nicht gelang, in einer vielschichtigen und den eigenen Wünschen widerstrebenden Realität zu leben und zu handeln, suchte er die Identität mit der Gemeinschaft auf dem Wege der Gewalttat. »Der Mensch«, so heißt es in seiner Bekenntnisschrift, »soll seine Überzeugung bewähren, er soll leben und handeln. Dazu haben wir die ganze Macht des Willens empfangen ..., daß wir uns ... selbst bestimmen, und darin bezeugt sich alle Tugend, daß wir ... nach eigener Entschließung tun, was wir alle wollen ...«[2] In der Persönlichkeitsstruktur Sands schlug sich der Widerspruch zwischen einem leidenschaftlichen Freiheitswunsch und der offenbar unaufhebbaren inneren Unfreiheit nieder in der Unterwerfung unter ein vermeintlich unbedingtes religiös motiviertes Gebot, das sich im Zeichen der Überzeugungsethik und der von Karl Follen vertretenen Lehre von der Berechtigung des Tyrannenmordes auf innerweltlich-politische Ziele richtete. Die eigene Lebenshilflosigkeit und Ohnmacht setzte sich um in den selbstvergötternden Gedanken, auserwähltes Werkzeug der Vorsehung zu sein. Bei der Vorbereitung seiner Tat ging Sand mit größter Pedanterie zu Werke. Er studierte Anatomie, um das Herz des Gegners auch wirklich zu treffen. In einem Abschiedsbrief an die Eltern beschrieb er seine vergebliche Hoffnung, daß ein anderer ihm noch zuvorkommen werde – ein Hinweis auf die Wahnvorstellung, daß die Tat unabdingbar notwendig sei. Nachdem er am Vormittag des 23. März 1819 vergeblich im Hause Kotzebues vorgesprochen hatte, kam er am Nachmittag wieder, wurde anstandslos vorgelassen und stieß dem Dichter mit den Worten »Hier, du Verräter des Vaterlandes« das Messer in die Brust. Einem herbeieilenden Diener drückte er seine Rechtfertigungsschrift in die Hand und richtete einen zweiten Dolch gegen sich selbst. Er wurde verhaftet, sorgfältig gesundgepflegt und am 20. Mai 1820 hingerichtet.

Daß sich ein einzelner zu solch einer Tat – einem »Tyrannenmord«, wo kein Tyrann ist – hinreißen ließ, hatte seinen Grund allerdings nicht nur in ihm selbst, sondern auch in einem Klima der öffentlichen Meinungsbildung, in dem Follens Lehre nur

[2] Aktenauszüge aus dem Untersuchungsprozeß über C. L. Sand, Leipzig 1821, S. 138f.

die äußerste Zuspitzung der Überzeugungsethik darstellte. Die Resonanz auf Sands Anschlag bewies das überdeutlich. Der liberale Berliner Theologe De Wette z. B. schrieb einen Beileidsbrief an Sands Mutter, in dem er den Rekurs auf die individuelle Überzeugung als Leitfaden des Handelns ausdrücklich bekräftigt: »Der Irrtum wird entschuldigt und gewissermaßen aufgehoben durch die Festigkeit und Lauterkeit der Überzeugung, und die Leidenschaft wird geheiligt durch die gute Quelle, aus der sie fließt. Er war seiner Sache gewiß, er hielt für Recht zu tun, was er getan, und so hat er recht getan.«[3]

Diese und zahlreiche andere Äußerungen verweisen zurück auf eine gesamtpolitische Konstellation, in der radikale Reformwünsche umschlagen können in Gewalttaten. Die Regierungen hatten in den Befreiungskriegen zulassen müssen, daß sich insbesondere die jugendliche Bildungsschicht in ganz neuartiger Weise mit ihrer Verantwortung für das öffentliche Wohl identifizierte. Die politische Leidenschaft war im Kampf gegen einen äußeren Gegner zuerst entfesselt und dann durch die Wiener Kongreßbeschlüsse und die staatliche Reaktion ihrer legalen und geregelten Wirkungsmöglichkeiten wieder beraubt worden. Die hochgesteigerten und irrational genährten Erwartungen auf der einen, die Enttäuschung über das Ausbleiben der erhofften Reformen auf der anderen Seite setzten sich um in Radikalisierung der politischen Leidenschaft. Weil kein legaler Weg zu mehr Einheit und Freiheit offenstand, schien der Zweck die Mittel zu heiligen.

Daß diese Flucht in die Gewalt gleichwohl nicht nur moralisch, sondern auch politisch verfehlt war, zeigte sich sogleich nach der Tat. Metternich war dadurch die Gelegenheit zugespielt worden, auf die er schon lange gewartet hatte, um die deutschen Regierungen zu umfassenden Maßnahmen gegen die ganze nationale und demokratisch-liberale Bewegung zu drängen. Wozu diese vorher nicht bereit gewesen waren, das bewilligten sie jetzt, zum Teil nicht ohne Widerstreben, in den »Karlsbader Beschlüssen« vom 16. September 1819: verschärfte Pressezensur, Einschränkung der Meinungsfreiheit, endgültiges Verbot der burschenschaftlichen Organisation, »Demagogenverfolgung«, das heißt Absetzung und Verfolgung unbequemer Hochschullehrer. Mit durchgreifender und langanhaltender

[3] Zit. nach Ernst Rudolf Huber, Deutsche Verfassungsgeschichte seit 1789. Bd. 1, 2. Aufl., Stuttgart 1967, S. 730.

Wirkung bis 1848 entfaltete sich hier die Dialektik von Gewalt und Gegengewalt. Die Übersteigerung von Gesinnungsethik und politischer Leidenschaft hatte dazu geführt, daß sich berechtigte Ziele mühelos diskreditieren ließen. Einzelne radikale Kräfte in der politischen Jugendbewegung hatten aus eigener Fehleinschätzung, aber auch angetrieben vom Reaktionskurs der Regierungen ihre Ziele und Aktionen ins Irreale und Inhumane getrieben, und so ihre eigene Unterdrückung provoziert.

Allerdings konnten die Karlsbader Beschlüsse die nationaldemokratische Studentenbewegung nicht einfach aus der Welt schaffen. Aber deren Anhängerschaft, die ohnehin nie mehr als ein Fünftel bis ein Viertel der Studentenschaft umfaßt hatte, schmolz auf kleine Gruppen von 20 bis 30 Studenten oder weniger an einigen Universitäten zusammen. Unter dem Druck des Verbots bildeten die Anführer hinter der Tarnung herkömmlicher unpolitischer studentischer Verbindungen geheime esoterische Kreise, die sogenannten »engeren Vereine«. Diese ergänzten sich durch Kooptation und suchten jedes Jahr auf einem strikt geheimgehaltenen allgemeinen Burschentag miteinander Verbindung zu halten. Daneben gab es spezielle Organisationsversuche, wie den »Jünglingsbund«, den Karl Follen 1821 vom schweizerischen Exil aus aufzubauen suchte. Follen konzipierte zwei Verbände: den »Jünglingsbund« für den harten Kern der politisch bewegten Jugend und den »Männerbund« für die bereits im bürgerlichen Leben stehenden Anhänger. Die beiden Gruppen sollten aus konspirativen Gründen getrennt bleiben, sich jedoch im Augenblick der revolutionären Aktion zu gemeinsamem Handeln zusammenschließen. Der Jünglingsbund fiel 1824 einer Denunziation zum Opfer, einige seiner Mitglieder wurden zu mehrjähriger Festungshaft verurteilt. Der »Männerbund« trat überhaupt nie ins Leben. Die Aufdeckung des Jünglingsbundes diente den Regierungen, wie schon 1817 das Wartburgfest und 1819 der Mord an Kotzebue, dazu, die Gefahr einer »staatsbedrohenden Partei« an die Wand zu malen, welche die »Volkssouveränität und die nationale Einheit« predige. Ganz offensichtlich ist aber der »Jünglingsbund« nicht viel mehr gewesen als eine konspirative Fiktion im Gehirn Follens und ein unklares Revolutionsspiel schwärmerischer Charaktere.

Seit dem ersten geheimen allgemeinen deutschen Burschentag in Dresden 1820 nahm allerdings die Radikalisierung unter den wenigen Aktivisten zu. Insbesondere der Ausbruch der Pariser Julirevolution 1830 gab der Bewegung neue entscheidende Anstöße. Die Beschlüsse des geheimen Stuttgarter Burschentages von 1832 faßten die endgültige Wendung zum revolutionären Aktionismus zusammen. Angestrebt wurde jetzt nicht nur die politische Gemeinschaftsbildung von Studenten, sondern die organisatorische Verbindung von Studenten und Bürgern zum Zweck unmittelbarer Revolutionsvorbereitung. Im Aufwind der allgemeinen Unrast, die Deutschland nach der Julirevolution erfaßt hatte, und ermutigt durch vermehrten Zulauf von Anhängern, beschlossen etwa 30 Aktivisten aus der radikalen Gruppierung »Germania« im März 1833, durch einen Anschlag auf den Bundestag in Frankfurt einen allgemeinen deutschen Aufstand auszulösen. Man gedachte Polizei und Wachmannschaften zu überwältigen und hoffte, daß sich auf dieses Zeichen hin die Bevölkerung der Stadt Frankfurt und dann der übrigen deutschen Städte bewaffnen und die Macht an sich reißen würde. Die Anführer hatten die Absicht, sich nach der Festnahme der Bundestagsgesandten selbst als provisorische Zentralgewalt auszurufen und die deutsche Republik zu proklamieren. Der Plan beruhte allerdings auf einer sehr weitgehenden Fehleinschätzung der tatsächlich ja durchaus vorhandenen Unruhe in der Bevölkerung. Am 3. April 1833 gelang zwar der militärische Teil des Unternehmens. Etwa 60 Mann unter Führung Hermann von Rauschenplatts, der bereits 1831 beim »Göttinger Rathaussturm« eine entscheidende Rolle gespielt hatte, überwältigten die Stadtwache an der Frankfurter Hauptwache, erbeuteten Waffen und befreiten die dort einsitzenden Gefangenen. Auch der zweite Angriff auf die Konstablerwache verlief erfolgreich, während eine dritte Gruppe den Pfarrturm besetzte und Sturm läutete. Tatsächlich strömte die neugierige Bevölkerung zusammen, aber sie verharrte in Passivität. Auch die befreiten Häftlinge hatten wenig Vertrauen in ihre Freiheit und stellten sich am nächsten Tag wieder der Polizei. Ein Linienbataillon der Stadttruppen machte dem Unternehmen ein schnelles Ende. Es hatte sieben Tote gegeben, sechs Soldaten und ein Aufständischer, sowie 24 Verwundete. Die meisten der Aufrührer konnten in die Schweiz flüchten, einige jüngere Studenten wurden festgenommen und zu unterschiedlich harten Haftstrafen abgeurteilt.

Die Gründe für den Fehlschlag des Putschversuchs liegen auf der Hand. Im Frankfurter Bundestag verkörperte sich für die liberale und demokratische Bewegung zwar das restaurative »Metternichsche System« der Einzelstaatlichkeit, der Unterdrückung von Verfassungsbewegung, Meinungs-, Äußerungs- und Versammlungsfreiheit, aber die Stadt selbst war gerade nicht der Ort starker sozialer und politischer Spannung; sie ließ sich nicht, wie die Aufrührer geglaubt hatten, mit Paris als dem Zentrum der revolutionären Bewegung 1789–1795 und 1830 vergleichen. Wien oder Berlin wären für ein solches Unternehmen besser geeignet gewesen. Die Revolutionäre hatten es zudem versäumt, eine feste organisatorische Bindung an die breitere Volksmasse zu suchen, wobei sie aber immerhin über den »Preß- und Vaterlandsverein« in Kontakt standen zur organisationswilligen und -fähigen liberal-demokratischen Opposition. Der Putschversuch blieb zu isoliert, zu plötzlich und zu sehr abgehoben von den wirklichen Bedürfnissen der Bevölkerung, um mehr zu werden als ein Intermezzo, das freilich der Unterdrückungsgesetzgebung neuerlich Schubkraft zuführte. Zweifellos ist diese Realitätsfremdheit der studentischen Aktivisten auch gefördert worden durch das Abdrängen der burschenschaftlichen Reformimpulse in die Illegalität. Die Kraft der burschenschaftlichen Bewegung wurde durch die jetzt höchst konsequent betriebene Untersuchung und Bestrafung auf etwa ein Jahrzehnt gebrochen. Erst in der unmittelbaren Vorgeschichte der Revolution von 1848 kam es wieder zu – freilich vergeblichen – Versuchen, eine gesamtdeutsche politische Studentenorganisation ins Leben zu rufen.

2. Die Göttinger Sieben

Als eine der Spätfolgen der Unruhen im Gefolge der französischen Julirevolution kann die Protestation der sogenannten »Göttinger Sieben« gegen die Aufhebung des hannoverschen Staatsgrundgesetzes im Jahr 1837 gelten. Die Geschichte dieses Protestes ist in mehrfacher Hinsicht bedeutsam für das politische Leben in Deutschland im Vormärz. Sie zeigt zum einen, welche Rolle die Persönlichkeit eines Monarchen spielen konnte in einem politischen System, das noch ganz auf die Souveränität der monarchischen Gewalt zugeschnitten war. Sie belegt zum anderen, welche Ausstrahlung vom individuellen Handeln einiger weniger Personen ausgehen konnte, wenn es einen neuralgischen Punkt der allgemeinen Unzufriedenheit traf. Der Ausgang der Geschichte schließlich macht deutlich, welche Wirkungsspielräume in der deutschen Staatenwelt auch in einer Phase scharfer Reaktionspolitik bestanden, wenn die Handelnden nur genügend innere Unabhängigkeit und Risikobereitschaft aufbrachten.

Das Königreich Hannover stand bis 1837 in Personalunion mit dem Königreich Großbritannien. Der braunschweigisch-hannoversche Herzog Georg Ludwig war 1714 zum König von England berufen worden. In dieser Eigenschaft übte er wie seine Nachfolger die Herrschaft auch über Hannover aus. Das Land selbst behielt über 1815 und 1820 hinweg eine altständische Vertretung, das heißt eine Verfassung, die noch vom Grundgedanken geburtsständischer Privilegierung ausging. Regiert wurde das Land seit 1805 faktisch von einem Vertreter des hannoverschen Adels, dem Grafen Münster. Er leitete die »Deutsche Kanzlei« in London und war als englischer Kabinettsminister für die Regierung Hannovers zuständig. 1830 brachen auch in Hannover Unruhen aus, die in einem Putschversuch in Göttingen kulminierten, angeführt von drei Privatdozenten der juristischen Fakultät: Hermann von Rauschenplatt, drei Jahre später Anführer des Frankfurter Wachensturms, Theodor Schuster, 1834 einer der führenden Köpfe der entstehenden deutschen Arbeiterbewegung in der Pariser Emigration, und Heinrich Ahrens, ab 1834 dann Professor der Philosophie in Brüssel, 1848 Mitglied des Frankfurter Paulskirchen-Parlaments. Dieser Aufruhr führte immerhin zur Ausrufung eines neuen Gemeinderates und zur Bildung einer Bürgergarde. Noch weniger als beim Frankfurter Wachensturm handelt es sich hier um konsequent geplante Umsturzabsichten. Das Unternehmen scheiterte auch und stieß besonders auf die Ablehnung aller Göttinger Professoren. Allerdings trug es dazu bei, daß die Regierung eine konstitutionelle Verfassung gewährte (1833), die den Mitwirkungswünschen der Staatsbürger an der Gesetzgebung Rechnung trug, aber im Spektrum der deutschen Verfassungen vergleichsweise konservativ blieb. 1837 starb König Wilhelm IV. Aufgrund des geltenden Erbrechts folgte ihm in England seine Nichte, die Königin Viktoria, in Hannover aber sein Bruder Ernst August, Herzog von Cumberland, auf den Thron. Dieser Ernst August war nicht mehr der Jüngste, er hatte sich bereits in England als hochkonservativer Führer der Tories und als heftiger Vorkämpfer königlicher Autokratie hervorgetan. Ihm ging es vom Moment seines Regierungsantritts an darum, das 1833 von seinem Bruder erlassene Staatsgrundgesetz wieder wegzuräumen. Nach verschiedenen Vorbereitungen erklärte er am 1. November 1837 die Verfassung für aufgehoben. Daraufhin überreichten am 18. November sieben Professoren der Universität Göttingen dem zuständigen Ministerialkollegium ein Protestschreiben: die Staatswissenschaftler Wilhelm Ed. Albrecht und Fr. Christoph Dahlmann, der Historiker Georg Gottfried Gervinus, Jacob Grimm und Wilhelm Grimm, der Orientalist Heinrich Ewald und der Physiker Wilhelm Weber. Sie erklärten, daß für sie das Staatsgrundgesetz von 1833 noch in Kraft sei und demnach auch ihr Eid auf diese Verfassung noch Gültigkeit besitze.

Sie begründeten ihren Schritt auf zweifache Weise. Zum einen argumentierten sie juristisch. Nach der Verfassung von 1833 folgte aus dem Diensteid eine zweifache Eidespflicht: Treue und Gehorsam gegenüber dem König, aber auch Einhaltung und Verteidigung der Verfassung. Neben der Verpflichtung gegenüber dem König legte der Eid die Beamten also auch auf das Staatsgrundgesetz fest. Dieser stand vom Moment seiner Rechtsgültigkeit an über dem König und band seine Entschlüsse an den Rechtsrahmen der Konstitution. Indem sich die Professoren darauf beriefen, wandten sie sich gegen eine rein personale Auffassung vom Staat, das heißt gegen das absolutistische Staatsverständnis Ernst Augusts. Das zweite Argument war mehr moralischer Art. Der Erfolg ihrer Tätigkeit als akademische Lehrer – so hieß es da – beruhe nicht nur auf dem wissenschaftlichen Wert ihrer Lehren, sondern auch auf ihrer persönlichen Unbescholtenheit; sobald sie vor der studentischen Jugend als Männer erschienen, die mit ihren Eiden ein leichtfertiges Spiel trieben, sei der Segen ihrer Wirksamkeit dahin. Aus diesen Gründen könnten sie an der Wahl eines Universitätsdeputierten für eine neue Ständeversammlung nicht teilnehmen, eine eventuell auf sie selbst treffende Wahl nicht annehmen und die Ständeversammlung selbst nicht als rechtmäßig anerkennen. Die Professoren rekurrierten damit jenseits der Berufung auf das positive Recht auch auf das Recht zum Widerstand gegen eine unrechtmäßig handelnde Obrigkeit. Sie ließen durchblikken, daß nach der Aufhebung der Verfassung alle Staatsakte illegal seien.

Innerhalb der Göttinger Professorenschaft blieben die Sieben mit ihrer Erklärung allerdings allein. Am 30. November 1837 zitierte der Monarch eine Universitätsdeputation vor seinen Thron. Sie versicherte ihn erwartungsgemäß ihrer Treue und Ergebenheit. Der Prorektor gab eine ausweichende Erklärung ab, in der es hieß, die »Verbreitung« der Eingabe sei ein »unglückliches Ereignis« – das heißt immerhin, daß er eine ablehnende Stellungnahme zu der Erklärung selbst vermied, die Sieben also nicht grundsätzlich diskreditierte. Die Professorenschaft außerhalb Göttingens bezog unterschiedlich Position.

Über den konkreten Anlaß hinaus schnitt die Protestation ein Grundproblem aller Wissenschaft an: Soll und kann sie zu Fragen des öffentlichen Wohls Stellung nehmen? Der Göttinger Zwischenfall riß die deutsche Gelehrtenschaft in diesen Zwiespalt hinein, der latent in jeder wissenschaftlichen Tätigkeit angelegt war und ist. Er wurde stellvertretend für die Universitäten überhaupt im Göttinger Lehrkörper ausgetragen. Der Philosoph J. F. Herbart veröffentlichte 1838 eine Schrift ›Erinnerung an die Göttinger Katastrophe im Jahr 1837‹, worin er die Gegenposition zu den Sieben bezog, die durchaus ernstgenommen zu werden verdient. Sie geht von der Überzeugung aus, daß Wissenschaft nur gedeihe, wenn sie sich von Machtinteressen, in welcher Form auch immer sie auftreten, fern halte. Es ist das asketische, spirituelle Moment aller Forschertätigkeit, das Herbart ins Spiel bringt. Erkenntnis ist demnach eine Form der inneren Machtüberwindung, der Distanzierung von der Welt und ihren Bedürfnissen, eine Art Gegenwelt, in der es nur um die von Interessenbindungen losgelöste Wahrheit gehen soll. Alles, was diesem Dienst an der Wahrheit schädlich sein könnte, gelte es zu vermeiden, vor allem die Verflechtung in die Politik. Hinter diesem Gedanken steht die Einsicht, daß die Vorurteils- und Bedingungslosigkeit des Forschens leidet, wenn Machtinteressen in den Vordergrund treten. Herbart lehnte es daher grundsätzlich ab, den Gelehrten das »Amt des Verfassungswächters« zu übertragen. Der »Parteigeist« – so Herbart – verlange nicht nach ihrem Rat. Das politische Interesse habe umgekehrt »auf einer Universität überall gar kein Geschäft«; nehme die Universität am politischen Leben teil, so »werfe sie ihre geistige Existenz in die Zeit«. Herbart vertrat damit die alte Vorstellung von der Wahrheit als einer überzeitlichen, absoluten Größe. Teilnahme an der Politik mache die Gedanken der Gelehrten zur »Beute des Augenblicks«, Wissenschaft könne nicht durch Verflechtung des Denkens mit Machtinteressen, sondern nur durch ruhiges Dasein wirken[4]. Demgegenüber nahmen die Sieben jene Differenzierungen vor, die wohl für die Existenz des Wissenschaftlers in der modernen Gesellschaft notwendig sind. Für sie war der Gelehrte nicht nur Diener der Wissenschaft, sondern zugleich auch Staatsbeamter und Staatsbürger. Als wahlberechtigte Bürger, so meinten sie, müßten sie es ablehnen, an einem verfassungswidrigen Wahlakt teilzunehmen. Der Gelehrte – so kann man ergänzen – tritt durch seine Arbeit nicht aus den bürgerlichen Bindungen heraus und hört nicht auf, Staatsbürger zu sein. Die Sieben bewegten sich mit ihrem Protest zudem völlig im Rahmen der Legalität, denn sie verteidigten das bestehende Recht, die Verfassung, nach der sich der Monarch selbst verpflichtet hatte, keine Verfassungsänderung ohne Zustimmung der Kammern einzuführen. Gerade das legalistische Selbstverständnis, die Berufung auf geltendes Recht, verlieh ihrem Widerstand gegen den konservativen Staatsstreich die Legitimität gegenüber sich selbst wie auch gegenüber der Öffentlichkeit; es entsprach darüber hinaus dem Denken der bürgerlich-liberalen Opposition gegenüber der königlichen Autokratie.

Nach Meinung des Königs hatten sich die Gelehrten jedoch revolutionär und hochverräterisch benommen, weil sie die Protestation an einige Freunde verteilt und also öffentlich bekanntgemacht hatten. Er entließ sie mit sofortiger Wirkung, gegen Dahlmann, Jacob Grimm und Gervinus verfügte er die Ausweisung binnen drei Tagen. Die Studenten allerdings nahmen die Partei der Protestierenden und versuchten immer wieder, Vivats auszubringen, obwohl sie mit Verhaftungen rechnen mußten. Den Kritikern der Sieben dagegen drückten sie mit Fenstermusik, Zischen oder Scharren in den Vorlesungen ihr Mißfallen aus. Als Dahlmann, Jacob Grimm und Gervinus unter der Aufsicht von Kürassieren abreisten, wurden sie von etwa 200 Studierenden begleitet – zu Fuß, denn den Lohnkutschern hatte die Polizei zu fahren verboten. Die Entlassung traf alle sieben Protestierer hart in ihrer Existenz. Dahlmann ging zunächst ohne Amt nach Jena und führte von dort aus einen publizistischen Feldzug gegen Ernst August; die Brüder Grimm kehrten – anfangs stellungslos – in ihre kurhessische Heimat zurück. Ernst August seinerseits übte, wo er konnte, Druck auf die Regierun-

[4] J. F. Herbart, Erinnerungen an die Göttingische Katastrophe im Jahr 1837 (1838). In: Sämtliche Werke. Bd. 12, Leipzig 1852, S. 317ff.

gen aus, um neue Anstellungen zu verhindern; kleinere Staaten gaben ihm auch nach. Angesichts der strengen Zensur blieb Dahlmann und Jacob Grimm nichts anderes übrig, als ihre Rechtfertigungsschriften im Ausland, in der Schweiz, herauszubringen. In Berlin konnte eine Sammlung für die Sieben nur im Geheimen durchgeführt werden, weil der preußische Minister von Rochow die Einmischung von Gelehrten in die Politik für ein staatsgefährdendes Unterfangen hielt. An Rochows Reaktion zeigt sich übrigens am deutlichsten die fatale Wirkung obrigkeitsstaatlich-absolutistischer Traditionen, die auch die Gesinnung an sich durchaus liberaler und fortschrittsoffener Beamten, zu denen von Rochow gehört hatte, verformen konnten. Als ihm der Elbinger Kaufmann Jacob van Riesen eine »Adresse« zukommen ließ, die Elbinger Bürger an Ernst August geschickt hatten, antwortete er mit dem berühmt gewordenen Satz: »Dem Untertanen ziemt es nicht, die Handlungen des Staatsoberhauptes an dem Maßstab seiner beschränkten Einsicht anzulegen und sich in dünkelhaftem Übermut ein öffentliches Urteil über die Rechtmäßigkeit desselben anzumaßen.«[5] Seither verband die Öffentlichkeit mit seinem Namen das geflügelte Wort vom »beschränkten Untertanenverstand«.

Der Vorfall rüttelte die Öffentlichkeit auf wie kaum ein Ereignis zuvor. Die Vertriebenen wurden mit Loyalitätsbekundungen überhäuft. Universität und Stadt Göttingen ersuchten in mehreren Eingaben an das Ministerium um die Rückberufung der Sieben, allerdings mit dem wissenschaftsinternen Argument, die hervorragenden Gelehrten seien nicht zu ersetzen. Prominente Liberale wie Bettina von Arnim, aber auch etatistisch gesonnene hohe Beamte wie der Berliner Rechtsprofessor und spätere Minister für Gesetzgebung, Eichhorn, versuchten, die Berufung einzelner Protestierer nach Berlin zu erreichen. Überall in Deutschland wurde für die Sieben gesammelt. In Leipzig entstand unter Leitung bekannter liberaler Unternehmer ein »Göttinger Verein«, der die Sammlungen koordinierte und den Sieben bis zu ihrer Wiederanstellung ihr volles Gehalt zahlte. Das Bekenntnis zu den Sieben erreichte schließlich auch die Folklore: in politischen Liedern, etwa von Hoffmann von Fallersleben, in der Taufe von Schiffen auf den Namen »Dahlmann«, in der Spielzeugindustrie, die den Witzenhausener Ab-

[5] Zit. nach Heinrich von Treitschke, Deutsche Geschichte im 19. Jahrhundert. Bd. 4, 5. Aufl., Leipzig 1907, S. 664.

schied in Bleifiguren darstellte. Am Ende kam den Protestierenden der kulturelle Pluralismus und der Souveränitätsdrang der deutschen Staatenwelt zu Hilfe. Preußen berief zunächst (1841) die Brüder Grimm nach Berlin, allerdings nur an die Akademie, dann Dahlmann nach Bonn. Ewald erhielt einen Ruf nach Tübingen, Weber wurde zunächst ohne, dann mit Honorar Professor in Leipzig und kehrte 1849 nach Göttingen zurück. Albrecht avancierte 1840 zum Rechtsprofessor in Leipzig. Ohne besoldete Anstellung blieb Gervinus, der nach Heidelberg ging.

Die Protestation der Göttinger Sieben hatte über den lokalen hannoveraner Streitfall hinaus weitreichende Konsequenzen für die liberale Bewegung. Erstmals fochten nicht nur Abgeordnete, sondern Amtsträger, Gelehrte, Staatsbeamte, die im öffentlichen Leben hoch angesehen waren, einen Konflikt mit einer absolutistischen, rechtsbrüchigen Obrigkeit durch. Ein an sich wenig bedeutender Zwischenfall, ein Protestschreiben von sieben Gelehrten, vermochte Regierungen in Verlegenheit zu setzen und die öffentliche Meinung aufzubringen. Der Typus des »politischen Professors« trat jetzt nach den Anfängen bei Fichte, Luden und Lorenz Oken verstärkt in Erscheinung; nicht zuletzt die Vertreibung der Sieben begründete die politische Macht des deutschen Professorentums für die folgenden Jahrzehnte. In mancher Hinsicht hat die Gelehrtengemeinschaft im Vormärz, als es noch kein gesamtstaatliches Parlament in Deutschland gab, Funktionen eines solchen Parlaments übernommen. Auf großen Gelehrtenversammlungen wie dem Germanistentag im Frankfurter Römer 1846 wurden die Fragen, die die Nation bewegten, öffentlich besprochen, nationale Einheit und mehr politische Freiheit von den Regierungen eingeklagt. Die beschränkten politischen Handlungsmöglichkeiten im Vormärz, als politisches Engagement noch weitgehend die Angelegenheit einer kleinen Bildungsschicht war, als sich der politische Wille der Nation mangels realer Einflußmöglichkeiten noch vielfach in idealistisch klingender Rhetorik äußerte, als es darum ging, über die Grenzen der Einzelstaaten hinaus Gesinnungs- und Meinungsgemeinschaften zu bilden, erleichterten es den Professoren, diese herausragende politische Rolle zu spielen. Allerdings blieb sie sowohl in der Perspektive auf die 48er Revolution wie auch auf längere Sicht nicht unproblematisch. Denn sie hat die für das politische Leben in Deutschland charakteristische Neigung gefördert, sich nicht an den politischen Alltagsgeschäften mit deren Zwängen zu realistischer Lagebeurteilung und zum Kompromiß zu orientieren, sondern an theoretisch abgeleiteten und begründeten Meinungen und Perspektiven.

3. Der Schlesische Weberaufstand

Als im Sommer 1844 Nachrichten über Unruhen unter den schlesischen Webern bekannt wurden, bedeutete dies einen Schock für Öffentlichkeit und Regierungen in den deutschen Staaten. Denn die blutigen Unruhen und die Niederwerfung des Aufruhrs brachten den Regierungen wie den besitzenden und gebildeten Schichten zum Bewußtsein, daß nicht nur in England und Frankreich, sondern auch im eigenen Land der gesellschaftliche Ruhezustand, der seit 1832/34 wieder eingekehrt schien, höchst gefährdet war und jederzeit neuen mehr oder weniger gewaltsamen Protestäußerungen Platz machen konnte. Mit der Erfahrung der Julirevolution von 1830 und ihrer Auswirkungen auf Deutschland und aus der Einsicht in die wachsenden sozialen Spannungen, die durch Pauperismus und Frühindustrialisierung ausgelöst worden waren, hatte sich bei einzelnen kritischen Beobachtern, wie etwa dem Württemberger Staatsrechtler Robert Mohl, bereits seit Mitte der dreißiger Jahre die Erkenntnis verschärft, daß die gesamte gesellschaftliche Ordnung bedroht sei. Die erschreckte Öffentlichkeit deutete daher den Aufruhr der schlesischen Weber auch nicht als krisenhaften Ausbruch einer regionalen Notsituation, sondern als Symptom für eine gefährliche Unruhe, welche die soziale Unterschicht im ganzen, die »handarbeitenden Klassen«, ergriffen hatte. Seit dem Schlesischen Weberaufstand vertiefte sich die latente Revolutionsfurcht, sie begann jetzt die öffentliche Diskussion über die »soziale Frage« zu bestimmen und steigerte sich schließlich in der unmittelbaren Vorgeschichte der Märzrevolution 1848 vereinzelt zu panikartigen Appellen an die soziale Reformbereitschaft der Regierungen.

Die Verelendung der schlesischen Weber hatte sich seit Jahrzehnten angebahnt. Der Absatz von Leinenprodukten war seit den napoleonischen Kriegen immer schwieriger geworden. Die Nachfrage wandte sich seit den zwanziger Jahren den billigeren und modischen Baumwollprodukten zu. Die Marktlage der deutschen Textilproduktion überhaupt, insbesondere aber der

Leinenweberei, verschlechterte sich vor allem, seit englische Unternehmer ihre Garn- und Leinenerzeugung durch den Einsatz moderner Maschinen erweiterten und die Qualität ihrer Erzeugnisse verbesserten. Das schlesische Leinengewerbe versäumte es, seine Produktion zu modernisieren. 1843 wurden in Preußen erst 2,3 Prozent der Garnproduktion maschinell hergestellt, in ganz Preußen zählte man 1849 erst 46 mechanische gegenüber 48338 Handwebstühlen. Infolgedessen ging der Absatz für Leinen zunächst im Ausland, dann auch im Inland bedrohlich zurück. Dieser Gefahr suchte man bis 1835 einigermaßen erfolgreich, danach aber erfolglos durch die verbilligte Produktion zu begegnen. Es gelang den Unternehmern zwar, zumindest den Inlandsabsatz einigermaßen zu halten, doch zahlte man dafür einen hohen sozialen Preis. Die Mengenproduktion billiger Ware verminderte Lohn und Verdienst der Weber so durchgreifend, daß sie an oder unter den Rand des Existenzminimums gerieten. Auch längerfristig verbesserte die Billigproduktion mit Qualitätsverschlechterung auf der Basis eines gesunkenen Lohnniveaus die Absatzchancen nicht, so daß die Löhne immer stärker unter Druck gerieten. Die Situation verschlimmerte sich noch durch die permanente Zunahme der Arbeitskräfte infolge des Bevölkerungswachstums und des Zuzugs der pauperisierten ländlichen Unterschicht zum Gewerbe.

Zur Verelendungserfahrung der schlesischen Leinenweber trug schließlich auch noch die Organisation des Gewerbes im »Verlagssystem« bei. Die Weber produzierten für einen gemeinsamen Abnehmer, den Verleger, der die Waren auf dem überlokalen und internationalen Markt weiterverkaufte. Es handelte sich also gegenüber Manufaktur und Fabrik um eine dezentralisierte Produktionsform, bei der lediglich der Vertrieb in der Hand eines Großkaufmannes zentralisiert war. Da die Produzenten auf diesen Käufer und Verkäufer ihrer Produkte angewiesen waren, gewann er zunehmend auch Einfluß auf Art, Menge, Qualität und Preis der Warenherstellung. Damit gerieten die an sich selbständigen Handwerker in immer größere Abhängigkeit vom Verleger. Das Überangebot an Arbeitskräften erlaubte ihm, die Preise für die fertige Ware immer weiter zu senken. Häufig mußten die Weber, die über keinerlei Reserven mehr verfügten, ihren Rohstoff, das Garn, als Vorschuß vom Verleger nehmen, was ihre Abhängigkeit noch verstärkte. Einige Verleger führten zudem das »Trucksystem« ein, das sich vor allem im frühindustriellen England ausgebreitet hatte: Die Weber erhielten ihren Lohn nicht in bar ausbezahlt, sondern in Waren, die sie benötigten. Da sie auch dabei immer mehr auf Vorschüsse angewiesen waren, mußten sie sich die Preise dafür diktieren lassen. Um das Existenzminimum zu erwirtschaften, arbeiteten sie bis zu 16 Stunden am Tag. Frauen und Kinder mußten mitarbeiten, was die Lohnkonkurrenz nur noch weiter antrieb.

Anfang Februar 1844 kam es in Bielau im Eulengebirge zu einem ersten Aufruhr. Die Behörden untersuchten den Vorfall in aller Heimlichkeit, so daß er kaum an die Öffentlichkeit drang, er reichte auch nicht aus, um die Verleger von einem weiteren Anheizen der Lohnkonkurrenz abzuhalten. Die Spannung entlud sich schließlich am 4. Juni in Nieder-Peterswaldau. Ein Trupp von Webern zog durch den Ort, sammelte dabei immer mehr Anhänger um sich und rottete sich schließlich vor dem neuerrichteten stattlichen Wohnhaus der Verlegerbrüder Zwanziger zusammen. Die Weber verlangten Lohnerhöhung und – ein Geschenk. Als dies mit Spott und Drohungen abgelehnt wurde, stürmte die Menge das Haus, brach alle Räume auf, demolierte Fenster, Leuchter, Öfen, Möbel und Porzellan, zerriß Bücher, Wechsel und Papiere und stürzte schließlich die Waren und Vorräte im Packhaus aus dem Fenster. Zwanziger rettete sich mit seiner Familie in das nahegelegene Reichenbach; dort bedeuteten ihm die Bürger, daß er nicht erwünscht sei; er reiste nach Schweidnitz weiter, wurde aber auch dort von den Behörden abgeschoben, so daß er sich endlich nach Breslau in Sicherheit brachte.

Die Wut der Weber richtete sich nur gegen solche Verleger, von denen sie besonders drangsaliert worden waren. Das Haus des Fabrikanten Wagenknecht, unmittelbar neben dem Zwanzigers gelegen, blieb verschont, während neu eingetroffene Weber aus Arnstorf und Bielau ein zweites Mal über Zwanzigers Villa herfielen. Am folgenden Tag, dem 5. Juni, drang ein dritter Trupp in das Haus Zwanzigers ein, vernichtete einen bis dahin unentdeckt gebliebenen Garnvorrat und zerstörte schließlich auch noch das Dach des Hauses. Von hier aus zog die Menge, allmählich auf 3000 Mann angewachsen, weiter vor das Haus des Verlegers F. W. Fellmann. Fellmann besänftigte ihren Zorn, indem er an jeden 5 Silbergroschen auszahlte und dazu Brot, Butter und Speckseiten verteilen ließ. Andere Verleger taten es ihm nach, wenn die Weberhaufen vor ihren Häusern erschienen. Der Zug bewegte sich jetzt zum Nachbarort, nach Bielau, verwüstete dort das Haus des »Sechsgröschel Hilbert«, der Firma Hilbert und Andretzky, und wandte sich dann zum Etablissement der Gebrüder Dierig. Dort fanden die Demonstrierenden jetzt Militär vor, das bereits 24 Stunden zuvor aus Schweidnitz gerufen worden war. Eine in solchen Fällen häufig auftretende Verkettung unglücklicher Umstände führte zu einem Zusammenstoß, bei dem elf Menschen ums Leben kamen, darunter Frauen und Kinder; außerdem wurden 24 Personen schwer, zum Teil tödlich verwundet. Zwar rotteten sich die Weber auch an den folgenden Tagen zu einzelnen Haufen zusammen, doch kam es angesichts der geballten militärischen Macht zu keinen weiteren Angriffen. Ein Teil der Weber flüchtete in die nahegelegenen Wälder und Berge. Am selben Tag, dem 6. Juni 1844, griff die Unruhe auf Breslau über. Der Haß der herumziehenden Menge entlud sich insbesondere gegen Schneider, Tischler und Juden in Steinwürfen gegen die Fenster. Doch besetzten jetzt Kavallerie und Kürassiere den Marktplatz und patrouillierten durch die Straßen, unterstützt von mehreren Kompanien der Bürgerschützen. Daraufhin erloschen die Tumulte.

Der Aufruhr der Weber stieß weithin auf die Sympathie nicht nur des kleinen Gewerbebürgertums, sondern auch der Bauern. In den Dörfern wie auch in Breslau hieß es, daß die Weber ganz recht hätten; nur wenn alle es so machten wie sie, würde es besser werden. Die Stimmung richtete sich ganz allgemein gegen die Fabrikanten, den Adel bzw. die Gutsbesitzer, die Reichen und Vornehmen insgesamt. Die Behörden fürchteten, jede Verbreitung von Nachrichten würde den Aufruhr im ganzen Gebirge anstacheln. Der Zensor strich daher alle Berichte über die Not der Weber und korrigierte selbst Artikel der Minister Rother und Bodelschwingh. Bereits am 6. Juni kam es zu zahlreichen Verhaftungen; geflüchtete Weber, die am Abend zurückkehrten, wurden festgenommen und nach Schweidnitz ins Gefängnis abgeführt. Eine Sonderkommission des Breslauer Oberlandesgerichts übernahm die Aburteilung.

Der Schlesische Weberaufstand war eine vorindustrielle Form des sozialen Protests mit archaischen Zügen. Besonders fällt dabei die latente Friedfertigkeit der Weber ins Auge: ein einmaliges Geldgeschenk zur momentanen Linderung ihrer Not genügte, um sie von Ausschreitungen zurückzuhalten; auch wo schließlich die Wut überschäumte, blieb die Aggression durchaus verhalten. Nirgends wurde ein Verleger persönlich angegriffen oder mißhandelt. Die Mehrzahl der aufrührerischen Weber wies auch den Vorschlag einiger Hitzköpfe zurück, die Häuser der Fabrikanten anzuzünden. Den Anstoß zum Gewaltausbruch gab offenkundig die anschauliche Diskrepanz von Armut und Reichtum, die demonstrative Zurschaustellung des Überflusses durch die Fabrikanten. Die Wut richtete sich vor allem gegen diejenigen Verleger, von denen zynische oder verächtliche Äußerungen kolportiert wurden. Von den Brüdern Zwanziger etwa war der Ausspruch in Umlauf, die Weber sollten doch, wenn nichts anderes mehr da sei, Gras fressen, das sei in diesem Jahr reichlich vorhanden. Zur Eskalation trug auch wesentlich das Eingreifen des Militärs bei – ein typisches Merkmal gewaltsamen sozialen Protests. Wie sich die Obrigkeit mit ihren Ordnungskräften verhielt – das hat den Ablauf der Ereignisse immer entscheidend mitbestimmt. Charakteristischerweise fehlte es schließlich bei dieser Erhebung an planmäßiger Organisation und Steuerung der Aktionen sowie an weiterführenden Vorstellungen darüber, was an Verbesserungen bewirkt werden sollte. Die Perspektive reichte nicht weiter als bis zum Ausleben der Verzweiflung und der Rachegefühle für erlittene Demütigungen. Zu höheren, für die Industrialisierungsphase typischen Protestformen wie etwa organisierter Arbeitsverweigerung zum Zwecke von Lohnsteigerung oder Arbeitszeitverkürzung stießen die Weber nicht vor. Dazu fehlte es ihnen an Einsicht in ihre eigene Marktsituation, es fehlte am Glauben an die grundsätzliche Änderbarkeit ihrer Lage und vor allem an dem Minimum an finanziellen Rücklagen und an Selbstvertrauen, das etwa für Streikaktionen in den fünfziger und vor allem in den sechziger Jahren charakteristisch ist. Der Weberaufstand war ein Krisensymptom des vorindustriellen Pauperismus. Freilich zeigt sich auch schon die hilflose Wut gegen die arbeitsverzehrende Konkurrenz der Maschinen; so erklärt sich der vereinzelte Angriff auf Maschinen, etwa beim Fabrikanten Dierig. Daß die Zukunft des Gewerbes nur durch weitere Technisierung gesichert werden konnte, diese Einsicht war den Webern noch nicht zugänglich.

Die meisten Verleger wie auch die Weber reagierten auf die Krise des Textilheimgewerbes in herkömmlicher Weise und nicht mit Lösungen, wie sie sich andernorts bereits durchzusetzen begannen: Wechsel des Arbeitsplatzes, Auswanderung oder Übergang zu modernen Produktionsmethoden. Diese starke Traditionsbindung ergab sich freilich auch aus der Natur des Heimgewerbes: die Weber waren Häusler, sie besaßen also ein kleines Stück Boden mit landwirtschaftlichem Nebenerwerb und hafteten deshalb besonders stark an ihrem Zwergbesitz, auf dem allerdings noch feudale Abgaben lasteten, weil die Agrarreform in Schlesien nicht vollständig durchgeführt worden war.

Die preußische Regierung befand sich in einer Zwangslage. Sie hatte sich prinzipiell zum Freihandel, also zum Abbau der Einfuhrzölle entschlossen, um das heimische Gewerbe auf längere Frist an den internationalen Wettbewerb zu gewöhnen und so seine Konkurrenzfähigkeit zu heben. In dieser Phase der einsetzenden liberalen Wirtschaftspolitik verzichtete sie grundsätzlich auf jede staatliche Intervention in das Verhältnis von Arbeitgeber und Arbeitnehmer und überließ dieses ganz dem freien Spiel von Angebot und Nachfrage. Dieses Prinzip kam der Modernisierung und damit der Leistungsfähigkeit der Wirtschaft auch tatsächlich zugute, mußte aber in schrumpfenden oder wenig anpassungsfähigen Branchen zu sozialen Härten führen. Jeder Angriff auf das Privateigentum galt zudem in der entstehenden bürgerlichen Erwerbsgesellschaft schlechthin als Sakrileg, das hart geahndet wurde. Gleichwohl macht die an den Weberaufstand sich anschließende öffentliche Diskussion deutlich, daß gravierende Versäumnisse einer staatlichen Wohlfahrtspolitik vorlagen. Von der kritischen Intelligenz bis zu den Christlich-Konservativen waren sich alle einig, daß der Staat hier hätte Abhilfe schaffen müssen, durch Kredite, durch Hilfen beim Aufbau von Produktions- und Vertriebsgenossenschaften, vor allem aber durch ein verbessertes Bildungsangebot für die gewerbliche Unterschicht; dieses hätte dazu beitragen können, Eigeninitiative und wirtschaftliche Anpassungsfähigkeit zu fördern und die Befangenheit in einem dumpfen Traditionalismus zu lockern. So aber entstand nicht zu Unrecht der Eindruck, daß dem Staat der Gewinn und die Sekurität der wohlhabenden kleinen Verlegerschicht mehr am Herzen lag als die Lebensfähigkeit der Heimarbeiterschaft. Zu durchgreifenden Hilfsmaßnahmen ist es auch nach der Niederschlagung des Aufstandes nicht gekommen. Die einzige positive Folge des Weberaufstands bestand darin, daß die öffentliche Diskussion bürgerlicher Sozialreformer über das Elend der »handarbeitenden Klassen« einen enormen Aufschwung nahm. Sie reichte aber nicht aus, die Regierungen zu gesetzlichen Maßnahmen gegen die Verarmung der Unterschicht zu veranlassen. In allen deutschen Staaten nahm die soziale Unrast bis zum Ausbruch der Revolution im März 1848 nur noch zu.

II. Von der ständischen zur bürgerlichen Gesellschaft

1. Das »System Metternich« und die Durchsetzung der Restauration

Metternich

Daß Österreich auf dem Wiener Kongreß zur führenden Kontinentalmacht aufgestiegen war, verdankte es den Fähigkeiten eines Mannes, des Fürsten Metternich. Er hat bis 1830 alle Entscheidungen der internationalen Politik wesentlich mitbestimmt. Im Deutschen Bund sicherte er für Österreich die formelle Stellung der Präsidialmacht, also die Position eines primus inter pares. Unter souveräner Ausnutzung dieser Rolle gelang es ihm, auch die innere Politik der deutschen Bundesstaaten in ihren Hauptzügen festzulegen. Dies ist um so erstaunlicher, als Österreich – sieht man von Rußland ab – unter den größeren europäischen und deutschen Staaten am stärksten in der Tradition des vorrevolutionären Europa verwurzelt blieb.

Clemens Wenzel Nepomuk Lothar Metternich, Fürst von Metternich-Winneburg, wurde 1773 als Sohn eines typischen Diplomaten des Ancien régime in Koblenz geboren. Seine Herkunft erschloß ihm sehr früh eine profunde Kenntnis der Rechtsverhältnisse und politischen Usancen der deutschen Kleinstaatenwelt. Von 1788 bis 1790 studierte er in Straßburg, nahm dabei die Grundgedanken aufklärerisch-rationaler Staatsführung in sich auf, beobachtete dort aber auch persönlich die Anfänge der Französischen Revolution. Kaiser Franz II. berief ihn 1801 zum österreichischen Gesandten in Dresden, 1803 in Berlin und 1806 in Paris – von daher kannte er die Interessen sowohl der deutschen Mittelstaaten als auch Preußens und des napoleonischen Frankreichs aus eigener Anschauung. Nach der Niederlage Österreichs gegen Napoleon 1809 stieg er zum Außenminister und damit zum leitenden Minister auf, ab 1821 führte er in Anerkennung seiner tatsächlichen Position den Titel »Staatskanzler«. An Geschäftserfahrung, in der Kunst der Menschenbehandlung, an Klarheit der Zielsetzung und persönlicher Souveränität erwies er sich seinen Kollegen in den übrigen deutschen Staaten als weit überlegen. Nach einem Wort

Golo Manns verfügte er über das Geschick, sich unter einem beschränkten Despoten am Ruder zu halten und genau soviel Schlechtes zu tun, wie zu diesem Zweck notwendig war, aber auch nicht mehr.

Das Bild Metternichs ist bis heute stark beeinflußt von der Perspektive der liberal-nationalstaatlichen Bewegung kleindeutscher Provenienz. Man neigt dazu, in ihm nur den rückwärtsgewandten Diplomaten zu sehen. Tatsächlich sind alle seine politischen Ziele spätestens seit der Mitte des 19. Jahrhunderts obsolet geworden. Bei aller Bereitschaft und Fähigkeit zum rationalen Kalkül ging seine Politik aber keineswegs in blankem Opportunismus auf, im Gegenteil: er machte »Prinzipienpolitik« – freilich machtbewußte – was ihn vom Realpolitiker Bismarck deutlich abhob. Diese Prinzipien wurzeln ganz in der Gedankenwelt des aufgeklärten Absolutismus. Aufgabe des Staates sei es – so Metternich – für das Glück seiner Untertanen zu sorgen. Daß diese Untertanen mehr Freiheit wünschten, mehr Selbstbestimmung auch um den Preis von möglicherweise etwas weniger Stabilität, blieb ihm zeitlebens fremd. Durchdrungen von der Überlegung, die menschliche Natur und ihre hauptsächlichen Bedürfnisse seien unveränderlich, baute er sein politisches System ganz auf den Gedanken der Ordnung. Er stellte die Festigkeit des Bestehenden gegen das Prinzip der Veränderung, er dachte statisch-ungeschichtlich, nicht in Kategorien der Entwicklung, sondern in denen der Bewahrung und Erhaltung. So kam in sein Verhältnis zu seiner Gegenwart von Anfang an ein defensiver Zug: er liebe alles, was der Zeit Trotz biete, sagte er gelegentlich. Aus dieser politischen Gedankenwelt gewann er zwei Handlungsmaximen, auf die er immer zurückgriff, bei aller taktischen Wendigkeit im einzelnen: außenpolitisch die Erhaltung des Gleichgewichts der Mächte wie im Staatensystem des 18. Jahrhunderts; innenpolitisch die Bewahrung des gesellschaftlichen Status quo, so weit als möglich, sein »Sozialkonservativismus«. Zu seinem Systemdenken gehört, daß er sich schwer tat, die verschiedenen Bedürfnisse der gesellschaftlichen Gruppen differenziert zu sehen. Er reduzierte daher das in sich sehr vielgestaltige politische Denken von Liberalismus, Demokratie, frühem Nationalismus, Frühsozialismus immer auf den einen Gegensatz: chaotische Bewegung gegen gute Ordnung.

Daß er so große Wirkung entfalten konnte, liegt keineswegs in seiner Person und seinen Absichten allein begründet. Seine

Doktrin und seine Fähigkeiten trafen seit 1815 auf eine Situation, die ihm seine Handlungschancen erst eröffnete: Regierungen und Regierte, mit Ausnahme einer anfangs nur kleinen Minderheit politisch aktiver Jugendlicher und Bildungsbürger, sehnten sich nach 23 Jahren Krieg nach Ruhe, Stabilität und geräuschloser Lösung von Konflikten. Von daher sollte man sich vor einem moralisierenden Urteil über Metternich und sein System hüten. Europa und die deutschen Staaten bekamen mit ihm zunächst einmal vor allem das, was sie selbst wünschten.

Österreich und die Verfassungsfrage

Metternich konzipierte seine äußere und innere Politik natürlich vor allem von der Ausgangslage des Habsburgerreiches aus. Am 18. Mai 1804 hatte der »erste Konsul« Napoleon sich selbst die erbliche Würde eines »Kaisers der Franzosen« übertragen. Im Zerfall des alten »Heiligen Römischen Reiches Deutscher Nation« nahm Franz II. 1804 neben seiner alten Würde eines römisch-deutschen Wahlkaisers den neuen Titel eines erblichen Kaisers von Österreich an, 1806 zwang ihn Napoleon zum Verzicht auf die römisch-deutsche Kaiserkrone. Österreich war also seit 1804 ein Erbkaiserreich mit einer Dynastie aus dem Hause Habsburg-Lothringen. Stärker als bei allen übrigen europäischen Staaten lebte die Staatlichkeit Österreichs von der Tradition rein dynastisch begründeter Zusammengehörigkeit. Der Monarch trug die Kaiserkrone, aber auch die Kronen der Länder, die sein Reich bildeten. Im Rahmen des neuen Kaiserreichs behielten die alten, durch die habsburgische Krone vereinigten Königreiche, Fürstentümer, Grafschaften, Herrschaften und Provinzen ihre herkömmlichen Verfassungen und Privilegien. Die verfassungsmäßige Stellung des Monarchen unterschied sich daher in den einzelnen Ländern ganz erheblich. Aus der höchst heterogenen Gesellschaftsstruktur der verschiedenen Reichsteile, der unterschiedlichen kulturellen Tradition und den verschiedenen Sprachen erklärt sich, daß der aufklärerische Reformkaiser Joseph II. bei dem Versuch gescheitert war, das Habsburgerreich in einen Zentralstaat modernen Zuschnitts umzuwandeln. Metternich zog daraus den Schluß, daß der Gesamtverband des österreichischen Reiches nur eine lockere, föderative Einheit bilden könne. Er lehnte deshalb auch jeden Gedanken daran ab, für Österreich eine geschriebene Gesamtstaatsverfassung zu erlassen, wie sie etwa Frankreich mit der

»Charte« von 1814 besaß. Ein Nationalparlament wäre zum Forum für die Nationalitäten geworden. Andererseits hatte die Bundesakte vom 10. Juni 1815 in § 13 angekündigt, daß alle Länder »landständische Verfassungen« erhalten sollten – ein Versprechen, das durchaus Metternichs Überzeugung entsprach. Die entscheidenden Fragen lauteten nur: Welche Rechte sollten diese landständischen Vertretungen haben? Und in welchem Verhältnis sollten sie zum Gesamtstaat stehen? Metternich entschloß sich, Ständeversammlungen in den Provinzen einzurichten, so im lombardo-venetianischen Königreich (1815), mit »Zentralkongregationen«, denen er allerdings nur beratende Kompetenzen in regionalen Fragen einräumte. In Tirol und in Galizien belebte er 1816 die altständischen Vertretungen neu, die es dort noch im Absolutismus gegeben hatte. Ähnliche Provinzialvertretungen gedachte er auch in den übrigen Reichsteilen herzustellen, kam damit aber bei seinem Monarchen nicht durch. Über diesen Provinzialständen sollte ein zentraler Staatsrat mit beratenden, nicht beschließenden Funktionen stehen, dessen Mitglieder vom Kaiser zu ernennen gewesen wären. Nach Metternichs Idee sollte dieser Staatsrat eine Art Ersatz-Zentralparlament darstellen. Er hätte neben dem Monarchen die Einheit des Reiches repräsentiert, wenn auch nicht die Untertanen. Aber auch dieses Projekt scheiterte am Widerspruch Franz II. So verharrte Österreich im Vormärz im Status eines bürokratisch-zentralistisch regierten, absolutistisch verfaßten Landes mit einzelnen beratenden Provinziallandtagen.

Gerade für einen Staat wie Österreich stellte die Persönlichkeit des Monarchen auch im frühen 19. Jahrhundert noch den maßgebenden Dreh- und Angelpunkt der politischen Entscheidungen dar, selbst wenn die Regierung faktisch in der Hand eines souverän agierenden leitenden Ministers lag. Franz II. galt zwar als beschränkter und in vielen Dingen bornierter Kopf, er füllte sein Amt aber doch mit einer fast bürgerlichen Arbeitsgesinnung gewissenhaft aus. Seine wichtigste Fähigkeit darf als Herrschertugend nicht unterschätzt werden: die Bereitschaft, neben sich einen überlegenen Politiker wie Metternich zu ertragen und sich seinem Urteil in vielen Dingen zu unterwerfen.

Der älteste Sohn und Nachfolger Franz II., Ferdinand I. (1835–1848), war nun allerdings geistig beschränkt und nicht regierungsfähig. Franz II. und Metternich haben beide versäumt, die Thronfolgefrage angemessen zu lösen, Franz aus Befangenheit in die Legitimität des Erbanwartschaftrechts und aus persönlicher Kleinlichkeit, Metternich aus seinem Interesse heraus, Staatskanzler und leitender Minister zu bleiben. Franz umging seine bedeutenden Brüder: Erzherzog Karl und Erzherzog Johann, übertrug der »Staatskonferenz« faktisch die Aufgaben des Monarchen selbst und berief zu ihrem Vorsitzenden den unbedeutendsten und jüngsten seiner Brüder, Erzherzog Ludwig. Die tatsächliche Ausübung der Regierungsgewalt und der monarchischen Souveränität lag bei den beiden energischsten Mitgliedern der Staatskonferenz, bei Metternich und dem Hofkanzler Graf Kolowrat. Metternichs politische Grundsätze hatten sich allerdings bereits endgültig überlebt. Seit die französische Julirevolution die politische und soziale Bewegung auch in Österreich neu anfachte, standen seine Doktrin und seine Person der unerläßlichen Anpassung an diese Kräfte nur noch im Wege. Die polizeiliche Reglementierung des politischen und geistigen Lebens nahm unerträgliche Formen an, die österreichische Innenpolitik insgesamt verfiel zwischen 1835 und 1848 in weitgehende Stagnation. Dies mußte um so mehr zur Katastrophe führen, als sich in den verschiedenen Reichsteilen verstärkt die nationalen Bestrebungen bemerkbar machten.

Die Karlsbader Beschlüsse

Das »System Metternich« verkörperte sich in der Anfangsphase der Restaurationsära vor allem in den »Karlsbader Beschlüssen«. Bereits vor dem Sandschen Attentat vom März 1819 hatte Metternich das Thema ›Akademische Bewegung an den deutschen Universitäten‹ auf die Tagesordnung des europäischen Fürstenkongresses von Aachen (September 1818) gesetzt. Er war hier mit seinen Absichten aber noch auf den scharfen Widerspruch Hardenbergs und vor allem Wilhelm von Humboldts gestoßen, der seine Schöpfung, die reformierte Universität mit dem Grundgedanken der freien Forschung und Lehre, bedroht sah. Erst der Mord an Kotzebue spielte dem österreichischen Staatskanzler die Gelegenheit zu, alle Regierungen des deutschen Bundes zu einheitlichen Maßnahmen zu drängen. Taktisch geschickt einigte er sich vorab in der »Teplitzer Punktation« (1. August 1819) mit Preußen und brachte den widerstrebenden Staatskanzler Hardenberg auf Restaurationskurs. Es ist nicht ohne Ironie, daß dessen Nachgiebigkeit dabei auch auf der Hoffnung beruhte, sich gegenüber seinen konservativen Gegnern Spielraum zu verschaffen für die Durchsetzung der Repräsentativverfassung in Preußen. Anschließend bewegte Metternich auf einer Ministerkonferenz in Karlsbad die für zuverlässig konservativ gehaltenen Regierungen zur Annahme der Teplitzer Grundsätze.

Gegen den zu vorsichtig vorgetragenen Widerstand einiger Gesandter beschloß der Bundestag schließlich nach einem an sich rechtswidrigen Gesetzgebungsverfahren folgende Bestimmungen:

1. Das Universitätsgesetz. § 1 schuf für alle deutschen Universitäten die Einrichtung eines »landesherrlichen Bevollmächtigten«. Dieser erhielt den Auftrag, die akademischen Gesetze und Disziplinarvorschriften durchzusetzen, die »Wahrung der Sittlichkeit, der guten Ordnung und des äußeren Anstandes« unter den Studierenden zu überwachen und schließlich die Professoren bei ihren Lehrveranstaltungen zu beobachten. Mit dieser Institution griffen die Regierungen tief in die Selbstverwaltung und die geistige Freiheit der Universitäten ein. Der Staatsbeauftragte erhielt die Möglichkeit, jede politische Äußerung an der Universität als Verstoß gegen die »guten Sitten« zu verfolgen. In § 2 verpflichteten sich die Landesregierungen, alle Professoren und sonstigen Lehrer an öffentlichen Anstalten zu entlassen, wenn sie durch kritische Haltung gegenüber den Regierungen aufgefallen waren. Jeder unerwünschte akademische Lehrer konnte auf dem Verwaltungswege entlassen werden. Um den Inkriminierten die Möglichkeit zu nehmen, in einen anderen Staat auszuweichen, folgte die Bestimmung, daß kein Entlassener in einem anderen deutschen Staat wieder eingestellt werden dürfe. § 3 verpflichtete die Regierungen, das Verbot studentischer Verbindungen strengstens durchzuführen. Für Verstöße wurde lebenslängliche Nichtzulassung zu einem öffentlichen Amt verfügt. Studenten, die von einer Universität verwiesen worden waren, sollten sich an keiner anderen Universität immatrikulieren dürfen.

2. Das Pressegesetz. Es führte die Vorzensur für das ganze Buch- und Zeitschriftenwesen wieder ein und beschnitt damit nach der akademischen auch die Pressefreiheit. Druckerzeugnisse mit weniger als 20 Bogen (320 Seiten) durften nur nach Genehmigung durch die Landeszensurbehörden aufgelegt werden. Längere Elaborate unterlagen der Nachzensur. Das Pressegesetz schnitt wie das Universitätsgesetz in die einzelstaatliche Souveränität ein, indem es überall die strenge bundesgesetzliche

Regelung zur Norm erhob. Österreich und Preußen, die den Bund dominierten, schufen sich damit die Möglichkeit, freiheitlichere Regungen in anderen Staaten zu unterbinden. Als zum Beispiel Baden 1831 die Zensur abschaffte, zwang Metternich mit Hilfe des Bundestages den Großherzog, sein liberales Pressegesetz wieder fallen zu lassen.

3. Das Untersuchungsgesetz. Es installierte eine eigene »Centralbehörde zur näheren Untersuchung der ... revolutionären Umtriebe« in Mainz. Sie sollte einheitlich und überstaatlich revolutionäre Konspirationen erkunden und darüber berichten. Sie erhielt Weisungsgewalt gegenüber den einzelstaatlichen Untersuchungsbehörden und darüber hinaus das Recht, selbständig Haftbefehle auszusprechen. Die Kommission arbeitete neun Jahre lang. In ihrem Abschlußbericht 1827 gab sie eine minutiöse und weitgehend zutreffend recherchierte Darstellung vor allem der Vereinsentwicklung seit 1806, bewertete dabei aber auch konstitutionelle, reformerische Bestrebungen als »revolutionär«.

Die Restauration in Preußen

Preußen nahm nicht nur wegen seiner Position als zweite deutsche Großmacht neben Österreich eine Sonderstellung in der deutschen Staatenwelt von 1815 bis 1848 ein; es hatte nach dem Zusammenbruch in den napoleonischen Kriegen 1806 zunächst auch die weitestgehenden Reformen eingeleitet. Eine kleine Gruppe von Beamten überwiegend bürgerlicher Herkunft war unter der Leitung zuerst des Reichsfreiherrn Karl vom und zum Stein (1807/08), dann des Fürsten Karl August von Hardenberg (1808–1822) daran gegangen, grundlegende Veränderungen im Gesellschaftsgefüge und in der Staatsorganisation vorzunehmen. Eine neue Gestalt hatten die Verwaltung mit der Einführung moderner Ressortministerien erhalten, die Gemeindeverfassung mit der Schaffung weitgehender kommunaler Selbstverwaltung (Steinsche Städteordnung vom 19. November 1808), die Agrarverfassung mit der Bauernbefreiung (dem sogenannten Oktoberedikt vom 9. Oktober 1807), die Gewerbeverfassung mit der Einführung der Gewerbefreiheit (Edikt vom 2. November 1810), die Heeresverfassung mit der Einführung der allgemeinen Wehrpflicht (Wehrgesetz vom 3. September 1814) und das Bildungswesen vor allem mit der Förderung des humanistischen Gymnasiums und der Schaffung der sogenannten »Humboldtschen Universität« (Gründung der Berliner Universität am 16. August 1809). Alle diese Reformen zielten darauf, ein neues Ideal freier bürgerlicher Existenz in einem Staatswesen zu verwirklichen, das auf der selbstbewußten und kritischen Mitwirkung aller Bürger an der Gestaltung der öffentlichen Angelegenheiten gründen sollte. Den Schlußstein dieses Gesetzgebungsgebäudes hätte nach den Absichten der Reformer wie nach der inneren Logik der eingeleiteten Maßnahmen eine geschriebene Verfassung mit einer »Nationalrepräsentation«, also mit einer gesamtstaatlichen Volksvertretung, bilden sollen. Preußen hätte sich damit auf dem Wege der Reform, nicht der Revolution, vom absolutistischen Verwaltungsstaat zum monarchischen bürgerlichen Verfassungsstaat gewandelt.

Im Zuge dieser Reformpolitik hat Hardenberg seinem widerstrebenden Monarchen Friedrich Wilhelm III. drei berühmt gewordene Verfassungsversprechen abringen können – 1810, 1815 und noch einmal 1819. Aus einer Reihe von Gründen sind sie jedoch nicht eingelöst worden. Das schwerste Hemmnis bildete zweifellos das Wiedererstarken des Adels. Der Sieg über Napoleon war nicht durch eine »Bürgerarmee«, durch Freiwillige oder Landwehr errungen worden – die Heeresreform setzte erst seit 1814 allmählich ein –, sondern durch das alte Königsheer unter der Führung konservativer altadeliger Offiziere wie York von Wartenburg und Blücher. Das Lützowsche Freikorps zum Beispiel hatte mehr eine dekorative als militärisch tragende Rolle gespielt. Der Adel verteidigte mit gestärktem Selbstbewußtsein seine Stellung im Staat und in der Gesellschaft. Als in der Reformzeit die Verfassungsdiskussion einsetzte, forderte der Adel, in den verschiedenen preußischen Landesteilen die alten ständischen Körperschaften wiederherzustellen. Dies hätte natürlich bedeutet, daß sich neben dem politischen Adelseinfluß auch die vormoderne ständisch-hierarchische Gesellschaftsverfassung wieder gefestigt hätte – und beides hatte die Reformgesetzgebung gerade überwinden wollen. Beides tangierte die Interessen des Bürgertums, das mehr gesellschaftliche Bewegungsfreiheit und politische Mitsprache verlangte, aber auch die Interessen der aufgeklärt-absolutistischen Staatsbürokratie, die die unbeschränkte Souveränität des Landesherrn in tatsächliche Regierung und Verwaltung umsetzte. Diese Spannung zwischen alt- bzw. geburtsständischem Prinzip und dem modernen Gedanken der »Staatsbürger«-Gesellschaft und ihrer Repräsentation hat das politische und gesellschaftliche Leben in allen deutschen Staaten zwischen 1815 und 1848 und noch weit darüber hinaus bestimmt. Die Regierungen suchten sie mit einer Vielzahl von Kompromißlösungen zu entschärfen. Im Vergleich zu den meisten Klein- und Mittelstaaten blieb Preußen dabei ähnlich wie Österreich zurück; die altständische Opposition wurde hier durch eine Reihe zusätzlicher Faktoren noch verstärkt.

Nach dem Sieg über Napoleon und nach der erfolgreichen Durchführung der wirtschaftlichen, gesellschaftlichen und Verwaltungsreformen bestand keine Notwendigkeit mehr, die Neugestaltung des Staates politisch durch die Einführung einer Repräsentativverfassung zu vollenden. Das Problem der Staatsverschuldung in der Ära der französischen Besetzung, der ursprüngliche, sehr charakteristische Anlaß für das erste Verfassungsversprechen Friedrich Wilhelms III., war zumindest soweit gelöst, daß es sich bis 1847 nicht mehr als Hebel für Verfassungsforderungen gebrauchen ließ. Die Verwaltung arbeitete zunächst jedenfalls hocheffizient: liberal gesinnte Beamte vertraten die bürgerlichen Forderungen nach mehr individueller Bewegungsfreiheit und weniger obrigkeitlicher Gängelung im Verwaltungs- und Regierungssystem selbst, so daß sich auch der Druck der Reformforderungen aus dem Bürgertum nach den aufgeregten Jahren 1814–1819 abschwächte. Nachdem äußere Unabhängigkeit und innere Autorität des Staates gerade auch durch die Reformen wiederhergestellt waren, gewannen jene staatskonservativen Beamten und Berater wieder Einfluß auf den König, die sich gegen jede weitere Beschränkung der monarchischen Macht aussprachen, so etwa der Polizei- und Hausminister Fürst Wittgenstein, der Innenminister Kaspar Friedrich von Schuckmann, der Justizminister Friedrich Leopold von Kircheisen, der Geheime Rat und spätere Außenminister Johann Peter Ancillon, Karl Heinrich von Kamptz, später Leiter der preußischen Zensurbehörde, und der Staatsrat Theodor Schmalz. Bereits im Sommer 1814 hatte Schmalz dem König eine Denkschrift eingereicht, in der er behauptete, es gebe in Preußen eine Reihe geheimer jakobinischer Verbindungen mit staatsumstürzlerischer Tendenz. Die Denunziation verfolgte den Zweck, den Reformkurs insgesamt und seine Vertreter zu diskreditieren, was auch gelang. Zwar verteidigten sich einige der Angegriffenen öffentlich; es entbrannte ein heftiger publizistischer Kampf, der »Tugendbundstreit«, aber er endete mit einer eindeutigen Niederlage für die Reformer. Zur Jahreswende 1815/16 verbot der König ausdrücklich jede Form von politischer Vereinigung und machte es damit unmöglich, sich organisatorisch zur Durchsetzung der liberalen Ziele zusammenzuschließen; schließlich verbot er auch jede öffentliche Diskussion über die Vereinsfrage, d. h. er beschnitt auch drastisch die politische Äußerungsfreiheit. Endlich behinderten sich die Reformer Hardenberg und Humboldt gegenseitig, als sie um die Kompetenz in der Verfassungsfrage stritten, obwohl sie inhaltlich weitgehend übereinstimmten. Als sich Humboldt schließlich die Blöße gab, gegen die Karlsbader Beschlüsse zu opponieren, entließ ihn der König zum Jahresende 1819. Der Tod Hardenbergs im Herbst 1822 besiegelte dann das Schicksal der Verfassungspolitik definitiv. Er bedeutete das Ende der Reformära und den Sieg der Restauration.

Anstelle einer Gesamtstaatsverfassung wurde 1823 eine »Provinzialständische Verfassung« geschaffen. Sie sah jeweils einzelne Vertretungen für die acht preußischen Provinzen vor – ausdrücklich keine »Repräsentationen« im modernen Sinn, sondern »Stände«. Sie setzten sich aus vier Gruppen zusammen: wo es sie gab, also im Westen, »Standesherren«, d.h. ehemals reichsunmittelbarer, nicht landsässiger Adel; gewählte Vertreter des Adels oder der »Ritterschaft«, wie man sagte; und schließlich gewählte Vertreter des dritten Standes, der Städte (also Bürger) und des vierten Standes, der bäuerlichen Grundbesitzer. Der Adel stellte jeweils ein Drittel aller Abgeordneten, war also viel zu stark vertreten. Insoweit kann die provinzialständische Verfassung als Sieg der altständischen Opposition gelten. Andererseits wiesen die Provinziallandtage auch moderne Züge auf: die Abgeordneten übernahmen den gesetzlichen Auftrag, die Interessen aller Wähler wahrzunehmen, nicht nur die ihres Standes; sie votierten frei, nicht an den ständischen Auftrag gebunden; sie berieten nicht in ständischen Kurien, sondern im Plenum und faßten die Beschlüsse mit einfacher oder qualifizierter Mehrheit. Ausdrücklich begrenzt blieb aber ihre Kompetenz mit bloß beratenden Funktionen und der Zuständigkeit auf Selbstverwaltungsangelegenheiten der Provinz. So gesehen handelt es sich um einen Kompromiß zwischen altständischer und moderner Repräsentation – einen Kompromiß, der allerdings niemanden zufriedenstellte: den Adel nicht, das Groß- und Gewerbebürgertum nicht und auch nicht die Bauern.

Die Verfassungsstruktur und damit die politische Kultur der Staaten im Deutschen Bund zerfiel demnach in drei Lager: das vorkonstitutionell-absolutistische Österreich, das am stärksten in der Tradition verharrte; Preußen mit seinen beratenden Provinziallandtagen, aber ohne Gesamtstaatsverfassung und »Nationalrepräsentation« – also ebenfalls staatsrechtlich absolutistisch verfaßt; und die süd- und mitteldeutschen Staaten, die zwischen 1818 und 1833 moderne Verfassungen und Repräsentationen erhalten hatten. Dasselbe Preußen, das sich unter den Staaten des Deutschen Bundes die modernste Wirtschafts-, Sozial- und Militärverfassung gegeben hatte, und das in der gewerblich-industriellen und militärischen Leistungsfähigkeit seinen deutschen Nachbarstaaten bis 1848 und darüber hinaus weit vorauseilen sollte, konzentrierte nach dem Zusammenbruch des Reformkurses die politische Macht weitgehend in der Hand des alten geburtsständischen Adels unter Führung einer spätabsolutistischen, antinationalen Monarchie, darin unterstützt von einer kleinen Gruppe hoher, staatskonservativ gesonnener, meist durch Nobilitierung ins aristokratisch-hofgesellschaftliche Establishment integrierter bürgerlicher Beamter. Daß im Vormärz die allmähliche Anpassung der politischen Verfassung an die gesellschaftliche Machtverteilung nicht gelungen ist, hat über die Zäsur der Revolution von 1848/49 hinweg die gesellschaftliche und politische Macht des Adels und den Autokratieanspruch der Monarchie gestärkt. Die monarchisch-konservativen Kräfte konnten die Tradition des absolutistischen Alt-Preußen als eines seiner Macht bewußten und effizienten Militär- und Verwaltungsstaates gegen das Streben des Bürgertums nach einem bürgerlich geprägten Verfassungsstaat noch im politischen System des Deutschen Reichs von 1871 verankern und bis zu dessen Ende 1918 immer wieder zur Geltung bringen.

Preußens tiefgreifende Reformen bis 1815 waren von den leitenden Ministern Stein und Hardenberg und von einer Gruppe profilierter, humanistisch gebildeter Beamter wie Theodor Schön, Karl von Altenstein, Johann Gottfried Hoffmann, Johann August Sack, Georg Heinrich Nicolovius ins Werk gesetzt worden. An Kant geschult, aufklärerisch-liberal, zumindest antiabsolutistisch gesonnen, begriffen sie sich als der eigentliche Staatsstand oder »allgemeine Stand«. Nach ihrer eigenen Auffassung – die man freilich nicht einfach mit der geschichtlichen Wirklichkeit gleichsetzen sollte – waren sie nicht in den partikularen Interessen eines traditionalen Geburts- oder eines modernen Gewerbestandes befangen und vertraten das Gemeinwohl sowohl gegen die ständisch-patrimoniale Tradition wie gegen den neuen »Parteigeist«. Dieses Ethos, zusammengesetzt aus Bildungsbewußtsein, Staatsloyalität und Fortschrittsglauben, übertrug ihnen die Funktionen eines kritischen Korrektivs gegen die Willkür absolutistischer Herrscher, des Interessenausgleichs zwischen den gesellschaftlichen Gruppen, und der Vermittlung zwischen Volk und Staatsgewalt. Sie richteten ihr Handeln an der Vorstellung aus, daß der Bürger sich in der gesellschaftlichen Sphäre möglichst frei zu bewegen und daß sich die Staatstätigkeit tunlichst darauf zu beschränken habe, die Entfaltung des Individuums im Rahmen des modernen Anstaltsstaates zu fördern.

Mit dem Ausscheiden Humboldts und Hardenbergs aus dem Staatsministerium büßte dieses Beamtentum allerdings seinen maßgeblichen Einfluß in der Berliner Regierung ein. Einzelne bedeutende Ausnahmen, wie der Handelsminister Friedrich von Motz und der Staatsrat Peter Christian Beuth, blieben mit ihrer Tätigkeit auf die Handels-, Zoll- und Gewerbepolitik beschränkt. Dagegen bestimmten die reformfreudigen Beamten in den Provinzen, Regierungsbezirken, Städten und Landkreisen noch weithin die Verwaltungspraxis. Bei der Rückwendung zum obrigkeitsstaatlich-autokratischen Kurs der Status-quo-Erhaltung gerieten nun auch diese liberalen Staatsdiener unter zunehmenden Disziplinierungsdruck. Im Selbstverständnis der politisch bewegten Studentenschaft wie der beamteten Intelligenzschicht hatte in der Reformära die »Gesinnung« eine entscheidende Rolle gespielt. Sie war die innere Instanz, vor der es die freie Entscheidung zu verantworten galt und die zugleich im Geiste des Patriotismus Einzelwillen und Gesamtwohl versöhnen sollte. Je weiter jedoch die Übereinstimmung zwischen Staatsministerium und Beamtenschaft, aber auch zwischen den Beamten und der Bevölkerung zerfiel, desto mehr wuchs sich diese Gesinnung für die Regierung zum Problem aus. Es begann, mit Hegel gesprochen, die »Herrschaft des Verdachts«. Sie setzte sich um in zahlreiche »Versuche der Gesinnungssteuerung ... nach innen in die Bürokratie hinein und in die übrigen beamteten Stände, sowie nach außen, um durch Zensur und Schule die sich herausbildende Öffentlichkeit zu regulieren«[1].

[1] Reinhart Koselleck, Preußen zwischen Reform und Revolution. Allgemeines Landrecht, Verwaltung und soziale Bewegung von 1791–1848. 2. Aufl., Stuttgart 1975, S. 403.

Den Anfang machten die Karlsbader Beschlüsse mit der Absicht, die angehenden Staatsbeamten von der individuellen Gesinnung auf Gehorsam umzustimmen. 1819 bereits und 1822 folgte eine Verschärfung der Aufsicht über Geistliche und Lehrer, die des »Oppositionsgeists« verdächtigt wurden. Kultus- und Polizeiminister erhielten weitgehende Vollmachten, um mißliebige Lehrer und Pfarrer auf dem Wege des Disziplinarverfahrens zu entlassen. 1826 verschärfte ein geheimer Erlaß die Gesinnungskontrolle auch über die Verwaltungsbeamten. Der Gummibegriff »mangelhafte Dienstführung und moralische Gebrechen« ermöglichte die vom Gesetz ausdrücklich nicht gedeckte Entlassung von Beamten, die sich verdächtig gemacht hatten. Schließlich erfaßte die politische Disziplinierung 1844 auch die Richter. Mit allen diesen Maßnahmen suchte das Staatsministerium den Teil der Beamtenschaft, der am Reformkurs der Jahre 1806 bis 1815 festhielt, auf die Linie der obrigkeitlich-konservativen Staatspolitik zurückzubringen.

Dieser Versuch der Gesinnungssteuerung gegenüber der Beamtenschaft hat die Krise des politischen Systems in Preußen im Vormärz allerdings nicht behoben, sondern mehr und mehr verschärft. Sie hat im Vergleich zu den übrigen deutschen Staaten – mit Ausnahme Österreichs – besonders krasse Züge angenommen. Der abrupte Kurswechsel trieb den Staat in eine Legitimitäts- und Vertrauenskrise gegenüber seinen eigenen Repräsentanten; sie entlud sich im Extremfall in einer revolutionär wirkenden Aufkündigung der Loyalität. Freisprüche für den prominenten Demokraten Johann Jacob Jacoby in Königsberg und für den sozialistischen Arzt Otto Lüning in Paderborn (1844) brachten auch Friedrich Wilhelm IV. zu der Erkenntnis, daß viele Juristen auf der Seite der liberalen Bewegung »Partei« ergriffen, wie er es ausdrückte. Sofern sich die liberale Beamtenschaft nicht in Indifferenz und Resignation flüchtete, verließ sie ihren ursprünglichen Standort eines überparteilich-unpolitischen Wegbereiters stetigen Fortschritts und wechselte mit der Forderung nach Verfassung und Repräsentation zu den Kräften der Bewegung über.

Die liberale Beamtenschaft hatte in den Reformgesetzen eine Entwicklung in Gang gesetzt, die notwendig über die Beamtenherrschaft hinausführte; die Selbstbestimmung im privaten, wirtschaftlichen und gesellschaftlichen Leben trieb aus sich selbst das Verlangen nach politischer Mitbestimmung hervor und ließ sich um so weniger zum Schweigen bringen, als sich das Vertrauen in die Beamtenherrschaft angesichts ihrer systembedingten Unfähigkeit, jetzt auch die neuen gesellschaftlichen Probleme zu lösen, bis 1847 endgültig verzehrt hatte. Je mehr die Beamtenschaft ihre Autorität einbüßte, und je mehr infolgedessen das liberale Bürgertum gegen staatliche Gängelung und erzwungene Entpolitisierung aufbegehrte, desto lauter erhob sich die Forderung nach einer politischen Repräsentation. Gerade die Provinzialstände, die ursprünglich die politische Bewegung auffangen und durch die Festlegung auf bloße Provinzialinteressen neutralisieren sollten, dienten dem Bürgertum dabei als Forum für die Forderung, Regierung und Verwaltung an die Entscheidung eines Parlaments zurückzubinden.

Die Verschärfung der Reaktion nach der Julirevolution

Nachdem in den zwanziger Jahren die Konfrontation zwischen Regierungen und »Bewegungspartei« in ganz Deutschland nachgelassen hatte, ließ die Pariser Julirevolution von 1830 die Spannungen auch hier wieder steigen. Sie entluden sich in Unruhen, die sich gegen die Restriktion des öffentlichen politischen Lebens und der Kammertätigkeit in den süddeutschen Verfassungsstaaten, gegen die Überlastung mit Steuern und Abgaben und vereinzelt, wie in Leipzig oder Aachen, auch schon gegen die neuen industriellen Produktionsbedingungen richten konnten. Seit 1789 hatte die Erfahrung der Französischen Revolution und ihrer Ausartung in Schreckensherrschaft und Napoleonische Despotie das politische Denken auch in Deutschland beherrscht. Die Ereignisse der Jahre 1830–1834 in Frankreich und Deutschland führten allen politisch Interessierten vor Augen, daß sich die Unzufriedenheit mit den Regierungen jederzeit wieder gewaltsam Bahn brechen konnte. Vor allem die Massendemonstration des Hambacher Festes vom Juni 1832 und der Frankfurter Wachensturm vom März 1833 versetzten Metternich, die preußische Regierung und die leitenden Minister der deutschen Mittelstaaten in Furcht und Schrecken. Metternich sah eine »allgemeine Umwälzungspartei Europas« am Werk; der Frankfurter Wachensturm erschien ihm als die Tat derselben »verruchten Verbrüderung«, die »seit einem halben Jahrhundert« unablässig an dem »Umsturze der bestehenden und selbst aller möglichen gesetzlichen Ordnung und aller Throne« arbeite[2].

Beide Vorfälle boten ihm wiederum die willkommene Gelegenheit, die deutschen Staaten zu Maßnahmen gegen die politische Bewegung anzutreiben. Mit Preußen wußte er sich im Kampf gegen Presse-, Vereins- und Versammlungsfreiheit ganz einig. Um den verhaltenen Widerstand vor allem der süddeutschen Verfassungsstaaten zu überwinden, nutzte er die Phase der allgemeinen Verunsicherung nach dem Hambacher Fest geschickt aus. Der Deutsche Bund erließ am 5. Juli 1832 ein Gesetz, das noch einmal die Zensur verschärfte und alle offen oder latent politischen Vereine, Versammlungen, Adressen und Feste verbot. Die Einzelstaaten folgten mit entsprechenden Verordnungen nach, wobei sie sich gegenüber der liberalen Kammeropposition vielfach auf den Druck beriefen, der vom Bund ausgeübt wurde. Die »Sechs Artikel« vom 28. Juni 1832 fixierten eine einheitliche Auslegung der Verfassungen im Rahmen der Bundesgesetze und schränkten die in den frühkonstitutionellen Verfassungen legalisierten Formen politischer Willensäußerungen, insbesondere den Handlungsspielraum der Kammeropposition, weiter ein: Petitionen der Kammern, die das »monarchische Prinzip« in Frage stellten, wurden ebenso untersagt wie diejenigen Budgetverweigerungen, welche die Erfüllung der Bundespflichten in Frage zu stellen schienen; verboten wurde weiterhin das wichtigste Druckmittel der Kammeropposition, die Verknüpfung der Budgetbewilligung mit politischen Forderungen an die Regierung.

Der Bund griff damit faktisch in das Verfassungsleben der Mittelstaaten ein, was den Widerstand des Liberalismus gegen die gesamte Bundesverfassung auf die Dauer aber nur verschärfte. Auch der Druck auf die politische Jugendbewegung verstärkte sich noch einmal. Der Bund schuf eine neue Zentralkommission für politische Untersuchungen. Sie leitete bis 1842 2000 Ermittlungen ein, erfaßte systematisch alle Verdächtigen und Flüchtlinge und legte wiederum, wie schon 1827, einen Untersuchungsbericht über verbotene politische Aktivitäten vor. Die Zugehörigkeit zur Burschenschaft wurde in Preußen als Hochverrat geahndet, nach dem Frankfurter Wachensturm

[2] Brief Metternichs an den Wiener Polizeioberkommissär Karl Gustav Noé, 20. 4. 1833. In: Hans Adler (Hrsg.), Literarische Geheimberichte. Protokolle der Metternich-Agenten. Bd. 1, Köln 1977, S. 3.

verhängten die Behörden insgesamt 39 Todesstrafen und 165 lebenslängliche oder langjährige Freiheitsstrafen. Die Kontrolle über die Amtsanwärter wegen »vermuteter oder erwiesener Teilnahme an demagogischen Umtrieben« wurde jetzt undurchlässig. Aufs härteste ahndeten die hessen-darmstädtischen Behörden Georg Büchners revolutionären, aber völlig aussichtslosen Versuch, 1834/35 mit Hilfe einer von ihm gegründeten »Gesellschaft der Menschenrechte« und der ebenso wortgewaltigen wie genauen Anklagen in den Flugschriften des ›Hessischen Landboten‹ die Bauern zu mobilisieren. Büchner selbst konnte zwar nach Straßburg fliehen, mehrere seiner Gesinnungsgenossen wurden jedoch zu langjähriger Festungshaft verurteilt. Sein wichtigster Mitstreiter, der Butzbacher Pfarrer Ludwig Weidig, nahm sich nach zweijähriger schikanöser Untersuchungshaft das Leben. Auch die Führer der parlamentarischen Opposition in den Verfassungsstaaten erlitten zum Teil schwerste Schicksale. Wilhelm Joseph Behr, Professor des Staatsrechts in Würzburg, Bürgermeister der Stadt und mehrjähriger bayerischer Kammerabgeordneter, kam aus nichtigem Anlaß mehrere Jahre in Untersuchungshaft und wurde 1836 wegen Majestätsbeleidigung und demagogischer Umtriebe zu zwölf Jahren Festung verurteilt; 1839 mit Auflage, Passau, Regensburg oder Bamberg nicht zu verlassen auf freien Fuß gesetzt, erhielt er erst durch die Amnestie vom 6. März 1848 seine Freiheit wieder. In seiner Vitalität gebrochen, konnte der alte Mann keine wesentliche Rolle mehr spielen, als er für die Stadt Kronach in die Frankfurter Nationalversammlung gewählt wurde. Ähnlich erging es dem Marburger Staatsrechtsprofessor Sylvester Jordan, Führer des kurhessischen Liberalismus und Spiritus rector der kurhessischen Verfassung von 1831. Die Behörden schufen damit auf die Dauer freilich nur Märtyrer der Freiheitsbewegung, denen, ähnlich wie manchen »Demagogen« der Jahre 1815–1819 und einem Teil der Göttinger Sieben, größte moralische Autorität zuwuchs, die dann von Arndt, Jahn, Dahlmann, Jacob Grimm, Gervinus, Behr oder Jordan im Mai 1848 der Frankfurter Nationalversammlung zugeführt wurde.

Bei alledem muß man sich freilich bewußt halten, daß trotz aller Härte im einzelnen die Durchführung der Kontroll-, Überwachungs- und Verbotsmaßnahmen weit entfernt blieb von der Perfektion späterer totalitärer Regime. Der Philosoph Jacob Fr. Fries zum Beispiel, 1819 im Zuge der Demagogenverfolgung in Jena suspendiert, erhielt an derselben Universität 1823 einen Lehrstuhl für Mathematik. Wo die Beamtenschaft in Preußen an ihrem Liberalismus festhielt, unterlief sie manche Maßnahme durch lockere Handhabung, zum Teil auch an leitender Stelle, z. B. durch den Minister Altenstein. Der Linkshegelianer Arnold Ruge, um nur ein Beispiel herauszugreifen, fand 1830 eine Anstellung als Gymnasiallehrer in Halle und habilitierte sich 1831, ein Jahr nach seiner Entlassung aus einer fünfjährigen Festungshaft wegen Zugehörigkeit zu den Burschenschaften. Bei den Neueinstellungen nach 1819 blieb dem Staat häufig gar nichts anderes übrig, als Amtsanwärter zuzulassen, die verbotenen Studentenverbindungen angehört hatten. Die drakonischen Strafen im Anschluß an den Frankfurter Wachensturm dienten vor allem der Abschreckung und wurden generell stark abgemildert. Die Errichtung eines geschlossenen polizeistaatlichen Systems im ganzen Deutschen Bund scheiterte vor allem am Pluralismus der Einzelstaaten. Die Göttinger Sieben kamen, wie geschildert, nach einigen Jahren außerhalb Hannovers in Forschung und Lehre unter. Auch die Praxis der Zensur unterschied sich in den einzelnen Staaten ganz erheblich; um sie zu umgehen, entwickelten Publizisten und Literaten zudem eine Vielzahl wirkungsvoller Methoden. Bei drohendem Verbot verlegte man den Erscheinungsort in ein anderes Territorium, so etwa beim Umzug der radikalen Agitatoren des Hambacher Festes, Wirth und Siebenpfeiffer, in die Rheinpfalz; umgekehrt übersiedelten die ersten katholischen Zeitschriften seit 1820 von Mainz ins katholikenfreundlichere Bayern oder ins nahe Ausland, nach Straßburg. Beliebte Verlagsorte waren freie Städte wie Hamburg oder das dänische Altona nebenan, anfangs vor allem auch das freizügige Jena des Großherzogs Karl August. Häufig hielt man Autorennamen und Verlagsort anonym – beides Verfahren, die sich schon bei der Verschärfung des Kampfs gegen die Aufklärung in den achtziger und neunziger Jahren des 18. Jahrhunderts herausgebildet hatten. Hinzu kamen subtile, spezifisch literarische Methoden: die Kunst der Anspielung, die Mitteilung zwischen den Zeilen, demonstrative und sehr effektvolle Lücken, wo der Zensor eine Partie gestrichen hatte, die Verlegung der Fabel in ferne Zeiten und Länder. Die Überwachung der geistigen Produktion stieß darüber hinaus auf das unlösbare Problem, genügend geeignete Zensoren zu finden. Einzelne Verleger und Autoren, wie etwa Karl Gutzkow, von liberaler Gesinnung und geschäftlich risikobereit, spekulierten geradezu auf den Skandal. In manchen Lesegesellschaften lagen noch radikal-aufklärerische Schriften aus. Die Grenze zwischen »politisch« und »nichtpolitisch«, legal oder illegal verfloß immer wieder, sie zu ziehen überforderte Zensoren und Polizeikonfidenten hoffnungslos.

Die Durchsetzung einer freien Öffentlichkeit ließ sich am Ende nicht verhindern. Noch im Vormärz, in Preußen seit 1840, lockerte sich daher das Repressionssystem. Trotz aller dieser Einschränkungen müssen aber doch neben der aktuellen Unterdrückung auch die langfristigen tiefgreifenden Folgen der Restauration für die politische Kultur in Deutschland und die Prägung des deutschen Bürgergeistes festgehalten werden: Zensur, Vereins- und Versammlungsverbot haben die Entstehung einer souveränen kritischen Öffentlichkeit behindert, sie haben das Gewicht der etablierten, konservativ beherrschten politischen Institutionen im Übermaß gestärkt, und sie haben damit Teile der Opposition in eine Radikalisierung getrieben, die den Hang der politisch Interessierten zur Irrealität über das schon vorhandene Maß hinaus verstärkte. Die Ansätze, politische Mitspracherechte in den Kammern ganz wahrzunehmen oder auch auszuweiten, sind erstickt worden. Im ganzen hat das System der Restauration die politische Mentalität in Deutschland auf Dauer obrigkeitlich verformt und die Ausbildung eines freien und selbstbewußten Staatsbürgertums mit einer schweren Hypothek belastet.

2. Die frühkonstitutionellen Verfassungen und die Anfänge des parlamentarischen Lebens in Deutschland

Motive der Verfassunggebung in den süddeutschen Mittelstaaten

Kennzeichnend für die Verfassungsentwicklung in Deutschland im Vormärz war das Nebeneinander dreier Rechtskreise: das absolutistische Österreich mit vereinzelten altständischen Vertretungen, Preußen, ebenfalls absolutistisch, mit seinen janusköpfigen Provinziallandtagen, und schließlich die Staaten, die sich die Rechtsform der konstitutionellen Monarchie gaben. In einem ersten Schub erhielten – nach dem Sonderfall Sachsen-Weimar (1814) – zuerst die süddeutschen Mittelstaaten eine

Verfassung: das Königreich Bayern 1818, das Königreich Württemberg und das Großherzogtum Baden 1819 und das Großherzogtum Hessen 1820. Warum konnte sich hier, im Gegensatz zu Österreich und Preußen, der Gedanke der Repräsentativverfassung durchsetzen?

Infolge der Säkularisierung der geistlichen Gebiete im Reichsdeputationshauptschluß von 1803, der beträchtlichen Länderverschiebungen nach den verschiedenen Friedensschlüssen und endlich der territorialen Neugestaltung Deutschlands auf dem Wiener Kongreß hatten diese Staaten ihren Gebietsstand erheblich ausgedehnt – Bayern und Württemberg um mehr als das Doppelte, Baden um ein Vielfaches. In den neu hinzugewonnenen Landesteilen bestanden zunächst die alten eigenen Verwaltungen fort, in ihren Bevölkerungen lebte noch das geschichtlich begründete Bewußtsein eigenständiger Staatstradition; über sie war in den Grenzverschiebungen einfach verfügt worden. Die Regierungen standen also vor der schwierigen Aufgabe, diese Gebietskonglomerate mit ganz unterschiedlichen Loyalitäten, Verwaltungs- und Selbstverwaltungseinrichtungen zu einem einheitlichen Staatswesen zusammenzufügen und in den heterogenen Bevölkerungsteilen ein konsistentes Staatsbewußtsein heranzuziehen. Sie lösten dieses Problem in einem ersten, wichtigen Schritt durch den Aufbau einer straff zentralisierten Verwaltung. In einer Flut von Verordnungen entstanden zwischen 1800 und 1820 praktisch neue, rational administrierte Flächenstaaten. Man nennt diesen Vorgang die »bürokratische Integration«. Um jedoch bei den neuen Untertanen wirkliche Loyalität zu wecken, brauchte es mehr, nämlich die Mitbeteiligung der Untertanen oder »Bürger« an den öffentlichen Angelegenheiten. Dieses Ziel hatten ja auch die preußischen Reformer verfolgt. Die Reformbeamten der Mittelstaaten gingen daher dazu über, die administrative Integration durch eine »parlamentarisch-repräsentative Integration« (E. R. Huber) zu verstärken und zu vertiefen. Die Staatsräson selbst also verlangte den Übergang vom bürokratischen Absolutismus zum monarchischen Verfassungsstaat – vor allem aus diesem Grunde fanden sich die Monarchen zur freiwilligen Selbstbeschränkung ihrer Hoheitsgewalt bereit. Hinzu kam ihr Bedürfnis, die einzelstaatliche Souveränität gegenüber dem Deutschen Bund zu behaupten und zu sichern. Der Erlaß eigener Verfassungen machte es leichter, gegenüber den Einflußnahmen Metternichs eine gewisse Selbständigkeit zu wahren. Schließlich sollte der normative Rahmen einer Verfassung die Modernisierung der Gesellschaft rechtlich absichern, die auch hier in der Reformära mit einer Fülle von Gesetzen eingeleitet worden war. Die Verfassungsfreudigkeit der süddeutschen Mittelstaaten beruhte also weniger auf einer grundsätzlichen Hinwendung zum Programm des Liberalismus – obgleich auch dies eine Rolle gespielt hat – als auf rationalen Erwägungen und der Absicht, die Legitimität der monarchischen Gewalt unter den veränderten Bedingungen neu zu festigen. In dieser Ausgangssituation waren allerdings auch die aufkeimenden Konflikte mit der liberalen Bewegung schon angelegt.

Sozialer Protest und Verfassungsbewegung in Mittel- und Norddeutschland

In einem zweiten, von der Pariser Julirevolution ausgelösten Entwicklungsschub schlossen sich die nord- und mitteldeutschen Mittelstaaten dem Kreis der Verfassungsstaaten an: das Herzogtum Braunschweig, das Herzogtum Kurhessen und die Königreiche Sachsen und Hannover. Hier wirkte sich die Unzufriedenheit der Untertanen gerade deshalb besonders stark aus, weil es keine, oder nur altständische Repräsentationen gab, die Konflikte also nicht im Rahmen von Vertretungskörperschaften ausgetragen werden konnten. Vor allem tritt hier auch erstmals eine soziale Komponente der Unruhen stärker hervor. In allen diesen Staaten kam es zu Volksaufläufen und Massendemonstrationen zum Teil gewalttätiger Art. Der soziale Protest von klein- und unterbürgerlichen Schichten sowie der Bauern verband sich mit den konstitutionellen Forderungen des Bürgertums und verlieh ihnen zusätzliches Gewicht. Der Unwille richtete sich auch gegen die Person des Monarchen, entweder weil er absolutistisch-willkürlich regierte, oder weil er den bürgerlichen Moralvorstellungen nicht mehr genügte.

Von Hannover war bereits im Zusammenhang mit den Göttinger Sieben die Rede. In Braunschweig ging dem Aufruhr von 1830 und dem Erlaß einer konstitutionellen Verfassung 1832 ein konservativer Staatsstreich des Herzogs Karl II. voran. Modernere Züge weist die Bewegung in Kurhessen auf. Auch hier lehnte sich das wohlhabende Bürgertum und sogar ein Teil der Bürokratie, des Adels und des Offizierskorps gegen die Mißwirtschaft des Kurfürsten Wilhelm II. auf. Zum bürgerlichständischen Protest traten hier aber stärker als in Braunschweig soziale Unruhen bei Bauern, Kleingewerbetreibenden und auch schon Arbeitern der Industrie- und Gewerbestadt Hanau. Die Bauern stürmten die Schlösser großer Grundherren und verbrannten die Zehntregister. In Hanau und Fulda gingen die Zollhäuser, für die Betroffenen Symbole einer gewerbefeindlichen Handelspolitik, in Flammen auf. Tumulte überzogen das ganze Land, brachen besonders in den großen Städten Kassel, Marburg und Hanau aus. Dieser Massenaufruhr der unteren Schichten erleichterte es der bürgerlichen Opposition, ihre eigenen Forderungen durchzusetzen. Unter der Führung des Marburger Staatsrechtsprofessors Sylvester Jordan wurde eine Verfassung ausgearbeitet, die modernste, die es in Deutschland im Vormärz gegeben hat – mit extensiven Grundrechten, dem Recht der Gesetzesinitiative für die Kammer, Ein-Kammersystem, verfassungsmäßiger Anerkennung einer Bürgergarde, Vereidigung auch der Offiziere auf die Verfassung. Metternich sprach sich gegen diese Verfassung aus, konnte sie aber nicht verhindern. Freilich kam das Land auch danach nicht zur Ruhe. Jahrelang fraß sich hier die Politik fest in einem permanenten Kampf zwischen dem neuen orthodox-protestantischen und konservativen Leitenden Minister Ludwig von Hassenpflug und der Kammermehrheit, bis der Kurfürst ihn schließlich 1837 entließ – keineswegs aufgrund der Beschwerden der Opposition, sondern aus einer persönlichen Mißstimmung heraus.

Schließlich verdienen die Vorgänge im Königreich Sachsen besonderes Interesse, denn hier treten jenseits der bürgerlichen Verfassungsforderungen erstmals massiv Formen frühindustriell motivierten sozialen Aufruhrs zu den sonstigen Gravamina hinzu. Politische und gesellschaftliche Entwicklung klafften in Sachsen stärker auseinander als andernorts. Einerseits hatte bis 1827 Kurfürst Friedrich August regiert, ein extremes Beispiel für die geschichtliche Überlagerung von Generationen und Generationenerfahrungen. 1763, im Jahr des Hubertusburger Friedens an die Regierung gekommen, hatte er bereits 43 Jahre regiert, als ihn Napoleon 1806 zum König erhob, und mehr als 50, als er 1815 den größeren Teil seines Landes an Preußen verlor. Er lebte und dachte ganz im Stil des 18. Jahrhunderts. 1827 folgte ihm sein 72jähriger Bruder Anton auf den Thron und zog sofort die Kritik auf sich. Andererseits war Sachsen seit jeher ein Land mit dichtem Gewerbe und verfügte von daher über beste Voraussetzungen für eine sehr früh einsetzende Industrialisierung, ausgehend besonders vom erzgebirgischen

Bergbau. Hinzu kam der hochentwickelte Handel in der Messestadt Leipzig, damals zugleich das Zentrum des deutschen Buchgewerbes. Zwar gab es eine Kammer, aber sie war noch altständisch verfaßt. In Leipzig und anschließend in Dresden, Chemnitz, Freiberg und andernorts brachen zwischen dem 3. und 6. September 1830 außergewöhnlich heftige Ausschreitungen los gegen städtische Wachhäuser, die Wohnungen von Polizeidirektor, Polizeibeamten und Zensor, und – das war neu in der Geschichte des sozialen Protests – gegen die Villen von Unternehmern. Die aufgebrachte Menge zerstörte die Polizeiakten, soweit sie ihrer habhaft werden konnte. Gegen den Aufruhr von Handwerksgesellen, Lehrlingen und proletarisierten Kleinmeistern griffen die wohlhabenden Bürger zur Selbsthilfe und stellten Kommunalgarden auf. Der sozialrevolutionäre Druck der Unterschichten erleichterte es andererseits demselben Bürgertum, einen Wechsel in Thron und Regierung sowie eine neue Verfassung zu fordern. Graf Einsiedel, der Chef des alten absolutistischen Kabinettsrats, demissionierte, König Anton berief den Sohn seines Bruders, Friedrich August, zum Mitregenten. Mit diesem Nachgeben war es aber nicht mehr getan. Ein halbes Jahr später, im April 1831, erhob sich der Aufruhr erneut, jetzt mit ausgesprochen demokratischen Forderungen: vollständige Aufhebung des Adels, Abschaffung des stehenden Heeres, Volkssouveränität. Die im September 1830 Verhafteten wurden durch Gefängnissturm befreit. Die Regierung unterdrückte die Unruhe schließlich durch Militär, sah sich aber jetzt genötigt, eine konstitutionelle Verfassung zu gewähren.

Konstitutionelle Monarchie und deutsches Sonderbewußtsein

Für das Selbstverständnis der Deutschen, für das Bild, das sie sich von ihrer Vergangenheit, ihrer wünschenswerten politischen Ordnung, ihrer Eigenart gegenüber anderen Nationen machten, spielte es seit dem späten 19. Jahrhundert eine entscheidende Rolle, welches politische System sie für sich selbst als historisch begründet, funktionstüchtig und ihrer nationalen Besonderheit entsprechend ansahen. Als ein, wenn nicht gar *das* entscheidende Merkmal ihrer politischen Kultur galt ihnen dabei die Verfassungsform der konstitutionellen Monarchie – eine Form, die vom demokratisch-parlamentarischen Westen, von England, Frankreich und den USA, aber auch vom zaristisch-vorkonstitutionellen Osten, von Rußland, abwich. Sie ist in

Deutschland in Anlehnung an die Restaurationsverfassung der französischen Monarchie von 1814, die »Charte«, entwickelt worden und hat dem politischen Leben in den deutschen Verfassungsstaaten seit 1818/20 bzw. 1830/33 seinen Stil gegeben. Ihre folgenreichste Ausprägung erhielt sie in der preußischen Verfassung von 1850 und in der Bismarckschen Reichsverfassung von 1871. Die preußische Variante von 1850 ist ausdrücklich konzipiert als Verfassung, die mit der demokratischen und liberalen Revolution brechen sollte, sie war bewußt der Frankfurter Reichsverfassung entgegengesetzt. Sie sollte der Träger der Kontinuität monarchischer Herrschaft sein. Insofern repräsentiert sie tatsächlich ein Stück unverwechselbarer nationaler Sonderentwicklung in Deutschland. Schon die Entstehungsgeschichte dieses Verfassungstyps bis 1820 belegt einen fundamentalen Unterschied gegenüber den westlichen Nationalstaaten. Ursprünglich nicht aus der Revolution hervorgegangen, schlug sich in ihr zumindest im Vormärz die Fähigkeit der deutschen Monarchien nieder, den Absolutismus aus eigener Machtvollkommenheit und eigener Einsicht abzubauen – natürlich gedrängt und beeinflußt von den revolutionären Ideen – und den Übergang zum monarchisch-bürgerlichen Verfassungsstaat aus eigener Kraft ins Werk zu setzen. Aus der Verbindung von innerer Reformfähigkeit der absoluten Monarchien mit der Abwehr gegen die von außerhalb, aus England, Frankreich und Amerika kommenden revolutionären Prinzipien der Volkssouveränität ergaben sich die Hauptmerkmale dieses Verfassungstyps.

Im Zentrum steht das »monarchische Prinzip« – zuerst exemplarisch formuliert in der Bayerischen Verfassung von 1818 im Titel II § 1: »Der König ist das Oberhaupt des Staates, vereinigt in sich alle Rechte der Staatsgewalt und übt sie unter den von ihm gegebenen, in der gegenwärtigen Verfassungsurkunde festgesetzten Bestimmungen aus.«[3] Es ist zunächst gesichert durch die Erblichkeit der Krone. Ausdrücklich legt die Verfassung darüber hinaus die Unantastbarkeit des Königs und des Königtums fest: Person und Institution gelten als »unverletzlich«. Der Monarch steht damit außerhalb jeder politischen Verantwortlichkeit: selbst für eine Verfassungsverletzung kann er

[3] Verfassungsurkunde für das Königreich Bayern (26. 5. 1818), II § 1. In: Ernst Rudolf Huber (Hrsg.), Dokumente zur deutschen Verfassungsgeschichte. 3. Aufl., Stuttgart 1978, S. 156.

nicht zur Rechenschaft gezogen werden. Verfassungsrechtlich bedeutet dies, daß sich in ihm allein die staatliche Souveränität verkörpert – nicht etwa im souveränen Volk, auch nicht in Volk und Souverän gemeinsam. Der Monarch hat die Fülle der Staatsgewalt inne, aber – und das ist jetzt die entscheidende Einschränkung – er unterliegt bei ihrer Ausübung verfassungsrechtlichen Bindungen; eben dadurch ändert sich seine Stellung vom absoluten zum konstitutionellen Herrscher. Die Eigenart des deutschen Typs der konstitutionellen Monarchie tritt besonders deutlich hervor, wenn man sie mit der damals heftig diskutierten belgischen Verfassung von 1831 vergleicht, die auf die französische Revolutions-Verfassung von 1791 zurückgeht. Dort heißt es in Art. 25: »Tous les pouvoirs émanent de la nation. Ils sont exercés de la manière établie par la Constitution.«[4] Der König ist hier nicht *vor* der Verfassung – historisch und rechtlich –, sondern er erhält sein Amt *durch* die Verfassung, auf ihrem Boden. An der Stelle der monarchischen Legitimität – bei der der Monarch seinen Titel aus sich selber hat und aus sonst niemandem – steht hier die demokratisch-nationale Legitimität: der Monarch ist nicht Souverän, sondern Staatsorgan. Ein zweites Hauptmerkmal der konstitutionellen Monarchie liegt in der Regelung der gesetzgebenden Gewalt. Monarch und Volksvertretung üben die Legislative gemeinsam aus. Ein Gesetz benötigt also sowohl die Zustimmung der Kammern wie auch des Monarchen und seiner Regierung. Damit stehen der Volksvertretung weniger Rechte zu, als es die reine liberale oder gar die demokratische Lehre wollte, sie ist aber doch wiederum so stark, daß sie es dem Monarchen unmöglich machen konnte, nur aus seinen eigenen verfassungsmäßigen Rechten heraus zu regieren. Für eine funktionierende Regierung benötigte er die Zustimmung der Volksvertretung. Drittens ist die alleinige Exekutivgewalt des Monarchen von größter Bedeutung. Er allein fungiert als oberster Träger der Regierung und der Verwaltung. Bei allen Regierungs- und Verwaltungsakten handeln die Behörden im Namen und im Auftrag des Königs. *Er* ernennt die Beamten, die ihm zu Treue und Gehorsam verpflichtet sind. Im Rahmen der vollziehenden Gewalt verfügt er

[4] Zit. nach Ernst-Wolfgang Böckenförde, Der Verfassungstyp der deutschen konstitutionellen Monarchie im 19. Jahrhundert. In: Ders. unter Mitarbeit von Rainer Wahl (Hrsg.), Moderne deutsche Verfassungsgeschichte (1815–1914). 2. Aufl., Meisenheim 1981, S. 148f.

über das Entscheidungsrecht in allen auswärtigen Angelegenheiten und übt die alleinige Kommandogewalt über das Heer aus. Beide ausschließlichen Exekutivrechte haben in der preußisch-deutschen Geschichte später eine entscheidende Rolle gespielt. Auf beiden politischen Handlungsfeldern konnte Bismarck nach 1862 im Namen des Königs weitgehend unabhängig von den gewählten Volksvertretern und ihrer Mehrheitsmeinung seine monarchisch-autokratische Machtpolitik betreiben und damit auch innenpolitisch das Parlament überspielen. Die Regierung bleibt institutionell und personell unabhängig von den Kammern. Sie gehört in die Sphäre des Monarchen, wird von ihm berufen und abgesetzt, das Parlament verfügt nicht über die Möglichkeit, sie mit Mehrheitsentscheidung durch Entzug des parlamentarischen Vertrauens zu stürzen. Auf dieser Grundlage entschied Bismarck 1862 bis 1866 die schweren Verfassungskämpfe mit den liberalen Abgeordnetenmehrheiten der zweiten preußischen Kammer zugunsten der monarchischen Prärogative. Auf dieser Grundlage berief der Deutsche Kaiser noch bis zum Oktober 1918 die Reichsregierungen. In dieser Unabhängigkeit vom Parlament liegt der entscheidende Unterschied zwischen »konstitutionellem« und »parlamentarischem« Regierungssystem. Auch hierin schlägt sich die Entstehungsgeschichte der konstitutionellen Monarchie aus der Selbstreform des Absolutismus nieder. Das Ziel war eine Regierung durch Beamte, unabhängig von etwaigen »Parteien« und über ihnen stehend, durch beamtete, aus der Staatsverwaltung hervorgegangene, nicht durch »politische« Minister, die sich – wie im westeuropäischen Parlamentarismus – als Anführer parlamentarischer Mehrheiten qualifiziert hätten.

Die Kammern und das Wahlrecht

Um zu erläutern, wie die Repräsentation und das konstitutionelle Leben konkret aussahen, soll ein charakteristisches Beispiel, das bayerische, herausgegriffen werden. Die wichtigste Errungenschaft der Verfassung bestand in der Einrichtung einer Volksrepräsentation in zwei Kammern, der ersten oder »Reichsrätekammer« und der zweiten oder Abgeordnetenkammer. Laut Verfassungstext war eine »Standschaft« gewährt: »hervorgehend aus allen Klassen der im Staate ansässigen Staatsbürger ..., berufen, um in öffentlichen Versammlungen die Weisheit der Beratung zu verstärken, ohne die Kraft der

Regierung zu schwächen«[5]. Die Formulierung macht überdeutlich, daß es den Monarchen und ihren Regierungen mehr um Integration, weniger um Repräsentation zu tun war. In der ersten Kammer saßen vor allem die »Standesherren«, der 1815 immediatisierte, ehedem reichsunmittelbare Adel, dem Sonderrechte eingeräumt wurden, um ihn für den Verlust seiner autogenen Herrschaftsrechte zu entschädigen. Hinzu kamen die Prinzen des kgl. Hauses, die obersten Kronbeamten, die Erzbischöfe, ein Bischof, der Präsident des neuerrichteten protestantischen Oberkonsistoriums und eine Gruppe von »Reichsräten«, die der König aufgrund besonderer Verdienste eigens berief. Die erste Kammer sollte in Anlehnung an das englische Beispiel ein politisches Gegengewicht gegen die Abgeordnetenkammer darstellen, was sie hier wie in den übrigen Staaten vielfach im Übermaß tatsächlich war. Die Abgeordnetenkammer setzte sich zusammen aus Vertretern der Landesuniversitäten, zu je einem Achtel aus Vertretern der adligen Grundbesitzer mit grundherrlicher Gerichtsbarkeit und der katholischen und protestantischen Geistlichkeit, zu einem Viertel aus Vertretern der Städte und Märkte, zur Hälfte aus Vertretern der Bauern. Indem die Verfassung den Bauern einen so hohen Prozentsatz einräumte, betonte sie den agrarischen Charakter des Staates, verfolgte aber auch einen konservativen Gedanken, die Stärkung des mehr im Herkommen verankerten Bevölkerungsteils gegenüber dem liberalen Bürgertum. Neu war die Verpflichtung der Abgeordneten auf das Wohl des Landes, nicht ihres Standes. Man nennt diese Konzeption im Gegensatz zur vormodernen, geburtsständischen die funktionsständische Repräsentation. Die faktisch in vielen Aspekten noch weiter bestehende ständische Schichtung der Gesellschaft bildet sich ab, aber der Gesichtspunkt der Geburt tritt zurück gegenüber dem der Funktion, der Leistung im arbeitsteiligen System der offener werdenden Gesellschaft.

Sowohl das aktive wie das passive Wahlrecht schränkte die politische Berechtigung in hohem Maße ein. Das passive Wahlrecht bei Städtern und Landeigentümern blieb an freien Grundbesitz gebunden, der jährlich mindestens 8000 Florinen Grundsteuer erbringen mußte. In Bayern galt übrigens nicht – wie in Baden – feste Besoldung als gleichwertiger Ersatz für den Besitz. Die badische Regelung erleichterte vor allem den Staatsbe-

[5] Verfassungsurkunde für das Königreich Bayern, S. 156.

amten aus Justiz, Verwaltung und Wissenschaft die Wählbarkeit, Bayern versuchte dagegen die Bildungsschicht stärker zurückzudämmen. Die Zahl der passiv Wahlfähigen lag jedenfalls denkbar niedrig, in den Städten bei insgesamt 3770 Personen – wovon allein München im Jahr 1818 625 stellte –, bei den Bauern bei 7180 gegenüber einer Gesamtzahl von 671 282 bäuerlichen Familien. Insgesamt waren nicht mehr als 1,2 Prozent der erwachsenen Männer wählbar.

Hinzu kam die Beschränkung auch des aktiven Wahlrechts durch einen hohen Zensus sowie durch die indirekte Wahl im Wahlmännersystem. Die Stimmabgabe staffelte sich entlang den ständischen Grenzen: Je weiter nach unten in der Schichtung, desto stärker vermittelte das Wahlmännersystem den Willen der Urwählerschaft durch Personen mit herausgehobener gesellschaftlicher Stellung, die »Honoratioren«. Von insgesamt 56 Bauernvertretern stellten 1818 die wirklichen Bauern oder Gutsbesitzer nur 18; die übrigen stammten aus den typischen ländlichen Honoratiorengruppen, Bierbrauern, Wirten, Posthaltern, Verwaltungsbeamten, selbst Fabrikanten, Notaren und Kaufleuten. Auch die Zahl der Urwähler lag daher sehr niedrig. Für die 55 000 bis 60 000 Einwohner Münchens wählten nur 54 Personen, nämlich Magistrat und Gemeindebevollmächtigte. Der Anteil der aktiv Wahlfähigen an der erwachsenen männlichen Bevölkerung wird auf insgesamt 6 Prozent geschätzt.

Im Prinzip bauten alle frühkonstitutionellen Verfassungen auf dieser Privilegierung des Adels und des Besitzes sowie, vor allem in Baden, der Bildung auf. Die Wahl war weder direkt, noch gleich, noch frei, noch geheim. Gleichwohl stellten diese Kammern für die Zeit um 1820 eine beachtliche Errungenschaft dar, zu der es eben in den deutschen Großstaaten Preußen und Österreich gar nicht gekommen ist. Diese Form der politischen Repräsentation entsprach auch durchaus den Vorstellungen des liberalen Bürgertums.

Hinter der Abstufung des Wahlrechts standen Grundüberzeugungen, die in der zeitgenössischen Sozialverfassung wurzelten und von daher auch ihr historisches Recht hatten. Nur derjenige, der selbständig einem Haus vorstand und über ein gewisses Vermögen verfügte, galt als kompetent, als unabhängig und frei genug, sich ein eigenes Urteil zu bilden und über die Staatsfinanzen mitzubestimmen – zunächst ja das wichtigste Recht der Kammerabgeordneten. Zu Beginn des Zeitraums – um 1818 – konnte die Hälfte der Bevölkerung auch noch gar nicht lesen und schreiben. Die konstitutionelle Monarchie repräsentiert historisch die Übergangssituation von der geburtsständisch-absolutistischen Gesellschafts- und Staatsverfassung zur modernen egalitären Demokratie. Insofern brachte sie in der ersten Jahrhunderthälfte einen wirklichen politischen Fortschritt. Im Vormärz wichen die süddeutschen Konstitutionen zumindest mit ihrem Zensussystem auch noch keineswegs grundlegend von der Verfassungsentwicklung der westeuropäischen Staaten ab. Das englische Wahlreformgesetz von 1832 etwa gewährte zwar den Hausbesitzern und den städtischen Wohnungsmietern das Wahlrecht, die Zahl der Wähler stieg dabei aber nur von zuvor 500000 auf jetzt 830000; damit kam ein Wahlberechtigter auf 30 Staatsangehörige. In Frankreich stand das Verhältnis 1 zu 200. Zwar liberalisierte die bürgerliche Regierung nach der Julirevolution 1830 den sehr strengen Zensus der »Charte« von 1814, so daß sich der Kreis der Wähler von etwa 100000 auf etwa 240000 erweiterte, doch verteidigte auch hier wie in England einerseits der Adel seine privilegierte Stellung, andererseits nahm die Kammer einen ausgesprochen plutokratischen Zug an.

»Kammerkämpfe«

Seit der Bildung von Kammern entwickelten sich in den Verfassungsstaaten die Anfänge eines modernen parlamentarischen Lebens. Zwar blieb die Öffentlichkeit von den Sitzungen ausgeschlossen, doch wurden die Verhandlungen regelmäßig vollständig publiziert. Rasch bildete sich eine relativ kleine Schicht profilierter Abgeordneter heraus, welche die Opposition gegen die restaurativen Tendenzen auch in den politisch vergleichsweise fortschrittlichen Verfassungsstaaten anführten. Bereits in den zwanziger Jahren sprach man von den »Kammerkämpfen«, zum Teil erbitterten Auseinandersetzungen zwischen Regierung und liberalen Abgeordnetengruppen in den zweiten Kammern. Gegen Ende der zwanziger Jahre flauten sie ab, lebten aber nach der Julirevolution um so stärker wieder auf. Es ging dabei zum einen um die Rechte der Kammern selbst, ihre Stellung gegenüber Monarch und Regierung, und zum andern um die wesentlichen politischen Grundrechte wie Vereins-, Versammlungs- und Pressefreiheit. Ihren wichtigsten machtpolitischen Hebel fanden die Kammern dabei im Budgetrecht.

Eingriffsmöglichkeiten boten sich vor allem dann, wenn die

Regierung neue Steuern erheben wollte, denn sie mußte dann das Staatsbudget für die folgenden Jahre vorlegen und benötigte dazu die Zustimmung der Abgeordneten. Hingegen blieb den Kammern das Recht der Beschlußfassung vorenthalten, von einer wirklichen »Budgetgewalt« kann man also noch nicht sprechen. In jedem Fall war die Rechtslage so verwickelt, daß sie zu Konfrontationen geradezu einlud. Ein Konfliktregelungsmechanismus, ein geordnetes Verfahren, um in solchen Situationen zwischen den gegensätzlichen Standpunkten zu vermitteln, war in die Konstitutionen nicht eingebaut worden. Sie beruhten, entsprechend der Funktion der Kammern im gouvernementalen Denken, auf dem Grundgedanken der Vereinbarung, gingen also vom friedlichen Ausgleich der Parteien aus, nicht von möglichen Friktionen. Es kam also sehr darauf an, ob Regierung und Opposition sich in Konfliktlagen jeweils zu einer Kompromißlösung verstanden. Als es in Bayern 1819 zu Auseinandersetzungen um das Militärbudget kam, fand man noch zu einer gütlichen Lösung. Aber schon die ersten Abstimmungsniederlagen führten bei der Regierung zu Staatsstreichüberlegungen: sie prüfte ernsthaft die Frage, ob nicht die ganze Verfassung wieder aufgehoben werden sollte. Dazu kam es freilich nicht – bemerkenswerterweise vor allem wegen des Widerstands Metternichs, der in dieser Hinsicht legalistisch dachte: ein einmal gegebenes Staatsgrundgesetz sollte auch eingehalten werden, selbst wenn der Regierung daraus Unbequemlichkeiten erwuchsen. Nach Jahren der Beruhigung gingen die bayerischen Abgeordneten im Aufwind der Julirevolution im Sommer 1830 mit frischer Energie an die Frage der Kammerrechte heran. Sie kürzten die Zivilliste des Königs und versagten Ludwig I. jegliche finanzielle Unterstützung für seine Münchner Bautätigkeit. Zusätzlich stutzten sie noch einmal den ohnehin schon schmalen Militäretat. Mit den Militärausgaben verknüpften sie die Frage der Vereidigung des Heeres auf die Verfassung. Damit trafen sie einen neuralgischen Punkt des monarchischen Prinzips. Blieb das Heer unter der ausschließlichen Befehlsgewalt des Königs, oder erkämpften sich die Abgeordneten durch den Verfassungseid des Heeres die parlamentarische Kontrolle über das wichtigste staatliche Machtmittel, das in der konstitutionellen Monarchie unter dem ausschließlichen Oberbefehl des Monarchen stand? Hier war die Haltung Ludwigs kompromißlos – wie später die Wilhelms I. bzw. Bismarcks im preußischen Heereskonflikt. Eine gemäßigt liberale Gruppe von Abgeordneten unter der Führung von Ignaz Rudhardt lenkte schließlich zu einem Kompromiß ein, der die königliche Prärogative nicht antastete, so daß es zu einer wirklichen Verfassungskrise in dieser Frage nicht gekommen ist.

Neben dem Kampf um das Budgetrecht und den Verfassungseid des Heeres häufte sich im Streit um die sogenannte Beamtenbeurlaubung ein lange schwelender Konfliktstoff an. Alle deutschen Staaten hatten in der Reformzeit eine gebildete und zum Teil auch liberal gesonnene, reformfreudige Beamtenschaft herangezogen. Je stärker die Regierungen selbst die Rückwendung zum bürokratisch-halbabsolutistischen Aufsichtsstaat zu vollziehen versuchten, desto mehr gerieten sie in Widerstreit mit herausragenden Vertretern dieser Bürokratie. Gerade die Verwaltungsbeamten aber spielten neben den Gelehrten und einigen profilierten Anwälten in den frühkonstitutionellen Kammern eine herausragende Rolle: in Bayern neben dem Bamberger Anwalt Franz Ludwig von Hornthal (1815 geadelt) der Würzburger Staatsrechtsprofessor Wilhelm Joseph Behr; in Baden neben den Staatsrechtsprofessoren Karl von Rotteck und Karl Welcker der Oberamtmann und spätere Hofgerichtsrat in Schwetzingen, Adam von Itzstein; in Württemberg neben dem Advokaten und Dichter Ludwig Uhland der Tübinger Justizassessor Paul Pfizer. Aufgrund ihrer dienstlichen Erfahrung und wegen ihrer Kenntnis verwaltungsinterner Vorgänge stellten sie die sachlich kompetentesten und also auch gefährlichsten Gegner der Regierungen dar.

Daher griffen die Regierungen gegenüber mißliebigen Beamten zum Mittel der Urlaubsverweigerung. Die Frage war rechtlich nicht eindeutig geregelt, es gab in den Verfassungen keine Bestimmungen über die »Inkompatibilität« – die Unvereinbarkeit – von Abgeordneten- und Beamtenstellung. Andererseits benötigten die Staats- und Gemeindebeamten nach dem Dienstrecht die Urlaubsbewilligung ihrer vorgesetzten Behörde. Als in Bayern bei den Dezemberwahlen 1830 54 Beamte in die Zweite Kammer gewählt wurden, verweigerte die Regierung fünf von ihnen den Urlaub. Das größte Aufsehen erregte der Fall des Freiherrn von Closen, gebürtig aus einer der ältesten bayerischen Adelsfamilien und seit 1805 im bayerischen Staatsdienst tätig. Er legte sein Amt nieder, um das Mandat ausüben zu können. Trotzdem bestritt ihm die Regierung mit dem Argument, zum Zeitpunkt der Wahl sei er noch Beamter gewesen, das Recht der Kammerzugehörigkeit. Zwar gelang es den Abgeordneten, die Mitgliedschaft Closens durchzusetzen, sie unterlagen aber in der Frage der Urlaubsverweigerung für im Amt stehende Beamte – was die Opposition nachhaltig geschwächt hat.

Zu scharfen Auseinandersetzungen kam es in Bayern wie in den anderen süddeutschen Staaten um die Pressefreiheit. Ohne erkennbare Ursachen brachen in der Weihnachtsnacht 1830 in München Studententumulte aus – Signal allgemeiner, aber auch diffuser Unzufriedenheit. König Ludwig I. war seit seinem Regierungsantritt 1825 immer mehr auf den Weg zu einem katholischen Konservativismus und übrigens auch zur persönlichen Autokratie eingeschwenkt. Er ließ die Universität schließen und griff dann in grundrechtlich garantierte Bürgerfreiheiten ein, indem er ungesetzliche Verhaftungen anordnete. Zugleich führte er die Vorzensur für alle politischen Artikel ein und verschärfte damit die sehr liberale Praxis, die bis dahin trotz der Karlsbader Beschlüsse geherrscht hatte. Daraufhin drohte die Kammermehrheit dem Innenminister Schenk mit einer Anklage wegen Verfassungsverletzung und wandte sich mit Petitionen an den König. Ludwig gab nach und entließ Schenk. Tatsächlich steht man hier vor einer Weichenstellung in der Geschichte des deutschen Parlamentarismus. Wenn der König ein Gesetz zurücknahm und einen Minister fallenließ, der die parlamentarische Mehrheit gegen sich hatte, schien sich einen Moment lang die Aussicht zu eröffnen, in der Praxis zu einem parlamentarischen, nicht mehr konstitutionellen Regierungssystem durchzustoßen – dann nämlich, wenn es gelang, die Berufung der Minister durch den König längerfristig von der Kammermehrheit abhängig zu machen. Es wäre jetzt darauf angekommen, eine Kette ähnlicher Präzedenzfälle zu schaffen. Die liberale Opposition beharrte auch kompromißlos darauf, die volle Pressefreiheit durchzuführen, verließ aber gerade damit den Rechtsboden sowohl der bayerischen Verfassung als auch des Bundesrechts und machte es Ludwig leicht, sich zu weigern. Das fehlende Augenmaß der oppositionellen Abgeordneten sollte man freilich nicht einfach personalistisch auf ihren »Starrsinn« (E. R. Huber) zurückführen. Die mangelnde Kompromißbereitschaft hat ihre Ursachen in der Struktur des politischen Systems und der darauf gegründeten politischen Kultur, nicht einfach in mangelnder Reife oder Einsicht der Abgeordneten.

Vormärzlicher Sozialprotest, Kammeropposition und die Vorgeschichte der Revolution

Die geschilderten Ereignisse im Gefolge der Julirevolution kann man in einer Perspektive auf das Jahr 1848 etwa folgendermaßen zusammenfassen:

1. Das Ausmaß der Unruhen zwischen 1830 und 1834 darf nicht unterschätzt werden. Zugespitzt läßt sich hier von einer steckengebliebenen Revolution sprechen. Gelegentlich, wie beim Hambacher Fest (Mai 1832), erreichten die Proteste das Ausmaß von Massenbewegungen. In gewaltsamen Ausschreitungen, Steuerstreiks, einem sich rasch ausbreitenden Versammlungswesen und in Petitionsbewegungen wie in Kurhessen, Hannover, der Rheinpfalz, Sachsen u. a. zeigte sich unübersehbar eine sozial-revolutionäre Tendenz.

2. Bauern, ländliche Arbeiter, Handwerksgesellen, Lehrlinge, ungelernte und gelernte Arbeiter, proletarisierte Handwerksmeister lehnten sich – freilich punktuell und nur vorübergehend – gegen ihr wirtschaftliches Elend und ihre soziale Ortlosigkeit auf. Sie begannen die Autorität der staatlichen Obrigkeit zu bezweifeln. Die Bereitschaft zur Aufsässigkeit nahm stark zu. Die Forderungen radikalisierten sich: außer Grundrechten und politischen Mitspracherechten wurden jetzt vielfach Demokratie und Volkssouveränität verlangt. Neben dem Bürgertum begann der »Vierte Stand« Vorformen eines politischen Bewußtseins zu entwickeln.

Hier zeichnete sich bereits die Konstellation ab, welche die Revolution vom März 1848 in der Anfangsphase trug: die Verbindung von Verfassungsforderungen des liberalen Bürgertums mit der sozialen Unruhe der unterbürgerlichen Schichten. Hier bereits zeigt sich aber auch schon, daß die Gemeinsamkeit von bürgerlicher und unterbürgerlicher Unruhe nur so weit trug und zu politischen Erfolgen führte, wie die Forderungen der liberalen bürgerlichen Opponenten reichten: Herstellung einer Verfassung, stärkere Mitspracherechte des Bürgertums, mehr persönliche Freiheit. Tatsächlich wurde einiges erreicht: frühkonstitutionelle Verfassungen, in vielen Staaten eine Erweiterung der kommunalen Selbstverwaltung; der Einfluß des Bürgertums nahm auf diese Weise erheblich zu. Bis 1832/34 lockerte sich auch das Polizeiregiment. Wo aber die soziale Unruhe sich auf Angriffe auf das private Eigentum von Unternehmern und überhaupt auf gewaltsame Aktionen ausdehnte, einigten sich opponierende Liberale und die alte bürokratisch-absolutistische Führungsschicht rasch in der Abwehr weitergehender Forderungen, wie etwa Verfassungen auf der Grundlage der Volkssouveränität.

3. Vor allem in den süddeutschen Kammerkämpfen unternahm die liberale Opposition mehrere Ansätze, über die einzelstaatlichen Vertretungen die Repressionspolitik des Deutschen Bundes zu unterlaufen, die Presse-, Vereins- und Versammlungsfreiheit durchzusetzen und die Stellung des Parlaments gegenüber dem Monarchen zu stärken. Darin machte sich auch ein kräftiger Unabhängigkeitsdrang gegen die Vorherrschaft der tonangebenden Restaurationsmächte Österreich und Preußen bemerkbar. Diese Versuche sind jedoch gescheitert. Die Bundespolitik erreichte ihr Ziel, die Äußerungs- und vor allem die Organisationsfreiheit erheblich einzuschränken.

4. Die Hoffnung der Regierungen auf die integrierende Funktion der Kammern erfüllte sich nur teilweise. Zwar trugen die Kammern tatsächlich zur Ausbildung eines territorialen Staatsbewußtseins in den neuangegliederten Gebieten bei. Aber sie förderten nicht die Einheit von Volk und Regierung – im Gegenteil, sie erleichterten die Einigung der Staatsbürgerschaft *gegen* die Regierung. Die liberalen Kammerabgeordneten begnügten sich nicht mit der ihnen zugedachten Aufgabe der Beratung der Krone und der Vermittlung von gesetzgeberischen Maßnahmen an die Untertanen. Das Integrationsinteresse der Regierungen und das Partizipationsinteresse der Kammeropposition traten immer mehr auseinander. Die Kammern entwickelten sich zum wichtigen Forum der Kritik am Monarchen, an der bürokratischen Regierungspraxis, am monarchischen Prinzip als Verfassungsgrundlage, vor allem in den Jahren 1830 bis 1837.

5. Andererseits festigte die parlamentarische Tätigkeit den Föderalismus der deutschen Staatenwelt – wenn auch auf andere Weise, als die Regierungen 1818 bis 1820 erwartet hatten. Die Praxis des parlamentarischen Lebens in den süddeutschen Staaten vertiefte die Zerrissenheit der deutschen Staatenwelt in unterschiedliche Lager mit verschiedenen politischen Systemen. Die süddeutschen Kammern entwickelten sich zumindest 1830 bis 1834 und in der unmittelbaren Vorgeschichte der Revolution zu Brennpunkten des politischen Lebens. Sie bildeten sozusagen einen Ersatz für die vorläufig noch fehlende gesamtnationale Opposition. Die Anfänge eines bürgerlich-politischen Lebens in Deutschland entfalteten sich also auf der Ebene der

Einzelstaaten. Dies trug dazu bei, daß die Abgeordneten und die Parteien auch 1848 stark im Partikularismus verankert blieben.

6. In den Kammern bildete sich eine neue politische Führungsschicht heraus – vor allem aus politisierenden Gelehrten, Advokaten, Beamten. Trotz ihrer begrenzten Kompetenz können die Kammern als Schulen des in Deutschland ja ganz neuen parlamentarischen Lebens bezeichnet werden. Hier übte man sich in der freien Rede, hier lernte man die Praxis des Gesetzgebungsverfahrens kennen, hier baute man auch den Respekt vor der Obrigkeit, der staatlichen Bürokratie, den Mitgliedern der traditionellen Hofgesellschaft ab, wenngleich diese Bindungen, wie sich 1848/49 erweisen sollte, insgesamt beträchtlich blieben. Jedenfalls aber wurde die Bewegung zur Einberufung der Nationalversammlung in der »Heidelberger Versammlung« und im »Vorparlament« vor allem von süddeutschen Parlamentariern getragen und gesteuert.

7. Die Konfrontationen von Regierung und liberaler Opposition zogen aber auch die latent systemsprengende Erweiterung des politischen Handlungsraums über die Kammern hinaus nach sich. Beide interpretierten das Verfassungsrecht in gegensätzlichen Richtungen. Die oppositionelle Stellung der Liberalen in den Kammern brachte zwangsläufig eine – anfangs keineswegs allgemein beabsichtigte – Tendenz mit sich, die Mitspracherechte der Kammern auszuweiten. Die Regierungen versteiften sich demgegenüber auf eine restriktive Auslegung der Kammerrechte. Weil die Opposition in den Kammern allein aber keine bleibenden Erfolge erzielen konnte und weil auch die liberale Kammeropposition die sozialen Motive der Unruhe in der Unterschicht nicht aufgriff, staute sich der politische Druck immer mehr. Die Unruhe griff daher auch im außerparlamentarischen Raum immer weiter um sich. In der Kammeropposition selbst wurden prominente Oppositionsführer ausgeschaltet oder resignierten freiwillig – allerdings nur vorübergehend: 1848 standen sie alle, Uhland, Pfizer, Welcker, Behr und Jordan, wieder in der politischen Arena.

3. Die Entgrenzung der ständischen Gesellschaft

Die Bevölkerungsrevolution

Europa wurde im frühen 19. Jahrhundert von einem Vorgang beherrscht, der heute – in mancher Hinsicht vergleichbar – die Lebensrealität der Länder der Dritten Welt bestimmt: die Bevölkerungsrevolution. Vor allem in West- und Mitteleuropa trat die Regeneration in einer Weise über die Schranken des Bekannten und Gewohnten, daß sie die Zeitgenossen zutiefst beunruhigt und insbesondere die konservativeren unter ihnen in schwere Zukunftsängste gestürzt hat. Hier war ein Prozeß in Gang gekommen, der von sich aus auf die Veränderung der sozialen Ordnung drängte.

Seit etwa 1770 ging in Deutschland die Phase »stehender Bevölkerung«, die etwa 400 Jahre gedauert hatte, zu Ende und mit ihr die »agrarische Bevölkerungsweise«, ein Typus des generativen Verhaltens, der für die ältere, ständische und überwiegend agrarisch bestimmte Gesellschaft charakteristisch ist. Er war bestimmt durch hohe eheliche Fruchtbarkeit bei gleichzeitig hoher Säuglings- und Kindersterblichkeit, sowie, erzwungen von der Rechtsordnung, durch die Begrenzung der Zahl der Ehen überhaupt. Die ständisch-patrimoniale Gesellschaft regelte die Erwerbs-, Subsistenz- und damit auch die Regenerationschancen nach dem »Nahrungssystem«. Sie ging von dem Grundsatz aus, innerhalb des klar umgrenzten Rechtskreises der Stadt- oder Dorfgemeinde allen Eigentümern hinreichende Nahrung zu ermöglichen und stufte die Bedürfnisse und die Möglichkeiten, sie zu befriedigen, entlang den ständischen Grenzen ab. Wer in diesem relativ statischen und in sich auf der Grundlage der Ständeordnung durchaus funktionsfähigen Nahrungssystem keine »Stelle« besaß, eine möglicherweise sehr kleine, aber rechtlich vergleichsweise gesicherte Arbeits- und Subsistenzeinheit als Handwerksmeister oder als Händler, als freier oder unfreier Bauer, dem blieb das Recht zur Eheschließung vorenthalten, so etwa dem Gesinde, den Tagelöhnern in Stadt und Land, den Handwerksgesellen – allgemein gesprochen also der unterbäuerlichen und unterbürgerlichen Schicht bzw. denjenigen, denen mangels eigenen, wenn auch vielleicht feudalrechtlich beschränkten Eigentums das entscheidende Merkmal der ökonomischen Selbständigkeit fehlte. Während Handwerksgesellen, solange das System funktionierte, zur Meisterschaft und damit zu »Ehrbarkeit« und bürgerlichen Rechten gelangen konnten, lief bei den Kümmerformen der kleinen Kötter, Einlieger und Heuerlinge auf dem Land, beim heimatlosen und besitzlosen Pöbel in der Stadt, bei den Alleinstehenden, die keine Familie ernähren konnten, das Leben aus und »pflanzte sich gar nicht oder nur schwach, unehelich, d. h. wiederum in Kümmerform, fort«[6]. Seit dem späten 18. Jahrhundert verlor dieses System allmählich seine unbestrittene Geltung und seine regulierende Kraft. Der Bevölkerungsausgleich der alten Welt, die über Jahrhunderte hinweg mehr oder weniger statische Bevölkerungszahl, machte jetzt einem permanenten Bevölkerungswachstum Platz. Die Gründe dafür sind vielfältig, die Entwicklung differenziert sich in hohem Maße nach Regionen und Schichten.

Vor allem der Landesausbau in den ostelbischen Gebieten, aber auch die neuen Manufakturen und das Heimgewerbe boten gerade der Unterschicht vermehrte Erwerbschancen zumal auf dem Land. Die Seuchensterblichkeit, anfangs hauptsächlich durch die Pest, später die Pocken, ging zurück, wenn auch vor allem die Cholera immer noch in einzelnen verheerenden Epidemien auftrat. Schon seit 1770 sank die Kinder- und Jugendlichensterblichkeit ab, daher erreichten mehr Menschen als zuvor das Alter der Zeugungs- und Gebärfähigkeit. Da die eheliche Fruchtbarkeit gleich hoch blieb, wuchs die Zahl der Familiengründungen. Welche Rolle dabei die Reformgesetzgebung in Preußen gespielt hat, ist noch nicht abschließend geklärt. Da nach 1815 die Zuwachsraten in den östlichen preußischen Provinzen wie Pommern, Ostpreußen, Posen, Brandenburg und Schlesien besonders hoch lagen, ist aber doch anzunehmen, daß sich die Stein-Hardenbergschen Reformen bemerkbar machten. Sie setzten einerseits die bisher nicht regenerationsberechtigten Randexistenzen frei und ermöglichten deren Familiengründung; und sie schufen andererseits mit dem Übergang zur kapitalistischen Agrarwirtschaft neue, wenn auch häufig nur saisonale Arbeitsplätze. Demgegenüber hielten die nichtpreußischen Staaten, die sich noch nicht zur Einführung der Gewerbefreiheit entschließen konnten, am Grundsatz der »Nahrung« fest und koppelten nach wie vor das Ehe- und Niederlassungsrecht

[6] Werner Conze, Vom »Pöbel« zum »Proletariat«. Sozialgeschichtliche Voraussetzungen für den Sozialismus in Deutschland. In: Hans-Ulrich Wehler (Hrsg.), Moderne deutsche Sozialgeschichte. 2. Aufl., Köln/Berlin 1968, S. 114.

an den Besitz einer festen Subsistenzstelle. Dies trieb zwar die Unehelichenquote hoch, führte aber insgesamt zu einer niedrigeren Geburtenrate – ohne daß der säkulare Prozeß der Bevölkerungsvermehrung dadurch unterbunden worden wäre. Andere rechtliche und ökonomische Bedingungen kamen hinzu. In bäuerlichen Gebieten mit Anerbenrecht, wie etwa im Münsterland, wo das ganze Anwesen in der Regel an den ältesten Sohn überging, erhielt sich eine groß- und mittelbäuerliche Struktur: die Zahl der Familienstellen blieb hier niedrig und die bäuerliche Familienplanung richtete sich darauf ein. Unmittelbar benachbarte Gebiete dagegen wie die Regierungsbezirke Minden und Arnsberg wiesen eine weit höhere Geborenenziffer auf. Anders als beim rein agrarischen Münsterland handelte es sich hier um Agrarlandschaften mit gewerblicher Überformung. Ihr Nahrungsspielraum erweiterte sich durch Gewerbebetriebe und seit den dreißiger Jahren auch durch einsetzendes frühindustrielles Wirtschaftswachstum.

Jenseits aller regionalen Unterschiede lief die Bevölkerungszunahme generell in einer ersten Welle von ungefähr 1770 bis 1830 an und erfuhr 1831/32 einen tiefen Einschnitt durch eine Cholera- und Grippeepidemie, welche die Sterblichkeit in die Höhe trieb. Danach setzte sich das Wachstum langsamer fort. Die Überschußziffern der ersten Bevölkerungswelle wurden nicht mehr erreicht. Einen neuerlichen Rückgang brachte die Agrarkrise von 1847/48, die Jahre danach erzielten wieder Überschüsse, aber bei insgesamt abgeflachter Kurve. Die Bevölkerung Bayerns stieg zwischen 1815 und 1864 von 3,507 Millionen auf 4,815 Millionen an, das entspricht einer jährlichen Zuwachsrate von 6 Prozent – ähnlich in Württemberg mit 4,5 und in Baden mit 7,4 Prozent. Die Bevölkerung der preußischen Provinzen im Deutschen Bund stieg von etwa 8 Millionen auf etwa 14,8 Millionen (12,4 Prozent). Diese Zahlen werden nur noch übertroffen durch das gewerbereiche Königreich Sachsen mit einer Zuwachsrate von 14,1 Prozent pro Jahr. Die regionalen Unterschiede des Wachstums blieben neben den unmittelbaren Folgen für die Betroffenen auch nicht ohne machtpolitische Auswirkungen. Der Bevölkerungsanteil Preußens innerhalb des Deutschen Bundes war 1864, zu Beginn der eigentlichen Reichseinigungspolitik, um 2,7 Millionen Bewohner über den Österreichs hinausgewachsen. Zusammen mit seinen Provinzen außerhalb des Bundes wies Preußen damit auch 750000 Einwohner mehr auf als alle deutschen Klein- und Mittelstaaten zusammen. Auf preußischem Staatsgebiet lebten 1864 zwei Drittel aller Bewohner des späteren deutschen Reichsgebiets – ein Faktor, der in der Geschichte der nationalen Einigung Deutschlands nicht übersehen werden sollte.

Der Pauperismus

Die Entgrenzung der Regeneration löste von der Basis des gesellschaftlichen Lebens her, vom Bevölkerungsaufbau, die Lebensordnung der alten Welt, die ständische Zuteilung von Erwerbs-, Status- und Machtchancen, allmählich auf. Seit etwa 1825 tauchte in der gesellschaftlich-politischen Diskussion, aus dem Englischen kommend, ein neuer Begriff auf, der die öffentliche Erörterung über die wirtschaftliche und soziale Lage der »handarbeitenden Klassen« bis 1848 durchweg beherrschte, der »Pauperismus«. Brockhaus' Real-Enzyklopädie definierte ihn 1846 als »neuerfundenen Ausdruck für eine höchst bedeutsame und unheilvolle Erscheinung, die man in Deutschland durch die Worte ›Massenarmut oder Armentum‹ wiederzugeben versucht hat. Es handelt sich dabei nicht um die natürliche Armut, wie sie als Ausnahme infolge physischer, geistiger oder sittlicher Gebrechen oder zufälliger Unglücksfälle immerfort einzelne befallen mag; auch nicht um die vergleichsweise Dürftigkeit, bei der doch eine sichere Grundlage des Unterhalts bleibt. Der Pauperismus ist da vorhanden, wo eine zahlreiche Volksklasse sich durch die angestrengteste Arbeit höchstens das notdürftige Auskommen verdienen kann ... und dabei immer noch sich in reißender Schnelligkeit ergänzt und vermehrt.«[7] Damit sind die wesentlichen Merkmale benannt, die bereits für das Bewußtsein der Zeitgenossen den Pauperismus von den herkömmlichen Formen der Armut unterschieden. Er meint weder das bedrängte Leben einer begrenzten Zahl randständischer Existenzen im Nahrungssystem der vormodernen Wirtschaftsverfassung noch die Armut als Hilfsbedürftigkeit einer in ihrem Umfang einigermaßen konstanten Schicht erwerbsunfähiger Kranker, Alter oder Invaliden als unvermeidlicher Bestandteil jedes sozialen Körpers. Er bezeichnet vielmehr eine grundsätzliche Störung im Ausgleich zwischen Bevölkerungs- und Nahrungsspielraum.

Diese Störung entstand aus dem Zusammentreffen zweier einander steigernder Krisen: der agrarischen Übervölkerung auf

[7] Artikel ›Pauperismus‹. In: Brockhaus' Real-Enzyklopädie. Leipzig 1846, S. 15f.

der einen und einer konjunkturellen Stockung auf der anderen Seite. Die Wirtschaftskrise wiederum hatte mehrere Ursachen. Infolge anhaltender Überproduktion seit dem ausgehenden 18. Jahrhundert trat 1819 ein Preissturz für Agrarprodukte ein, der in den zwanziger Jahren anhielt. Er zog auch im städtischen Gewerbe eine langdauernde Absatzstockung nach sich. Zwar nahm die Landwirtschaft vor allem in Gebieten rationeller Bewirtschaftung, besonders in Ostelbien, zusätzliche Arbeitskräfte auf. Doch genügte dieses vermehrte Angebot an Arbeit nicht, um den Überschuß aus der ersten großen Bevölkerungswelle 1770 bis 1830 aufzufangen. Die zahlreichen zeitgenössischen Analysen heben daher alle eine Tatsache hervor: den zu starken Anstieg der Arbeitskräfte gegenüber den vorhandenen Arbeitsplätzen. Diese Übervölkerungskrise zeitigte also vor allem eine Beschäftigungskrise. Sie erfaßte die Mehrzahl derjenigen, die zu den »arbeitenden Klassen« gehörten. Dazu drückte schon seit der Öffnung der Kontinentalsperre 1815 und noch zunehmend in den dreißiger und vierziger Jahren die englische Konkurrenz auf das einheimische Gewerbe, insbesondere auf die Textilherstellung – bis zur Jahrhundertmitte der weitaus wichtigste Zweig der gewerblichen Produktion. Zeitgenössische Quellen, besonders aus den vierziger Jahren, schildern höchst anschaulich die Absatzstockungen in den traditionellen deutschen Gewerberegionen, so etwa der Klöppelei im Obererzgebirge, der Eisenproduktion in der Eifel, im Siegerland, in Westfalen, im nassauischen Bergland, der Garn- und Leinwandindustrie in Bielefeld, die ihre Märkte in Amerika, England, Belgien und Frankreich verlor, der Spinnerei in Kurhessen und Thüringen, die sich der Konkurrenz durch englische, aus australischer Wolle gefertigter Stoffe nicht mehr erwehren konnte, und der Blei- und Eisenproduktion in den preußischen Rheinprovinzen. Die vorindustrielle Wirtschaftsverfassung kannte die Arbeitslosigkeit modernen Stils noch nicht. Auch die Arbeitsuchenden der Überschußbevölkerung fanden im allgemeinen zwar Arbeit, aber sie wurde aufgrund des Überangebots so schlecht bezahlt, daß der Lohn zum Leben kaum reichte. Der Wert der einzelnen Stelle sank so weit ab, daß vielerorts bis zu 60 Prozent der Bevölkerung an den Rand des Existenzminimums gerieten. Infolge von Mißernten und Kartoffelfäule mündete die Übervölkerungskrise mit nachfolgender Beschäftigungskrise schließlich 1847/48 in eine verbreitete Hungersnot.

Alle diese Faktoren unterschieden für das Bewußtsein der

Zeitgenossen das aktuelle Massenelend von der gewohnten, traditionellen »Armut«. Allerdings war schon seit dem späten 18. Jahrhundert, als der Bevölkerungszuwachs einsetzte, die Grenze zwischen der unterstützten Armut und der »normalen« Existenz in der sozialen Unterschicht fließend geworden. Zeitweilig war schon vor 1800 die soziale Unterschicht von 20 bis 25 Prozent zur Unterstützungsbedürftigkeit abgesunken. Aber auch die unterste Gruppe der – vom Staat mit äußerster Kälte behandelten – Heimat- und Besitzlosen galt doch als fester Bestandteil der ständischen Ordnung.

Da aber dieser »Pöbel« jetzt massenhaft anwuchs und die Grenze zwischen »verschuldeter« und »unverschuldeter« Armut verfloß, zerfielen die im vormodernen »Nahrungssystem« noch gewahrten Proportionen der ständischen Schichtung. Die korporative Gliederung der Gesellschaft, sofern es sie – außerhalb Preußens – noch gab, wurde überdehnt, die traditionelle Sitte, die das Verhalten gelenkt hatte, verlor ihre regulierende Kraft.

Das massenhafte Elend überforderte schließlich auch die Institutionen, die für die »miseri et mali«, für Kranke, Invalide, Krüppel und Geisteskranke, für alle, die sich aus eigener Kraft nicht mehr am Leben zu erhalten wußten, gesorgt hatten, nämlich die Kirche, die in der Säkularisation wesentliche Ressourcen für ihre Mildtätigkeit eingebüßt hatte, und die Städte und Gemeinden, in deren Zuständigkeit seit den Reichspolizeiordnungen des 16. Jahrhunderts (1530, 1548, 1577) die Armenunterstützung fiel. Sie hatten ihrerseits das Recht auf Armenunterstützung mit dem Heimat- und Gemeindebürgerrecht gekoppelt. Ein solches Einsitzrecht stand allen Ortsgebürtigen zu oder konnte durch die ausdrückliche Aufnahme in den Gemeindeverband erworben werden, blieb aber an hohe Aufnahmegebühren oder an die Zahlung der Gemeindesteuern oder an den Nachweis eines festen Erwerbs, in jedem Fall an die »Unbescholtenheit« gebunden. Die Zunahme der Armut und die wachsende Mobilität der arbeitssuchenden Unterschicht belastete die örtlichen Armenverbände vor allem in den dreißiger und vierziger Jahren so stark, daß sich die zahlenden Bürger dagegen zur Wehr zu setzen begannen. Während der Hungerkrise von 1816/17, der vorletzten in Europa, soll zum Beispiel Köln bei 49000 Einwohnern 18000 bis 19000 Almosenempfänger versorgt haben; 1848 waren es 25000, während die Gesamtbevölkerung auf 100000 zuging. In Bremen zahlten 1848 von den 17000 Familien der Stadt 11000, das sind fast zwei Drittel, keine Einkommensteuer; für die meisten reichte ein Jahreseinkommen von weniger als 250 Talern gerade zum Leben, doch ohne jede Sicherheit.

Viele der mittel- und süddeutschen Staaten, welche die Gewerbe- und Niederlassungsfreiheit noch nicht eingeführt hatten, suchten sich mit einer Verschärfung der Heimatgesetzgebung zu helfen und verlangten für die Niederlassung in traditioneller Weise den Nachweis einer festen Nahrungsstelle. Sie verschoben das Problem damit aber nur zurück zu den Herkunftsgebieten der Pauperes.

Die Wanderungsbewegungen

Die Auswanderung war im absolutistischen Territorialstaat nur selten und dann meist aus religiösen Motiven vorgekommen. Die vormoderne Agrarverfassung schränkte die Freizügigkeit stark ein und band den Wegzug an den ausdrücklichen Konsens des Grund- bzw. Gutsherrn und des Landesherrn. Im Sinne ihres merkantilistischen Interesses an der Ressourcensteigerung für die Landesökonomie betrachteten die Monarchen die Auswanderung als Verlust an Arbeits- und Wirtschaftskraft, suchten sie nach Möglichkeit zu verhindern und neigten eher dazu, durch eine systematische »Peuplierungspolitik« die Einwanderung vor allem hochqualifizierter Arbeitskräfte zu fördern. Im beginnenden Pauperismus kehrte sich diese Einschätzung um zu der Hoffnung, durch die Auswanderung sozialen Sprengstoff zu beseitigen. Tatsächlich suchten insbesondere seit Beginn der dreißiger Jahre immer mehr Menschen einen Ausweg aus ihrer trostlosen Lage, indem sie die Heimat verließen und in den Vereinigten Staaten, aber auch in Brasilien, Kanada, Argentinien und Australien eine neue Existenz suchten. Einen ersten Höhepunkt erreichte die Auswanderungswelle 1847, als der Druck des Pauperismus unerträgliche Formen annahm. 1845 emigrierten 37800 Menschen aus dem Gebiet des späteren Deutschen Reiches, bis 1850 stieg die Zahl kontinuierlich auf 83220 im Jahr. Die meisten Emigranten kamen aus den Realteilungsgebieten mit starker Besitzzersplitterung, wo die nachgeborenen Söhne keine Chance mehr sahen, sich und eine Familie zu ernähren. Da die Zahlen insgesamt nach 1848 in die Höhe schnellen, hat man angenommen, für viele hätten auch politische Motive eine Rolle gespielt. Doch dürfte die Zahl der politischen Emigranten einige Tausend nicht überschritten haben. Bis zum Beginn der fünfziger Jahre verlief die Auswanderung in höchst ungeordneten Bahnen. Über das Einwanderungsland standen meist nur sehr sporadische und geschönte Informationen zur Verfügung, die menschenarmen Zuwanderungsländer lockten die Auswanderungswilligen durch eine Flut sehr anspruchsloser Schriften und mit Hilfe häufig skrupelloser Agenten ins eigene Land. Erst seit der Jahrhundertmitte erleichterten die Errungenschaften der Verkehrsrevolution den Ablauf.

Stärker noch als die Auswanderung diente die jetzt einsetzende Binnenwanderung dazu, die Agrarregionen von der jugendlichen Überschußbevölkerung zu entlasten. Die Binnenwanderung ist im wesentlichen Wanderung auf der Suche nach Arbeit, weniger oder kaum Suche nach Verbesserung eines an sich gesicherten sozialen Status (»Chancenwanderung«). Sie diente vor allem auch der kurzfristigen Anpassung an Schwankungen des Arbeitsmarktes. Soziale Sicherungssysteme größeren Ausmaßes gab es überhaupt nicht, eine organisierte Arbeitsvermittlung nur in ganz seltenen Fällen und dann nur auf lokaler Basis. Die Bevölkerungsforschung hat die Hypothese aufgestellt, daß der Mobilitätsgrad in der gesellschaftlichen Schichtung nach unten hin zunimmt: je weniger qualifiziert, desto mobiler[8]. Dem entsprechen auch die typischen saisonalen Schwankungen des Wanderungsverlaufs; Ungelernte suchten Arbeit auf dem Land während der Ernte und in der Stadt während der Bausaison. Was die Wanderungsdistanz angeht, so überwiegt die Nah- und Umlandwanderung. Die agrarische Überschußbevölkerung zog zuerst in die nächstgelegene Stadt ab, je nach Siedlungsdichte aus einem Umkreis von 50, 100 oder 150 Kilometern. Erst wenn am nächstgelegenen gewerblichen oder industriellen Standort keine Arbeit zu finden war, setzte das Wandern von Ort zu Ort ein. Diese Nah- und Umlandwanderung beließ den Migranten wie den erwanderten Städten zumindest anfangs den Vorteil einer landsmannschaftlichen und konfessionellen Geschlossenheit im Bevölkerungsprofil der anwachsenden Agglomeration. Die Migration der Männer schließlich übertraf quantitativ die der Frauen. Auch hier zeigt sich wieder der Zusammenhang zwischen beruflicher Qualifikation und Wanderungsbewegung.

[8] Rudolf Heberle und Fritz Meyer, Die Großstädte im Strom der Binnenwanderung. Wirtschafts- und bevölkerungswissenschaftliche Untersuchungen über Wanderung und Mobilität in deutschen Städten. Leipzig 1937, S. 123.

Den größten Anteil unter den weiblichen Migranten machen die Dienstbotinnen aus.

Der Beginn der Verstädterung

Bevölkerungsexplosion und Wanderungsbewegungen mündeten in die beginnende Verstädterung oder Urbanisierung – ebenfalls ein Vorgang, der dem modernen Leben seine spezifische Gestalt gibt. In den industrialisierten Staaten heute zur Ruhe gekommen, läuft er in den Ländern der Dritten Welt noch immer mit großer Dynamik weiter, mit all den schlimmen Begleiterscheinungen, die auch in der europäischen Urbanisierung des 19. Jahrhunderts aufgetreten sind: Bevölkerungskonzentration auf engstem Raum, Wohnungsmangel und Slumbildung, Auflösung gewachsener regionaler, familiärer und konfessioneller Bindungen, Zerfall lebenstragender Gewohnheiten und Sitten. Er prägte aber auch der europäischen Zivilisation die unverwechselbaren Züge ihrer Fortschrittsbesessenheit und Rationalitätsfreudigkeit auf: Verdichtung und Differenzierung der Kommunikation, Individualisierung der Lebensführung, Verstärkung des Bildungsangebots, Vermehrung der kulturellen Entfaltungsmöglichkeiten, Steigerung von Intellektualität und Reizbarkeit der sinnlichen Welterfahrung bei einer immer größeren Anzahl von Menschen.

Bis zum Beginn des 19. Jahrhunderts war die Bevölkerungsverteilung zwischen Stadt und Land etwa gleich geblieben. Der überwiegende Teil der Bevölkerung lebte auf dem Land. In den gewerblich und industriell am weitesten fortgeschrittenen Ländern, in England und Schottland und in den Niederlanden, macht der Bevölkerungsanteil der Städte mit mehr als 2000 Einwohnern um 1815 etwa 25 Prozent, in Frankreich, Dänemark und Deutschland etwa 20 Prozent aus. Zwar hatte die Zunahme der Stadtbevölkerung schon im 17. und 18. Jahrhundert begonnen, doch hielt sie sich in bescheidenen Grenzen und verlief durchaus unregelmäßig. Die Ausnahme stellen die großen Metropolen London, Paris, Wien und Berlin dar, die bereits im 18. Jahrhundert zu kontinuierlichem Wachstum übergingen. Das allgemeine Städtewachstum dagegen begann in Deutschland im wesentlichen seit 1815, der Anteil der Städter an der Gesamtbevölkerung vergrößerte sich jetzt laufend. Wien etwa zählte im Jahr 1800 231000 Einwohner, 1849 bereits 476000; Berlin 1801: 173000 und 1849: 454000 Einwohner; das Wachstum Berlins überflügelte also bereits das der habsburgischen Metropole. Auch kleine Residenzstädte legten erheblich zu, so etwa München; eine Handels- und Gewerbestadt wie Leipzig verdoppelte fast ihre Bevölkerung von 38000 im Jahr 1800 auf 67000 im Jahr 1852. An einem Beispiel soll erläutert werden, wie sich dieses Wachstum zusammensetzt und welche sozialen Folgen es nach sich zog.

Die Stadt Barmen kann als typisch gelten für die Bevölkerungsentwicklung eines alten gewerblichen Zentrums im Übergang zum Industriezeitalter. 1810 zählte sie noch 16000 Einwohner, verdoppelte diese Zahl bis 1850 auf 36000 und verzehnfachte sie bis zum Beginn des 20. Jahrhunderts. Seit jeher Sitz eines blühenden Textilgewerbes, faßte hier schon in den dreißiger und vierziger Jahren die beginnende Industrialisierung Fuß. Der Bevölkerungszuwachs ergab sich aus zwei Faktoren: aus dem »natürlichen Bevölkerungszuwachs«, also der Geburtenrate der ansässigen Bewohner, und dem Wanderungsgewinn, wobei der Geborenenüberschuß der Ansässigen überwog. Nach 1815 erlebte die Stadt zwei größere Wellen der Zuwanderung, in den zwanziger Jahren und von 1836 bis 1840; beide fallen in eine Zeit relativer wirtschaftlicher Prosperität in Barmen; die Zuwanderung reagierte also auf ein verbessertes Angebot an gewerblichen Arbeitsplätzen. Auf den Bevölkerungsanstieg der ersten Jahrzehnte wirkten im übrigen noch sehr stark ältere, für die vormoderne Welt charakteristische Faktoren ein, die im weiteren Verlauf an Gewicht verloren: 1820 und 1825 nahm die Gebürtigkeit infolge von Nachholgeburten nach der großen Krise der napoleonischen Ära und wegen der geringeren Sterblichkeit nach dem Vorwegsterben von Alten und Kranken während dieser Krisenperiode stark zu. 1830/31 erhöhte sich die Sterblichkeit während der schon erwähnten Grippeepidemie. Der Hauptteil der Migranten wanderte aus dem unmittelbaren Umland, aus der Rheinprovinz und aus Westfalen zu. Infolge des Gesamtwachstums stieg auch die Bevölkerungsdichte erheblich an – 1810 kamen auf einen qkm 750 Menschen, 1870 bereits 3398 und 1910 schließlich 7794. Diese Zahlen erlauben Rückschlüsse auch auf die sinkende Wohnqualität.

Die Gemeindegremien standen der Zuwanderung wie überall ablehnend gegenüber. Sie fürchteten die »Übersetzung« des Gewerbes, wie der Ausdruck lautete, also die Schmälerung der Verdienstmöglichkeiten für die Eingesessenen, und die Überlastung der Armenfürsorge durch die völlig mittellosen Zuzüglinge. Für die volle Einbürgerung verlangte die Stadtgemeinde daher den Nachweis eines Vermögens von 100 Talern oder die Stellung einer Bürgschaft. Wer keines von beiden erbringen konnte, durfte nicht »Bürger« werden, sondern nur »Einwohner«, blieb also ohne städtisches Wahlrecht und damit auch ohne Anspruch auf Armenunterstützung. Ihn traf mit voller Wucht die Gefahr der Verelendung oder Pauperisierung, der er mit der Wanderung vom Land in die Stadt gerade hatte entgehen wollen.

Das Pauperismusproblem – Überangebot an Arbeitskräften aufgrund des Bevölkerungswachstums bei gleichzeitiger unzureichender Dynamik der gewerblichen Entwicklung – war insgesamt auf dem Boden der vormodernen, primär subsistenz- und nicht gewinnorientierten Wirtschaftsweise nicht zu lösen. Es bedurfte dazu des Durchbruchs der liberal-kapitalistischen Industriewirtschaft.

4. Traditionale Arbeit und Sozialordnung im Wandel

Landwirtschaft und ländliche Gesellschaft

Wie stark der Überhang des vormodernen Gesellschaftsaufbaus bis zur Jahrhundertmitte und darüber hinaus nachwirkte, sieht man schon am Anteil der agrarischen Bevölkerung im Vormärz. Er betrug um 1800 etwa 80, um 1850 etwa 75 Prozent. Von Natur dem Herkommen zugeneigt und zu einer gewissen Autarkie des Wirtschaftens und der Lebensformen disponiert, geriet die ländliche Gesellschaft jedoch seit etwa 1800 zunehmend in Bewegung. Seit dem späten 18. Jahrhundert setzte überall im Gebiet des späteren Deutschen Reiches – und früher noch, wenn auch verzögert im weiteren Verlauf in Österreich – die sogenannte »Bauernbefreiung« ein. Unter dieser Sammelbezeichnung versteht man eine Vielzahl unterschiedlicher Maßnahmen, die alle auf denselben Sachverhalt hinauslaufen: die Auflösung des bisherigen feudalen Lebensverbandes der »Gutsherrschaft« vor allem östlich der Elbe und der »Grundherrschaft« in den Gebieten westlich der Elbe. Das bedeutete die Gewährung der persönlichen Freiheit mit Abschaffung von Fronen, Gesindedienst u. ä., im Osten die Aufhebung der Erbuntertänigkeit mit Schollenbindung und die Übertragung zumindest eines Teils des bisher im Feudalverband bewirtschafteten Bodens in das frei verfügbare Privateigentum der Bauern.

Daß die Staaten die Reform vorantrieben, hat verschiedene Gründe. Unter dem Einfluß der physiokratischen Lehre, die den Grund und Boden und dessen Bewirtschaftung als Hauptquelle des Nationalreichtums betrachtete, und des Wirtschaftsliberalismus von Adam Smith waren die staatlichen Beamten zu der Überzeugung gekommen, die feudale Agrarwirtschaft sei vergleichsweise unrentabel. Unter dem Druck des wachsenden staatlichen Finanzbedarfs setzten sie die Theorie in die Praxis um, angeregt auch von der aufklärerischen Kritik an der Unfreiheit, der Eigentumsbeschränkung und den verdoppelten Lasten der Bauern aus ihren Abgabepflichten gegenüber Staat und Feudalherren. Hinzu kam insbesondere beim Freiherrn vom Stein, aber auch bei anderen Reformern, das politische Interesse an einer stabilen und starken Schicht freier Landeigentümer. Durchführung und Ergebnis der vielfältigen Gesetzgebungsmaßnahmen erwiesen sich freilich in den Jahren seit 1815 in mancher Hinsicht als sehr problematisch; sie können hier angesichts der schier unüberschaubaren Rechtsvielfalt nur in Grundzügen angedeutet werden.

Am einschneidendsten verfuhr Preußen, wo immerhin fünf Siebtel der Gesamtbevölkerung betroffen waren, beginnend mit dem berühmten Oktoberedikt des Freiherrn vom Stein 1807 für die ostelbischen Gebiete. Im Grundsatz verloren die Guts- und Grundherren hier wie überall die Ansprüche, die bisher aus der Erbuntertänigkeit abgeleitet worden waren, doch hatten die Bauern die bisherigen persönlichen Pflichten bzw. das Obereigentum an dem in ihr freies Privateigentum zu überführenden Boden abzulösen. Wo diese Verpflichtungen schon bisher vergleichsweise gering gewesen waren, wie etwa in Westfalen, genügte dazu eine über Jahre verteilte Entschädigungszahlung an den Grundherrn; in Ostelbien hingegen erfolgte die Ablösung durch Abtreten von einem Drittel bis zur Hälfte des bisher bewirtschafteten Landes an den Gutsherrn, zum Teil zusätzlich zu weiteren Ablösungszahlungen. Dies führte vielfach dazu, daß die Betriebseinheiten an oder unter den Rand der Rentabilität sanken, wobei die Bauern zudem an selbständiges Wirtschaften noch wenig gewöhnt waren. Die zahlreichen Klein- und Kleinstbauern wurden von der Möglichkeit, ihr Land im Eigentum zu erwerben, überhaupt ausgeschlossen. Umgekehrt gewannen die Gutsherren durch den abgetretenen Boden Land hinzu, das sie noch erweiterten, indem sie den überlasteten neuen kleinen und mittleren Eigentümern mit Hilfe der Ablösungssummen ihren Besitz wieder abkauften. So konnte sich hier keine breite Schicht selbständiger Bauern bilden, dagegen vermehrten die Großgrundbesitzer ihre Flächen im Lauf des Vormärz um 10 Prozent.

Die Bauernbefreiung endete hier in einem »Bauernlegen« großen Stils. In den übrigen preußischen Gebieten wie in den anderen Staaten verlief die Befreiung dagegen im ganzen bauernfreundlicher. Die auf Jahrzehnte hin zu zahlenden Ablösungssummen führten allerdings überall zu starken Belastungen, mit Ausnahme der ehedem französischen Gebiete, wo die Feudalherrschaft bereits seit 1795 beseitigt und nicht wiederhergestellt worden war. In den süddeutschen Verfassungsstaaten gelang es dem Adel aufgrund seiner konsolidierten Stellung, die Ablösungsgesetzgebung zu seinen Gunsten zu gestalten. In Österreich und Bayern blieb die Ablösung der adelsuntertänigen Bauern überhaupt stecken, in Bayern betraf sie allerdings nur 24 Prozent aller Höfe. Die Entfeudalisierung war im außerpreußischen Bereich überall in der Reformära bis etwa 1820 eingeleitet, dann aber abgebremst worden; daraus entstand dann Nährstoff für weitverbreitete Unzufriedenheit. In einigen süddeutschen Regionen, vor allem in Baden, aber auch in Österreich und in Nassau, trieben die starken Belastungen und der Überhang grundherrlicher Herrschaftsrechte in eine Zeit wachsenden Freiheitsbewußtseins die Bauern 1848 in die Revolution. Wo die Befreiung hingegen konsequent durchgeführt worden war, wie in Preußen, sahen sich die Bauern der überlegenen Konkurrenz der Gutsherren ausgesetzt und fielen weithin den neuen Gesetzen des Marktes zum Opfer. Gleichwohl muß man festhalten, daß die Befreiungsgesetzgebung am Ende doch ein umfangreiches selbständiges Mittel- und Kleinbauerntum schuf, vorzugsweise in den Gebieten, wo es schon vorher ein ins Gewicht fallendes freies Bauerntum und eine ausgeglichene Agrarstruktur gegeben hatte, wie in Westfalen, Niedersachsen, Bayern und Schleswig-Holstein, aber auch in Sachsen und Hannover. Den lange verzögerten vorläufigen Abschluß dieses Vorgangs, der sich über rund 80 Jahre hingezogen hatte, bildete indessen erst die Revolution von 1848, in deren Gefolge die Ablösung überall sehr erleichtert wurde.

Auf demselben Ideen- und Interessenfundament wie die Entfeudalisierung, auf dem Grundgedanken einer rationalen und wirtschaftlich ertragreicheren und insofern auch humaneren Lebensgestaltung, entstand gleichzeitig eine neue und in ihren langfristigen Auswirkungen durchaus revolutionäre Auffassung der landwirtschaftlichen Arbeit, die »rationelle Landwirtschaft«. Bereits in der Aufklärung vorbereitet, fand sie ihren klassischen Niederschlag in dem Meisterwerk des Celler Arztes Albrecht Thaer über die ›Grundsätze der rationellen Landwirtschaft‹ (1809–1812). In unübertrefflicher Klarheit und Präzision dokumentiert dieses Buch einen revolutionären Einstellungswandel des Menschen zur Natur. Es rezipiert zunächst den fortgeschrittenen Stand der Agrarwissenschaft in England und Holland, verfolgt aber dann vor allem den Wandel der Wirtschaftsethik im Übergang von Alteuropa zur modernen Welt und verbindet beide Vorgänge zu der spezifisch neuzeitlichen Auffassung von »Arbeit« – auch Landarbeit, nicht nur gewerblicher und industrieller Arbeit –, die seither in wachsender Beschleunigung die Welt verändert hat, heute freilich angesichts der Störung des ökologischen Gleichgewichts in die Krise gerät. Das Ziel ist die »Besiegung der Natur durch Arbeit«[9].

Sie gelingt laut Thaer zum einen durch die experimentell verfahrende Naturerkenntnis und ihre praktische Umsetzung; zum anderen durch die Einbeziehung auch der ländlichen Ökonomie in die liberalisierte kapitalistische Verkehrswirtschaft. Die Entlastung des Bodens von allen feudalen Rechten und Pflichten reduziert ihn zur Ware und unterwirft ihn dem ausschließlichen Gesichtspunkt planvoller Nutzung zum Zweck optimaler Gewinnsteigerung. Eine ähnlich weittragende Wirkung wie Thaers ›Rationelle Landwirtschaft‹ übte das zweite agrarwissenschaftliche Hauptwerk der Epoche, Justus Liebigs ›Organische Chemie in ihrer Anwendung auf die Agrikulturchemie und Physiologie‹ (1840) aus. Es untersuchte systematisch den Stoffwechsel der Pflanze und tat damit einen weiteren Schritt auf dem Weg der Emanzipation von der Annahme eines im ganzen statischen Bodenertrags. Als wichtigste praktische Konsequenz gelang dann 1862 auf der Grundlage der Liebigschen Forschungen die Herstellung des Kunstdüngers. Ähnlich wie Thaer ließ sich Liebig bei seinem säkularisierten und experimentellen Zugriff von dem Gedanken der Herrschaft über die

[9] Albrecht Thaer, Grundsätze der rationellen Landwirtschaft. Zit. nach der 2. Aufl., Berlin 1821, S. 167.

Natur leiten. Tatsächlich hat dieser Einstellungswandel die europäischen Gesellschaften ein gutes Stück von den in der alten Welt für unbeeinflußbar gehaltenen Kräften und Launen der Natur, insbesondere von den bis zur Mitte des 19. Jahrhunderts periodisch auftretenden Hungersnöten befreit.

Die Regierungen suchten diese Rationalisierung der Agrarwirtschaft systematisch zu fördern, indem sie landwirtschaftliche Hochschulen und Fakultäten einrichteten. Friedrich Wilhelm III. von Preußen berief Thaer 1806 zum Leiter eines Mustergutes und einer Landwirtschaftsakademie nach Möglin, in Freising gründete der Thaer-Schüler Max Schönleuthner 1803 eine landwirtschaftliche Schule, weitere Staaten folgten bis zum Ende der fünfziger Jahre mit ähnlichen Instituten. Die technisch-wissenschaftliche Programmatik setzte sich aber nur langsam in die Praxis um. Der bäuerliche Traditionalismus hielt vielfach an den überlieferten Bewirtschaftungsmethoden fest; gegenüber der herkömmlichen Ausrichtung an Eigenversorgung mit dem Verzicht auf spezialisierte Produktion setzte sich die effizienzsteigernde Beziehung auf einen überlokalen Markt in regionalen Anfängen erst seit den dreißiger und vierziger Jahren durch. Der örtliche Lebenskreis bestimmte beim kleinen und mittleren, vor allem beim stadtfernen Bauern noch bis in unser Jahrhundert Mentalität und Produktionsweise. Konsequent rationell und marktwirtschaftlich arbeiteten dagegen bereits im Vormärz die großen ostdeutschen Gutswirtschaften.

Im Blick der Zeitgenossen standen allerdings nicht die allmählichen Fortschritte der Agrarwissenschaft und die Steigerung der Produktion, sondern die zahlreichen, oft sehr heftigen konjunkturellen Schwankungen, insbesondere die große Agrarkrise seit 1817. Nach anhaltender und nur gelegentlich unterbrochener Produktions- und Ertragssteigerung seit etwa 1730 kam es vor allem in Nord- und Ostdeutschland zum rapiden Verfall der Getreidepreise, und zwar aufgrund einer langfristig angewachsenen und durch mehrere gute Ernten noch verstärkten Überproduktion und der Einführung von Korn-Schutzzöllen in England. In den Häfen brachte das Getreide 1825 nur noch 28 Prozent der Preise von 1817. Infolgedessen fielen auch die Bodenpreise, in Schleswig und Holstein auf etwa 30, in Ostdeutschland auf weniger als 50 Prozent. Zahlreiche Betriebe brachen zusammen, und zwar sowohl bäuerliche, die noch die Lasten der Grundablösung zu tragen hatten, als auch Großbetriebe, die sich überschuldet hatten und vom Export abhingen.

Zwar belebte sich seit Beginn der dreißiger Jahre die Konjunktur wieder, gleichwohl erlitt vor allem die preußische Agrarwirtschaft erneut eine eklatante Besitzumschichtung, diesmal vom eingesessenen alten Adel zu finanzkräftigen bürgerlichen Rittergutskäufern. Die Aufhebung der feudalen Agrarverfassung mit der Einführung des freien Bodenmarktes zeitigte also jetzt, in der ökonomischen Krise, auch für den Adel Folgen. Zwischen 1806 und 1829 wechselten von 888 ostpreußischen Gütern 510 den Besitzer, die Hälfte davon auf dem Wege der Zwangsversteigerung. In den übrigen Gebieten verlief der Besitzwechsel langsamer, aber kontinuierlich. Auch bei der wieder verbesserten Ertragslage nach 1830 setzte sich der Verkauf fort, wenn auch jetzt teilweise mit Gewinn, wie etwa in Schlesien, wo bis 1857 von 12399 Gütern 5296 in bürgerliche Hand übergegangen waren. Rein ökonomisch allerdings zog dieser Prozeß die Konsolidierung der Großlandwirtschaft nach sich. Wer die Krise überlebt oder sich neu eingekauft hatte, der wußte erfolgreich und in großem Stil zu wirtschaften.

Trotz dieser Krisen, der Beharrungskraft bäuerlicher Traditionen und einer noch geringen verkehrsmäßigen und ökonomischen Anbindung weiter Agrarzonen an den Markt, auch trotz der finanziellen Belastung vieler Bauern durch die Ablösesummen steigerte die rechtliche und die technisch-wissenschaftliche Modernisierung die Produktion der Landwirtschaft bereits in der ersten Jahrhunderthälfte beträchtlich. Den Hauptanteil daran trug allerdings noch ein traditionelles Element der Agrarwirtschaft: die Erweiterung der Nutzfläche in einem neuerlichen Landesausbau bis um 1860. Durch Kultivierung von »Unland« – Ödland, Heide, Moor, Strauchland – erweiterte sich in Preußen der »Boden unter dem Pflug« bis 1848 von 7,3 Millionen auf 12,46 Millionen Hektar. Im ganzen Bund stieg der Anteil der landwirtschaftlich genutzten Fläche im selben Zeitraum von 55 auf 75 Prozent. Die alten genossenschaftlich-dörflichen Gemeinweiden und Allmenden konnten durch Überführung in Einzeleigentum intensiver genutzt werden. Die jahrhundertelang übliche Dreifelderwirtschaft, bei der immer ein Drittel des Bodens zur Regeneration brachgelegen hatte, wich zunächst der »verbesserten Dreifelderwirtschaft«, welche die Brache durch Kartoffel-, Zuckerrüben- oder Kleeanbau nutzte. Die Ausbreitung des Kartoffelanbaus – in Preußen allein zwischen 1800 und 1850 von rund 300000 auf etwa 1,4 Millionen Hektar – schuf eine neue Ernährungsgrundlage vor allem für die Masse der ärmeren Bevölkerung. Bezeichnenderweise ging die Hungersnot von 1846/47 zum Teil auf die Kartoffelfäule zurück. Nach leicht voneinander abweichenden Berechnungen stieg die landwirtschaftliche Produktion in Deutschland zwischen 1800 und 1850 insgesamt um 40 bis 50 Prozent. Auch die Zahl der Beschäftigten wuchs im selben Zeitraum in den vier Königreichen Preußen, Bayern, Sachsen und Württemberg von 9,5 auf 11,375 Millionen, d.h. um etwa 20 Prozent. Der Zuwachs der Produktion lag also noch erheblich über dem der Arbeitskräfte, obgleich gerade in den ersten Jahrzehnten die Ausdehnung der Agrarproduktion noch vorwiegend durch erhöhten Arbeitseinsatz gelang, weniger durch Steigerung der Produktivität, d.h. der Leistung im Verhältnis zum Ertrag. Insgesamt reichte die Vermehrung der Agrarerzeugnisse auch aus, um die rapide angewachsene Bevölkerung zu ernähren – abgesehen von speziellen Krisensituationen wie 1846/47. Die für die Geschichte des Kaiserreichs so bedeutsame Umkehrung Deutschlands vom Agrarexport- zum Agrarimportland setzte erst in den sechziger Jahren ein.

Die Rechtsreformen und die Veränderung der Besitz- und Produktionsverhältnisse schufen längerfristig in der ländlichen Gesellschaft eine Dreiklassenschichtung. An der Spitze standen die Grund- und Gutsherren, die sich, allerdings durch den Überhang einiger feudaler Rechte bis 1848 und vor allem in Preußen auch darüber hinaus verzögert, zu modernen Großgrundbesitzern entwickelten. Diese Schicht verfügte in Preußen, wo sie bis 1933 politisch besonders einflußreich blieb, 1859 über 42 Prozent des gesamten Bodens. In sich ist sie allerdings sehr viel weniger homogen, als es nach außen den Anschein hat. Bis 1850 waren fast 50 Prozent der Rittergüter in bürgerliche Hand übergegangen. Ein finanzkräftiger und unternehmungslustiger Kreis von Bürgern hatte sich praktisch in den Ritterstand eingekauft. Mit dem Besitz erwarb man vielfach das Recht zur Ausübung der hoheitlichen Funktionen, insbesondere die Patrimonialgerichtsbarkeit und die Polizeigewalt, die an den Gütern haftete. Dies erwies sich im Blick auf die soziale und politische Geschichte in doppelter Hinsicht als folgenreich. Der Adel, der erste Stand des Staates, in den zwanziger Jahren hochverschuldet, öffnete sich sozial gerade so weit, daß er seine Position festigen konnte. Er bemühte sich zwar mit Erfolg, sich politisch gegen die bürgerlichen Neubesitzer abzuschotten, indem er sie von den Kreis- und Landtagen fernhielt, doch eignete er sich bürgerliches Wirtschafts- und Leistungsethos an und legte damit die ökonomische Grundlage für seine politische Machtstellung auch nach der Revolution von 1848. Andererseits zehrte die Integration der Neubesitzer in den adeligen Lebens-, Normen- und Rechtskreis – häufig gekrönt durch die Nobilitierung – an der Substanz eines eigenständigen und selbstbewußten Wirtschaftsbürgertums.

Unterhalb des Großgrundbesitzes entstand eine umfangreiche Gruppe selbständiger Hofbauern mittlerer Betriebsgröße. Sie wuchs zusammen aus dem freien Bauerntum, das es schon vor den Reformen gegeben hatte, und aus denen, die im Zuge der Bauernbefreiung ihren Besitz konsolidieren konnten. Bis 1848 vielfach noch bedrückt von der Last der Ablösungssummen und verbliebenen Dienstpflichten wie Straßenbau und adeligem Jagdprivileg, sind sie seit der Beseitigung feudaler Restbestände im Gefolge der Revolution 1848/49 im wesentlichen zufriedengestellt und bilden in der entstehenden Industriegesellschaft ein stabiles und konservatives Element. Ein Herd der Unruhe war dagegen vor allem bis 1848 die kleinst- und unterbäuerliche Schicht. Zu ihr gehörten in Preußen die »Eigenkätner« und »Inste«, Dauerpächter auf einer kleinen Landstelle mit Eigenbewirtschaftung und gleichzeitiger Verpflichtung zur Arbeit auf dem Gutshof; und darunter die landlose Schicht der Tagelöhner, Heuerlinge, Einlieger, ganz ohne Sicherung und Rückhalt, auf der Suche nach Saisonarbeit unterwegs von Gut zu Gut. Sie vermehrte sich noch durch absinkende Eigenkätner und Inste; bis 1848 war diese Unterschicht in Ostelbien auf 60 Prozent der gesamten ländlichen Bevölkerung angewachsen. Aus diesem Personenkreis rekrutierte sich die Masse der Pauperisierten, des hoffnungslos verarmenden Landproletariats, das, vor 1848 vergeblich, seit 1850 mit Erfolg, ein minimales Einkommen als ungelernte Arbeiter in den rasch anwachsenden Industriebetrieben suchte.

Das Handwerk

Daß das traditionelle Gewerbe, das Handwerk, im Wandel der Produktionsformen des 19. Jahrhunderts untergehen werde, war eine vielfach gehegte Meinung. Karl Marx und Friedrich Engels prognostizierten im ›Kommunistischen Manifest‹ vom Februar 1848 die notwendige Verelendung und Proletarisierung der Handwerksmeister und Gesellen im unabänderlichen

Konzentrationsprozeß der kapitalistischen Produktion. Auch bürgerliche Sozialtheoretiker um die Jahrhundertwende neigten noch zu dieser Annahme. Gleichwohl ist sie nicht eingetroffen. Jedoch drängt sich dem Historiker, der sich mit dem Handwerk im Vormärz befaßt, der Eindruck eines ununterbrochenen Niederganges auf, denn aus den Quellen tönt ihm ein vielstimmiger und nicht endenwollender Chor von Klagen über die Übersetzung des Handwerks, die Verschlechterung der Ausbildung, die Verlotterung der Sitten bei Lehrlingen und Gesellen und den unerträglichen Konkurrenzdruck entgegen. Dieser Eindruck ist nicht einfach falsch, bedarf aber der Differenzierung.

Tatsächlich sah sich das Handwerk mit einer Tendenz der staatlichen Gesetzgebung konfrontiert, die in dieselbe Richtung wies wie die Bauernbefreiung: die Gewerbefreiheit. Das zünftische Wirtschaften hatte seit dem hohen Mittelalter die gewerbliche und auch die politische Verfassung der Stadt geprägt, es war im Rahmen »stehender Bevölkerung« und eines statischen Wirtschafts- und Gesellschaftsdenkens im großen und ganzen funktional, wenn es auch im 18. Jahrhundert schon vielfach zu Krisen gekommen war; der lebensumfassende Zwangsverband hatte nicht nur die Wirtschaftsethik, sondern auch den Stil des Familienlebens, die Sitte und das gesellige Leben des Bürgerstandes geprägt. Die Aufhebung der Zunftverfassung rührte damit in der Tat an den Kern der traditional geprägten handwerklichen Existenzweise und erfüllte alle, die in dieser Welt lebten – und das war die große Mehrheit – mit tiefen Ängsten. Dies ist der Hintergrund der defensiven Position, in die das Handwerk beim Übergang zur modernen Welt geriet.

Aus denselben Motiven wie bei der Bauernbefreiung, dem Interesse an der Steigerung der Produktion und einer neuen, aufklärerisch geprägten Auffassung von Tätigkeitsbedürfnis und Entfaltungsfähigkeit des Menschen, gingen die Regierungen in der Reformzeit daran, die engen Schranken dieser Lebensweise aufzulockern. Die Gewerbefreiheit ist allerdings nur in Preußen in der ersten Jahrhunderthälfte konsequent verwirklicht worden. Das Hardenbergsche »Gewerbesteueredikt« von 1810 räumte allen Bürgern das Recht ein, ein beliebiges Gewerbe auszuüben, mit Ausnahme bestimmter Berufe, die im allgemeinen Interesse gewisse Sicherheitsauflagen erforderten, wie etwa bei Gastwirten, Maurern, Zimmerleuten, Apothekern. Es schaffte die Zunft als Zwangsverband, dem jeder Handwerker zugehören mußte, ab und hob damit auch die zünftischen Regeln des Arbeitens und Wirtschaftens auf: die Beschränkung der Zahl der Gesellen auf zwei bis vier, die Festlegung auf bestimmte Produktionsmethoden und Güterqualitäten, die von der Zunft überwacht wurden, die Ausschaltung oder Verringerung der Konkurrenz durch das »Nahrungsprinzip«, das Ausbildungsmonopol der zünftischen Meister.

Die norddeutschen Staaten hielten dagegen im Vormärz an der Zunftverfassung fest, die süddeutschen Staaten ersetzten sie durch ein staatliches Konzessionssystem, das die zünftische Wirtschaftsweise bewahrte und nur die Selbstverwaltung der Handwerksmeister zugunsten staatlicher Organe aufhob. Erst zwischen 1861 und 1868 ist in allen deutschen Staaten die Gewerbefreiheit eingeführt worden (Sachsen, Baden, Württemberg, Bayern). Die starke Tradition zünftisch-statischer Wirtschafts- und Lebensweise ragt also weit hinein in die Ära der beginnenden liberal-kapitalistischen Verkehrswirtschaft. Selbst in Preußen blieben aber die Zünfte als fakultative Einrichtungen bestehen. Produktionsweise und Lebensgestaltung verharrten überall weitgehend in den alten Bahnen.

Gleichwohl durchlitt das alte Gewerbe bereits vor 1848 eine tiefe Anpassungskrise. In Preußen nahm die Zahl der Handwerker zwischen 1822 und 1845 auf fast das Doppelte zu, von 450000 auf 850000. Dabei stieg die Zahl der Gewerbetreibenden nicht nur absolut, sondern auch im Verhältnis zur angewachsenen Bevölkerung, 1826 kamen auf einen Gewerbetreibenden 26, 1846 aber 21 Personen. Vor allem vermehrte sich hier wie überall sprunghaft die Zahl der Gesellen, in Preußen von 71 Einwohnern pro Handwerksgesellen 1822 auf 47 Einwohner pro Gesellen 1846. Im Durchschnitt und auf ganz Deutschland gerechnet, beschäftigte jeder dritte Handwerksmeister um 1800 einen Gesellen, um 1816/19 jeder zweite, 1861 hatte die Zahl der Gesellen die der Meister überstiegen. Andererseits nahm aber auch die Zahl der Alleinmeister ohne Gesellen zu. Diese gegenläufige Tendenz: Anstieg des Anteils der Einzelmeister bei gleichzeitigem Anwachsen der Gesellenzahlen, deutet darauf hin, daß die handwerklichen Betriebe zunehmend in zwei Gruppen zerfielen: in kleinste Existenzen mit geringstem Einkommen auf der einen, in größere Betriebe mit mehreren Gesellen auf der anderen Seite. Das Handwerk geriet also in einen Anpassungssog zu größeren Betriebseinheiten, dem sich aber nur ein Teil der Gewerbetreibenden in der Mentalität und ökonomisch gewachsen zeigte. Dementsprechend spaltete sich auch die Einkommensentwicklung auf: Während die ausbaufähigen Betriebe durchaus konsolidierte Erträge brachten, nachweisbar an den Steuerzahlungen, fielen die übrigen unter die Grenze der Gewerbesteuerpflicht.

Die Zunahme der Handwerker insgesamt drückte so in den Jahren vor der Revolution bis zu 50 Prozent aller Gewerbetreibenden an oder unter den Rand des Existenzminimums, freilich stark differenziert nach Regionen und Branchen. In ländlichen Gebieten und in dem von der Mechanisierung und der englischen Konkurrenz bedrohten Textilgewerbe mehr, in den großen Städten und beim Bau- und Nahrungsgewerbe weniger. Zwar stiegen, wie anhand einzelner Lokalstudien nachgewiesen wurde, die Nominallöhne bereits seit 1840, sie wurden aber bis zum Ende der fünfziger Jahre durch die steigenden Lebenshaltungskosten absorbiert. In den Gebieten ohne Gewerbefreiheit hielt sich der einkommensmindernde Anstieg der selbständigen Handwerksmeister zwar in Grenzen, doch wuchs die Zahl der Handwerksgesellen, denen die Eröffnung eines eigenen Meisterbetriebs mit Niederlassungs- und Verehelichungsrecht verwehrt blieb, überproportional an. Neben den zahlreichen Alleinmeistern, die sich nicht halten konnten und Lohnarbeit übernehmen mußten, bildeten sie das wichtigste Potential der politischen Unruhe, die sich in der gewerblichen Unterschicht seit dem Beginn der vierziger Jahre immer deutlicher zu artikulieren begann. Das Leitbild bürgerlicher Selbständigkeit und das Wertbewußtsein zünftischer Meisterschaft spielten auch und gerade bei den absinkenden Kleinmeistern und Gesellen, deren Aussicht auf eine »ehrbare« Existenz herkömmlicher Prägung schwand, noch eine zentrale Rolle. Den allermeisten ging es, wenn sie in den vierziger Jahren und in der Revolution sich in Vereinen organisierten, vor allem um bürgerliche Gleichberechtigung und Anerkennung.

Die selbständig gebliebenen Handwerksmeister hingegen begannen in der einsetzenden Umschichtung der Gesellschaft bereits vor 1848, stärker dann in der Revolution, eine neue gesellschaftlich-politische Rollenvorstellung zu entwickeln, die des »Mittelstandes«, wobei Begriff und Theorie schon seit dem Anfang des Jahrhunderts, vor allem von sozial-konservativen Bildungsbürgern, geprägt worden waren. »Mittelstand«, das sind in Goethes ›Dichtung und Wahrheit‹ die »Bewohner der kleinen Städte ... alle Beamten und Unterbeamten daselbst, Handelsleute, Fabrikanten vorzüglich ... auch Landgeistliche ...«[10]. Obgleich dieser Sprachgebrauch noch in den vierziger Jahren dominierte, verschob sich der Akzent doch auf das Handwerk, das kleine Gewerbe und die städtischen Krämer und Händler – später im Gegensatz zu den Angestellten der »alte« Mittelstand genannt. Es bedurfte allerdings noch der Revolution, um den »Mittelstand« zum Schlagwort sozialkonservativer Strategie auf der Grundlage eines klar umrissenen sozialen Substrats zu erheben. Der preußische Junker Bismarck nannte im Oktober 1849 den Handwerkerstand den Kern des Mittelstandes und beschrieb ihn als »Glied«, dessen »Bestehen für das Staatsleben so notwendig« sei[11]. Dies bleibt von jetzt ab der Sinn des Wortes: die Abgrenzung gegen die »Bourgeoisie«, gegen Unternehmer, Bankleute, Großkaufleute auf der einen, gegen die unruhig fluktuierende, politisch labile Unterschicht, das »Proletariat«, auf der anderen Seite. In diesem Sinne erklärte sich das gewerbliche städtische Kleinbürgertum gegen die Bewegungsfaktoren des großen Kapitals und der entstehenden Lohnarbeiterschaft zur eigentlich bewahrenden und staatstragenden Schicht.

5. Der Beginn der Industrialisierung

Die »Industrielle Revolution«

Keine andere Veränderung hat das moderne Leben so tiefgreifend beeinflußt wie die Industrielle Revolution. Sie hat andere, weittragende Veränderungen in Gang gesetzt, sich mit ihnen verbunden oder sie beschleunigt, wie die Verstädterung, die Technisierung des Lebens oder die Ausbreitung der europäischen Zivilisation über die Welt. Unter Industrieller Revolution versteht man zunächst nicht mehr und nicht weniger als die Einführung einer Produktionsweise, die Antriebs- und Arbeitsmaschinen benützt und die Produktion arbeitsteilig und räumlich konzentriert organisiert. Sie nimmt ihren Ausgang in der zweiten Hälfte des 18. Jahrhunderts in England mit einer Reihe von technischen Innovationen und ihrer kommerziellen Nut-

[10] Johann Wolfgang Goethe, Aus meinem Leben. Dichtung und Wahrheit. 4. Teil, Buch 17, Gedenkausgabe, Bd. 10, Zürich 1948, S. 773.

[11] Rede vor der 2. Kammer am 18. 10. 1849. In: Fürst Otto von Bismarck, Die Gesammelten Werke. Bd. 10, Berlin 1928, S. 49.

zung und breitet sich zunächst nach West- und Mitteleuropa und in die Vereinigten Staaten aus. Schon den Zeitgenossen drängte sich der Eindruck einer epochalen Zäsur auf, einer Zeitenwende, mit der sie entweder die Hoffnung auf einen Fortschritt der Menschheitsgeschichte von ganz neuen Dimensionen oder die Erwartung eines irreversiblen Verfalls humaner Lebensformen verbanden. Tatsächlich hat die Industrielle Revolution die moderne Welt durchdrungen und umgeformt, in der gesellschaftlichen Schichtung und in den Herrschaftsstrukturen, in den Formen und Möglichkeiten der Bedürfnisbefriedigung, in den sozialen Beziehungen und Gruppenbildungen, in den Wertordnungen und soziokulturellen Verhaltensmustern, in den Erwartungen und in den Weltdeutungen.

Angestoßen wurde dieser Veränderungsprozeß von den unmittelbaren ökonomischen Wirkungen der Industrialisierung. Gegenüber den älteren Formen des Wirtschaftens ermöglichte sie auf lange Frist eine permanente, von Krisen nur vorübergehend unterbrochene, unerhörte Steigerung der Einkommen. Absolut und relativ zur Zahl der Beschäftigten ist das in der Industrie gebildete Nettoeinkommen permanent gewachsen. Darüber hinaus hat sie die Einkommen auch der anderen Wirtschaftsbereiche, der Landwirtschaft, des Verkehrswesens, der Dienstleistungen, in einer bisher nicht gekannten Weise verstärkt, indem sie industrielle Produktionsmittel, insbesondere Maschinen, aber auch Chemikalien, bereitstellte. Sie hat das Transport- und Verkehrswesen im Interesse ihrer eigenen räumlichen Ausbreitung und Organisation technisiert und das Handwerk »industrialisiert«. Auf der Grundlage des neuen Einkommensniveaus und der industriellen Produktionstechnik haben sich dann Ausmaß und Formen des menschlichen Konsums weitgehend verändert. Die maschinelle Arbeit ermöglichte es, Güter von ganz neuartiger Qualität herzustellen und zwar für den Produktionsprozeß selbst wie für den alltäglichen Bedarf an Nahrung, Kleidung und Wohnung. Das Volumen aller erzeugten Güter nahm zu, die Bedarfsdeckung selbst differenzierte sich in einem unüberschaubar breiten Warenangebot.

Die Organisationsformen der industriellen Arbeit, die Ausdehnung und Differenzierung der Bedürfnisse und die neuartige Verfügungsgewalt über die natürlichen Ressourcen haben das Verhältnis des Menschen zur Gesellschaft, zur Welt der Artefakte und zur Natur gänzlich umgestaltet. Die Stellung des einzelnen im Arbeitsprozeß und die Neubewertung der Arbeit lockerten die traditionalen Beziehungen zwischen den Gruppen der ständischen Gesellschaft auf und entwickelten eine Inklination zu einer neuen, spezifisch industriell bedingten Schichtung, die moderne Klassenbildung. Die potentielle Verfügung über eine Fülle immer neuer Güter tendierte dazu, die ständische Zuordnung von Konsumgewohnheiten zu bestimmten sozialen Rängen und Lebenskreisen zu lösen, die Bedarfsdeckung zu demokratisieren, aber auch die Wertschätzung des einzelnen, beliebig vermehrbar und austauschbar gewordenen Produktes zu mindern und gleichzeitig den Bedarf immer mehr auszuweiten – die Entwicklung zur »Konsumgesellschaft« im ökonomischen Wortsinn. Schließlich formten die Möglichkeiten einer sozial immer höher gewerteten und von der Bindung an übergeordnete, sozial und ethisch steuernde Wertsysteme entfesselten Technik das Verhältnis des Menschen zur belebten und unbelebten Natur um. Sie entband Produktionsprozesse und individuelle Lebensgestaltung von den naturgegebenen Grenzen des Tagesablaufs und der Jahreszeiten; die Verdoppelung der durchschnittlichen Lebenserwartung brachte auch eine beträchtliche Erweiterung der Lebenszeit. Sie dehnte mit neuen Transportmitteln und der allgemeinen Steigerung der Geschwindigkeit die Grenzen des Raumes aus, potenzierte durch den Einsatz von Instrumenten die sinnliche Wahrnehmungsfähigkeit des Hörens und Sehens und sprengte die herkömmlichen Grenzen der Kraftleistung. Mit seinen positiven und negativen Möglichkeiten trat das Industriezeitalter damit aus »jedem Vergleich mit irgendeiner früheren Kulturepoche« heraus; es »steht völlig einzig da als das Zeitalter, in dem die Menschheit ihr Vermögen an Stoffen und Kräften aufgezehrt und damit einen unerhörten Glanz und Reichtum erzeugt hat«, wie Werner Sombart bereits 1927 formulierte[12].

Sonderbedingungen der Industrialisierung in Deutschland

Die fundamentale Veränderung aller Lebensverhältnisse durch die Industrialisierung bahnte sich in Deutschland in der ersten Hälfte des 19. Jahrhunderts erst ganz allmählich an. Man datiert die Phase der »Frühindustrialisierung« von der Mitte der dreißiger Jahre bis zu den Revolutionsjahren 1848/49; danach setz-

[12] Werner Sombart, Das Wirtschaftsleben im Zeitalter des Hochkapitalismus. 1. Halbband, München, Leipzig 1927, S. 122.

te ein kontinuierlicher konjunktureller Aufschwung mit eminentem Wachstum ein, die Hochindustrialisierung. Die entscheidenden technologischen, institutionellen und strukturellen Grundlagen sind jedoch bereits in den Jahren 1815 bis 1848/49 gelegt worden.

Vereinzelte Ansätze zur Industrialisierung gab es auch in Deutschland schon im späten 18. Jahrhundert. So wurde bereits 1784 in Ratingen bei Düsseldorf eine mechanische Baumwollspinnerei gegründet; zwischen 1783 und 1789 kam es zum Nachbau einiger Newcomen- und Watt-Dampfmaschinen. In Sulzbach an der Saar wurden 1767, in Oberschlesien 1789 die ersten Kokshochöfen in Betrieb genommen. Es dauerte jedoch in Deutschland länger als in England, länger aber auch als in anderen kontinentalen Staaten wie Belgien und der Schweiz, bis sich die technischen und betriebstechnischen Neuerungen auf breiter Basis durchsetzen konnten und anfingen, das technologisch-kommerzielle Niveau überhaupt zu bestimmen. Für den Verlauf und die spezifische Ausprägung der Industrialisierung in Deutschland ist entscheidend wichtig geworden, daß sie nicht aus autochthonen Wurzeln herauswuchs, sondern von außen, speziell von England her, angestoßen wurde. Man spricht daher im Hinblick auf Kontinentaleuropa bzw. Deutschland auch von einer »imitierten Industriellen Revolution« (Borchardt). Diese Verspätung barg Nachteile in sich, aber auch Vorteile: Ein Nachteil war es zweifellos, daß die überlegene englische Konkurrenz in der ersten Hälfte des 19. Jahrhunderts den Aufbau von Industrien, insbesondere einer modernisierten Textilindustrie, erheblich behinderte, einfach weil der Vorsprung englischer Unternehmen zu groß war. Nach dem Ende der Kontinentalsperre und der handelsfeindlichen Kriegsperiode der napoleonischen Kriege überschwemmten seit 1815 englische Produkte den deutschen Markt. Gewisse Vorteile zeigten sich erst später: Gerade weil sich die Entstehung industrieller Betriebe verzögerte, konnten die pauperisierten Arbeitssuchenden seit 1850 in die neuen zukunftsträchtigen Sektoren industrieller Produktion einströmen, in die Montanindustrie, den Maschinenbau, die Chemie- und Elektroindustrie, ebenso wie das bisher noch wenig in älteren Industrien gebundene Kapital; das aufgrund der industriellen Verspätung niedrigere Reallohnniveau verschaffte – rein ökonomisch gesehen – den deutschen Unternehmern um 1850 Wettbewerbsvorteile gegenüber ihren westlichen Konkurrenten.

Auf die Gründe für die verzögerte Entwicklung in Deutschland kann nur ganz kurz eingegangen werden. Geopolitische und geoökonomische Voraussetzungen haben eine wichtige Rolle gespielt. Die Mittellage Deutschlands zwischen Ost und West hat seit jeher die Ausbildung eines einheitlichen politischen und wirtschaftlichen Gebildes erschwert. Die fehlende territoriale und staatliche Einheit bedingte die mangelnde Geschlossenheit und Einheitlichkeit des Marktes. 1815 umfaßte der Deutsche Bund immerhin noch 35 selbständige Territorien und vier freie Städte, alle mit ausgesprochenem politischem und wirtschaftspolitischem Souveränitätsanspruch, die größeren meist auch mit eigenem Münzsystem. Als 1834 unter preußischer Führung der Zollverein gegründet wurde, dem schließlich bis 1848 fast alle deutschen Mittelstaaten angehörten, während allerdings gerade die Küstenstaaten Hannover, Mecklenburg und die Hansestädte fernblieben, holte Deutschland eine Voraussetzung für die ökonomische Revolution nach, die in England oder Frankreich längst gegeben war. Allerdings schloß das neue vereinheitlichte Marktgebiet mit dem Abbau der Binnenzölle und der Vereinheitlichung der Außenzölle, von preußischer Seite aus durchaus gewollt, Österreich aus – was die spätere kleindeutsche Reichseinigung wirtschaftlich präjudiziert hat. Die Verlagerung der internationalen Handelsströme infolge der Übersee-Expansion der Küstenstaaten hatte Deutschland seit Jahrhunderten weltwirtschaftlich in eine Randlage gebracht. Hinzu kamen weitere Hemmnisse: die geringe Nachfrage einer Bevölkerung, die ihre wirtschaftlichen Erträge in hohem Umfang in Feudallasten und Steuern hatte abführen und nach 1800 in den napoleonischen Kriegen ungeheure Besitzeinbußen hinnehmen müssen; die wenig produktiven staatlich-höfischen Ausgaben für den Luxus und das Militär im Absolutismus; die Herrschaft des subsistenz-, nicht profitorientierten Zunftsystems, das zudem überlokale Marktorientierung und großräumige Kalkulationen der Produzenten kaum zuließ; schließlich auch das weitverbreitete Mißtrauen gegen die Maschine.

Aus allen diesen Gründen war Deutschland noch um 1850 im Vergleich zum Westen ein ökonomisch zurückgebliebenes Land. Die Technisierung der Produktion und die Vermehrung der Energie kündigte sich an, hielt sich aber noch in engen Grenzen. In Preußen stieg die Zahl der Maschinen zwischen 1837 und 1846 von 423 auf 1139 mit einer Leistung von 21700

PS, im Königreich Sachsen, wenig später eine führende Industrieregion, waren es 1846 197 Dampfmaschinen mit 2240 PS. Zwar nahmen die deutsche Steinkohleproduktion und die Erzeugung von Roheisen – neben der Textilindustrie die sogenannten Leitsektoren der Frühindustrialisierung – schon seit 1815 zu, doch blieben die Zuwachsraten hinter denen Englands zurück, das heißt der Entwicklungsrückstand in diesen Bereichen vergrößerte sich noch. 1834 wurden in Deutschland erst 5 Prozent des Roheisens mit Koks geschmolzen, während in England der Koks bereits um 1800 die Holzkohle als Feuerungsmittel fast vollständig verdrängt hatte. Das Wachstum der industriellen Produktion zwischen 1800/1815 und 1850 versechs- bis versiebenfachte sich zwar – gemäß den Schätzungen, auf die man für diese Frühzeit mangels genauer Zahlen angewiesen ist –, doch fiel dies angesichts des geringen Anteils der industriellen an der Gesamtproduktion noch wenig ins Gewicht.

Der Staat und die Industrialisierung

Unter den Sonderbedingungen der Industrialisierung in Deutschland ist auch die Rolle des Staates von großem Interesse. Denn im Vergleich zu England war hier die Bürokratie aus ihrer absolutistisch-merkantilistischen Tradition heraus gewohnt, fast alles selbst zu entscheiden. Haben Bürokratie und Regierungen versucht, den ökonomischen »Entwicklungsrückstand« ihrer Staaten bewußt und planvoll zu beheben? Wie verhielt sich der Staat überhaupt zum Wirtschaftsleben im nachmerkantilistischen Zeitalter?

Von einer systematischen Industrialisierungspolitik kann nirgends gesprochen werden. Was der Staat in der ersten Jahrhunderthälfte leistete, ist vor allem das »längst fällige Herstellen von Bedingungen, die in anderen westlichen Staaten schon lange vor der Industrialisierung bestanden hatten«[13]. Dazu gehören vor allem der allmähliche und von Land zu Land unterschiedlich weit gehende Rückzug des Staates aus seinen unmittelbaren wirtschaftsregulierenden Funktionen, die Einführung der Gewerbefreiheit in Preußen und die wachsende Bereitschaft, Konzessionen für Großbetriebe zu erteilen. Solange allerdings die

[13] Knut Borchardt, Die industrielle Revolution in Deutschland 1750–1914. In: Ders. u. Carlo M. Cipolla (Hrsg.), Europäische Wirtschaftsgeschichte. Bd. 4, Stuttgart 1977, S. 154.

Gewerbefreiheit in den außerpreußischen Staaten nicht endgültig eingeführt war, blieb die reine kapitalistische Konkurrenzwirtschaft doch noch vielfach gebremst.

Positiv trugen die Staaten zur wirtschaftlichen Modernisierung vor allem durch den Aufbau eines neuen technischen bzw. polytechnischen Schulwesens bei. Dafür gab es in Deutschland zwei Anknüpfungspunkte: die eigenen Fach- und Militärakademien des 18. Jahrhunderts, wie etwa die bekannte Bergakademie in Freiberg in Sachsen, und das Vorbild der École Polytéchnique in Frankreich, die Gründung Carnots in der Französischen Revolution (1794) für die Ausbildung der zivilen und militärischen Baubeamten auf wissenschaftlicher Grundlage. Nach diesem Muster entstanden in Deutschland eigene Schulen oder »Akademien«, wie übertreibend gesagt wurde. Das erste »Polytechnische Institut« wurde 1806 in Prag gegründet, merkwürdigerweise von den böhmischen Ständen; 1815 folgte in Wien das »Polytechnische Institut« – für die »wichtige Klasse der höheren, d. h. nicht-handwerklichen Fabrikanten, Unternehmer und Handelsleute«, wie es hieß. In Karlsruhe gründete der leitende badische Baubeamte Johann Gottfried Tulla zunächst eine Schule für Bauingenieure; 1832 wurde sie mit der von dem Architekten Weinbrenner 1825 gegründeten Bauschule zu einer höheren Gewerbeschule zusammengelegt. Andere Staaten schlossen sich mit ähnlichen polytechnischen Schulen an, so etwa in Dresden 1822, Stuttgart 1825, München 1827, Kassel 1830. Berlin verfügte seit 1799 über eine Akademie zur Ausbildung von Baubeamten; 1821 kam das »Gewerbeinstitut«, eine Gründung des Staatsrates Peter Christian Beuth, hinzu. Hier sollten Zivilmaschinen-Ingenieure ausgebildet werden, zunächst auf durchaus unwissenschaftlicher Grundlage. Aus dieser praxisnah und empirisch orientierten Schule ist zum Beispiel August Borsig hervorgegangen, der Gründer der ersten großen Lokomotivenfabrik in Deutschland (1837).

Daneben spielten die staatlich protegierten Polytechnischen Vereine eine erhebliche Rolle, sie dienten als Kommunikationszentren für die Verbreitung technischen Wissens. Gelegentlich haben die Behörden auch die Einfuhr von Maschinen durch Subventionen unterstützt, die »Industriespionage« gefördert, indem sie Erkundungsreisen von Technikern nach England finanzierten, oder einer Fabrik durch Darlehen oder Zinsbeihilfen über eine Krisensituation hinweggeholfen – übrigens auch schon unter dem Gesichtspunkt der Arbeitsplatzerhaltung. Im ganzen aber forderten die Protagonisten der Industrialisierung, daß der Staat sich jeder direkten Intervention in das wirtschaftliche Leben enthalten sollte, was längerfristig auch der Tendenz der Staaten zur Freisetzung der liberalisierten Verkehrswirtschaft entsprach.

Der Wandel der Produktionsstruktur

Im Industrialisierungsprozeß verlagert sich der Schwerpunkt der Produktion zwischen den einzelnen Wirtschaftssektoren Land- und Forstwirtschaft, Industrie und Handwerk, Handel, Banken und Versicherungen, Verkehr, häusliche Dienste usw. Dabei verschiebt sich ihr Anteil an der Wertschöpfung, d.h. demjenigen Wert im Rahmen einer volkswirtschaftlichen Gesamtrechnung, der während einer bestimmten Rechnungsperiode dem zu Beginn vorhandenen Vermögen durch Einsatz von Kapital, Arbeit und Bodennutzung hinzugefügt wird; er bemißt das Nettoergebnis der Produktionstätigkeit, also Dienstleistungen und die Herstellung von Sachgütern. Auch der jeweilige Anteil an der Zahl der Beschäftigten verändert sich. Beide Bewegungen – die Steigerung des Anteils eines Sektors an der volkswirtschaftlichen Wertschöpfung und die Zunahme der Beschäftigtenzahl – stimmen in der Regel überein, müssen aber nicht unmittelbar parallel laufen. Keiner der erwähnten Sektoren ist nach 1834, gemessen am Nettoprodukt und an der Beschäftigtenzahl, in absoluten Zahlen, geschrumpft. Die Industrialisierung vollzog sich vielmehr in der Weise, daß die einzelnen Bereiche unterschiedlich hohe Wachstumsraten aufwiesen.

In England sind die wichtigsten Anstöße zum Ausbau der Industriewirtschaft zuerst vom Textilbereich ausgegangen: mit der Erfindung der Arkwrightschen Spinnmaschine (1769) und dem Cartwrightschen mechanischen Webstuhl (1785), mit der fabrikmäßigen Organisation der Produktion und außerordentlichen Wachstumsraten. Demgegenüber verlief der Wachstumsprozeß in Deutschland, durch die englische Konkurrenz gehemmt, mit anderen Schwerpunkten, vielschichtig und uneinheitlich. Bis um 1850 setzte sich in Deutschland zwar die Mechanisierung der Baumwollspinnerei durch, mit einer Verachtfachung des Bedarfs an Rohbaumwolle im Gebiet des Zollvereins zwischen 1830 und 1850, doch blieb die Wollweberei noch überwiegend handwerklich-heimgewerblich organisiert. Gegenüber der insgesamt rückläufigen Tendenz im Textilbereich gingen entscheidende Wachstumsimpulse vom Berg- und Hüttenwesen aus. Rein von der Zahl der Beschäftigten her gesehen einer der kleineren Sektoren – im Durchschnitt des ganzen 19. Jahrhunderts nicht mehr als 10 Prozent aller im sekundären Sektor Tätigen –, stieß er doch das gesamtwirtschaftliche Wachstum in mehrfacher Hinsicht an: er deckte den steigenden Energiebedarf der Wirtschaft, stellte mit der Eisenproduktion den Rohstoff für die Metallverarbeitung, fungierte für seine eigene technische Ausrüstung als Abnehmer von Industrieprodukten und trieb schließlich für den Transport der Bergbauprodukte die Nachfrage nach Verkehrsleistungen durch Eisenbahn und Schiffahrt in die Höhe. Seit den zwanziger Jahren revolutionierte das Puddelverfahren die Herstellung schmiedbaren Eisens, indem es Zeit- und Arbeitsaufwand radikal herabsetzte. Seit den dreißiger Jahren ermöglichten moderne Walzwerke die massenhafte Produktion von Eisenbahnschienen, seit den vierziger Jahren modernisierte sich die Stahlherstellung, 1847/49 entstanden die ersten großen Hüttenwerke des Ruhrgebiets. Im Kohlebergbau erfolgte 1839 mit dem ersten Tiefbauschacht von Haniel der technologische Durchbruch zum Tiefbau durch den Einsatz von Dampfmaschinen. Die Steinkohleproduktion stieg rapide an, sie verdoppelte sich zunächst in kontinuierlichem Wachstum von 1815 bis 1830/34, dann beschleunigt wiederum zwischen 1835 und 1839, und steigerte sich erneut bis 1845/49 gegenüber 1835/39 um 110 Prozent; ähnlich die Eisenproduktion, die sich zwischen 1823 und 1837 ebenfalls verdoppelte. Der eigentliche industrielle Ausbau des Ruhrgebiets begann freilich erst in den fünfziger Jahren. Eng verflochten mit dieser Expansion von Bergbau und Hüttenwesen ist das Wachstum von eisenverarbeitender Industrie bzw. Maschinenbau. 1812 entwickelte Friedrich König auf einer Erkundungsreise in England die Schnellpresse, 1817 gründete er in Würzburg die erste Druckmaschinenfabrik. Vor allem der Lokomotivenbau nahm seit Borsigs Gründung von 1837 einen außerordentlichen Aufschwung, so daß die englischen Einfuhren allmählich zurückgedrängt werden konnten. 1846/47 beschäftigten insgesamt 423 Maschinenfabriken im Gebiet des Zollvereins 12518 Arbeiter. 1847 brachte Werner Siemens seine Erfindung des elektrischen Zeigertelegraphen in die Gründung der Firma Siemens und Halske ein. Die neuen Möglichkeiten der Eisenverarbeitung und des Maschinenbaus haben vor allem die Verkehrsrevolution mit dem Eisenbahnbau vorangetrieben. Er kurbelte die Nachfrage nach Eisen, Kohle, Schienen und Maschinen an und trieb insofern das gesamtindustrielle Wachstum in Deutschland entscheidend voran. Er entwickelte sich auf privater Grundlage, propagiert von großen rheinisch-westfälischen Unternehmern wie Friedrich Harkort, Ludolf Camphausen, Gustav Mevissen und David Hansemann, und war ursprünglich vor allem für den Gütertransport gedacht. Zunächst wurden relativ kurze Strekken verlegt, 1834 Nürnberg-Fürth, 1838 Potsdam-Berlin, 1839 Leipzig-Dresden, 1842 Berlin-Stettin. Mit dem Bau der österreichischen Nordbahn Wien-Brünn begannen die großen Überlandstrecken, 1839 für die Erschließung der rheinisch-westfälischen Gewerbelandschaft die Strecke Köln-Aachen-Antwerpen, 1843 die Linie Elberfeld-Dortmund, 1847 die Linie Köln-Minden. 1840 waren im Gebiet des späteren Deutschen Reichs 468 km Eisenbahnstrecke verlegt, 1850 bereits 5859.

Generell kann man sagen, daß sich die wichtigsten Merkmale des entstehenden Industriestaates Deutschland in dieser frühen Phase zwischen 1835 und 1873 gebildet haben. 1875 war diejenige industrielle Struktur erreicht, die dann bis zum Ersten Weltkrieg stabil blieb. Dementsprechend zeigten sich in diesem Zeitraum auch bereits diejenigen Konstanten, welche die Stellung Deutschlands im Welthandelssystem bis heute charakterisieren. Zwischen 1835 und 1873 dehnte sich das Volumen des Außenhandels sprunghaft aus, am stärksten zwischen 1865 und 1870. Schon in den Jahren 1851 bis 1859 bestand die Hälfte des Ausfuhrwertes in Halb- und Fertigprodukten; umgekehrt mußten mehr Rohstoffe eingeführt werden, als exportiert werden konnten. Mit 44–59 Prozent des Gesamtexports lagen vom Ende des 18. Jahrhunderts bis 1914 die Fertigwaren immer an der Spitze der Ausfuhr. Krupp z. B. exportierte bereits um 1835 die Hälfte seiner Produkte, in den vierziger Jahren war die Quote auf 60 bis 80 Prozent angewachsen.

Anfänge der Ökonomisierung des Lebens

Die Umstellung zur Industriewirtschaft konnte naturgemäß in ihren Konsequenzen nicht isoliert bleiben auf die ja noch immer sehr geringe Zahl der in den technisierten Produktionszweigen Beschäftigten. Sie tendierte zur Umgestaltung der gesamten Wirtschaft und damit auch der Wirtschaftsgesinnung und der Lebensauffassung der Gesamtbevölkerung – sei es in Bejahung und Anpassung, sei es in Ablehnung und verstärktem Festhalten am Überlieferten. Noch besaß allerdings die Industriewirtschaft nicht die Dynamik, auch die verschiedenen Zweige des tertiären Sektors, den Bereich der Dienstleistungen, primär nach ihren Bedürfnissen auszurichten. Das Bankwesen verharrte weitgehend in älteren Traditionen. Im Mittelpunkt des Kreditgeschäfts stand noch immer der fürstliche bzw. staatliche Geldbedarf sowie der der adligen Grundbesitzer. Er wurde vor allem von Privatbankiers gedeckt, zum Teil auf der Grundlage von Geschäftsusancen, die das jüdische Hoffaktorentum des 18. Jahrhunderts herausgebildet hatte. Das bekannteste Beispiel ist das Haus Rothschild, das, in Frankfurt groß geworden, mit Niederlassungen in London (1804), Paris (1811), Wien (1820) und Neapel (1821) die napoleonischen Kriege und die militärischen Interventionen der Restaurationsära finanzierte, Staatsanleihen auf dem Markt unterbrachte, aber auch schon in die Finanzierung des Eisenbahnbaus einstieg. Im allgemeinen betätigten sich die Privatbankiers aber noch im herkömmlichen Wertpapiergeschäft, in der Grundstücksspekulation und im Handelskredit. Eine geringe Rolle spielten sie bei der Finanzierung des ersten industriellen Ausbaus in Deutschland, der noch in herkömmlichen Bahnen verlief. Große Vermögen aus dem Kolonialhandel wie in England, Frankreich und Holland hatten sich in Deutschland nicht ansammeln können. Andererseits erforderten die Investitionen in der Textil- und Maschinenbauindustrie anfangs noch keinen hohen Kapitalaufwand. Die meisten frühindustriellen Unternehmer standen in ihrer Gründermentalität jeglichem Fremdkapital mißtrauisch gegenüber und finanzierten sich selbst. Noch hatte sich die Kredit- und Pumpmoral einer an permanentes Wirtschaftswachstum gewöhnten Gesellschaft nicht ausgebildet. Das auch in Deutschland aus Großhandel und Großlandwirtschaft erwirtschaftete Kapital fand meist noch nicht den Weg in Industrieanlagen, sondern wurde in Staatspapieren angelegt, die mit 3 bis 5 Prozent Zins zwar keine großen Gewinne versprachen, dafür aber als risikolos galten. Allerdings legte auch hier bereits die Frühindustrialisierungsphase die Grundlagen für das wichtigste Finanzierungsinstrument des industriellen Aufschwungs nach 1850, dem beginnenden »Effektenzeitalter«. Ein preußisches Gesetz fixierte 1843 erstmals in Deutschland relativ klar und eindeutig die ingeniöse Rechtskonstruktion der Aktiengesellschaft. Man versteht darunter einen Typus von Handelsgesellschaft, bei der sich sämtliche Gesellschafter oder Aktionäre nur mit Einlagen –

den Aktien – beteiligen, ohne persönlich für die im Namen der Gesellschaft eingegangenen Verbindlichkeiten zu haften. Sie entlastete den einzelnen Anteilseigner vom Risiko und versprach trotzdem erheblichen Gewinn. Die Aktiengesellschaft schuf damit eine ganz neue Möglichkeit, Kapitalien zu sammeln und in den Wirtschaftskreislauf einzuführen. Ihren ersten Durchbruch erlebte sie beim Eisenbahnbau der vierziger Jahre, der auch bereits das erste Spekulationsfieber auslöste und den allgemeinen Ökonomisierungsprozeß anstieß, der in den westeuropäischen Staaten bereits früher eingesetzt hatte. Das Eindringen kapitalistischer Wirtschaftsgesinnung in breite Bevölkerungskreise, vor allem natürlich ins Bürgertum, kündigte sich, wenn auch noch verhalten, an. Marktwirtschaftlich gesteuerte Tauschbeziehungen zwischen den Menschen nahmen zu und begannen die Existenz des einzelnen zu bestimmen.

Der Geist des Rationalismus, der die technischen Innovationen, das langfristige, marktorientierte Gewinnkalkül und die Arbeitsorganisation der Industriewirtschaft trug, zeigte sich auch im Aufschwung des Versicherungswesens. Es speiste sich einerseits aus der aufklärerischen Vorstellung, das eigene Schicksal planen zu können, und reagierte andererseits auf das neuartige Lebensrisiko des einzelnen in der liberalisierten bürgerlich-industriellen Gesellschaft. Da die alten Solidarverbände, Zunft, Kirche und Dorfgemeinschaft, die in der alten Welt soziale Krisensituationen (vor allem die Erwerbsunfähigkeit) aufgefangen hatten, zerfielen und die Lebensunsicherheit auch infolge neuer Abhängigkeiten, insbesondere von einem nicht überschaubaren Markt, stärker empfunden wurde, begann die entstehende Marktgesellschaft die Lebenssicherung selbst auf kommerzieller Grundlage zu organisieren. Das Feuerversicherungswesen war noch im aufgeklärten Absolutismus vom Staat ins Leben gerufen worden und begann sich seit Beginn der zwanziger Jahre zu privatisieren, angeführt von Arnoldis Gothaer Feuerversicherungsverein (1820). Nach ersten Anfängen zu Jahrhundertbeginn blühten Ende der zwanziger Jahre die Lebensversicherungen auf mit Arnoldis Gothaer Lebensversicherungsbank (1827) und Vermehrens Lübecker Lebensversicherungsgesellschaft (1828). Seit den dreißiger und vierziger Jahren deckten dann Hagel- und Viehversicherungen auch das landwirtschaftliche Risiko ab – erste Stationen auf dem Weg immer breiterer Bevölkerungskreise, ihr ökonomisches Lebensschicksal weit vorausplanend abzusichern.

Die charakteristische industrielle Produktionsform ist die Fabrik. Zentralisierte Großbetriebe, die mehrere Funktionen und Produktionsstufen zusammenfaßten und eine Vielzahl von Arbeitskräften verschiedener Art beschäftigten, hatte es bereits in der »Manufaktur« des 17. und 18. Jahrhunderts gegeben. Die entscheidende Neuerung stellte demgegenüber der Gebrauch einer Kraftmaschine dar, die ein System von Produktionsmaschinen antrieb. Sie ermöglichte eine stärkere Teilung der Arbeit unter eine größere Anzahl von Beschäftigten, deren Tätigkeit es streng auf die Funktionen der Maschinen hin zu koordinieren galt. Infolgedessen stiegen die Betriebsgrößen an, wenn auch im Lauf der ersten Jahrhunderthälfte langsam und noch mit dem Schwerpunkt auf der Konsumgüterindustrie. In Baden arbeiteten 1802 schätzungsweise 7600 Personen (= 0,12 Prozent der Bevölkerung) in großgewerblichen Betrieben, in Preußen (ohne Textilgewerbe) 1809 rund 2200 Personen (= 0,23 Prozent der Bevölkerung), wobei es sich in Preußen noch nicht um »Fabriken« im definierten Wortsinn handelte. Ganz allgemein dominierten in unserem Zeitraum noch die Klein- und Mittelbetriebe; in Baden stieg aber immerhin die durchschnittliche Beschäftigtenzahl in den fabrikmäßigen Betrieben von 18,0 Arbeitern 1809 auf 50,7 im Jahr 1850. Gegen Ende der Frühindustrialisierungsphase entstanden vereinzelte Großunternehmen, die unterschiedliche Produktionszweige in einer Organisation zusammenfaßten; Franz Haniel zum Beispiel baute in Oberhausen die Gutehoffnungshütte auf, die 1843 bereits mehr als 2000 Personen beschäftigte und sowohl Rohstoffförderung und Rohstoffverarbeitung (Kohlenzechen, Eisen- und Stahlherstellung) als auch Weiterverarbeitung (Lokomotiven und Schiffsbau) betrieb.

Damit die komplexen Vorgänge einer in viele Teile zerlegten Arbeit auch wirklich reibungslos abliefen, bedurfte es freilich einer straffen Organisation des leitenden Personals und der Anpassung der Arbeiter an den »industriösen Geist«, wie das zeitgenössische Stichwort lautete. An den natürlichen Rhythmus handwerklicher oder landwirtschaftlicher Arbeit gewöhnt, mußten die Arbeiter sich an schematisch nach der Uhr geregelte Arbeitszeiten, an einen kontinuierlichen, von der Synchronisierung des gesamten Produktionsprozesses abhängigen Arbeitsrhythmus, an dauerhafte Konzentration erst gewöhnen. Insofern unterwarf die Fabrik ihre Beschäftigten einem harten Disziplinierungsprozeß, der vielfach nur widerwillig ertragen wurde, und den die Unternehmer mit rigorosen Fabrikordnungen erzwangen. Diese prägten dem Leben in der Fabrik zusätzlich zu der schweren Arbeit, von der die Maschinen keineswegs einfach entlasteten, einen scharfen Zug bürokratischer Reglementierung ein, mit einem System von Sanktionen und Belohnungen durch Lohnstaffelung, Lohnentzug, Entlassung u. ä. Die Fabrik stellte insofern ein Herrschaftssystem dar, betont durch das Selbstverständnis der Unternehmer als »Fabrikherren«. Beim Abschluß des Arbeitsvertrages standen sich zwar Käufer und Verkäufer der Arbeitskraft formal gleichberechtigt gegenüber, das Überangebot an Arbeitskräften und der Vorteil an Wissen und Herrschaftstechnik drückte jedoch die Arbeiter in eine Position weitgehender Abhängigkeit. Die Unternehmer ihrerseits suchten die Arbeit auch durch den Aufbau einer strengen innerbetrieblichen Hierarchie mit Abteilungs- und Werkstattleitern, Werkmeistern und Vorarbeitern zu rationalisieren und die Ausbildung einer industriegerechten Arbeitsmoral zu erzwingen. Neben der schlechten Entlohnung haben auch diese Entpersönlichung und Versachlichung der Arbeitsverhältnisse, der Disziplinierungsdruck, das Gefühl der Abhängigkeit und die abschätzige Behandlung vor allem dann, wenn der unternehmerische »Herr im Hause«-Standpunkt stark betont wurde, besonders die Gutausgebildeten und Selbstbewußten unter den Arbeitern zur Opposition und zu Versuchen eigenständiger Organisation getrieben.

Die Unternehmer

Die Modernisierung wurde von einer relativ kleinen Gruppe von Unternehmern betrieben, die untereinander in engem geschäftlichen und auch familiären Kontakt standen. Sie rekrutierten sich aus den alten Handels- und Gewerbezentren, wie etwa Mülheim, Krefeld, Bremen, im Süden Nürnberg und Augsburg, vorwiegend aus der vorindustriellen Kaufmannschaft, so etwa Franz Haniel und Matthias Stinnes, die sich in den vierziger Jahren aus dem alten Kohlehandel heraus zu großen Gründergestalten der Schwerindustrie entwickelten. Friedrich Harkort, der Gründer einer der ersten Maschinenbauunternehmen in Wetter an der Ruhr (1819), war Kaufmann, Gustav Mevissen, einer der vielseitig im Bankgeschäft, im Eisenbahnbau und in der Industrie engagierten Großunternehmer, stammte aus einer protestantischen Verleger- und Kaufmannsfamilie im alten Textilzentrum Krefeld. Eine zweite Gruppe ging aus dem älteren eisenverarbeitenden Gewerbe hervor; dazu zählen Hoesch und ursprünglich auch Friedrich Krupp. Die bürgerliche Bildungsschicht wahrte jetzt und später eine leicht abschätzige Distanz zu dieser neuen Welt der Geschäfte und der Technik. Unter den Gründern von Maschinenbauanstalten dominierten Handwerker, Schlosser, Schmiedemeister und Gießer, wie etwa Borsig, Egells, Henschel. Hierin zeigt sich deutlich, daß die technischen Innovationen in dieser ersten Industrialisierungsphase meist noch auf der Grundlage empirisch-praktischer Verbesserungen entstanden, noch nicht auf der Basis wissenschaftlich-technischer Ausbildung. Häufig vollzog sich der Aufstieg großer Unternehmen im Laufe von zwei bis drei Gründer-Generationen.

Höchst spannend ist die Frage, wie sich die unternehmerische Mentalität herausgebildet hat, die Entscheidungs- und Organisationsfähigkeit, rationales Abmessen von Gewinnchancen, technisches Verständnis, Konsequenz bei der Verfolgung anfangs häufig scheiternder Projekte, persönliche Selbständigkeit und Selbstvertrauen verlangte und sich meist mit einem ausgeprägten Macht- und Gestaltungsdrang paarte. Immer setzte sie eine beträchtliche Distanz zur Tradition voraus, eine erhöhte Bereitschaft zu Mobilität und ein ausgeprägtes Bedürfnis nach eigener Verantwortung. Die unternehmerische Grundeinstellung durchbrach die Denk- und Verhaltensgewohnheiten der ständischen Welt und betonte den Wert individuell gestalteter Arbeits- und Lebensformen. Sie zielte auf persönliche Leistungserfolge und Aufstieg. Umgekehrt ist die Freisetzung solcher Gesinnung immer auch selbst schon das Ergebnis einer in ihren Fundamenten gelockerten ständischen Ordnung. Die Erfahrung der materiellen Not gerade im verbreiteten Rückgang der Einkommen zwischen 1820 und 1850 trieb die Energischeren an, sich unter größten Mühen und vielfältigen Verzichten in eine unabhängige und finanziell gesicherte Stellung hinaufzuarbeiten. Der an sich nicht arme Werner Siemens zum Beispiel wollte sich von dem »verdammten Geld ... nicht im Dreck« festhalten lassen[14]. Endlich fällt auf, daß die Mehrheit der Un-

[14] Zit. nach Jürgen Kocka, Unternehmer in der deutschen Industrialisierung. Göttingen 1975, S. 56.

ternehmer, insgesamt etwa drei Viertel, aus protestantischem Milieu stammten – bei einem katholischen Bevölkerungsanteil im Gebiet des Deutschen Reichs von 36 Prozent. Vor allem erwiesen sich nonkonformistische religiöse Minderheiten, die in der frühen Neuzeit aus ihrer Heimat ausgewandert waren, wie etwa die ursprünglich niederländischen Mennoniten in Krefeld, als überdurchschnittlich aktiv. Für sie stellten sich alle die Eigenschaften, die zum Geschäftserfolg beitrugen – Fleiß, Sparsamkeit, Ordnungssinn, Rechtlichkeit –, vielfach unmittelbar als religiös-moralisches Gebot dar, geschäftliche Tüchtigkeit und Erfolg selbst erschienen als Weg, sich der Gnade Gottes zu versichern. An dem subjektiv aufrichtigen Glauben, sich durch ökonomische Tugenden auch spirituell-religiös zu bewähren und zu rechtfertigen, ist für viele frühen Unternehmer in der ersten Generation nicht zu zweifeln. Der überwiegende Habitus asketischer Sparsamkeit und Selbstverleugnung im Privatleben verlor sich dann in Ansätzen nach 1850 und machte seit dem Gründerboom von 1873 häufig erheblichem Luxus und ostentativer Zurschaustellung des Reichtums Platz. Im Vormärz betonte diese Gruppe des entstehenden industriellen Großbürgertums ihr eigenständig bürgerliches Leistungsethos und ihre Überlegenheit vor allem in der Wendung gegen den Adel, der ihr als unproduktiver und überlebter Stand galt.

Das Verhältnis zu den Arbeitern scheint trotz der Härte des Fabriklebens in den meisten Fällen noch frei gewesen zu sein von der Rücksichtslosigkeit der Hochindustrialisierungsphase. Viele Arbeitgeber versuchten, aus einer traditional oder funktional begründeten patriarchalischen Gesinnung heraus, die größten Härten zu mildern. Die Anwesenheit und selbst Mitarbeit in der Werkstatt, der auf die Person des Unternehmers zugeschnittene Leitungsstil haben den später so schroffen Gegensatz von Arbeitgeber und Arbeitnehmer häufig noch abgefangen.

Die Fabrikarbeiter

Insgesamt macht die Zahl der Fabrikarbeiter im Gebiet des Zollvereins 1846 nicht mehr als 4,4 Prozent aller Einwohner aus. Trotzdem verdient diese Gruppe besondere Aufmerksamkeit auch schon vor 1848, weil die Quote bis 1913 auf 39,6 Prozent anwuchs. In sich ist diese Schicht alles andere als homogen. Eine Minderheit kam aus dem älteren Gewerbe der

Eisenverarbeitung und der Kohlegewinnung und ging mehr oder weniger nahtlos in die Fabrikarbeit über; die Mehrheit stellten Gesellen oder abgesunkene Meister aus dem Handwerk und aus dem Heimgewerbe, insbesondere der Textilproduktion, sowie die vom Land zugezogenen Pauperes. Daher bildete sich auch innerhalb der Arbeiterschaft sogleich eine strenge und differenzierte Schichtung heraus. Die oberste Gruppe stellten die handwerklich Ausgebildeten, die Spengler, Schlosser, Schmiede, Zimmerleute u. ä., der Stamm qualifizierter Arbeiter, besser bezahlt, seßhafter und angesehener als die übrigen. Bis zum Ende der sechziger Jahre und darüber hinaus lebte in ihnen ein traditionell-zünftisches Selbstbewußtsein fort, mit ausgeprägtem Berufsethos und korporativ-branchenbezogenem Selbstgefühl. Diese Handwerker-Arbeiter stellten dann in den sechziger Jahren die eigentlichen Initiatoren und Träger der entstehenden Arbeiterbewegung. Der Abstand im Verhalten, im Lebensstandard, in der Behandlung auch durch die Arbeitgeber gegenüber den Ungelernten, der zweiten großen Gruppe, war erheblich. Dazwischen lagen die Angelernten, die sich an Ort und Stelle eine gewisse berufliche Qualifikation aneigneten, während die Ungelernten beliebig auswechselbare Hilfsarbeit leisteten. Am unteren Ende der Skala bewegten sich die Frauen und Kinder, die besonders in den Textilbetrieben einen erheblichen Prozentsatz der Arbeiter stellten. In Chemnitz z. B., einer alten Textilstadt, machte der Anteil der Frauen 28,2 Prozent, der Kinder 18 Prozent aus. Die Lohnskala konnte sich bis zu einem Verhältnis von 1 zu 11,5 zwischen den Geringst- und Höchstqualifizierten auffächern. Auch der Lohn eines hochqualifizierten Arbeiter-Handwerkers reichte allerdings in der Regel nicht zum Unterhalt einer Familie aus. Begründet in der Tradition vorindustriell-handwerklicher Familienarbeit, fungierte auch der Lohn eines Facharbeiters nicht als Familienlohn. Dies machte die Mitarbeit von Frau und Kindern erforderlich, wenn nicht, wie etwa im Ruhrgebiet häufig und noch weit über unseren Zeitraum hinaus, ein kleiner landwirtschaftlicher Besitz Nebenerwerb bzw. die Selbstversorgung mit Naturalien ermöglichte.

Angesichts der niedrigen Löhne brachten die erheblichen, oft kurzfristigen Schwankungen von Konjunktur und Arbeitsmarkt einen Zug permanenter Unsicherheit in die Arbeiterexistenz. Schon ein geringer Auftragsrückgang oder ein überlanger Winter konnte die Familien in eine nicht mehr aufzuholende

Geldknappheit stürzen. Vor allem die An- und Ungelernten mit ihrer hohen Mobilität und der sozialen Ortlosigkeit konnten sich auch nicht darauf verlassen, von der kommunalen Armenversorgung aufgefangen zu werden, sie mußten Privatwohltätigkeit in Anspruch nehmen oder den Ausweg in erneuter Wanderung suchen. Besonders bei den stark mobilen Ungelernten lag demgemäß auch die Ledigenquote sehr hoch. Durchschnittliche Arbeitszeiten von 12 bis 14, zum Teil 16 Stunden, keinerlei Urlaub, Lärm, Schmutz und fehlende Schutzmaßnahmen am Arbeitsplatz zogen ein hohes Unfallrisiko und starken Verschleiß nach sich, so daß die Energien und Kräfte des Arbeiters mit 40 Jahren meist verbraucht waren.

Bei den Verheirateten traten Erwerbs- und Familienleben zunehmend auseinander. Vor allem in großen Städten oder in Vororten, wie um das frühindustrielle Leipzig, brachen die Männer um 5 oder 6 Uhr früh auf, gingen oft stundenlang in die Stadt zur Arbeit und kehrten abends zwischen 6 und 9 Uhr zurück. Die im ländlichen und handwerklichen Haushalt übliche Einheit von Arbeit, Haushalt und Familie löste sich auf. Daraus ergab sich dann auch eine neue Verteilung der Geschlechterrollen. In der traditionellen Familienarbeitsverfassung hatte die Frau die anfallende Haus-, Stall- oder Feldarbeit miterledigt. Jetzt, bei der Lockerung oder faktischen Zersplitterung der Familie, fiel ihr zusätzlich praktisch die alleinige Kindererziehung zu. Das stärkte ihre Position in der Familie, verlieh ihr mehr Verantwortung, überlastete sie aber auch. In einer Übergangszeit von zehn bis zwanzig Jahren, in der sich die neue Rollenverteilung noch nicht eingespielt hatte, scheinen sich die Männer vielfach schwer getan zu haben, die neue Stellung der Frau zu akzeptieren, was die Ehen erheblich belasten konnte. Die Lebenskreise von Mann und Frau begannen sich auseinanderzuentwickeln. Dies zog Rückwirkungen auch auf die Kindererziehung nach sich. Die Kinder traten früh, meist mit 14, aber auch darunter, ins Erwerbsleben ein und gewannen durch eigenes Geldverdienen an Selbständigkeit. Zeitgenössische Berichte beklagen, daß die Eltern sich schwer taten, den Verdienst für den Gesamthaushalt einzuziehen, und daß väterliche und mütterliche Autorität verlorengingen. Dies mag aus konservativindustriekritischer Sicht übertrieben worden sein, fest steht jedenfalls, daß die Fabrikarbeit die Jugendlichen mit einem ganz anderen Milieu konfrontierte als im bäuerlichen Betrieb oder in der Handwerkslehre, wo der Meister weitgehende Funktionen der väterlichen Autorität, der Erziehung und Beaufsichtigung übernommen hatte. Schließlich änderten sich auch die Moralvorstellungen, natürlich was die Beziehung zwischen den Geschlechtern anging, aber auch in anderer Hinsicht. Viel beklagt wurde – nicht nur in bezug auf die Jugendlichen – die angesichts so bedrängter Lebensumstände verständliche Flucht in den Alkohol und die Zunahme der Kleinkriminalität; die Delikte Bettel, Landstreicherei, Diebstahl, im »Pöbel« seit je übliche Formen sich durchzubringen, scheinen sich bei der Ausbreitung des Pauperismus unterhalb der Grenze des »ehrbaren« und auf seine Respektabilität sorgfältig achtenden Arbeiter-Handwerkers vermehrt zu haben. Schließlich registrierten die Zeitgenossen zunehmende religiöse Gleichgültigkeit, obgleich gerade in Industrialisierungszonen mit relativ geschlossenem religiös-kirchlich geprägtem sozial-moralischem Milieu die Kirche lange ihre integrierende und stabilisierende Kraft erhalten hat.

6. Die Bildung und die Entstehung der bürgerlichen Öffentlichkeit

Die Volksschule

Neben der – retardierten – Tendenz, alle Staatsuntertanen privatrechtlich und in ihrem Verhältnis zum Staat als »Bürger« gleichzustellen und neben der allmählichen Freisetzung der Energien des wirtschaftenden Menschen ist für die Gesellschaft des 19. Jahrhunderts die Bildung von höchster Bedeutung. Auch hier trieb der Reformstaat noch mit der Schubkraft der Aufklärung im Rücken die Veränderung voran, auch hier aber entwickelte die einmal freigegebene Chance individueller Selbstentfaltung eine eigene Dynamik. Zum Teil vom Staat gewollt, zum Teil aus originären Antriebskräften heraus verselbständigte sich die Sphäre der Bildung von den bis dahin kulturprägenden Mächten von Staat bzw. Hof und Kirche, entwickelte neue Maßstäbe und Werte für ein humanes Leben und wirkte damit auf Staat, Gesellschaft und Kirche zurück.

Ein elementarer Vorgang bei der Bildung des modernen Kulturstaates ist zunächst die fortschreitende Alphabetisierung. Sie läßt sich zwar nur annäherungsweise, aber doch im internationalen Vergleich erfassen. Während die Analphabetenrate in Rußland um 1850 noch bei 90 Prozent, in Österreich-Ungarn bei 40 bis 50 Prozent und bei der männlichen Bevölkerung Englands bei etwa 33 Prozent lag, machte sie in Preußen – allerdings mit erheblichen provinzialen Unterschieden – etwa 20 Prozent aus. Die entscheidende Verbesserung ging dabei naturgemäß von der Volksschulbildung aus. Obgleich Preußen bereits 1717 die allgemeine Schulpflicht eingeführt hatte, hatte das Elementarschulwesen bis zum Beginn der Reformära doch hier wie in allen deutschen Staaten im argen gelegen. Noch 1819 scheiterte in Preußen der Entwurf eines neuen umfassenden Unterrichtsgesetzes am konservativen Widerstand; trotzdem setzte sich jetzt die Schulpflicht durch. Noch 1816 gingen in Preußen nur 60 Prozent der Schulpflichtigen regelmäßig zur Schule, 1847 bereits 82 Prozent, in Sachsen sogar 95 Prozent. Der Lehrerfolg blieb allerdings vielfach dürftig und nach dem Stadt-Land-Gefälle gestuft – kein Wunder bei dem auf dem Lande vorherrschenden Typ der einklassigen Dorfschule und bei Klassengrößen zwischen 50 und 90 Schülern. Der Staat hatte seine sozialgestaltende Macht dabei gegen die verschiedensten Widerstände durchzusetzen: der Bauern, die ihre Kinder zur Mitarbeit brauchten, der Eltern, insbesondere aus der Unterschicht, die ihre hausväterliche Gewalt bedroht sahen, der Unternehmer, die Kinder beschäftigten, aber auch des konservativen Establishments. Die österreichischen Behörden brachen notfalls den Widerstand der Eltern mit kurzen, aber sehr wirkungsvollen, da ehrbedrohenden Haftstrafen. Einen entscheidenden Fortschritt gegenüber dem 18. Jahrhundert brachte die verbesserte und normierte Volksschullehrerbildung in Seminaren. Preußen gründete oder reorganisierte bis 1848 35 Lehrerseminare. Auf der unteren Ebene führte der Pfarrer unter straffer staatlicher Kontrolle die Schulaufsicht neben dem selbstverständlichen, allerdings wiederum staatlich überwachten Aufsichtsrecht über den Religionsunterricht, der in der Volksschule eine zentrale Stelle einnahm.

Das Gymnasium und der Neuhumanismus

Schärfer ins Licht als diese stille, wenn auch durchgreifende und keineswegs spannungsfreie Sozialisation der Bevölkerung tritt die Rolle der höheren, insbesondere der gymnasialen Bildung im Vormärz. Auch hier hatte die Reform bereits im aufgeklärten Absolutismus eingesetzt und wurde dann in Preußen durch Wilhelm von Humboldt und seine Mitarbeiter im Unterrichtsdepartement des Innenministeriums seit 1809 fortgeführt. In Bayern brachte der Würzburger Professor Immanuel Niethammer als Zentralschulrat im neugebildeten Innenministerium 1808 das humanistische Gymnasium auf den Weg. Die Zahl der Gymnasien in Preußen stieg von 91 im Jahr 1818 auf 118 im Jahr 1848, die der Schüler im gleichen Zeitraum um etwa drei Viertel auf 26816 (1846), die der Lehrer fast im selben Verhältnis. Trotz der steigenden Quoten blieb der Anteil der Gymnasiasten an der Gesamtzahl der Schulpflichtigen freilich eine ganz schmale Minderheit: 1,7 Prozent im Jahr 1828 und 3,6 Prozent im Jahr 1864; in den großen Städten lag der Prozentsatz natürlich erheblich höher, in Berlin z. B. bei rund 25 Prozent – einschließlich allerdings des damals noch hohen Anteils an Schülern privater höherer Schulen, die jedoch bis 1848 stark zurückgingen. Im Lehrplan dominierte das Latein so weitgehend, daß Mathematik, Deutsch, Geschichte, Geographie und Naturwissenschaft zusammen gleich viele Wochenstunden beanspruchten wie das Lateinische.

Diese Prägung von Ausbildung und Erziehung der Bildungsschicht – übrigens nicht nur in Deutschland, sondern auch in England und Frankreich – durch den Neuhumanismus zählt zu den großen Merkwürdigkeiten des Jahrhunderts. Sie stellte die sprachlich-historische Bildung in den Mittelpunkt, lehrte Textinterpretation, vermittelte profunde Kenntnisse über Staatsleben, Religion und Kultur des Altertums, schulte das Denken formal mit Hilfe der Grammatik und übte die Sozialisation in die bürgerliche Gesellschaft ein, indem sie Verständnis und Begeisterung für die Meisterwerke klassischer Kunst zu wecken suchte. Die herausragende Rolle des humanistischen Gymnasiums, seiner Erziehungsziele und Bildungsinhalte, muß um so mehr verwundern, als große Pädagogen der Aufklärung wie Johann Bernhard Basedow und Johann Heinrich Pestalozzi bereits seit der Mitte des 18. Jahrhunderts mehr »Realienkenntnis«, Naturkunde, Schulung praktisch-verwertbarer Fähigkeiten gefordert hatten. Tatsächlich schwächte sich in der Schulpraxis das literarisch-ästhetische Programm etwas ab, wenn es auch bestimmend blieb. Schon Niethammer forderte in seiner wegweisenden Schrift ›Der Streit des Philanthropinismus und Humanismus in der Theorie des Erziehungsunterrichts unserer Zeit‹ (1808), daß die »Realgegenstände« gleichgewichtig neben den »Idealgegenständen« zu stehen hätten. In Preußen gewann schon bald die Ausbildung gegenüber der reinen Bildung an Gewicht. Der humanistische Erziehungsenthusiasmus verblaßte im Lauf der Zeit, oder er erstarrte zur Ideologie, so daß Robert Musil im Rückblick auf die zweite Jahrhunderthälfte sagen konnte, die Forderung des Idealen habe »in der Art eines Polizeipräsidiums« über allen Äußerungen des Lebens gewaltet.

Gleichwohl lebte der Neuhumanismus bis zur Jahrhundertmitte und weit darüber hinaus tief in den Bedürfnissen, Wünschen und Zielen der bürgerlichen Bildungsschicht weiter. In gewisser Weise war er Fortführung und Reaktion auf die Aufklärung zugleich. Sie hatte die Doppelnatur des Menschen, nämlich Trieb- und Vernunftwesen zu sein, scharf herausgearbeitet und in unendlichen Variationen die Herrschaft der Ratio über Triebimpulse und Emotion gefordert, in dieser Gesittungs- und Selbstdisziplinierungsabsicht aber auch die Konflikte im Haushalt elementarer und sublimierter Strebungen des Menschen vertieft. Der ideale Grieche stieg schon deshalb zu einem Gegenstand der Sehnsucht auf, weil ihm die Nöte, die das Christentum in die menschliche Seele hineingetragen hatte, unbekannt zu sein schienen. Die vielsagende Vorstellung von der »edlen Einfalt und stillen Größe« (Winckelmann) klassischer Menschen und Werke verrät daher zugleich den Wunsch nach Sublimierungen ersten Ranges und einem beruhigten Innenleben – den Wunsch also nach einer Quadratur des Kreises, der gleichwohl oder eben deshalb den Kultivierungsanstrengungen des bildungswilligen Bürgertums immer neue Kraft zuführte und ihnen die Richtung wies. Dieses humanistische Gesittungspostulat ist universell und findet seine Bestätigung in der Leistung – Lebensleistung und Werkleistung –, es sprengt daher die ständische Ordnung auf, die auf Geburtsvorrechte rekurriert, es richtet seine Forderungen an den einzelnen und läßt infolgedessen auch nur die Einzelleistung gelten. Dieser Ansatz wendet sich konsequenterweise auch kritisch gegen die feudale Welt, er untergräbt die traditionale Herrschaftslegitimierung republikanisch mit dem Leitbild sich selbst beherrschender Menschen und Bürger. Es nimmt daher nicht wunder, daß diese Bildungsidee im reformwilligen Staat, dem es um den Abbau herkömmlicher Vorrechte, um die Rationalität und Leistungssteigerung seiner Bürger ging, eine verläßliche Stütze fand. Der Neuhumanismus ist – pointiert und damit notwendig auch verkürzt formuliert – ein Ideensystem, das dem Übergang von der ständisch-patrimonialen zur bürgerlich-individualistischen Welt entspricht. Daher geriet es zur Jahrhundertmitte hin und vor allem danach zunehmend in die Krise. Die restaurativ gewordenen Staaten suchten seine kritischen bürgerlich-republikanischen Implikationen abzuschwächen; die Leistungselite der humanistisch Gebildeten büßte in staatsnaher, meist beamteter und damit privilegierter Stellung zumindest teilweise ihre bewegende Kraft ein; die ästhetisch-literarische Bildung schottete sich gegen die ganz andere, materiell-ökonomische Emanzipationsbewegung der Industrialisierung und die von ihr hervorgebrachten Schichten ab; schließlich zerfiel auch das ästhetisierte Bild vom klassisch-harmonischen Griechentum in einem langwierigen Erkenntnisprozeß, der schon zu Beginn des 19. Jahrhunderts einsetzte und erst heute, nach diversen Verteidigungen und Renaissancen etwa noch im kulturkritisch-bildungsbürgerlichen Schrifttum nach dem Zweiten Weltkrieg, als abgeschlossen gelten kann. Die »klassische Bildung« blieb im ganzen 19. Jahrhundert eine Kulturtatsache ersten Ranges, die noch bis in die getragene Syntax durchaus realitätsnaher Verwaltungsbeamter oder in die politische Rhetorik bürgerlicher Honoratiorenpolitiker hineinwirkte.

Die Universität

Wer das Gymnasium mit dem Abitur – das in Preußen erst 1834 endgültig als Voraussetzung des Universitätsbesuchs normiert wurde – abgeschlossen hatte, ging im allgemeinen zur Universität. Sie nahm mit ihren außergewöhnlichen Forscherleistungen – auch im Vergleich zu den westlichen Nachbarstaaten –, mit ihrer Ausbildungsfunktion insbesondere für die Staatsbeamtenschaft und die freien Bildungsberufe, mit ihrer normativen, vom Neuhumanismus durchdrungenen Bildungsidee eine beherrschende Stellung im kulturellen und politischen Leben der entstehenden Nation ein. Der entscheidende Schritt der Innovation gelang hier mit der Berufung Wilhelm von Humboldts zum Leiter der preußischen Unterrichtsverwaltung 1809. Er schuf mit der Neugründung der Universität Berlin 1809 das Modell, nach dem die übrigen deutschen Staaten ihre Landesuniversitäten nach und nach reorganisierten.

Geist und Organisation der sogenannten Humboldt-Universität wurzelten in dem Grundgedanken von der Notwendigkeit zweckfreier Forschung. In ihm wiederum schlugen sich Motive der liberalen Anthropologie in der gesellschaftlich-kulturellen Übergangssituation der Jahrhundertwende nieder. Die Auflokkerung festgelegter Lebensformen und Berufswege, die Verdichtung der Kommunikation, der erhöhte Wissensbedarf verlangten vom einzelnen Gebildeten neue Erkenntnis- und Dispositionsfähigkeiten. Der Orientierungsbedarf in den neuen, offeneren Lebens- und Wissenshorizonten forderte eine Konzeption von Bildung und Ausbildung, die vor allem eines einzuüben versprach: personale Verantwortung. Standardisiertes und bloß repetitives, äußerliches Wissen genügte nicht mehr der neuen, im Wandel selbst begründeten Vorstellung von einer Persönlichkeit, die sich über alles ein eigenes Urteil zu bilden und in voller Einsicht in die Wirklichkeit autonom zu handeln vermag. Daher entwickelten die Universitätsreformer die Idee, daß jeder einzelne Gebildete sein Denken über die Welt nicht einfach erlernen oder adaptieren dürfe, sondern selbst hervorbringen müsse. Nur die Distanzierung von der Alltagswirklichkeit mit ihrer Gewöhnung an das Vorgegebene und mit ihrer Zerstreutheit konnte – so die Idee – jene Polarität von »Einsamkeit und Freiheit« (Humboldt) schaffen, in der es gelingen mochte, der Wirklichkeit auf den Grund zu gehen. Auf dieser neuen Basis individueller Selbstbestimmung durch eigenständiges Denken sollten sich die Gebildeten, Lehrende und Lernende, dann wieder in den Funktionszusammenhang von Staat und Gesellschaft fügen und deren Freiheitsspielraum eben dadurch wiederum erweitern. Dieser Grundgedanke fand seinen organisatorischen Ausdruck in dem erneuerten Prinzip der akademischen Selbstverwaltung, die aber staatlicher Aufsicht und Einwirkung unterstellt blieb. Es bleibt erstaunlich und bedenkenswert, wie diese »vorindustrielle Philosophengründung das Jahrhundert von Industrie und Technik, Demokratisierung und Massenaktivität nicht nur überdauert, sondern entscheidend mitgeprägt hat, gerade in ihm sich entfaltet hat«[15]. Der Grund dafür ist wohl, daß es ihr gelang, funktionale Eliten heranzubilden, auf die gerade die moderne Arbeitsgesellschaft und der Verwaltungs- und Kulturstaat des 19. Jahrhunderts mit ihrem unstillbaren Bedarf an geistigen Neuerungen und – so befremdlich das klingen mag – an Bildung angewiesen waren. Die Humboldtsche Universität kultivierte ein neues Ethos des Forschens,

[15] Thomas Nipperdey, Deutsche Geschichte 1800–1866. Bürgerwelt und starker Staat. München 1983, S. 471.

bei dem der am meisten galt, dem es gelang, Neues zu entdekken, und der damit indirekt, indem er Wissen bereitstellte, auch dazu beitrug, die Welt umzugestalten. Und sie verfolgte das Ziel, Beamte auszubilden, die imstande waren, die Funktionszusammenhänge in einer zunehmend interdependenten, komplexen und sich immer rascher wandelnden Gesellschaft zu überblicken. Naturgemäß ist es ihr dabei freilich keineswegs immer gelungen, die reine Idee gegenüber sachfremder Konnexion, Besitzstandswahrung, Abschottung gegen gesellschaftlichen und kulturellen Wandel und Behinderung des freien Denkens durch Interessen zu wahren.

Im Vormärz nahm die Universität nur eine verschwindende Minderheit der Bevölkerung auf, wobei dieser Anteil angesichts des rapiden Wachstums vor allem der Unterschichten von 0,5 Prozent im Jahr 1830 auf 0,35 Prozent im Jahr 1850 zurückging. Im Gebiet des späteren Reiches gab es um 1800 etwa 6000, in einem raschen Anstieg zu Ende der zwanziger Jahre ungefähr 16000 Studenten, danach sank die Quote wieder ab und stabilisierte sich zwischen 1835 und 1860 bei weniger als 12000. Der Schwerpunkt der Ausbildung lag 1830 noch bei den traditionellen Fächern: Theologie mit 38 Prozent aller Studierenden, gefolgt von Jura mit 28 und Medizin mit 15 Prozent. Ziel und Auswirkung der gesamten Bildungsreform lassen sich demgegenüber quantitativ am besten fassen in dem jetzt bereits sehr hohen Anteil von 19 Prozent bei der Philosophischen Fakultät, die vor allem die Gymnasiallehrer aufnahm. Gegenüber dem idealistischen Bildungsideal dominierte in der Praxis des Studiums auch damals schon die Ausbildungsfunktion mit der Vermittlung von Fachwissen. Die Selbstreform des studentischen Gemeinschaftslebens versackte nach der Unterdrückung der Burschenschaften entweder in biedermeierlicher Idylle oder in der Tradition feudal geprägter »studentischer Freiheit«. Gleichwohl stellte die Universität in der ersten Jahrhunderthälfte das Bewegungszentrum des intellektuellen Lebens in Deutschland dar. Die für das bürgerliche Selbstverständnis im 19. Jahrhundert so wichtige Geschichtswissenschaft blühte auf, für die experimentelle Naturwissenschaft und die Medizin entstanden forschungs- und ausbildungsintensive Institute. Die großen intellektuellen Auseinandersetzungen der Zeit um die Interpretation des Christentums, das Verhältnis von Wissenschaft und Politik, die Theorien des gesellschaftlich-politischen Fortschritts fanden im Raum der Universität statt, und selbst wo das

Denken wie bei den Linkshegelianern in Fundamentalopposition zum bestehenden Staat ging, nahm es seinen Ausgang von der Universität und kämpfte – freilich vergeblich – um Anerkennung durch die Universität.

Buchproduktion und literarischer Markt

Den institutionellen Bildungsreformen war bereits in der Aufklärung ein eminenter Aufschwung der Buchproduktion vorangegangen. Zwischen 1786 und 1805 hatte sich die Zahl der Titel von jährlich 2076 auf jährlich 4081 vermehrt. Danach trat jedoch ein länger anhaltender Rückschritt ein, verursacht teils durch die jetzt auch Norddeutschland erfassenden Kriegswirren und die darauffolgende Verarmung, teils durch ein Nachlassen der schöpferischen Kräfte nach der Blütezeit der Hochklassik und Frühromantik, teils durch die Beengung des geistigen Lebens in der Restauration. Goethe beschwerte sich 1828 in einem Brief an Zelter über die Sucht nach Zerstreuung und die Abgestumpftheit des deutschen Lesepublikums. Erst in den dreißiger und vierziger Jahren trieb die seit der Julirevolution neubelebte intellektuelle und politische Unrast die geistige Produktivität auf breiter Basis wieder an. 1831 erschienen 7617 Titel, 1843 waren es 13664. Aber auch jetzt blieb vor allem für die anspruchsvollen literarischen und wissenschaftlichen Werke der Markt noch sehr klein. Hebbel brachte seine Einzelwerke in Auflagen von 500 bis 1500, zuletzt 2000 Stück heraus, aber auch von Eckermanns ›Gesprächen mit Goethe‹, die ein buchhändlerischer Erfolg zu werden versprachen, verkauften sich nach dem Erscheinen 1835 innerhalb von drei Jahren nur 1700 Exemplare. Gutzkows brillanter und reißerischer Roman ›Wally die Zweiflerin‹, bewußt auf die Neugier und das Sensationsbedürfnis des Publikums hin geschrieben und tatsächlich dann auch Gegenstand eines literarischen Skandals, erschien 1835 in einer Auflage von 700 Stück. Wissenschaftliche Werke brachten es kaum je auf mehr als 500 verkaufte Exemplare. Die Entwicklung ist freilich vielschichtig. Die neu aufblühende Gattung der Konversationslexika, damals von erstklassigen Autoren verfaßt und latent politisch-oppositionell, kam dem Informationsbedürfnis der Bildungsschicht in besonderem Maße entgegen und florierte. Brockhaus' Konversationslexikon, 1809 erstmals mit 2000 Stück erschienen, verkaufte sich in der 5. Auflage von 1818/20 und in der 8. Auflage von 1837/42 in jeweils 32000

Exemplaren. Extraausgaben in Kurzfassungen, aber auch Konkurrenzunternehmen sind hinzuzurechnen. Im Vormärz griff die Leserevolution langsam auch auf die kleinbürgerlichen Schichten über, wenn auch vielfach mit gesiebten, bewußt unpolitisch gehaltenen antiquarisch-anekdotischen oder religiöserbaulichen Lesestoffen.

Die Bildung in der politischen Diskussion

Das reformierte Bildungssystem der ersten Jahrhunderthälfte zog insgesamt nicht nur die Konsequenz aus der bürgerlich geprägten intellektuellen Emanzipationsbewegung der Aufklärung, die Bildungsbewegung insgesamt verlieh der bürgerlichen Wertorientierung an Arbeit, Leistung, geistiger Regsamkeit und verwissenschaftlichter Weltkenntnis auch neues Gewicht im gesellschaftlichen Statussystem. Bildung stieg damit auch zum Politikum auf, zum Gegenstand der politisch-gesellschaftlichen Theorie und des öffentlichen Räsonnements – und zwar von beiden Seiten her, von den Kräften der Veränderung wie der Beharrung. Vor allem die Volksschule war für die Regierungen ganz wesentlich ein Mittel der sozialen Disziplinierung und der Integration der Bevölkerung in ein auf monarchisch-obrigkeitliche Herrschaft festgelegtes Staatsvolk. In dem Maße, wie sich die Restauration durchsetzte, geriet die Volksschullehrerbildung dann auch in die Schußlinie konservativer Kritik. Friedrich Wilhelm IV. ließ 1845 das Breslauer Lehrerseminar wegen politischer Besorgnisse schließen. Ludwig I. von Bayern hätte in den dreißiger Jahren die Seminare am liebsten ganz abgeschafft und die Lehrer durch Pfarrer ersetzt. Doch ließ sich die Reform nicht mehr wirklich zurückdrehen. Die Volksschullehrer, unterbezahlt, zu kirchlichen Diensten wie etwa dem sonntäglichen Orgelschlagen verpflichtet, sozial mißachtet, aber mit den Ideen des Fortschritts in Berührung gekommen und im Bewußtsein, mit der Bildung einer zivilisatorisch wichtigen Aufgabe zu dienen, entwickelten sich zu einer Kerngruppe der Aufsässigkeit. Konservative Autoren klagten, durch die Wahnvorstellung der allgemeinen Volksbildung würden die Menschen aus den natürlich-unbefangenen Lebensformen herausgerissen und fielen den falschen Parolen des liberalen Zeitgeistes zum Opfer.

Tatsächlich verknüpften gerade die Liberalen mit der Bildung die Hoffnung auch auf politischen Fortschritt und zwar in einer interessanten Mischung von obrigkeitskritisch-freiheitlichen und zugleich revolutionspräventiven Motiven. Bildung, so meinten zum Beispiel liberale und zugleich sozial sensible Unternehmer wie Friedrich Harkort oder Gustav Mevissen, führe auch die Unterschicht an eine bürgerlich-selbstbestimmte Lebensweise heran und vermindere die Anfälligkeit für anarchischen Protest und Zerstörungswut. Vor allem für zahlreiche gebildete Bürger selbst verschmolz Bildung vielfach auch mit »politischer Bildung« – an der es, wie sie meinten, in Deutschland entschieden mangle. Der wichtigste bürgerliche Klassentheoretiker des 19. Jahrhunderts in Deutschland, Lorenz von Stein, faßte am Ende der vormärzlichen Entwicklung, nach der Erfahrung der Revolution von 1848, den neuen Zusammenhang von Bildung und gesellschaftlich-politischer Verfassung in den Sätzen zusammen: »Wo in einem Volk die niedere Klasse überhaupt nach Bildung strebt, da ist das erste Element der Bewegung der Freiheit vorhanden; wo sich dieses Streben nach Bildung kundtut, da beginnt auf ihrer ersten Stufe der Kampf der abhängigen gesellschaftlichen Klasse mit der herrschenden ...«[16] – was hier nicht nur für das Verhältnis der unterbürgerlichen Schichten zum Bürgertum, sondern auch für das Verhältnis des Bürgertums zum Adel gilt. Bürgerliche Arbeit, auch und gerade geistige Arbeit, erschien als Movens des kulturellen und damit selbstverständlich auch des politischen Fortschritts. Der liberale Staatsrechtler und spätere Abgeordnete der Paulskirche, Karl Welcker, definierte 1843 den Staat als »organisierten Rechts- und Kulturverein des Volkes«[17]. Arbeit, Bildung bzw. Kultur und Politik stellten sich dem bildungsfreudigen Bürgertum des Vormärz als Kontinuum dar – es war noch weit entfernt von der späteren Neigung zum Rückzug in ein ästhetisches und gegen die gesellschaftliche Dynamik gewendetes Kulturverständnis.

Die bürgerliche Öffentlichkeit

Die Ausbreitung, Intensivierung und Verselbständigung der Bildung brachte gegenüber den Herrschaft ausübenden Institutionen, der Regierung und Verwaltung, den Kirchen und neuer-

[16] Lorenz von Stein, Geschichte der sozialen Bewegung in Frankreich von 1789 bis auf unsere Tage. Bd. 1, Leipzig 1850; Neudruck Darmstadt 1959, S. 586.

[17] Karl Theodor Welcker, Artikel ›Staatsverfassung‹. In: Carl von Rotteck, Karl Welcker (Hrsg.), Staats-Lexikon. Bd. 15, Altona 1843, S. 66

dings auch den Parlamenten einen neuen Machtfaktor ins Spiel: die Öffentlichkeit. Auf ihre Wirksamkeit hatte bereits die Bildungsschicht der Spätaufklärung gehofft, für die oppositionellen Kräfte des Vormärz wurde sie zum wichtigsten Forum, ihre Kritik, ihre Ansprüche und Forderungen vorzutragen. Der frühe deutsche Liberalismus und Radikalismus hatte hier auf seinem ureigensten Gebiet, dem der literarisch-publizistischen Äußerung, ein Instrument gefunden, um zu allen Fragen, die das allgemeine Wohl betrafen, Stellung zu nehmen. Die große politische Theorie hat dieses Instrument eingehend beschrieben, an der Einschätzung der Öffentlichkeit läßt sich die jeweilige politische Position ablesen. Kant, der den absolutistischen Staat noch nicht grundsätzlich in Frage stellte, fand bereits 1793 Formulierungen, die im Ergebnis über den Absolutismus hinausführen mußten. Er sah in der »Freiheit der Feder« das »einzige Palladium der Volksrechte«. Er forderte für die Untertanen die Freiheit, auch dort die eigene Meinung zu sagen, wo der Staat unrecht handelte, das Korrektiv der öffentlichen Meinung sollte die Rechtlichkeit aller staatlichen Anordnungen garantieren[18] – ein Postulat, das der Frühliberalismus dann zu einem Kernsatz seiner politischen Doktrin erklärte.

Im Vormärz wußte die Mehrzahl der Gebildeten genau, wie der Verleger Archenholz bereits 1801 geschrieben hatte, »wieviel man in Deutschland der Publizität zu verdanken hat, die seit einiger Zeit unvermerkt in Gang gekommen ist . . . und nun ohne die äußerste Gewaltsamkeit nicht mehr gehemmt werden kann«[19]. Trotz der permanenten Behinderungen erschienen alle wichtigen Fragen auf der Tagesordnung der öffentlichen Diskussion: Gesellschafts- und Staatsverfassung im Vergleich zu England, Frankreich, den USA; das Christentum und die Konflikte, in die es im modernen Leben geriet; die Macht der Tradition und die Hoffnung auf den Fortschritt; die Stellung von Literatur, Kunst und Wissenschaft im Leben – alles wurde jetzt vor das Forum der kritischen Vernunft gezogen und leidenschaftlich diskutiert, zum Teil in heftigen und lang andauernden Fehden. So sehr manche dieser Kämpfe auch von persönlichen Eitelkeiten und Interessen durchtränkt sind, so wenig darf man

[18] Immanuel Kant, Über den Gemeinspruch: Das mag in der Theorie richtig sein, taugt aber nicht für die Praxis (1793). In: Kant's Gesammelte Schriften. Bd. 8, Berlin 1912, S. 304.

[19] Zit. nach Hans Gerth, Bürgerliche Intelligenz um 1800. Zur Soziologie des deutschen Frühliberalismus. 2. Aufl. Göttingen 1976, S. 61.

übersehen, daß hier kontroverse Meinungen durchgefochten, alle Fragen von verschiedenen Seiten beleuchtet wurden; der Pluralismus der Meinungen spielte sich ein. Es brach sich die Überzeugung Bahn, auf dem Wege kritisch-argumentativer Beweisführung könne die Wahrheit über alles herausgefunden werden, und sie habe bindende Wirkung für das Handeln. Eine Vielzahl von Menschen, zum Teil ohne Amt, meist ohne Nähe zu den wirklichen Entscheidungsträgern, zum Hof, der Verwaltung, später auch den Kammern, erklärte sich für kompetent in den Angelegenheiten des Gemeinwohls und fühlte sich gedrängt, das eigene Urteil öffentlich mitzuteilen. Man erwartete, wenn man schreibend oder redend in diesen Diskurs eintrat, daß sich andere dieser Meinung anschließen sollten. So entstanden kulturelle und politisch-gesellschaftliche Interessen- und Gesinnungsgemeinschaften, die, wenn es um Politik ging, noch ohne feste Organisation blieben, aber doch schon zusammengehalten wurden durch gemeinsame Gegnerschaften, Ziele und Hoffnungen. Die reale Macht der Öffentlichkeit hat sich in den westlichen Staaten früher durchgesetzt als in Deutschland, so etwa in England bei der Wahlrechtsreform von 1832. In den Augen der Engländer und Franzosen blieben die deutschen Staaten gerade wegen der Restriktion der politischen Öffentlichkeit hinter der eigenen Entwicklung der politischen Kultur zurück. Bei Konfrontationen der entstehenden Nationalstaaten zeigte sich allerdings auch die Kehrseite dieser neuen Rolle der Öffentlichkeit. Die expansive Außenpolitik Frankreichs in Richtung auf die Rheingrenze 1840 ging erstmals in der Geschichte der internationalen Beziehungen wesentlich auf ihren Druck zurück, sie heizte die nationale Emotion auch in Deutschland an. 1815 war der Rhein als vaterländisches Symbol noch mehr eine Grille einzelner Publizisten wie Ernst Moritz Arndt gewesen. Jetzt erfaßte die Rheinbegeisterung über die akademisch Gebildeten hinaus breite Schichten der Bevölkerung und trug damit auf dem Weg der Abgrenzung nach außen zur Politisierung der deutschen Öffentlichkeit bei. Die politische oder – angesichts der Beschränkungen – zumindest kryptopolitische Öffentlichkeit konstituierte sich vor allem mit Hilfe zweier Äußerungsformen der Kultur: der Publizistik und des Vereinswesens.

Als erstes Beispiel für den jetzt entstehenden neuen Typus der politischen Meinungspresse gelten bemerkenswerterweise Heinrich von Kleists ›Berliner Abendblätter‹, in der einsetzenden Reformphase 1807 als Sprachrohr des adligen Konservativismus gegründet. Ab 1810 durften sie keine politischen Originalbeiträge mehr drucken; daraufhin gingen sie ein. Die erste liberal-demokratisch-nationale Gesinnungszeitung großen Stils gab 1814/15 der frühere deutsche Jakobiner und spätere Mitbegründer des politischen Katholizismus, Joseph Görres, heraus. Sein ›Rheinischer Merkur‹ war in der Aufmachung höchst bescheiden, alle zwei Tage erschien ein Blatt von vier Seiten, die Information trat gegenüber der Stellungnahme weit zurück, eine systematische Nachrichtenbeschaffung gab es noch nicht; Görres mußte sich seine Kenntnisse noch durch umfangreiche eigenhändige Korrespondenz mit wichtigen Persönlichkeiten zusammenholen. Einen erheblichen Aufschwung nahm die radikale Presse in der Vorgeschichte des Hambacher Fests in der Rheinpfalz. Auch der entstehende Frühsozialismus brachte seit der Mitte der vierziger Jahre regelmäßige Organe heraus, Karl Grün die ›Mannheimer Abendzeitung‹, Otto Lüning in Bielefeld das ›Westphälische Dampfboot‹ (1844–1848), in Sachsen verlegte der radikale Demokrat und spätere Revolutionsführer Robert Blum die ›Sächsischen Vaterlandsblätter‹. Die wichtigste Rolle im Zeitungswesen des Vormärz spielte aber zweifellos die ›Allgemeine Augsburger Zeitung‹ des liberalen Verlegers Cotta. Sie steht beispielhaft für den neuen Typ der unabhängigen Meinungspresse. Jahrzehntelang lavierte sie zwischen liberaler Meinungsbildung und Anpassung und schaffte es so – notfalls durch Konzessionen –, das immer drohende Verbot zu vermeiden. Hier schrieben Wolfgang Menzel und die großen Meinungsführer des älteren Jungen Deutschland. Seit Beginn der vierziger Jahre profilierten sich einige Tageszeitungen stärker politisch-oppositionell; am bekanntesten ist die Berliner ›Vossische Zeitung‹, die ihre Tradition als Organ der liberalen Intelligenz bis 1932 aufrechterhielt. Diese Zeitungen erreichten mit einer Auflage von 10000 bis 20000 Stück natürlich ein sehr viel größeres Publikum als die ausgesprochenen »Parteizeitungen« Wirths, Grüns oder Lünings.

Daneben bildete sich der neue Typus des philosophisch-politischen Journalismus heraus und schuf sich eigene Organe – am wichtigsten vielleicht Arnold Ruges ›Hallische Jahrbücher‹ (1838–1843), bevor sie in die Emigration getrieben wurden, das Organ der Linkshegelianer, für das auch Karl Marx schrieb. Der entstehende politische Katholizismus versuchte seit der Gründung des ›Katholik‹ 1821 in Mainz immer wieder Tageszeitungen herauszubringen, bis ihm 1838 mit den ›Historisch-Politischen Blättern‹ in München wenigstens die Publikation eines intellektuell anspruchsvollen Periodikums gelang.

Auch die Regierungen haben versucht, sich auf die neue Bedeutung der politischen Öffentlichkeit einzustellen. Bereits kurz nach dem Wiener Kongreß ernannte Metternich Friedrich Schlegel zum Legationsrat an der österreichischen Gesandtschaft in Frankfurt mit der Aufgabe, die öffentliche Meinung Deutschlands zu beeinflussen. Erfolg hatte Schlegel damit freilich ebensowenig wie der Historiker Leopold Ranke, der im Auftrag der preußischen Regierung 1830/31 in Berlin seine intellektuelle staatskonservative ›Historisch-Politische Zeitschrift‹ herausgab. Dagegen verfestigte die oppositionelle Presse ihre Leserschaft immer mehr zur Anhängerschaft. Die Journalisten brachten Schlagworte in Umlauf, in denen sich diffuse Stimmungen zum prägnanten Ausdruck kristallisierten und wiesen damit der Auflehnung gegen die obrigkeitliche Gängelung die Richtung. Über die Zeitungen demokratisierte sich das Wissen, die Leserschaft erweiterte sich allmählich bis in die Unterschicht, die pluralistisch sich aufspaltenden Meinungen artikulierten sich kontrovers, aber in dem einen Punkte waren sie einig: daß die freie Meinungsäußerung zu den elementaren Menschenrechten gehöre und die Zensur zu verschwinden habe.

Das Vereinswesen

Neben der Publizistik organisierte sich die neu entstehende bürgerliche Öffentlichkeit vor allem im Vereinswesen. In der vormodernen Gesellschaft hatte die Zugehörigkeit des einzelnen zu den korporativen Verbänden der Stände, der Zünfte, der Kirchengemeinde und Städte die Formen der Arbeit, den Alltag und die Deutung des Lebens bestimmt. Es stand dem einzelnen nicht frei, ihnen anzugehören oder nicht; man wurde hineingeboren, und sie zu verlassen war in der Regel nicht möglich. Diese Korporationen vereinigten in sich viele Funktionen, sie vermittelten das Berufs- und Standesethos, regelten den geselligen Umgang, legten das Verhältnis zu den Standesgenossen wie auch zu den übrigen Gruppen der Gesellschaft fest und bestimmten den Wissens- und Erfahrungshorizont des einzelnen. Demgegenüber fand die entstehende bürgerliche Gesellschaft im neuen Typus des Vereins, der Assoziation, diejenige Grundform der Gesellung und der Organisation, die ihren spezifischen Bedürfnissen, Interessen und Erwartungen entsprach. Die Zugehörigkeit war freiwillig, der einzelne konnte ein- und austreten, wann er wollte, er wählte die Gesellschaft, in die er sich begab, selbst aus. Vor allem sprengten die neuen Sozietäten der Tendenz nach die ständischen Schranken.

Der Vormärz setzte die Entwicklung fort, die in der Aufklärung seit etwa 1750 mit der Gründung von über 500 Lesegesellschaften, gelehrten, landwirtschaftlichen, »patriotischen« Sozietäten begonnen hatte. Das Vereinsrecht zog allerdings eine scharfe Grenze gegenüber jeglicher politischer Betätigung. Daher vermehrten sich zunächst vor allem die offiziell unpolitischen Gesellschaften, die landwirtschaftlichen Vereine – in Preußen von acht im Jahr 1820 auf 408 im Jahr 1853, und ähnlich die Gewerbe- und Polytechnischen Vereine. Seit etwa 1820 nahm auch die Zahl der Wohltätigkeits- und Unterstützungsvereine explosionsartig zu. Preußen verzeichnete zwischen 1820 und 1830 125 Neugründungen, zwischen 1830 und 1840 334 und dann allein in den Jahren 1840 bis 1845 316. Das städtische Bürgertum reagierte damit häufig ganz unmittelbar auf aktuelle wirtschaftliche Krisen. Die stärkste Zunahme dürften insgesamt aber die geselligen Vereine zu verzeichnen haben, für die noch keine genauen Zahlen vorliegen. Bis 1848 hatte sich die Organisation in Vereinen zu einer Massenbewegung ausgewachsen, die den größten Teil der Oberschicht in Stadt und Land, weite Kreise des städtischen Gewerbebürgertums, aber in Ansätzen auch schon die Unterschicht erfaßt hatte. Eine Stadt wie München zählte 1850 mindestens 150 Vereine, um 1900 waren es dann rund 3000.

Entwicklung und Struktur dieses Vereinswesens sind in vieler Hinsicht symptomatisch für die innere Verfassung der entstehenden bürgerlichen Gesellschaft in der ersten Jahrhunderthälfte. Die Vereine neigten zwar dazu, sich entlang den neuen Schichtungsgrenzen abzuschließen, so daß die neue Oberschicht aus adlig-bürgerlichen Beamten, Gelehrten, vermögenden Wirtschaftsbürgern und Offizieren, das gewerbliche Bürgertum und die neue Unterschicht der Handwerker-Arbeiter jeweils weitgehend unter sich blieben. Trotzdem gingen von den Vereinen Impulse zur Öffnung der sozialen Schranken aus, weil sie die geburtsständische Unterscheidung nicht anerkannten und die Menschen unter dem Gesichtspunkt sachlicher Interessen zusammenführten. Die Tätigkeitsfelder der Vereine differenzierten sich mit der zunehmenden Spezialisierung im Arbeits- und Kulturleben. Das Bildungsideal um 1800 hatte die Vielseitigkeit des einzelnen gegenüber den Beschränkungen der ständisch-partikularen Welt angestrebt. Mit der Vermehrung und Intensivierung der Kenntnisse begann jetzt dagegen die Konzentration der Vereinsaufgaben auf einzelne Gebiete; das leistete dem modernen Individualismus Vorschub. Der Erkenntnis- und Betätigungsdrang des Bürgers ergriff selbständig Besitz von allen nur denkbaren Bereichen geistiger Tätigkeit. Der Erfahrungs- und Handlungsspielraum des einzelnen erweiterte sich, naturkundliche und Geschichtsvereine, Kunst-, Musik- und Gesangvereine trugen die Umorientierung von der primär höfisch-aristokratisch und kirchlich geprägten Kultur zur bürgerlichen, wobei die Übergänge natürlich gleitend waren. Die Kommunikation weitete sich zugleich aus und vertiefte sich, der Verein konnte nicht nur Interessen- und Wissensgemeinschaft sein, sondern auch Gesinnungs- und Gefühlsgemeinschaft; insofern fand im Verein, nur scheinbar paradox, auch die Vereinsamung des modernen, auf seine individuelle Besonderheit und seine Subjektivität verwiesenen Bildungsmenschen ihren Ausdruck. Oft, wie bei den Geschichts- und Naturvereinen, ist das Interesse an die Heimat gebunden; die eigene Stadt, die Residenz, der Kleinstaat blieben ja im ganzen bis zur Jahrhundertmitte lebensbeherrschend; das Vereinswesen war in diese Welt eingelassen, strebte aber über sie hinaus.

Dies zeigt sich etwa an den Ansätzen zu überregionaler und zum Teil auch schon gesamtnationaler Organisation. Friedrich List gründete 1819 den allerdings nur kurzlebigen »Deutschen Handels- und Gewerbeverein«, den ersten Vorläufer des modernen Interessenverbandes, der die Wünsche der Fabrikanten und Großkaufleute im Deutschen Bund gegenüber den einzelstaatlichen Regierungen vertreten wollte. In den dreißiger und vierziger Jahren entstanden im Südwesten, im Rheinland und in Sachsen erste, ebenfalls kurzlebige regionale Unternehmerverbände. Als der radikale Weimarer Professor Lorenz Oken 1822 die rasch aufblühende »Gesellschaft deutscher Naturforscher und Ärzte« gründete, verband der große Naturforscher Alexander von Humboldt damit die Hoffnung, daß sich in ihr die geistige Einheit der Nation darstellen werde. Seit der Mitte der vierziger Jahre fanden überterritoriale Sängerfeste statt, so etwa in Würzburg 1846; 1847 wurde die Errichtung eines gesamtdeutschen Turnerbundes geplant, die allerdings noch am Widerstand der Regierungen scheiterte. Aber das Bewußtsein von der Einheit der Kulturnation nahm zu, die Reden, die bei solchen Anlässen gehalten wurden, standen bereits unter der Forderung auch nach politischer Einheit.

Tatsächlich bildete der Verein neben der Publizistik auch das wichtigste Vehikel der anfangs latenten, gegen 1848 hin aber offenen Politisierung der Gesellschaft. Schon die einfachsten Grundforderungen des Vereinslebens übten bei den Mitgliedern eine neue Bereitschaft ein, ihre Angelegenheiten selbst zu verwalten und disponierte zur Übernahme öffentlicher Verantwortung. Das Reden in Versammlungen, das Finden von Mehrheitsbeschlüssen, die Vertretung der gemeinsamen Interessen nach außen, die Selbstfinanzierung, alle diese bürgerlichen Fähigkeiten mußten ja erst geübt werden. Sie vermittelten Selbstbewußtsein, Stolz und Zutrauen in die eigene Leistung, sie bauten Unterwürfigkeit ab und weckten Vertrauen ins eigene Urteil. Auf der kommunalen Ebene ging das gesellige Vereinswesen fließend über in die Stadtpolitik. Wer in der »guten Gesellschaft« zählen wollte, gehörte einem ihrer Vereine an, dem »Casino«, dem »Museum« oder der »Ressource« und nahm hier teil an der informellen Vorentscheidung kommunalpolitischer Fragen. Griechen- und vor allem Polenvereine, gegründet zur Unterstützung des griechischen Unabhängigkeitskampfes 1821 und polnischer Aufständischer und Flüchtlinge 1830/31, verfolgten nach außen karitative Zwecke, verraten aber in der Identifikation mit außerdeutschen Freiheitsbewegungen besonders nach 1830 eine kaum mehr verborgene politische Stellungnahme. In Württemberg entstanden anläßlich der Kammerwahlen von 1831 Wahlvereine, sie wurden allerdings sogleich verboten und zwar mit dem Argument, die Mitwirkungsbefugnis der Untertanen liege im Wahlrecht und sei mit der Beendigung der Wahlen erschöpft. Die Regierung wollte damit anhaltendes und nach festen Verfahrensregeln geordnetes politisches Räsonnement verhindern und die Rückbindung der Abgeordneten an den politischen Willen ihrer Wähler lockern. Aber gerade solche Funktionen des Vereins arbeitete die politische Theorie des Liberalismus in den dreißiger und vierziger Jahren scharf heraus. Laut Rotteck und Welcker sollten die Vereine darüber wachen, daß der Monarch die Volksrechte auch respektierte, auf diese Weise übernahmen sie – zunächst allerdings nur in der Theorie – eine eigenständige, quasi-institutionelle Rolle im politischen Willensbildungs- und Entscheidungsprozeß. Faktisch wurde ihnen damit bereits eine parteiähnliche Stellung zugeschrieben. Seit 1844/45 schließlich entstanden verschiedentlich offen politische Vereine, wie die Königsberger »Bürgergesellschaft« mit demokratischer Zielsetzung und über 400 Mitgliedern aus der Beamtenschaft, dem Wirtschafts- und Gewerbebürgertum. Die allfälligen Verbote konnten die Bewegung nur noch bremsen, nicht aufhalten, und trugen nur dazu bei, die Spannung aufzustauen. Seit den Märzunruhen 1848 gab es für den übermächtig gewordenen Drang, politische Vereine zu gründen, kein Halten mehr.

Die Assoziation und die soziale Frage

Neben stärkerer politischer Beteiligung erhoffte sich die Öffentlichkeit im Vormärz vom Verein auch die Lösung des Pauperproblems und die Integration der in Bewegung geratenen Unterschicht in die bürgerliche Gesellschaft. Bürgerliche Honoratioren, Handwerksmeister, Gesellen und Arbeiter gründeten die ersten »Arbeiterbildungsvereine«, Keimzellen der entstehenden Arbeiterbewegung. Aber auch die bürgerlich-sozialkritische Literatur sah vielfach im Vereinswesen das wichtigste Mittel, unabhängig vom Staate, aus der Initiative der Bürger selbst heraus, also auch ohne Beaufsichtigung und Steuerung von oben, das soziale Problem der Massenarmut zu lösen.

So gründete der lutherische Pfarrer Johann Hinrich Wichern 1833 die erste Rettungsanstalt für verwahrloste Kinder, das »Raue Haus«, finanziert durch eine Stiftung Hamburger Patrizier. Seit 1842 erweiterte Wichern diesen Ansatz zur »Inneren Mission«, die überall im protestantischen Deutschland Rettungs- und Waisenhäuser, Krankenversorgungs- und Arbeitsanstalten, Verpflegungsstationen und sonstige karitative Einrichtungen ins Leben rief. Auf katholischer Seite schuf der Kaplan Adolf Kolping, der selbst Schustergeselle gewesen war, mit dem Elberfelder Gesellenverein 1847 die Grundlage für das katholische Gesellenvereinswesen, das 1865 bereits 418 Einzelvereine mit 24000 Mitgliedern umfaßte. Als gemeinsames Motiv stand hinter diesen christlich-sozialen Assoziationen beider

Konfessionen die Absicht, einen Ersatz für das zerfallende Familienleben der Unterschicht zu schaffen, der Gefahr von »Entsittlichung«, Orientierungslosigkeit und ideologischer Anfechtung durch den frühen Sozialismus entgegenzutreten, durch Erziehung zu Arbeit und bürgerlicher Lebensführung und durch religiöse Unterweisung die Stabilität einer christlich-patriarchalischen Gesellschaft zu verteidigen.

Auch die sowohl für die Nöte der Unterschicht wie für ihre drohende Auflehnung sensibilisierten liberalen rheinischen Großunternehmer glaubten im Vereinswesen das geeignete Instrument gefunden zu haben, die Pauperisierten mental an die Erfordernisse der Industriewirtschaft zu gewöhnen und in die Fähigkeit zu eigenständiger Lebensgestaltung einzuüben. Friedrich Harkort entwickelte den sozial-liberalen Kerngedanken der Hilfe zur Selbsthilfe weiter zu einem Konzept wirklicher Volksbildung, die nicht nur auf die ökonomisch-moralische Verbürgerlichung, sondern auch auf die politische Emanzipation der »handarbeitenden Klassen« zielte. Sein »Verein für die deutsche Volksschule und Verbreitung gemeinnütziger Kenntnisse« (1844) förderte die Schulbildung und gab Volksschriften und populärwissenschaftliche Abhandlungen heraus. Vereine zur »gegenseitigen praktischen und wissenschaftlichen Ausbildung« sollten über die Schule hinaus Fachwissen an Handwerker, Kleinfabrikanten und Landwirte vermitteln und deren Interessenhorizont, berufliche Mobilität und damit auch soziale Absicherung erweitern. Daneben plante er Selbsthilfeeinrichtungen wie Krankenkassen, Invalidenkassen und Konsumgenossenschaften. Bildung, vermittelt durch den Verein, verlor in solchen Plänen ihre Esoterik und sollte ausdrücklich den »Massen« zugutekommen. Enger als in diesen umfassenden Bildungs- und Integrationskonzepten ging es den Beamten und Unternehmern, die 1844 den gesamtstaatlichen »Centralverein für das Wohl der arbeitenden Klassen« in Preußen ins Leben riefen, vor allem um die unmittelbare ökonomisch-soziale Befriedung der »Hand- und Fabrikarbeiter«. An eine Erziehung auch zu politischer Selbständigkeit und Gleichberechtigung war hier allerdings nicht gedacht. Auch bei dieser vergleichsweise konservativen Gründung aber riß jetzt eine breite Kluft auf zwischen liberal-sozialen Beamten und Bürgern einerseits und konservativer Staatsleitung andererseits. Der »Verein«, die »Association«, war in der staatskritischen öffentlichen Meinung des Vormärz zur umfassenden Formel für selbstbestimmtes, aber kooperatives Handeln aufgestiegen, zur Pathosformel für die Erwartung einer freien Gesellschaft.

7. Die bürgerliche Gesellschaft und der Staat

Die Trennung von Staat und Gesellschaft und das »System der Bedürfnisse«

Die Entgliederung der ständischen Gesellschaft stellt sich – positiv formuliert – auch als längerfristiger, in seinen Folgen revolutionärer Prozeß dar, in dem die Gesellschaft von ihrer feudalen und geburtsmäßig-hierarchischen Verfassung in das industriell bestimmte System der modernen Welt übertrat. Bei diesem Vorgang überlagerten sich Bevölkerungsrevolution, rechtlich-gesellschaftspolitische Reformmaßnahmen des Staates, Neuerungsimpulse der politischen und ökonomischen Theorie und Verschiebungen im Gefüge des allmählich entstehenden Weltwirtschaftssystems zu einem Geflecht von Ursachen und Wirkungen und setzten eine Veränderung in Gang, die alle Gruppen der Gesellschaft erfaßte. Der Wandel in den Lebensgrundlagen der europäischen wie der deutschen Bevölkerung verlief dabei keineswegs einlinig und in seinen Folgen absehbar, sondern wurde vielfältig retardiert und beschleunigt und war in seinem Tempo wie in seinem Ausmaß nach Regionen wie nach Schichten stark differenziert. Für die Betroffenen blieben die Triebkräfte der Bewegung, das Ausmaß der Veränderungen und die Richtung der Transformationen unüberschaubar, sie begegneten diesen Veränderungen daher je nach dem Maß ihrer Einsicht mit höchst unterschiedlichen Reaktionen. Was sich den einen als bedrohlicher Zerfall der ständisch-feudalen Gesellschaft darstellte, bedeutete für die anderen die äußere und innere Befreiung der Persönlichkeit von den Schranken wirtschaftlich-rechtlicher Begrenzungen und von den Hemmnissen vergangener Wertvorstellungen. Am Ende dieser Entwicklung steht die moderne »bürgerliche Gesellschaft«, die in sich die Entwicklungskeime zur industriellen Gesellschaft birgt, und der moderne Anstalts- und Flächenstaat. Die Merkmale dieser Ordnungsformen können hier nur stichwortartig genannt werden.

Für die alte Welt können »Staat« und »Gesellschaft« begrifflich nicht sinnvoll geschieden werden. Denn der ältere Staat lehnsrechtlicher oder ständischer Prägung hatte die Form eines »Personenverbandes«, in dem sich das Recht zur Ausübung von Herrschaft und die Pflicht zur Hinnahme von Herrschaft unmittelbar aus dem Prinzip geburtsständischer Differenzierung der Gesellschaft herleiteten. Der gesellschaftliche Verband war identisch mit dem politischen Körper. »Öffentliche« Gewalt und »private« sozioökonomische Position fielen grundsätzlich ineinander. Allerdings hatte schon der frühneuzeitliche Staat zunehmend das Recht zur Herrschaftsausübung über alle seine Mitglieder an sich gezogen, bereits der absolutistische Staat beanspruchte das, was man das staatliche »Gewaltmonopol« heißt – allerdings mit beschränktem Erfolg. Absolutismus und Reformzeit verstärkten diese Tendenz zum »Flächen«- und »Anstaltsstaat«, der den älteren autogenen Herrschaftsträgern, den feudalen Grundbesitzern in Adel und Geistlichkeit wie den selbständigen Stadtgemeinden ihre ursprünglichen Herrschaftsrechte entweder ganz entzog oder sie ihnen auf der Grundlage staatlicher Legitimierung, Funktionszuweisung und Aufsicht neu übertrug. Die Gesamtheit der Beherrschten, die »Untertanen«, später »Staatsbürger«, und der Staat als Inhaber der Herrschaftsgewalt traten somit auseinander. Der Tendenz nach versuchte der Staat, alle seine Angehörigen rechtlich gleichzustellen und die rechtliche Ungleichheit auch als Organisationsprinzip öffentlicher Gewaltausübung abzubauen. Während der Staat alle Herrschaftsrechte in seiner Hand konzentrierte und so die Sphäre der Politik ganz für sich in Anspruch nahm, trat ihm die Gesellschaft als eigenständige Gesamtheit gegenüber. Damit wandelte sie sich von einem im Ausmaß der politischen Berechtigung in sich differenzierten Gefüge von Herrschaftsträgern und Beherrschten zu einem System rechtsgleicher Individuen. Deren Beziehungen untereinander sind jetzt nicht mehr primär von originären Herrschaftsrechten, etwa der Grundherren über ihre Grundholden oder der städtischen Patrizier über die politisch nicht berechtigten Stadtbewohner, bestimmt, sondern von ihrem Verhältnis als Privatleute. Diese verstehen sich vor allem, wenn auch keineswegs ausschließlich, als Eigentümer, ihre jeweilige Besonderheit begründet sich nicht mehr aus der jeweiligen – geburtsbedingten – Teilhabe an Herrschaftsrechten, sondern aus der ökonomischen Situation. Die Stellung in der Produktion – ergänzt durch andere Kriterien der Statusbestimmung – weist dem einzelnen seinen Platz in der Gesellschaft zu. Hegel hat dieses neue Konstitutionsmerkmal der Gesellschaft klassisch definiert als die »Vermittlung des Bedürfnisses und die Befriedigung des einzelnen durch seine Arbeit und durch die Arbeit und Befriedigung der Bedürfnisse aller Übrigen«; die moderne bürgerliche Gesellschaft erscheint somit als »System der Bedürfnisse«[20]. Sie erhebt in dem sich verdichtenden Geflecht der Abhängigkeit jedes einzelnen von allen anderen die Arbeit und die Leistung zum maßgeblichen Kriterium der sozialen Statuszuordnung. Auf der Basis der grundlegenden Rechtsgleichheit gewinnen die arbeitenden Individuen grundsätzlich gleiche politische Rechte.

Dieses Modell der modernen bürgerlichen Gesellschaft ist freilich niemals rein verwirklicht worden. Es blieb durchdrungen von erheblichen Resten vormoderner Herrschaftsprivilegierung entlang der alten Schichtungen, die in Deutschland erst allmählich bis 1918 abgebaut worden sind. Der Adel behauptete weitgehende Vorrechte; neue Formen der politischen Privilegierung sind durch Besitz und vor allem auch durch Bildung entstanden; auch die Rechtsgleichheit der einzelnen in ihren privaten Beziehungen – etwa beim Ehe-Niederlassungs- und Gewerberecht – blieb in der ersten Hälfte des Jahrhunderts höchst unvollkommen. Das Modell kennzeichnet daher mehr die Perspektive der Entwicklung als die ökonomische, soziale und politische Realität. Gleichwohl sind die Produktionsformen, die gesellschaftliche Schichtung und die Teilnahme der Untertanen an den politischen Entscheidungen im Vormärz bestimmt von dieser Übergangssituation. Daß das Modell der bürgerlichen Gesellschaft in den deutschen Staaten bis 1848 nur mangelhaft realisiert, das politische System dem sozioökonomischen Wandel nur unzureichend oder gar nicht angepaßt wurde, hat den Ausbruch der Revolution unmittelbar vorbereitet. Die Spannung zwischen den Anhängern der alten Ordnung und den Trägern der Emanzipation, die zunehmende Diskrepanz zwischen traditionellen und neuen Produktionsmethoden, zwischen dem ständischen Prinzip der Subsistenzwirtschaft und der Freisetzung der Bedürfnisse in der Erwerbs- und Leistungsgesellschaft, zwischen dem Versuch der Staaten, die Autonomie der politischen Sphäre zu behaupten und den Mitwirkungsansprüchen der »Bürger« im modernen Wortsinn, das unter-

[20] Georg Wilhelm Friedrich Hegel, Grundlinien der Philosophie des Rechts. Hrsg. v. Johannes Hoffmeister. 4. Aufl., Hamburg 1955, § 188, S. 169.

schiedliche Tempo der Veränderung in den einzelnen sozialen Gruppen, die Anpassungsschwierigkeiten an das System des freien Marktes – all dies hat die Gegensätze zwischen den gesellschaftlichen Schichten bzw. Berufsgruppen erhöht wie auch den Antagonismus zwischen der Gesellschaft und dem Staat verschärft.

Der Adel

In allen deutschen Staaten hatte der Adel in der Reformära prinzipiell wesentliche geburtsständische Vorrechte eingebüßt. Vor allem war die rechtliche Festlegung der Stände auf bestimmte Berufe, die zwangsweise Koppelung der Standeszugehörigkeit mit bestimmten »Aufgaben« und Funktionen im Staat verschwunden. Der Bauer durfte zu einer bürgerlichen Erwerbstätigkeit in der Stadt übergehen, der Bürger guts- oder grundherrlichen Boden erwerben, der Adel »ohne allen Nachteil seines Standes« bürgerliche Gewerbe betreiben (Aufhebung des Handels- und Gewerbeverbots für den Adel im preußischen Oktoberedikt von 1807). Der Zugang zu den Staatsämtern, schon in der frühneuzeitlichen Staatsbildung für das Bürgertum möglich, öffnete sich jetzt prinzipiell und wurde in den frühkonstitutionellen Verfassungen rechtlich verankert. Trotz dieses Schubs in Richtung auf die staatsbürgerliche Gleichheit bewahrte der Adel jedoch in vieler Hinsicht seine Privilegien. Überall in Deutschland blieb der landsässige Adel mindestens bis 1848 im Besitz der guts- oder grundherrlichen Patrimonialgerichtsbarkeit und der Polizeigewalt. Reste des feudalen Rechtsbestandes, wie etwa das Jagdprivileg, betonten mit hohem Symbolwert die Tradition des Herrenstandes. Eigene Standesgerichtsbarkeit grenzte ihn von der übrigen Gesellschaft auch zivilrechtlich ab. In Preußen lebte auch die gesetzliche Fixierung ständischer Eheschranken weiter.

Andererseits wußte sich der Adel vielfach den neuen Bedingungen des Wirtschaftens anzupassen. In der Landwirtschaft bedienten sich zuerst die ostelbischen Großgrundbesitzer der modernen Formen kapitalistischer Betriebsführung. Auch vertrug es sich mit dem adligen Selbstbewußtsein, Großunternehmen zu betreiben, besonders im Berg- und Hüttenwesen und im ländlichen Großgewerbe der Ziegeleien und Brennereien. Vor allem in Schlesien wandelten sich einige Magnaten zu Großunternehmern. Fast durchweg schaffte der Adel den

Übergang vom alten Herrschaftsstand zur modernen funktionalen Elite – was allerdings erhebliche Vermögensunterschiede und die Existenz eines nur mühsam die Fassade wahrenden Kleinadels nicht ausschloß.

Vor allem verteidigte der Adel auch in den neuen Verhältnissen seine politische Vormachtstellung. In Preußen behielt er in den Provinziallandtagen praktisch allein das Sagen. Auch wo die Adelsreaktion nicht in dem Maße zum Zug kam, wie in den süddeutschen Staaten, wurden die Standesherren – der ehedem reichsunmittelbare Adel – durch die ersten Kammern neu privilegiert und verteidigten ihren starken Einfluß auf die Gesetzgebung. Insbesondere sicherte der Adel sich nach wie vor entscheidenden Einfluß in den Herrschaftseliten des hohen Beamtentums und des Offizierskorps – allerdings mit erheblichen Unterschieden zwischen den einzelnen Staaten. In Preußen lag bereits im Jahr der einsetzenden Reformen, 1806, der bürgerlich-neuadlige Anteil bei der Gruppe der leitenden Verwaltungsbeamten, der Oberpräsidenten, mit 36 Prozent erstaunlich hoch. Er stieg bis 1829, dem Jahr vor der Julirevolution auf 60 Prozent, ging dann aber in der Reaktionspolitik der eigentlichen Vormärzjahre bis 1848 wieder auf 36 Prozent zurück. Vor allem die Spitzenpositionen konnten verteidigt werden. Die restaurative Grundtendenz enthüllt sich aber auch in dem sinkenden Anteil der bürgerlichen Beamten einschließlich der Neugeadelten in den Regierungen und Oberpräsidien zusammengenommen von 75 Prozent im Jahr 1820 auf 67 Prozent im Jahr 1845. In Bayern dagegen verlief der Aufstieg der bürgerlichen Beamten kontinuierlicher. Auch das Offizierskorps blieb in Preußen eine adlige Domäne. Nach der Heeresreform von 1815 konnten die bürgerlichen Offiziere der höheren Chargen ihren Anteil verstärken, bis 1819 sank der Anteil des Adels auf 54 Prozent, bis 1861 stieg er jedoch wieder auf 80 Prozent an. Die altpreußische Tradition, daß die Gutsherren ihre Söhne befristet oder dauerhaft in die Offizierslaufbahn schickten, hielt sich ungebrochen. Anders dagegen in Süddeutschland und in Sachsen: im bayerischen Offizierskorps etwa standen 1832 1175 Adeligen 2187 Bürgerliche gegenüber.

Lebensstil, Geburtsstolz und die noch weitgehend gewahrte gesellschaftliche Exklusivität sicherten dem Adel einen herausgehobenen Rang auch in dieser Ära verstärkter bürgerlicher Ansprüche. Eine starke Stütze fand seine politische Führungsstellung in den 34 deutschen Monarchien, nach wie vor die

Zentren der Adelswelt, so daß adeliges Ansehen, fürstliche Herrschaft und staatliche Macht aufs engste miteinander verflochten blieben. Immer noch stellte der Adel den größten Teil der »Hofgesellschaft«, sein Vorsprung an Weltläufigkeit, Konnexionen, meist ja auch an Herrschaftserfahrung erwies sich in der kleinräumigen deutschen Staatenwelt als unaufholbar. Die leitenden bürgerlichen Beamten strebten in dieser aristokratisch durchdrungenen staatlich-höfischen Einflußsphäre nach Assimilation durch Nobilitierung, für die Höfe ein willkommenes Instrument, die Standes- und Würdegrenzen zwar einerseits durchlässiger zu gestalten, andererseits aber gerade auch dadurch zu erhalten und sichtbar zu demonstrieren. Bürgerliche, soweit sie sich in Verwaltung und Heer in leitende Stellungen hochgearbeitet hatten, erreichten fast durchweg den Aufstieg in den Adelsstand. In Preußen waren es zwischen 1815 und 1848 insgesamt 95 Offiziere und 82 Beamte, ergänzt durch die »Refeudalisierung« des großen Besitzes, 50 Rittergutsbesitzer, zehn Kaufleute und vier sonstige. Die süddeutschen Staaten gingen mit der Nobilitierung noch großzügiger um. Nicht nur ökonomisch, auch als Herrschaftsstand regenerierte sich also der Adel zur politischen Elite auch in der bürgerlichen Gesellschaft. Dies gelang freilich nur deshalb, weil er sich auch zumindest ein Stück weit anzupassen verstand. Es bildete sich eine adlig-bürgerliche Amtsaristokratie heraus, in der sich auch die Amtsanwärter »von Geburt« durch Studium und Leistungsethos den bürgerlichen Qualifikationsmaßstäben zu unterwerfen hatten.

Das Bildungsbürgertum

Trotz alledem gewann neben dem Adel eine neue Elite zunehmend an Einfluß. Bereits der frühneuzeitliche Staatsbildungsprozeß hatte den Bedarf an akademisch gebildeten Verwaltungsjuristen, Richtern, Theologen, Professoren und schließlich auch Gymnasiallehrern stark ausgeweitet. Diese »Gebildeten« rechtfertigten ihren Rang in der gesellschaftlichen Schichtung mit einer neuen Auffassung von »Beruf«; sie sahen in ihm eine Tätigkeit, die es aus innerlicher Neigung und individueller Befähigung, als »Berufung« – durchaus noch mit einem religiösen Akzent – auszuüben galt. Bereits um 1790 dokumentierte diese Gruppe ihren Status und ihr Selbstbewußtsein im Begriff der »gebildeten Stände«. Diese standen quer zur geburtsständischen Schichtung, umfaßten auch den Adel, sofern er sich in den leitenden Stellungen der Verwaltung und im Offizierskorps behaupten konnte, rekrutierte sich aber hauptsächlich aus dem Bürgertum; Bürger waren es auch, die mit ihrem Berufs- und Arbeitsethos die wesentlichen Normen vorgaben. In dem Maße, wie die Rechtseinheit des »Standes« im 19. Jahrhundert an Bedeutung verlor und in dem mit dem Ausbau des Erziehungswesens die Bildung selbst zum gesellschaftlichen Statuskriterium aufstieg, läßt sich diese Gruppe als »Bildungsbürgertum« bezeichnen.

Es erwies sich in bemerkenswerter Weise als sozial offen: nach oben, zum Adel hin, mit dem es bei der Ausübung der staatlichen Funktionen, im Vereinswesen, aber auch – bis 1848 freilich selten – durch Verschwägerung in Kontakt trat, dessen Geburtsprivilegien es aber gleichwohl bekämpfte; auch nach unten, zur kleinen und selbst unterbürgerlichen Schicht hin. In Preußen stammten im Vormärz ein Drittel bis zur Hälfte der Abiturienten aus diesem Personenkreis, in Berlin kamen nach der Jahrhundertmitte 17 bis 25 Prozent aus dem mittleren Beamtentum, 21 bis 35 Prozent aus dem städtischen Gewerbebürgertum der Handwerker und Kleinhändler, 5 bis 10 Prozent aus der Unterschicht. Auch die Universitäten fungierten de facto als Schleusen des sozialen Aufstiegs. Zwar machten die Adelssöhne mit etwa 12,5 Prozent um 1850 immer noch einen überproportionalen Anteil aller Studierenden aus, zwar stammten die Universitätsabsolventen in ihrer Mehrheit aus der bereits gebildeten bürgerlichen Schicht, doch kamen auch hier immerhin 25 bis 30 Prozent aus dem Gewerbebürgertum sowie vor allem aus den kleinbürgerlichen schreibenden Berufen der unteren Beamten und der Volksschullehrer; das sind sehr viel mehr als zur gleichen Zeit an den großen karrieresichernden Universitäten in England, Frankreich und den USA. Trotz seiner relativen sozialen Offenheit tendierte dieses gebildete Bürgertum daher auch dazu, seine Besonderheit nach unten hin zu betonen. Seit im späteren 18. Jahrhundert straffe Prüfungssysteme eingeführt worden waren, ließen sich die Leistungen auch vergleichen und vorweisen, sie grenzten die Absolventen des Gymnasiums und der staatlichen Examina deutlich ab. Der Staat selbst hob die »Gebildeten« durch verschiedene Privilegierungen heraus, unter anderem durch eigenen Gerichtsstand, durch Steuervergünstigungen und vor allem – in Preußen – durch das sogenannte »Einjährige«, die Reduzierung der Wehrdienstzeit auf ein Jahr. Wer aus dem Kleinbürgertum kam und den Aufstieg in die

Bildungsberufe geschafft hatte, bejahte naturgemäß den errungenen privilegierten Stand. Die Berufe der Ärzte, Rechtsanwälte, Notare, Architekten, Apotheker usw. lösten sich vielfach erst seit 1830/40 von der beamteten Stellung und partizipierten auch danach durch Studium, staatliche Prüfung und Niederlassungserlaubnis am »Amtsbonus« der Akademiker. In ihrer Herkunft heterogen, wuchsen die Gebildeten doch durch die gemeinsame Ausbildung, die Orientierung am Neuhumanismus, und durch ihre Staatsnähe zu einer Schicht von relativ einheitlicher Gesinnung und Mentalität zusammen.

Viele bedeutende Köpfe aus den zwischen 1730 und 1780 geborenen Generationen der bürgerlichen Intelligenz hatten die Zeitspanne zwischen Studium und Beruf durch eine meist mehrjährige Tätigkeit als Hauslehrer oder »Hofmeister« in adligen, vereinzelt auch in großbürgerlichen Häusern überbrückt. Dabei bot sich ihnen häufig die Chance, durch den Umgang mit der Familie und ihren Gästen den Horizont ihrer sozialen Erfahrung zu erweitern und im Kreis einflußreicher Persönlichkeiten gesellschaftlich Fuß zu fassen. Kant, Fichte, Schleiermacher, Hölderlin, Hegel, aber auch viele der zwischen 1810 und 1840 tonangebenden hohen Beamten, wie etwa in Preußen die Staatsräte Ch. Kunth und J. G. Hoffmann, sind diesen Weg gegangen. In der sozialen Aufstiegssituation innerlich und äußerlich labilisiert, mit einem Lebensstil konfrontiert, der ihnen fremd war, häufig behandelt wie Domestiken, neigten sie zur Stützung ihrer Selbstachtung gerade in dieser ungefestigten und von Demütigungen nicht freien Lage dazu, den Wert und die gesellschaftliche Bedeutung der Bildung um so schärfer zu akzentuieren. Nach Jahren schwankender Zwischenexistenz in den Nischen der langsam sich öffnenden ständischen Gesellschaft mußten sie es als unerhörte Befreiung empfinden, wenn sich ihnen schließlich eine staatliche Stellung mit der Aussicht eröffnete, auf dem Gebiet ihres eigentlichen Interesses in sozial angesehener Position tätig zu sein. Daß sie antiaristokratisch-bürgerlich dachten, mehr Rechtsgleichheit forderten und sich selbst in eine enge, auch innere Verbindung zum Staat setzten, ist nur allzu verständlich.

Die Beamtenschaft

Der bildungsbürgerliche Anteil bestimmte mit seinem Bildungsfundament, seiner Leistungsfreude, seinem Rationalitätsverlangen und seiner Staatsloyalität den Geist der Beamtenschaft als Herrschaftselite wesentlich mit. Sie repräsentierte den Staat gegenüber seinen Angehörigen, sie formte damit aber auch die Bürger – oder, im schlechten Falle, die Untertanenmentalität des »Volkes« in Deutschland sehr viel weitergehend als etwa in England, dessen politische Führungsschicht sich aufgrund anderer geschichtlicher Voraussetzungen stärker aus dem wirtschaftenden Großbürgertum bzw. einer aristokratisch-wirtschaftsbürgerlichen Herrschaftsklasse rekrutierte. Gerade um die politische Vormachtstellung des Adels abzubauen, die Staatsverwaltung zu rationalisieren, mehr bürgerliche Freiheitsrechte durchzusetzen und auf diese Weise sowohl die monarchische Souveränität nach innen zu sichern wie die Macht des Staates nach außen zu steigern, bedurfte schon der aufgeklärte Absolutismus und vor allem der Reformstaat der Jahre zwischen 1799 und 1815 einer Elite von Staatsdienern, die jenseits ständisch-feudaler Bindungen stand. Deshalb schufen die Staaten, in Preußen mit dem »Allgemeinen Landrecht« von 1794, in Bayern mit der auch für andere Staaten vorbildhaft gewordenen »Dienstpragmatik« von 1805, ein spezielles Beamtenrecht. Es fixierte verbindliche Rechtsnormen, die den Staatsdienern eine gewisse Selbständigkeit einräumten und sie nicht nur auf die Loyalität gegenüber den Monarchen, sondern auf das »gemeine Wohl« und die Rechtsstaatlichkeit verpflichteten; es gewährte ihnen weitgehende Unabsetzbarkeit, sicherte sie materiell bei eher kärglicher Besoldung durch regelmäßiges Gehalt und Pension einschließlich Witwen- und Waisenversorgung ab; es privilegierte sie rechtlich durch einen besonderen Gerichtsstand; es trennte sie damit von ihrer Herkunft und hob sie in der bürgerlichen Gesellschaft heraus. Feste Regeln legten die Ausbildung in der Universität und im verwaltungsinternen Vorbereitungsdienst, die Karrierewege, die Amtstätigkeit und die Disziplin fest, so daß ein professionalisierter »Staatsstand« mit eigenem Corpsgeist und eigenen Qualifikationsnormen entstand. In der Mehrzahl handelte es sich um Juristen (»Juristenprivileg«), was die Rechtsförmigkeit und Gesetzesorientierung der Verwaltung unterstützte, aber auch die Gefahr in sich barg, daß die vielfältigen Interessen der sich pluralistisch aufspaltenden Gesellschaft im Staatshandeln zu wenig zum Tragen kamen.

Das Ethos des »allgemeinen Standes« über den partikularen Interessen sollte sich freilich als nicht unproblematisch erweisen; denn es hat zweifellos die Bereitschaft und Fähigkeit der

Bürger auch behindert, Konflikte und Machtkämpfe als notwendige Konsequenz von mehr ökonomischer, sozialer, kultureller und politischer Freiheit zu akzeptieren und verantwortlich auszutragen. In der Phase des Vormärz im engeren Sinne seit 1830 allerdings nahm das oppositionelle Bürgertum die dominierende Stellung der Beamten nicht mehr widerspruchslos hin und begann sich gegen die Kompetenzfülle und die Gängelung durch die Bürokratie aufzulehnen. In Württemberg artikulierte der liberale Abgeordnete und spätere Märzminister Friedrich Römer eine weitverbreitete Stimmung, als er 1833 Volksbildung und mehr »Freiheit des mündlichen und schriftlichen Verkehrs« für Bürger und Bauern forderte, um damit den bildungsbedingten Vorrang der Beamten auch unter den Kammerabgeordneten zu durchbrechen. Auf den Provinziallandtagen im Rheinland und in Westfalen kritisierten die liberalen Unternehmer mit immer schärferen Worten die Reglementierung des – vergleichsweise ja noch sehr freizügigen – Wirtschaftslebens in Preußen. Für Preußen ist schon geschildert worden, daß der konservative Kurs der Regierung das ursprünglich sorgfältig austarierte Gleichgewicht von Privilegierung und Disziplinierung der Staatsdiener störte, so daß die Beamtenschaft selbst in »Parteien« zerfiel. Auch am Beispiel der Göttinger Sieben hatte sich gezeigt, daß das rechtsstaatliche Denken und das Ernstnehmen des Amtseids Professoren in die Opposition treiben konnte.

Gerade diese vieldeutige Stellung des Bildungsbürgertums bzw. der Beamtenschaft, einerseits Repräsentanten des Staates und andererseits seine von den nichtbeamteten Gruppen ihrerseits kritisierten Kritiker zu sein, hat schließlich für die Ziele und den Ablauf der Revolution 1848/49 größte Bedeutung erlangt. Die bildungsbürgerlichen Träger der Einheits- und Freiheitsbewegung mühten sich angestrengt und mit Erfolg darum, die Tätigkeit der »revolutionären« Nationalversammlung in der Frankfurter Paulskirche in den Grenzen strikter Legalität zu halten. Nicht ihre eigene Tätigkeit erschien ihnen – wenigstens anfänglich – als Bruch des Rechts, sondern die der Regierungen, die – so meinten sie – von ihrem natürlichen und in der Reformzeit schon angelegten Kurs abgekommen waren. Diese Haltung hat die Wahl und anfänglich auch die Arbeit der Nationalversammlung erleichtert, aber auch die Widerstandskraft der Abgeordneten gegen die seit dem Herbst 1848 einsetzende Reaktion geschwächt.

Die kritische Intelligenz

Je mehr die politische Unruhe im Vormärz zunahm, desto mehr verschaffte sich eine kleine Gruppe Gehör, die von jetzt an für den Wandel in Gesellschaft und Staat immer wichtiger wurde: die kritische Intelligenz, die Intellektuellen. Man versteht darunter nicht die beamtete oder freiberufliche akademische Bildungsschicht, sondern jene »Geistesarbeiter«, wie man seit der Jahrhundertmitte auch sagte, die in persönlicher Unabhängigkeit lebten oder zumindest zu leben versuchten und eine kritische Grundhaltung verkörperten, das heißt politisch dachten oder – auch hier kann man das sagen – zu denken versuchten.

Einzelne Vertreter dieser neuen Gruppe gab es bereits im späten 18. Jahrhundert, Dichter und Publizisten ohne Amt, ohne feste Anstellung und Bezüge, rastlose Geister mit einem ruhelosen, oft chaotischen Lebensgang, im bürgerlichen Sinne meist gescheiterte Existenzen. Die Bedingung ihrer Existenz war die Entstehung des literarischen Marktes und der politischen Öffentlichkeit. Die Kommerzialisierung des Literaturbetriebs machte es grundsätzlich denkbar und möglich, von den Erträgen literarisch-publizistischer Produktion zu leben. Es wurde jetzt nicht mehr nur für den Bedarf konkreter subskribierender Kundschaft geschrieben, sondern es wurde produziert, um den Bedarf in einer anonymen Leserschaft zu wecken. Georg Herweghs politischer Lyrikband ›Gedichte eines Lebendigen‹ erschien 1843 in der 7. Auflage mit 7000 Exemplaren, Ferdinand Freiligraths radikales Gedicht ›Die Toten an die Lebendigen‹ 1848 in 9000 Exemplaren. Der Werdegang dieser Intellektuellen der zwanziger bis vierziger Jahre verlief nicht mehr über das bis dahin typische Hauslehrerdasein mit Familienanschluß und dem Einschwenken in eine beamtete Stellung. Viele begannen ihren Lebensweg noch in der Hoffnung auf eine angesehene bürgerliche Stellung entweder in der Universität, wie Arnold Ruge oder Karl Marx, oder in einer kaufmännischen oder gewerblichen Ausbildung, wie der Kaufmannsgehilfe Ferdinand Freiligrath und der Apothekerlehrling Theodor Fontane. Ludwig Börne, 1788 unter dem Namen Judas Löb Baruch im Frankfurter Ghetto geboren und die Verkörperung des neuen Typs des jüdischen Intellektuellen, der seither vor allem in den liberalen und demokratischen Strömungen in Deutschland eine so herausragende Rolle gespielt hat, studierte zunächst in Gießen Medizin und Kameralwissenschaften. Die

Emanzipation der Juden in Frankfurt 1811 erlaubte es ihm, die bescheidene Stellung eines Polizeiaktuars anzunehmen; nach der Rücknahme des Emanzipationsgesetzes verlor er sie wieder und verschrieb sich der oppositionellen Publizistik. Einzelne, wie Theodor Mundt, brachten es im Vormärz zur unbesoldeten Privatdozentur an der Universität, andere wurden aus politischen Gründen entlassen, wie 1841 der Literaturprofessor und Dichter August Heinrich Hoffmann von Fallersleben.

Sozialgeschichtlich gesehen schlägt sich in der Aktivität der kritischen Intelligenz die Entstehung eines Personenkreises nieder, der Bildung und Mittellosigkeit verband. Schon seit dem frühen 18. Jahrhundert waren die Regierungen von der Sorge vor einer wachsenden Zahl von Studierten ohne nützlich-produktive Arbeit geplagt worden, jetzt ordnete man das Problem dem vormärzlichen Pauperismus zu. Noch vor 1848 entstand das Schlagwort vom »gebildeten Proletariat« – im konservativen, aber auch teilweise im bürgerlich-liberalen Denken mit Wirklichkeitsfremdheit, dünkelhafter Selbstüberhebung der geistigen über die körperliche Arbeit und mit anarchistischer Bedrohung von Stabilität und Ruhe assoziiert. Im Blick auf eine Sozialgeschichte der Ideen ist vor allem die Politisierung der geistigen Arbeit relevant, und zwar sowohl im philosophischen Denken wie in der literarischen Produktion. Sie ist allerdings nicht ohne heftige intellektuelle Auseinandersetzungen vor sich gegangen. Berühmtheit erlangte die Kontroverse zwischen Ferdinand Freiligrath und Georg Herwegh um die Zulässigkeit des politischen Engagements. Freiligrath, wenig später selbst aktiver Revolutionär, vertrat noch 1841 die These, daß es nicht Sache der Literatur sei, unmittelbar wertend zu Tagesereignissen Stellung zu beziehen:

> Der Dichter steht auf einer höheren Warte,
> als auf den Zinnen der Partei,
> (und Herwegh antwortete darauf:)
> Partei, Partei, wer sollte sie nicht nehmen,
> Die doch die Mutter aller Siege war.
> Wie mag der Dichter solch ein Wort verfemen,
> Ein Wort, das alles Herrliche gebar.
> Nur offen wie ein Mann: Für oder Wider
> Und die Parole: Sklave oder frei.
> Selbst Götter stiegen vom Olymp hernieder
> Und kämpften auf den Zinnen der Partei.

Im Vormärz hat man wirklich einmal den Fall, daß politische Literatur auf ein breiteres Publikum sensibilisierend und aufrüttelnd wirkte. Vor allem die griffige politische Lyrik sprach die Emotionen und die angesammelten Ressentiments gegen den Obrigkeitsstaat an. Metternich antwortete darauf bereits 1835 mit dem Publikationsverbot für die Autoren des älteren »Jungen Deutschland«, Heinrich Heine, Ludwig Börne, Theodor Mundt, Ludolf Wienbarg und Heinrich Laube. Er traf damit zwar durchaus einen Lebensnerv der Intellektuellen, konnte sie aber auf die Dauer doch nicht zum Schweigen bringen und verstärkte jedenfalls mit dem Verbot noch die öffentliche Ausstrahlung und die Kohärenz der Gruppe. Georg Herwegh zum Beispiel stieg nach der Publikation seiner ›Lieder eines Lebendigen‹ 1841 auf einer Vortragsreise durch Deutschland zum »Matador des Jahres 1842« auf; »auf den Flügeln des Gesanges ... trug sich der neue Schwarmgeist von Ort zu Ort.« (Gutzkow). Sein Triumphzug durch Deutschland wurde mit Hilfe der untergründig politischen Gesangvereine in Szene gesetzt. Viele der Autoren erlitten das Schicksal freiwilliger oder erzwungener Emigration, so Heine und Börne, die nach der Julirevolution nach Paris gingen, Freiligrath und Herwegh, Ruge und Marx. Nicht wenige suchten am Ende die direkte politische Aktion, so schon nach der Julirevolution die Privatdozenten Hermann von Rauschenplatt, Theodor Schuster und Heinrich Ahrens, in der Revolution 1848/49 Ferdinand Freiligrath, der sich an die Spitze der Düsseldorfer Demokraten stellte, Arnold Ruge, der als Abgeordneter der demokratischen Linken in der Frankfurter Nationalversammlung saß oder Georg Herwegh, der eine »deutsche Legion« von etwa 1000 bewaffneten Freischärlern in die Niederlage des badischen Aprilaufstands von 1848 führte.

Literarisch bei weitem die bedeutendste Gestalt aus diesem Kreis politisch bewegter Literaten und Denker war Heinrich Heine. In seiner bekanntesten politischen Dichtung ›Deutschland ein Wintermärchen‹, einem Versepos in 27 Gesängen (1844), schildert der Ich-Erzähler eine Reise durch Deutschland. Sie dient ihm dazu, die Instanzen des Obrigkeits- und Überwachungsstaates, die Unaufgeklärtheit, aber auch den Biedersinn des Volkes, die neue Deutschtümelei und die Wirklichkeitsfremdheit der Nation im Tonfall überlegener, aber auch resignativer Ironie zu beschreiben. Am Ende ist das Ergebnis auch seiner Auflehnung und Kritik nicht die Tat, die revolutionäre oder die bürgerlich-reformerische, sondern das Kunstprodukt, das Gedicht. Der Zyklus schließt mit einem Plädoyer für die Eigenständigkeit der Kunst, die nicht einfach überführt werden kann in die Aktion. Es ist die Form, welche die Kunst unsterblich macht und am Ende siegen läßt, durch die Form erhebt sie sich zum Weltgericht, in dem der Dichter Heil oder Verdammnis verteilt:

> Kennst du die Hölle des Dante nicht,
> (so spricht er zuletzt den preußischen König Friedrich Wilhelm IV. an)
> Die schrecklichen Terzetten?
> Wen da der Dichter hineingesperrt,
> Den kann kein Gott mehr retten –
> Kein Gott, kein Heiland erlöst ihn je
> Aus diesen singenden Flammen!
> Nimm dich in Acht! Daß wir dich nicht
> Zu solcher Hölle verdammen.

8. Die politischen Ideen und die Entstehung der Parteien

Was eine »Partei« ist, darüber gab es im Vormärz verschiedene Ansichten. Der Begriff selbst hat sich in der historisch-politischen Sprache in Deutschland erst spät durchgesetzt und seinen überwiegend negativen Bedeutungsgehalt vor 1848 nur ganz vereinzelt und auch dann nur teilweise abgestreift. Keine gesellschaftliche oder politische Gruppierung wollte sich selbst als »Partei« bezeichnen. »Partei« – das verband sich mit dem Beigeschmack des Selbstischen, der Interessenvertretung für eine partikulare Gruppe, mit dem Heraustreten-Wollen aus der Gesamtheit der Bürger oder aus der Einheit des Staates.

Vereinzelt schon um 1815, vermehrt in den dreißiger und vierziger Jahren, begann sich die Erkenntnis durchzusetzen, daß eine nachständisch-offene und zunehmend individualistische Gesellschaft in sich niemals so homogen sein kann, daß sie ohne unterschiedliche politische Gruppierungen mit verschiedenen Interessen und verschiedenen Programmen auskommen kann. 1837 zum Beispiel erklärte Heinrich von Gagern, der spätere Kopf des gemäßigten Liberalismus in der Paulskirche, freiheitliche Zustände seien gekennzeichnet durch »Parteien«;

er verstand darunter allerdings in durchaus typischer Weise keine organisierten Gruppierungen, sondern Meinungs- und Gesinnungsgemeinschaften. Das Wort blieb immer noch anrüchig; selbst später, als es schon lange Parteien, auch Parteiorganisationen gab, tat man sich schwer mit einer Parteitheorie; im Vormärz bildete sie sich in Ansätzen verdeckt unter den Begriffen »Verein« und »Assoziation« heraus.

Zur Definition dessen, was eine moderne Partei ausmacht, hat sich die Forschung im wesentlichen auf folgende Merkmale geeinigt: Parteien sind mehr oder weniger formelle Gruppen, die darauf zielen, die staatlich-öffentliche Willensbildung zu beeinflussen; sie vertreten eine gemeinsame politische Grundüberzeugung, die in der Regel in eine gemeinsame Weltanschauung eingelassen ist; sie bilden ein eigenes Gruppenbewußtsein aus, das die Schranken von Stand oder Beruf überschreitet. Im vollen Wortsinn kann man von Parteien nur dort sprechen, wo es Parlamente gibt; hier wollen und müssen sie ihre Vorstellungen oder Programme gegen andere Gruppen durchsetzen. Mit diesen Merkmalen unterscheiden sie sich von den älteren Formen politischer Lagerbildung: von Familienverbindungen, Klientelen, Hofcliquen, Koterien. Geht man von dieser Definition aus, so stellt der Vormärz die eigentliche Vorbereitungs- und Entstehungsphase der Parteien in Deutschland dar – ohne daß sie sich schon wirklich hätten organisieren können. Im Sommer 1848 kamen sie dann innerhalb weniger Monate zu einer sehr weitgehenden Entfaltung. Bereits zwischen 1840 und 1849 zeichneten sich die Grundzüge des charakteristischen Fünfersystems ab, das die deutsche Parteienlandschaft bis in die Weimarer Republik hinein bestimmt hat. Rechts stehen die Konservativen, zwischen ihnen und den Liberalen die Partei des politischen Katholizismus, später Zentrum genannt, links der Sozialismus. Er berührt sich mit dem bürgerlich-demokratischen Radikalismus, der sich seinerseits erst in der unmittelbaren Vorgeschichte der Revolution vom Liberalismus trennt. Innerhalb dieses Systems kam es später immer wieder zu Abspaltungen und Fusionen, aber die Grundlinien lagen fest. Bereits im Vormärz traten auch einige »Grundprobleme der deutschen Parteigeschichte« (Nipperdey) hervor, die bis ins Kaiserreich und in die Weimarer Republik größte Wirkungen gezeitigt haben:

1. Die Parteien in Deutschland sind stärker als in anderen Ländern an die Lehre, die Doktrin, die Idee gebunden. Denn sie haben sich stärker als andernorts in der Anlehnung an Theorien

entwickelt, an philosophische Lehren und religiöse Überzeugungen – was nicht heißen soll, daß hinter den Programmen keine konkreten Interessen gestanden hätten. Das gilt für die Konservativen ebenso wie für die Demokraten und Sozialisten; auch der politische Katholizismus formierte sich zunächst vor allem um Zeitschriften. Daraus ergab sich bei allen Parteien ein Hang zur Betonung des Grundsätzlichen, der Überzeugung, zur Überakzentuierung der Prinzipien. Aus ideologisch-philosophischen Schulen und theologischen Kontroversen hervorgegangen, neigten sie zur Diskussion abstrakter Prinzipien und ideeller Ziele und legten besonderen Wert auf Gesinnungstreue und Zukunftsprogramme.

2. Das deutsche Parteiensystem und Parteileben wird von einer weltanschaulichen oder ideellen Spaltung durchzogen, die es in dieser Form in anderen großen europäischen Staaten nicht gab: dem Gegensatz der Konfessionen. Dieser Faktor kann in seiner Bedeutung überhaupt nicht überschätzt werden. Das religiös-konfessionelle Erbe entfaltete im Vormärz auch dort noch ganz erhebliche Kraft, wo die Religion nicht mehr ausdrücklich in der politischen Programmatik auftrat, so etwa im protestantisch durchformten historisch-politischen Denken des Liberalismus, aber etwa auch noch in Denken und Sprache der frühen Arbeiterbewegung.

3. Programmatik und später auch Organisation der Parteien sind geprägt durch ein Wechsel- und Spannungsverhältnis von Regionalismus oder Partikularismus und Zentralismus oder nationaler Einheitsvorstellung. Im Vormärz, aber auch danach bis 1867 bzw. 1871, spielte sich das politische Leben ja noch auf dem Boden der Einzelstaaten ab. Die Parteien entwickelten regionale Abwandlungen der Programmatik und kamen erst langsam zu einer einheitlichen Willensbildung und Organisation zusammen. Der Zwiespalt von Regionalismus und nationaler Einheit unterschied etwa die nicht- oder antinationalen Konservativen von den föderalistischen Liberalen und diese wiederum von den unitarischen Demokraten – ein wesentlicher Unterschied zur Parteibildung in den bereits seit langem gefestigten westlichen Nationalstaaten.

Der Liberalismus

Die größte und zweifellos auch wichtigste der entstehenden Parteien war der Liberalismus. Er bildete das Ferment der Veränderung in der politischen Kultur, er war Hauptträger der Kritik am monarchischen Obrigkeitsstaat. Er repräsentierte die Interessen, die Denkweise, die gesellschaftlich-politischen Ziele des aufstrebenden Bürgertums – das heißt im deutschen Vormärz primär der Bildungsschicht, der akademischen Elite, der Beamten in Verwaltung und Justiz, der Ärzte, Pastoren und Gymnasiallehrer, aber auch der Angehörigen der neuen »freien« Bildungsberufe wie Anwälte und Journalisten. Der im europäischen Vergleich außergewöhnlich hohe Anteil von Staatsbeamten an der säkularen Bewegung des Liberalismus hat in Deutschland eine besondere Spielart hervorgebracht, den »Beamtenliberalismus«. Dem Staat verpflichtet und ihm nahestehend, hofften viele Beamte, daß die bürokratischen Monarchien im Vormärz ähnlich wie in der Reformzeit von sich aus einen weiteren Schritt zum bürgerlichen Verfassungsstaat hin tun würden. Der Liberalismus als die große Bewegungs- und Oppositionspartei des Vormärz stand dem Staat daher keineswegs in eindeutiger und bedingungsloser Opposition gegenüber. Viele der führenden Köpfe, wie etwa Friedrich Christoph Dahlmann oder Johann Gustav Droysen, wünschten sich auch durchaus eine starke Monarchie, deren Rechte allerdings klar an eine Verfassung gebunden und durch ein Parlament ausbalanciert sein sollten. Die Beamtenschaft war über ihre grundsätzliche Zielsetzung – mehr individuelle Freiheit – hinaus konkret auch durch den immer schärferen Gegensatz von Privilegierung und Disziplinierung in die Opposition getrieben worden. Fast alle Gebildeten litten in ihrer Berufsausübung an irgendeiner der Aufsichts- und Kontrollmaßnahmen, insbesondere an der Zensur. Die Gruppe der beamteten staatsnahen Intelligenz hat in Deutschland nicht nur die Theorie des Liberalismus geformt, sie hat auch prozentual weitaus den größten Anteil der oppositionellen Kammerabgeordneten in den süd- und mitteldeutschen Landtagen gestellt; ihre Autorität als Wortführer der Bewegung war in der Öffentlichkeit unumstritten und schlug sich im Mai 1848 bei der Wahl zur Frankfurter Nationalversammlung, dem »Professoren- und Beamtenparlament«, ungebrochen nieder. Die Unzufriedenheit der freien Bildungsberufe, der Anwälte und Journalisten hingegen nährte sich unter anderem aus ihrer schwierigen beruflichen Lage. In den dreißiger Jahren entstand ein Überangebot an akademisch Gebildeten, die keinen Zugang mehr zum Staatsdienst fanden. Als in den dreißiger und vierziger Jahren ein modernes industrielles Wirtschaftsbürgertum heranwuchs, verstärkte es mit profilierten Vertretern wie David Hansemann, Ludolf Camphausen, Friedrich Harkort oder Gustav Mevissen das Gewicht des Liberalismus. Die jüngste Forschung (W. Schieder, J. J. Sheehan) hat jedoch herausgearbeitet, daß im sozialen Spektrum des Liberalismus auch das städtische Gewerbe- oder Kleinbürgertum und selbst das größere Bauerntum eine ganz erhebliche Rolle spielten. Vor allem in den Landtagen kleinerer Staaten wie Baden oder Hessen-Darmstadt stellten kleinere und mittlere Unternehmer oder der Einzelhandel einen beträchtlichen Anteil der Abgeordneten. Für die rheinpfälzische Protestbewegung der Jahre 1831/32 wurde nachgewiesen, daß zwar die Führungsgruppe zu 77,5 Prozent den akademischen Bildungsberufen angehörte, daß aber darunter die Schicht »liberaler Zwischenführer« zu 70,53 Prozent aus Handwerk und Kleinhandel stammten. In den Selbstverwaltungsgremien der Städte dominierte – wo vorhanden – die alte großbürgerlich-patrizische Elite der Großhändler und Fabrikanten (z. B. in Hamburg oder Krefeld), ergänzt durch Repräsentanten des kleinen Gewerbebürgertums, die zumindest in ihrer politischen, weniger in der wirtschaftspolitischen Einstellung dem Liberalismus zugerechnet werden müssen und die für lokale Ämter abkömmlich waren. Das Berufsprofil der liberalen Bewegung umfaßte also vor allem den »Mittelstand« – im älteren Wortsinn der »Gebildeten« und im neueren der kleinen Gewerbebürger. Diese stellten unterhalb der überregional bekannten Gruppe der intellektuellen Wortführer und Meinungsbildner die Massenbasis der liberalen Bewegung.

In seinen weltanschaulichen Grundüberzeugungen wurzelt der Liberalismus in der gemeineuropäischen Emanzipationsbewegung der Aufklärung. Im Zentrum steht die Forderung nach mehr individueller Freiheit. Sie wird erhoben auf der Basis verschiedener und einander teilweise auch widersprechender Theoriekomplexe und Handlungsstrategien. Entscheidende Anstöße erhielt dieses Denken aus dem neuzeitlichen Naturrecht mit seiner Lehre von der rationalen Begründung von Herrschaft durch den Abschluß eines Gesellschafts- und eines Herrschaftsvertrages zwischen selbstbestimmten und ursprünglich rechtsgleichen Individuen. Anfänglich eine Theorie zur Begründung absolutistischer Herrschaft, verwandelte sie sich seit den neunziger Jahren des 18. Jahrhunderts zu einer Lehre, welche die staatlichen Gewaltrechte vom Bedürfnis des einzelnen her begründete, sein Leben so weit als irgend möglich selbst zu bestimmen. Diesem Zweck diente die liberale Hauptforderung, die Beschränkung der Staatsmacht – für den deutschen Frühliberalismus exemplarisch bereits von Wilhelm von Humboldt entwickelt in seiner Schrift mit dem kennzeichnenden Titel ›Ideen zu einem Versuch, die Grenzen der Wirksamkeit des Staates zu bestimmen‹ (1793). Der Staat – so heißt es dort – habe sich darauf zu beschränken, das unerläßliche Minimum an Rechtssicherheit für den einzelnen zu gewährleisten, alles andere gilt als unzulässige Einmischung in das Privatleben, in wirtschaftlicher, politischer, kultureller und religiöser Hinsicht. Diese radikale Ablehnung der absolutistisch-wohlfahrtspolizeilichen Staatsallmacht ist in der Vielfalt der liberalen Theorievarianten später – übrigens auch von Humboldt selbst – stark abgeschwächt worden, blieb aber im Kern der eigentliche Dreh- und Angelpunkt der liberalen Reformimpulse. Alle Liberalen forderten daher den repräsentativen Verfassungsstaat. Dessen Eingriffsrechte sollten durch einen Katalog von ursprünglichen, allen Menschen von Geburt an eigenen Grund- oder Menschenrechten beschränkt sein; dazu gehören die »Habeas-Corpus-Rechte« (Unantastbarkeit der Person), die Glaubens- und Meinungsfreiheit, die Äußerungs- und später auch die Versammlungsfreiheit, die Freiheit und Unbeschränktheit des Besitzes. Diese Grundrechtskataloge stammen aus der politischen Theorie Englands, der USA und Frankreichs, sie speisen sich in den liberalen Traktaten aber auch aus einer spezifisch deutschen Tradition der Staatswissenschaften: den eigenen Rechten der »Untertanen« gegenüber denen der »Obrigkeit«. Dementsprechend spielte hier auch der Rechtsstaatsgedanke eine größere Rolle als bei den westlichen Nationen. Soweit als möglich sollte das Recht die staatliche Macht ersetzen. Diese selbst gilt es nach liberaler Lehre in einem System der Gewaltenteilung in Exekutive, Legislative und Justiz zu zerlegen und dadurch zu bändigen. Eine Volksvertretung, meist in zwei Kammern, soll, indem sie an der Gesetzgebung mitwirkt, die monarchische Regierung kontrollieren und jedem Machtmißbrauch einen Riegel vorschieben. Der Monarch hat aber weiterhin an der Legislative mitzuwirken und behält auch nach liberaler Auffassung die entscheidenden Exekutivrechte. Im bewußten Gegensatz zu Rousseau lehnten die deutschen Liberalen den Gedanken der Volkssouveränität ab – unter anderem aus der Erfahrung seiner revolutionären Konsequenzen in der zweiten, radikalen Phase der

Französischen Revolution und ihrer Einmündung in die napoleonische Diktatur heraus. Diese traumatische Erinnerung verstärkte das Gewicht einer zweiten Theoriegrundlage im deutschen Liberalismus neben dem Naturrecht: des historischen Entwicklungsgedankens.

Diese konservativere, »organische« Linie des Liberalismus hob vor allem die Bedeutung der historischen Kontinuität hervor. Sie knüpfte gegen den monarchischen Absolutismus an ältere freiheitliche Traditionen an – an die Bürgerfreiheit in vorabsolutistischen Stadtrepubliken, aber auch an die Überlieferung ständischer Repräsentation. Sie konnte sich dabei neben deutschen Autoren wie Justus Möser auf Montesquieu und seine Lehre von der freiheitssichernden Kraft der »intermediären Gewalten« (insbesondere der Stände) berufen, aber auch auf den Traditionalismus Edmund Burkes. Für diese Richtung stand etwa Friedrich Christoph Dahlmann mit seiner wirkungsreichen Programmschrift ›Die Politik, auf den Grund und das Maß der gegebenen Zustände zurückgeführt‹ (1. Aufl. 1833). Er dachte, ähnlich wie im Südwesten Karl Welcker oder im Norden Georg Beseler, weniger vom naturrechtlichen Ausgangspunkt, dem einzelnen Individuum, sondern von dessen angeborener Sozialnatur und von der Ursprünglichkeit der Verbände Familie, Stamm, Korporation, Staat her. Beide Richtungen des Liberalismus – wie sie etwa in dem für die vormärzliche liberale Öffentlichkeit meinungsbildenden ›Staatslexikon‹ vertreten wurden, das die Freiburger »politischen Professoren« Carl von Rotteck und Karl Welcker in 10 Bänden (1835 ff.) herausgaben – enthielten bei allen modernen verfassungs- und rechtspolitischen Forderungen ein beträchtliches traditionalistisches Element. In seinen Grundlagen noch auf dem Boden der vormodernen, ständisch und patriarchalisch geprägten Gesellschaft entstanden, stellte der Liberalismus die Einteilung der Gesellschaft in Berufs- oder Funktionsstände noch kaum in Frage. Nichts weniger als egalitär, sprach er allen, die nicht selbständige »Hausväter« waren und über Besitz oder Bildung verfügten, den Handwerksgesellen, den städtischen oder ländlichen Arbeitern und Tagelöhnern, dem Gesinde, die politische Berechtigung grundsätzlich ab. Ihm schwebte eine Gesellschaft freier und in etwa gleicher Eigentümer vor, also eine »mittelständische Gesellschaft«. Der emanzipatorische Gehalt dieses Modells wandte sich gegen die Privilegien des Adels, wahrte aber auch gegenüber dem großen Reichtum Distanz, bis die industrielle Entwicklung das Gewicht des wirtschaftenden Großbürgertums verstärkte. Daher traten die Liberalen auch keineswegs für das allgemeine und gleiche Wahlrecht ein, vielmehr sollte das Volk durch seine mittelständische Elite repräsentiert werden. Die starke historische Komponente im liberalen Denken sorgte allerdings dafür, daß diese Ordnungsvorstellung im Vormärz, in dem sich ja die Strukturen der modernen Industriegesellschaft erst ganz allmählich anbahnten, nicht konservativ erstarrte. Auch die bisher Unselbständigen konnten und sollten – so glaubten die Liberalen – durch Erziehung und Bildung zur persönlichen und ökonomischen Selbständigkeit gelangen und so in die freie und politisch berechtigte Mittelstandsgesellschaft hineinwachsen. Die Probleme der industriellen Klassenbildung wurden entweder noch nicht gesehen oder durch den Rückgriff auf traditionale Elemente abgefangen. Vorbehaltlose Zustimmung zum industriellen Fortschritt findet man daher nur ganz selten. Selbst die Gewerbefreiheit blieb vor allem im Südwesten umstritten, wo das Handwerk noch zunftmäßig organisiert war; viele Liberale bejahten sie zwar grundsätzlich, wollten sie aber praktisch doch eingeschränkt wissen, weil sie die Proletarisierung des Handwerks und die »Atomisierung« des ganzen sozialen Lebens in der reinen Konkurrenzgesellschaft fürchteten. Auch der Freihandel fand nur wenige Fürsprecher, kurz vor 1848 vor allem in den Seehandelsstädten an der Nord- und Ostsee. In der Tradition des Kameralismus hielten selbst energische Liberale wie der Württemberger Robert Mohl, der als einziger bereits vor 1848 für ein parlamentarisches Regierungssystem eintrat, an wirtschaftsregulierenden Funktionen des Staates fest, um die Wohlfahrt der schwächeren Bevölkerungsgruppen zu sichern. Zugespitzt formuliert: Der reine Wirtschaftsliberalismus stand im Vormärz nicht auf dem Programm der Liberalen – anders als in England und Frankreich. Die etatistische Formung des gesamten gesellschaftlichen und politischen Lebens in Deutschland durch effiziente Bürokratien und durch in mancher Hinsicht anpassungsfähige Monarchien wirkte auch hier nach.

Es liegt auf der Hand, daß diese etatistischen Bindungen die Durchschlagskraft des Liberalismus geschwächt haben. Auch der bildungsbürgerliche Glaube an die Kraft der Ideen blieb nicht ohne lähmende Wirkung auf die politische Tatkraft. Die Liberalen fühlten sich im Einklang mit dem Gang der Geschichte, dieser führe, so meinten sie, notwendig zu ihren Zielen. Daß die Reformen des Jahrhundertanfangs ohne Revolution hatten durchgesetzt werden können, bestärkte sie nur in dieser Hoffnung. Als vermeintliche Repräsentanten der geschichtlichen Entwicklung schlechthin sahen sie sich selbst auch nicht als eine Partei unter mehreren, sie glaubten vielmehr, die Interessen und Wünsche der ganzen Nation zu vertreten. Im Hinblick auf die grundlegenden Freiheitsforderungen traf dies ja auch bis 1848 weitgehend zu. Als im Oktober 1847 erstmals süddeutsche und rheinisch-preußisch Liberale zusammenkamen, um einen Katalog ihrer wirtschafts-, national- und verfassungspolitischen Forderungen aufzustellen, das »Heppenheimer Programm«, war diese Selbsteinschätzung allerdings bereits obsolet geworden.

Hegel und die Linkshegelianer

Es ist in unserem Rahmen unmöglich, der vielschichtigen Theorie Hegels und der Junghegelianer einigermaßen gerecht zu werden. Andererseits können wir auf das Thema nicht verzichten, weil sich hier in der Ideengeschichte ein Kategorienwandel vollzog, der die intellektuelle Deutung von Leben und Wissenschaft tief beeinflußt hat, weil aus dem Zerfall der Hegelschen Lehre wichtige Elemente der demokratischen Theorie hervorgingen, und endlich, weil aus diesem Gedankenkreis diejenige politische Philosophie entstand, die für die Hälfte der heutigen Welt die Grundlage ihrer offiziellen Staatsphilosophie schuf: der Marxismus.

Hegels Denken ist so umfassend, daß sich schließlich alle politischen Gruppierungen, indem sie einen Teilaspekt aus seinem Lehrgebäude herausschnitten, auf ihn berufen konnten. Er hatte zunächst die Französische Revolution begeistert begrüßt, und hat sich auch später von ihren politischen Errungenschaften nie grundsätzlich distanziert. Seine Nachwirkung zur Linken hin, zu den Junghegelianern, zu Marx und Engels, verdankte er unter anderem der Gegenwartsbezogenheit seiner Philosophie; er hatte sich gründlich mit der politischen Ökonomie, mit Adam Smith und Ricardo, den Theoretikern der kapitalistischen Verkehrswirtschaft, auseinandergesetzt. Der Kern seiner politischen Überzeugung gehört aber der staatsbejahend-etatistischen Richtung des Liberalismus an. Hegel bekannte sich zum bürgerlichen Verfassungsstaat, zur konstitutionellen Monarchie mit ihrer Gewaltenteilung, die ihm das Ableiten einer

»Volksherrschaft« in den Schrecken, wie in der Französischen Revolution, zu vermeiden und zugleich verfassungsmäßige Rechtsgarantien zu gewähren schien. Damit verhielt er sich dem bestehenden preußischen Staat gegenüber insofern kritisch, als er zwar wesentliche freiheitssichernde Institutionen verwirklicht sah, die Verfassung selbst aber noch ausstand. Andererseits erschien diese Position insofern konservativ, als sie die Grundzüge des preußischen Staatsaufbaus, so wie sie zu Hegels Lebzeiten bestanden, bejahte. Unter den Institutionen verstand er vor allem das erbliche Königtum, die Beamtenschaft als einen, wie er sagte, »gegen die Untergebenen und gegen die Oberen sich zusammenschließenden Stand« und schließlich die Repräsentation, das »vermittelnde Organ« zwischen Regierung und Volk.

Die wesentlichen Ansatzpunkte für die Entwicklung, die sich zwischen Hegels Tod 1831 und dem Erscheinen des ›Kommunistischen Manifests‹ im Februar 1848 vollzog, ergaben sich demgegenüber aus neuen Fragen und Antworten innerhalb der Hegelschen Philosophie. Hegel hatte die Frage aufgeworfen, wie sich eigentlich die Philosophie zur Geschichte, und zwar sowohl zur Zeitgeschichte, wie zur Weltgeschichte überhaupt verhalte. Er bedachte also einerseits die Weltgeschichte philosophisch und andererseits die Philosophie geschichtlich. Beide Fragen behandelte er in Vorlesungen, die dann von seinen Schülern in Buchform herausgegeben worden sind: die ›Geschichte der Philosophie‹ und die ›Philosophie der Weltgeschichte‹ (1837). Die Philosophie, so weiter Hegel, frage nach der Wahrheit. Diese Wahrheit sei absolut, unteilbar, sie sei es entweder, oder sie sei es nicht. Wenn man sie aber geschichtlich betrachte, so komme man zu dem Ergebnis, daß diese scheinbar einzige und ewige Wahrheit sich zerlege in jeweils zeitgenössische Wahrheiten. Daraus ergab sich als Schlußfolgerung, daß die Wahrheit selbst zeitlich sei, geschichtlich, veränderlich im Verlauf der Zeit – d. h. die Philosophie, die Erkenntnis wird historisiert. Die Geschichte der Wahrheit legt Hegel so aus, daß mit seiner Gegenwart, genauer gesagt mit seiner, Hegels, Philosophie, diese Geschichte ihren Höhepunkt erreicht habe. Jetzt, nachdem sie viele Entwicklungsstufen durchwandert habe, sei die Wahrheit endlich in ihrer Totalität erkannt, das heißt absolut. Daher spricht er in der ›Geschichte der Philosophie‹ von ihrem »Beschluß«, ihrem Ende. Wie Hegel das wirklich gemeint hat, ob er tatsächlich der Meinung war, die Philosophie, und damit notwendig auch die Geschichte, sei an ihr Ende gelangt, darüber ist Streit seit dem Tag von Hegels Tod bis heute. Wir können das auf sich beruhen lassen. Für uns ist entscheidend, daß seine Schüler es so verstanden haben.

Aus der Sicht der Linkshegelianer stellte sich die Hegelsche Philosophie demnach dar als eine Erinnerung ans Gewesene. Arnold Ruge folgerte daraus, sie sei die »letzte aller Philosophien« überhaupt und zog die Konsequenz: wenn man noch weiter philosophieren wolle, so könne es doch nicht mehr in der Art sein, wie Hegel sie betrieben hatte. Hegel hatte sie noch verstanden als »Theoria«, wie der alte Ausdruck lautet, als die höchste, freieste Form menschlicher Tätigkeit überhaupt, in der es dem Menschen gelingt, sich von allen anderen Zwecken zu lösen, die doch immer nur Interessen und Bedürfnissen dienen. Das höchste Interesse der Theorie im alten Wortsinn ist die Erkenntnis um ihrer selbst willen, die Wahrheitssuche hat ihren Sinn in sich selbst, sie ist »Philo-sophia«, Liebe zur Weisheit. Als solche entfaltet sie bei Hegel freilich wirklichkeitsgestaltende Kraft. So also, im Sinne der Philosophia alten Stils, konnte man, nachdem sie mit Hegel zum Abschluß gekommen schien, nicht mehr denken. Daher heißt es bei Ruge, es müsse der »Weg zum Anderssein angetreten werden«, und das bedeutet in diesem Zusammenhang: es geht nicht mehr um die Suche nach der Wahrheit des Geistigen als der eigentlichen Wirklichkeit, sondern um die Wirklichkeit selbst, die Praxis. Die Philosophie, folgert Marx, müsse aufgehoben werden, indem man sie »verwirklicht«, oberstes Ziel sei nicht mehr die reine Erkenntnis, sondern ihre Umsetzung in die Praxis. Damit vollzog die Schule der Linkshegelianer den für das Denken selbst revolutionären Schritt von der Autonomie des Geistes zum Primat des Handelns.

Auf diesem neuen Weg zur Wirklichkeit, wie man es verstand und immer wieder hervorhob, stieß man zuerst auf das, was den Zeitgenossen noch immer die beherrschende Wirklichkeit war und auch den Linkshegelianern, die fast alle Theologie studiert hatten: auf die Religion. Im religiösen Weltbild der alten Welt ist alle Wirklichkeit gottgesetzt, alles, Staat, Gesellschaft, Kultur wurzelt in der Offenbarung. Die Philosophie des Geistes, so hatte Hegel selbst das noch interpretiert, ist daher identisch mit einer philosophischen Theologie. Wollte man also ein anderes, praxisbezogenes Denken, so bedurfte es erst der Kritik der philosophischen Theologie. Sie mußte ersetzt werden durch einen anderen, wirklichkeitsbezogenen Zugang zum Problem der Religion. Ludwig Feuerbach fand ihn in der Anthropologie. Diese baut auf der sinnlich-natürlichen Leiblichkeit des Menschen auf. Damit stehen die ursprünglichen Bedürfnisse, die elementaren Antriebe im Zentrum des Interesses, das, was vor und diesseits alles Geistigen liegt. Das war der nächste Schritt auf dem kritischen Weg der Hegelschule: die Kritik der Religion. Sie ist die unerläßliche Vorstufe für den nächsten Schritt, die »Kritik der Kritik«, wie man sagte: er zeigte, daß es nicht genüge, nur vom Menschen als einem isolierten Einzelwesen auszugehen. Friedrich Engels kritisiert daher an Feuerbach, er sei zwar der Form nach realistisch, er gehe vom Menschen aus, aber von der Welt, worin dieser Mensch lebe, sei absolut nicht die Rede. Bei dieser Kritik am Hegelkritiker Feuerbach konnte sich Engels wieder auf Hegel selbst berufen: so idealistisch die Form, so realistisch sei hier der Inhalt; sowohl die Geschichte des Rechts wie die der Ökonomie und der Politik seien hier neben der Moral mit inbegriffen. Damit meint er Hegels präzise und umfassende Beschreibung der modernen bürgerlichen Gesellschaft, ihrer Ökonomie, ihrer Leistung bei der Gütererzeugung, ihrer Formen der Arbeit und ihrer neuen sozialen Schichtung. Dies ist dann wiederum der Ansatzpunkt von Karl Marx.

Die unmittelbare Bedeutung der Junghegelianer für die entstehende demokratische Bewegung bestand zum einen darin, daß sie die Kritik an aller gegenwärtigen Wirklichkeit zum Prinzip erhoben, zuerst an der sich selbst genügenden Philosophie, dann an der Religion, schließlich an Gesellschaft und Staat. Man wandte sich der gesellschaftlich-politischen Wirklichkeit zu und fand das, was sich hier zeigte, sozusagen unter aller Kritik. Der Mensch, das war die Folgerung, dürfe das alles nicht mehr hinnehmen. Und da man die Philosophie in die Praxis verlegt hatte, gab es keinen Unterschied mehr zwischen revolutionärem Denken und revolutionärer Tat. Zum anderen stellten sie viel stärker als die Liberalen die Gesellschaft, nicht die Staatsverfassung, in den Mittelpunkt ihres Denkens. Die linkshegelianischen Intellektuellen empfanden sich selbst als die Protagonisten einer revolutionären Politik – was sie im Ergebnis auch waren. Die preußische Regierung hat das sehr wohl gesehen. Ihre Organe konnten sich nur nicht genug wundern, wie aus dem Gedankengebäude des von ihr selbst nach Berlin berufenen und in jeder Hinsicht geförderten und hofierten Hegel nun plötzlich die Lehre der Revolution hervorging. Der

Polizeikonfident Fischer schrieb dazu am 1. August 1842 die bemerkenswerten Sätze: »Was dieser eigentümlichen Erscheinung [der Hegelschule] im Auge des Volkes gleichsam einen Haltepunkt gibt und sie als etwas Gediegenes erscheinen läßt, ist die Tatsache, daß sie von wissenschaftlich gebildeten Männern ins Leben gerufen ward und sich auf ein philosophisches System stützt oder stützen soll, das System Hegels, eines Mannes, der während seines Lebens viel zu hoch verehrt wurde, in viel zu großem Ansehen stand, als daß man jetzt annehmen könnte, was er gelehrt, sei nur ein Irrwahn. Wer hätte aber gedacht, daß aus der Quelle solcher Weisheit solche Gießbäche hervorströmen würden, die alles Bestehende fortzureißen drohen.«[21]

Die Demokratie

Die demokratische Bewegung ist in Deutschland – neben einer dünnen direkten Traditionslinie aus dem »Jakobinismus« der Französischen Revolution – aus dem Liberalismus hervorgegangen und stellt in gewisser Weise seine Radikalisierung dar. Trotz aller eigenen Theorieansätze und trotz ihrer eigenen, freilich zum Liberalismus bis in den Sommer 1848 hinein offenen Anhängerschaft blieb sie im Vormärz auch immer noch mit dem Liberalismus verbunden in der gemeinsamen Konfrontation mit dem System der Restauration. In den Augen der Regierungen stellten sich die Demokraten bis 1848 als Bestandteil, wenn auch als der linke Flügel der »Bewegungspartei« dar. Demokratische Programmatik findet sich in der »Befreiungsära« und in den Anfangsjahren der Restauration vorübergehend bei den Vorkämpfern des Nationalismus, bei Ernst Moritz Arndt, Joseph Görres und Ludwig Jahn sowie im radikalen Flügel der Burschenschaft. Eine breitere Basis erhielten demokratische Forderungen durch die Agitation von Wirth und Siebenpfeiffer, die den Ablauf des Hambacher Festes 1832 bestimmt haben, wobei aber im Grund die Einheit von Demokraten und Liberalen noch weitgehend gewahrt blieb, liberale und demokratische Ziele noch nebeneinander standen. Der Einfluß dieser Radikalen schwand um 1840. Dagegen gewannen seit 1835 drei Personenkreise an Bedeutung und gaben der demokratischen Bewegung neuen Auftrieb: die Linkshegelianer, die politischen Lite-

[21] In: Adler (Hrsg.), Literarische Geheimberichte, S. 155.

raten, insbesondere die politischen Lyriker, und schließlich ein kleiner Kreis radikaler Volksführer. Von den ersten beiden Gruppen war bereits die Rede. Neben ihrer intellektuellen Vorreiterrolle und ihrer mobilisierenden Wirksamkeit sind sie auch deshalb wichtig, weil sie zusammen mit den Aktivisten der frühen dreißiger Jahre jene zahlreichen Vereine vor allem in der schweizerischen und französischen Emigration aufbauten, die der demokratischen Bewegung ein verläßliches Kommunikationssystem schufen. Aus der Reihe der populären Volksführer ragen vor allem drei Persönlichkeiten heraus: Robert Blum (1807–1848), Sohn eines Fabrikaufsehers, der einzige wirkliche Kleinbürger in der politischen Führungsgruppe der Demokraten. Seit 1840 stieg er zum Organisator der demokratischen Bewegung in Sachsen auf. Dazu benützte er seine Tätigkeit als Vorsitzender des Schillervereins und als Mitarbeiter des ›Sächsischen Vaterlandblattes‹. Er verkörperte in sich das Programm der Volksbildung in politischer Absicht und versuchte daher, ein volkstümliches Pressewesen aufzubauen. In der Frankfurter Paulskirche führte er die »gemäßigte Linke« an. Am 9. November 1848 wurde er in Wien standrechtlich erschossen. Gustav von Struve (1805–1870), Sohn eines Staatsrates und russischen Geschäftsträgers in Karlsruhe, seit 1832 in Mannheim als Advokat tätig, redigierte seit 1845 verschiedene Zeitschriften, schrieb politische Artikel und ein umfangreiches programmatisches ›Lehrbuch der Staatswissenschaften‹ (1848). Anfang April 1848 legte er im Frankfurter Vorparlament den »Antrag Struve« vor, der die demokratische Position definierte und endgültig die Kluft zwischen Demokraten und Liberalen aufriß. Und schließlich Friedrich Hecker (1811–1881), Sohn eines katholischen adligen Rentamtmannes, der ebenfalls seit 1838 als Advokat in Baden arbeitete; er gehörte seit 1842 der 2. badischen Kammer an und führte hier zunächst noch im Rahmen der gesamtliberalen Bewegung die radikale Opposition an; 1848 organisierte er den badischen Aprilaufstand, spielte dann aber im weiteren Verlauf der Revolution keine Rolle mehr.

Unter der Leitung von Struve und Hecker begannen sich die Demokraten in Baden seit 1847 als eigenständige politische Partei zu formieren. Auf einer Volksversammlung in Offenburg am 12. September 1847 wurde das sogenannte »Offenburger Programm« verabschiedet, das als Parteiprogramm modernen Stils gelten kann. Es unterschied sich von dem einen Monat später veröffentlichten »Heppenheimer Programm« der Liberalen in einigen wesentlichen Punkten. So forderte es eine »volkstümliche Wehrverfassung«, d. h. eine Miliz, das allgemeine und gleiche Wahlrecht im Gegensatz zum Zensus der Liberalen sowie die Ergänzung der verfassungspolitischen Ziele durch sozialreformerische: gleiche Bildungschancen für alle, progressive Einkommensteuer und schließlich sogar, wenn auch wenig präzise, den »Ausgleich des Mißverhältnisses von Kapital und Arbeit«. Im ganzen beruhte dieses Programm auf einer politischen Weltanschauung, die, dem gesellschaftlich-politischen Entwicklungsstand in Deutschland vorauseilend, die Grundzüge der heutigen parlamentarischen Demokratie entwarf. Die Theoriebasis, aus der sich alles weitere ergab, ist der Gedanke der Volkssouveränität. Alle Staatsgewalt geht vom Volk aus – die radikale Gegenposition zum konservativen Prinzip der monarchischen Souveränität. Sie steht aber auch im Widerspruch zum liberalen Grundsatz der Gewaltenteilung. Den Demokraten ging es nicht primär um die Reduzierung der Staatsgewalt, vielmehr sollte der Staat stark und tätig sein, nur eben nicht mehr in der Hand der Monarchen liegen, sondern in der aller Bürger; die Bürger stellen unter sich die volonté générale her, der Volkswille wird auf diese Weise gleichgesetzt mit dem Staatswillen. Daraus folgt die Forderung nach der Staatsform der Republik mit einem vom Volk gewählten Präsidenten an der Spitze; die Monarchie als überlebte und volksfeindliche Staatsform sei zu beseitigen. Gemäß dem Grundgedanken der Volkssouveränität verkörpert das Parlament die eigentliche Staatsgewalt, das Parlament gibt die Gesetze, es wählt, legitimiert und kontrolliert aber auch die Exekutive. Die Regierung wird gebildet auf der Grundlage der parlamentarischen Mehrheit und ihres Vertrauens, danach führt sie die Staatsgeschäfte in eigener Entscheidung, bleibt aber dem Parlament verantwortlich. Die stark von Rousseaus volonté générale her geprägte Auffassung von der Volkssouveränität bedeutete weiterhin, daß der Volkswille nicht durch ein Zweikammersystem aufgespalten werden dürfe, die Demokraten plädierten für das Einkammersystem.

Schließlich traten die Demokraten für den deutschen Einheitsstaat ein. Einheit wünschten auch die Liberalen, aber auf der Grundlage der bestehenden, historisch gewachsenen Einzelstaaten, die sie weder abschaffen wollten noch glaubten, abschaffen zu können. Die Liberalen verfochten daher das bundesstaatliche Prinzip, die Demokraten dagegen den unitarischen Nationalstaat. Wie es nur einen Volkswillen gebe, so auch nur einen Volksstaat. Die Demokraten dachten demgemäß stärker theoretisch-revolutionär und weniger historisch-evolutionär als die Liberalen; sie wollten nicht an die Geschichte anknüpfen und das Bestehende vorsichtig so weiterbilden, daß vom Alten das Gute erhalten bleibe, vielmehr neigten sie zu der Meinung, daß die bestehende Wirklichkeit überhaupt schlecht sei. Schließlich ein letzter, sehr wesentlicher Punkt: die Demokraten unterschieden sich von den Liberalen durch ihre egalitäre Tendenz. Freiheit konnte nach ihrer Überzeugung nicht bestehen ohne eine zumindest weitgehende Gleichheit. Sie gingen wesentlich stärker noch als die Liberalen von der Wunschvorstellung einer Gesellschaft kleiner selbständiger Eigentümer aus. Das freie Eigentum stellten sie dabei in keiner Weise in Frage, es erschien ihnen wie den Liberalen als integraler Bestandteil der freien und selbständigen Persönlichkeit; aber wo es zu große Besitzunterschiede gebe, da sei auch wirkliche politische Gleichheit unmöglich. Die Liberalen verstanden unter dem »Volk« im Grunde die Gesamtheit der selbständigen Hausväter. Darin stimmten sie im Prinzip mit den Demokraten überein, aber diese meinten doch weniger die »Besitzenden« und die »Gebildeten« als die »kleinen Leute«, die Kleinhandwerker, Krämer, Kleinbauern. Auf dieser Programmgrundlage konnte die demokratische Bewegung in der Revolution tatsächlich auch eine Massenanhängerschaft mobilisieren: Bauern, sofern sie bis 1848 noch unter feudalen Grundlasten bzw. deren Ablösung litten wie etwa in Baden oder in Schlesien; Kleinhändler, Handwerksmeister, zur Selbständigkeit drängende Gesellen, aber auch Kleinfabrikanten sowie zahlreiche Angehörige der nichtprivilegierten Bildungsschicht, Journalisten, Anwälte, Volksschul- und Gewerbelehrer. Da es einen Sozialismus als Massenbewegung damals in Deutschland noch nicht gab, sind die Demokraten auch die Partei der Arbeiter-Handwerker. In der Revolution 1848/49 traten zahlreiche Mitglieder der sozialevolutionären »Arbeiterverbrüderung« gleichzeitig auch den demokratischen Vereinen bei.

Die Anfänge der Arbeiterbewegung

Geht man den ersten, zahlenmäßig noch schwachen Anfängen der deutschen Arbeiterbewegung im Vormärz nach, so sind zunächst zwei Voraussetzungen zu bedenken:

1. Die Industrialisierung setzte in Deutschland erst relativ

spät ein, mit der Folge, daß sich eine Fabrikarbeiterschaft mit einem eigenen Standes- oder Klassenbewußtsein erst entsprechend spät herausgebildet hat. Auch die Anfänge sozialistischer Theorie liegen seit dem Beginn des 19. Jahrhunderts in England und Frankreich, mit Robert Owen, Henri de Saint-Simon, Charles Fourier, Victor Considérant und Louis Blanc. Diese frühen Theorien bilden den Ausgang auch für die deutschen sozialistischen Gesellschaftstheoretiker von Wilhelm Weitling bis Karl Marx.

2. Infolge der anfänglichen Verflechtung der Arbeiterbewegung mit den emigrierten demokratischen Radikalen und der durch die altgewohnte Gesellenwanderung bedingten Ansammlung unternehmungsfreudiger und politisch relativ bewußter Handwerker in Städten wie Paris, Zürich, London und Brüssel spielte die Organisation und damit auch das Organisationsverbot von Anfang an eine große Rolle. Die ersten Vereine mit bewußt politischen Zielen gab es daher im Ausland. Dort fanden auch die wichtigen ideenpolitischen Auseinandersetzungen statt. Von daher erklären sich auch die starken Züge konspirativen Verhaltens: die weitgehende Isolation in der Gesellschaft hat zweifellos die Neigung zur revolutionären Theoriebildung gefördert.

Daß sich seit Beginn der dreißiger Jahre die unselbständigen Angehörigen der »handarbeitenden Klassen« zu einer eigenen sozialen Gruppe zusammenzufinden begannen, läßt sich zunächst am Sprachgebrauch von »Handwerker«, »Arbeiter« und »Arbeiterbewegung« ablesen. Die wandernden Gesellen der dreißiger und vierziger Jahre fühlten sich noch durchaus als Handwerker mit herkömmlicher Zielsetzung: sie wollten sich nach dem Ende ihrer Gesellen- und Wanderzeit als selbständige Meister niederlassen. Aber es kam doch allmählich etwas Neues hinzu: ein über die Branchen- und Korporationsgrenzen hinausgehendes Zusammengehörigkeitsgefühl als »Arbeiter« – die entscheidende Bedingung dafür, daß sich nach und nach – bis 1869 und darüber hinaus hingezögert – so etwas wie ein gemeinsames »Klassenbewußtsein« herausbilden konnte. Man empfand über den Unterschied der Berufe hinweg, daß man ein gemeinsames Schicksal habe, das durch die eigene Stellung in der Produktion bedingt sei. Dem entsprach auf der Seite der bürgerlichen Sozialreformer, daß sie ebenfalls anfingen, die Gruppen der Tagelöhner, abgesunkenen Kleinmeister, Handwerksgesellen, Fabrikarbeiter unter einem Begriff zusammenzufassen. Seit den dreißiger Jahren stieg der Gelehrtenbegriff »Proletariat« zum Mode- und Schlagwort auf. Seit Beginn der vierziger Jahre kam der Terminus »Arbeiterbewegung« auf – anfangs rein negativ verwendet zur Bezeichnung von Unruhen und Erhebungen der Unterschicht. Die politisch-soziale Emanzipationsbewegung der Unterschicht eignete sich das Wort an, das zunächst gegen sie gerichtet war, und bewertete es positiv. Es drückte jetzt einen neuartigen Erwartungsgehalt aus, ein neues Selbstvertrauen, und verband sich mit dem Ehrbewußtsein, » in der Gemeinschaft der Arbeiter an der Spitze aller Armen und Entrechteten ein neues Zeitalter im Geist der Menschen- und Bürgerrechte herbeizuführen«[22]. Zu diesem Ehrgefühl und dieser Zukunftshoffnung gehörte auch, daß es gerade nicht die bloße Not war, die diese »Arbeiter« in den Vereinen zusammenführte.

Die Anfänge der Arbeiterbewegung wurden nicht von den Ärmsten und Gedrücktesten getragen, sondern von handwerklich gut ausgebildeten, bildungs- und aufstiegswilligen, sorgfältig auf ihre an bürgerlichen Werten orientierte Respektabilität achtenden Angehörigen der Unterschicht. Stärker als die materielle Entbehrung wirkte der »dunkle Drang nach einer größern umgestalteten Zukunft«, das »ideale Bild einer Gemeinschaft aller«, in der die »Ungleichheit der Stände und der Vermögen aufgelöst sein sollte[23].

Die Organisation der Arbeiter im Ausland begann als Zweig und Ableger der demokratischen Bewegung. 1832 gründeten Emigranten aus den Protest- und Aufstandsbewegungen nach der Julirevolution den »Deutschen Volksverein« als Filiale des »Preß- und Vaterlandsvereins«, und zwar mit den charakteristischen bürgerlich-demokratischen Programmpunkten: Verteidigung der Pressefreiheit und »Patriotismus«. Die entscheidende Neuerung jedoch bestand in der zukunftsträchtigen Verbindung von Handarbeitern und radikalen Intellektuellen wie Ludwig Börne, Theodor Schuster und Jacob Venedey. Als die französische Regierung 1834 ähnlich wie der Deutsche Bund das freie Vereinsrecht einschränkte, formte sich der Verein in einen Geheimbund um, den »Bund der Geächteten«. Der Name

[22] Werner Conze, Artikel ›Arbeiter‹. In: Otto Brunner, Werner Conze, Reinhart Koselleck (Hrsg.), Geschichtliche Grundbegriffe. Historisches Lexikon zur politisch-sozialen Sprache in Deutschland. Bd. 1, Stuttgart 1972, S. 228.

[23] (Johann Caspar Bluntschli), Die Kommunisten in der Schweiz nach den bei Weitling vorgefundenen Papieren. Zürich 1843, S. 18

bezeichnet das prägende Bewußtsein der Randexistenz. Vor allem die Intellektuellen bejahten den Typus der Geheimgesellschaft als die charakteristische Organisationsform der frühen Arbeiterbewegung und gestalteten sie konspirativ aus. In merkwürdigem Gegensatz zum Gleichheitspostulat bildete sich eine strenge Ober- und Unterordnung, sicherlich bedingt durch die Notwendigkeit, sich vor der Polizei zu verbergen, aber auch durch einen originären Drang zur Geheimbündelei. 1838 jedoch lehnten sich die Gesellen dagegen auf, der »Bund der Geächteten« bildete sich daher um zu dem in seiner inneren Struktur offeneren »Bund der Gerechten«.

Die anfangs rein bürgerlich-demokratischen Ziele dieser ersten Verbindungen erhielten ihr besonderes Profil durch zwei weitere Motive, ein traditionales und ein modernes, das die Arbeitervereine auch mit dem Liberalismus teilten. Organisationsbestrebungen von Handwerksgesellen gab es um diese Zeit auch in Deutschland. Ursprünglich eher unpolitisch, knüpften sie an die vielfach noch fortbestehenden handwerklich-genossenschaftlichen Selbsthilfeeinrichtungen an. In Unterstützungskassen und Gesellenvereinigungen sicherte man sich gegenseitig für die Krisenfälle des Lebens ab, bei Krankheit, in besonderen Notfällen, bei Tod und Begräbnis, bei den Fährnissen der Gesellenwanderung, und befriedigte dabei gleichzeitig den Geselligkeitsdrang, der jetzt stark zunahm – wie in der bürgerlichen Gesellschaft überhaupt. Hinzu kam als wesentlich neues Motiv der Bildungsdrang. Man wollte die eigene, häufig sehr mäßige Schulbildung verbessern, sich über die eigene Situation aussprechen, die Arbeitsverhältnisse und Möglichkeiten zu ihrer Verbesserung diskutieren. Das politische Interesse ging aus dem allgemeinen Bildungsinteresse hervor; man kann beides überhaupt nicht trennen. Wilhelm Weitling gab seinen Vereinsgründungen in der Schweiz daher seit Beginn der vierziger Jahre den Namen »Kommunistischer Bildungsverein«. Hier wirkt das auch von den radikalen Intellektuellen des »Jungen Deutschland« getragene aufklärerische Ideal der Volksbildung nach. Die Bildung diente dazu, den eigenen sozialen Standort zu bestimmen, sich selbst zu disziplinieren und eine historische Entwicklungsperspektive zu gewinnen, sie erweiterte sich dabei zur »sozialen Bildung«. Daß es diesen einfachen Leuten – wenn auch vielfach mit Hilfe bürgerlicher Intellektueller – gelang, sich selbst zu organisieren, begründete und rechtfertigte für sie dann auch den zunächst ja ungeheuerlichen Anspruch, eine »neue

Ordnung« überhaupt herbeiführen zu können. Das Binnenleben im solidarischen Verein der Arbeiter wird utopisch zum »ersten treuen Bild einer Gesellschaft im Kleinen« (Weitling), zur Vorwegnahme des erhofften zukünftigen Zustandes.

Seit 1838 bahnte sich in der deutschen Arbeiterbewegung die Hinwendung zum Sozialismus an. Als erster entwickelte der Schneidergeselle Wilhelm Weitling in seinen Büchern ›Die Menschheit, wie sie ist und wie sie sein sollte‹ (1838) und ›Garantien der Harmonie und Freiheit‹ (1842) entschieden den Gedanken der »Gütergemeinschaft«. Weitling wollte in Anlehnung an Fourier die Produktion und Konsumtion in die gemeinschaftliche Verwaltung der Arbeiter legen; die Gütergemeinschaft sollte dann, ausgehend von einzelnen Assoziationen, das menschliche Zusammenleben überhaupt organisieren. Weitling dachte dabei noch stark in den Bahnen eines religiösen Utopismus, autodidaktisch unbeholfen und ohne die selbstverständlichen Kenntnisse des Gebildeten. Er nahm Christus als Sozialrevolutionär in Anspruch und setzte das biblische Gleichheitsgebot – Gleichheit vor Gott – um ins Säkulare: politische und gesellschaftliche Gleichheit. Sein Denken bewegte sich vielfach noch im traditionsbestimmten Erfahrungshorizont des Handwerksgesellen, noch nicht in dem des modernen »Proletariers« – daher die Bezeichnung seiner Lehre als »Handwerks-Kommunismus«, daher aber auch seine starke Resonanz unter den Handwerker-Arbeitern des Vormärz.

Der Einfluß der sozialrevolutionären Richtung in den Auslandsvereinen blieb in Deutschland selbst freilich sehr gering. Hier hatten Handwerker und Arbeiter seit dem Ende der zwanziger Jahre vor allem in Städten mit frühindustrieller Produktion wie Bielefeld, Hamburg, Leipzig, Berlin oder Mannheim Bildungsvereine gegründet mit Mitgliederstärken zwischen 40 und 500 Personen, in Großstädten wie Berlin vor allem seit 1844/45 auch mehr. Unter dem Einfluß einzelner Abgesandter der Auslandsvereine, aber auch aus der innerdeutschen Situation heraus, begannen sie sich seit etwa 1844 stärker zu politisieren und von der Leitung durch bildungs- und gewerbebürgerliche Mitglieder zu emanzipieren. Von einem revolutionären Klassenbewußtsein läßt sich aber kaum sprechen. Nur im Rheinland gewann die sozialistische Richtung unter der Führung der Armenärzte D'Ester und Gottschalk eine gewisse Bedeutung. Hier haben dann auch Engels (seit 1845) und Marx (seit dem Frühjahr 1848) ihre Chance gesucht.

Karl Marx wurde 1818 in Trier als Sohn des jüdischen Anwaltes und Justizrates Heinrich Marx geboren, der 1824 mit seiner Familie zum Protestantismus übergetreten war. Er wuchs also in einer Familie auf, die zwar als emanzipiert gelten konnte, die aber doch immer wieder die faktische Diskriminierung der Juden an sich erfuhr. Er gehörte zur bürgerlich-protestantischen Gesellschaft und stand doch auch wieder außerhalb. Er bewunderte sie maßlos und mußte sich in ihr doch gedemütigt und um seine Herkunft gebracht fühlen.

Obgleich Marx erst 1834 in Bonn mit dem Studium begann, drei Jahre nach Hegels Tod, ist er doch ganz geprägt von der Auseinandersetzung mit ihm. Wie die übrigen Linkshegelianer ging er zunächst aus vom Problem der Philosophie und ihrem Ende. Auch er wandte sich polemisch ab von Hegels Vorstellung vom absoluten Wissen um seiner selbst willen. Er forderte am energischsten von allen, daß das Denken zur Tat werden solle, daß der Philosoph zu handeln und das heißt handlungsbezogen zu denken habe; daher der berühmte Satz: »Die Philosophen haben die Welt nur verschieden interpretiert; es kömmt aber darauf an, sie zu verändern.«

Marx übernahm Hegels Grundgedanken der Entfremdung ebenso wie die Konzeption der Dialektik als Aufhebung der Entfremdung durch den geschichtlichen Fortschritt. Und da er gemäß der linkshegelianischen Hegelkritik nicht den Gedanken als das Primäre ansah, sondern die materielle Wirklichkeit, war die Entfremdung bei ihm nicht primär durch das Denken bedingt, sondern durch die Art und Weise, wie die unmittelbaren Bedürfnisse befriedigt werden. Die materielle Wirklichkeit aber – das ist die moderne bürgerliche Konkurrenzgesellschaft, mit dem Primat des Ökonomischen, die Erwerbsgesellschaft, für die der Besitz den obersten und letztlich ausschlaggebenden Wert darstellt. Entfremdet und daher unglücklich in einer bisher nie dagewesenen Weise sind für Marx alle Mitglieder der bürgerlichen Gesellschaft: die Besitzenden, weil sie *einen* Wert, die materiellen Güter, verabsolutieren und dem Interesse am Erwerb alles übrige unterordnen; noch krasser aber sind entfremdet die Nichtbesitzenden, die nichts anderes haben als ihre Arbeitskraft, die sie unter Wert verkaufen müssen, die an der Maschine stehen, welche mit ihnen nichts mehr zu tun hat und die nicht zuläßt, daß sie selbst ein vollständiges Produkt herstellen, weil alle Arbeitsvorgänge zerteilt sind. Gerade bei diesen Nichtbesitzenden, beim Proletariat, ist der Druck und das Leid der Entfremdung am stärksten – daher bilden sie die Klasse, die geeignet und befähigt ist, die Entfremdung aufzuheben. Das Proletariat trägt also die Zukunft gesellschaftlicher Versöhnung in sich, und zwar für alle, für die ganze bürgerliche Gesellschaft. Es führt eine andere Gesellschaft herbei, in der der Mensch wieder ganz bei sich sein kann. In ihr soll die unmenschliche Konkurrenz aufgehoben sein, der »Kampf ums Einzeldasein« ein Ende haben, die »Anarchie der Produktion« der rationellen Planung und Leitung der Produktionsprozesse durch die Gesamtheit der Arbeitenden weichen.

Auf dieser Theoriegrundlage ergibt sich dann der Gedankengang des ›Kommunistischen Manifests‹, das im Februar 1848 erschien. Der Hauptinhalt und das Movens der Geschichte ist demnach das Wirtschaften, das die wirklichen Bedürfnisse des Menschen befriedigt, als erstes und wichtigstes den Hunger. Aus der Art und Weise des Produzierens und der Verteilung der Güter ergeben sich die Formen der Herrschaft, der Staat, das Recht, das immer ein Recht der Herrschenden war, aber auch die Formen des Denkens, der Philosophie, der Moral und der Religion. Die gesellschaftliche Entfremdung beginnt mit dem Ende der ursprünglichen, sozusagen kommunistischen Stammesgemeinschaften, seitdem es Eigentum gibt. Seither entstehen soziale Klassen, die auf der unterschiedlichen Verteilung des Eigentums beruhen. Eine Klasse zieht Gewinn aus dem Eigentum, und um ihn abzusichern, herrscht sie und bildet den Staat aus, der immer ein Klassenstaat ist mit der Herrschaft der Besitzenden über die Eigentumslosen. Schließlich lehnt sich die bedrückte und ausgebeutete Klasse immer auf gegen die Herrschaft. Daher ist die Geschichte eine Geschichte von Klassenkämpfen. Die Klasse, die in Europa mit der Industriellen Revolution, der Französischen Revolution und der Julirevolution von 1830 ihre Macht ausgebaut hat, ist die Bourgeoisie, das besitzende Bürgertum. Sie hat außerordentliche Leistungen vollbracht wie nie eine Klasse zuvor, sie hat die moderne Technik entwickelt, die städtische Kultur geschaffen und die Bevölkerung dem »Idiotismus des Landlebens« entrissen, sie hat durch die Technik die Herrschaft des Menschen über die Natur ermöglicht und damit die Voraussetzung geschaffen für eine ganz neue Freiheit, die Freiheit von den Naturzwängen. Allerdings hat diese Klasse ihre Herrschaft noch immer nicht durchsetzen können gegen die alten Feudalgewalten, den Adel und die sie stützenden Monarchien. Daher gilt es jetzt zunächst – im

Jahr 1848 –, die bürgerliche Demokratie zu unterstützen – was Marx und Engels auch konkret politisch getan haben. Sie haben in der Revolution ihre sozialistischen Forderungen ganz zurückgestellt, weil es noch nicht Zeit sei für die Herrschaft des Proletariats. Je mehr und je freier sich die bürgerliche Gesellschaft, ihre Konkurrenz, ihre technisierte Arbeit, ihre Akkumulation von Kapital ausbilden können – so wieder das ›Kommunistische Manifest‹ –, desto schärfer wird das Elend des Proletariats. Das Bewußtsein dieses Elends gelte es zu wecken und dadurch die selbständige Organisation des Proletariats unabhängig vom Bürgertum voranzutreiben. »Mögen die herrschenden Klassen vor einer kommunistischen Revolution zittern. Die Proletarier haben nichts in ihr zu verlieren als ihre Ketten. Sie haben eine Welt zu gewinnen« – heißt es im griffigen Pathos des Manifests.

1845 bereits, als durch die Gründung einer Filiale des »Centralvereins für das Wohl der arbeitenden Klassen« in Barmen-Elberfeld ein gewisser Handlungsspielraum entstanden war, hatte Friedrich Engels eine Agitationsschrift verfaßt, das Jahrhundertbuch über ›Die Lage der arbeitenden Klassen in England‹, mit dem sich auch die bürgerlichen Sozialreformer intensiv auseinandersetzten. Marx lebte seit 1843 in Paris, ging 1845 nach Brüssel, suchte hier Anschluß an den »Bund der Gerechten« und fing an, seinen Einfluß geltend zu machen. Jetzt begann seine Auseinandersetzung mit Weitling. Nur eine strenge wissenschaftliche Theorie – so Marx – könne als Grundlage allen revolutionären Fortschritts dienen. 1847 benannte sich der »Bund der Gerechten« auf seiner ersten Konferenz in London bereits unter dem Einfluß von Marx um zum »Bund der Kommunisten«. Auf der zweiten Konferenz, Ende 1847 wiederum in London, legte Marx die neuen Statuten vor. Sie enthielten nicht mehr das nationaldemokratische Konzept, sondern proklamierten die proletarische Revolution: »Der Zweck des Bundes ist der Sturz der Monarchie, die Herrschaft des Proletariats, die Aufhebung der alten, auf Klassengegensätzen beruhenden bürgerlichen Gesellschaft und die Gründung einer neuen Gesellschaft ohne Klassen und Privateigentum.«[24]

[24] Statuten des Bundes der Kommunisten in der Fassung vom 8. 12. 1847. In: Der Bund der Kommunisten. Dokumente und Materialien. Hrsg. v. d. Instituten für Marxismus-Leninismus beim ZK der SED und beim ZK der KPdSU. Berlin 1970, S. 626.

Der Konservativismus

Der Konservativismus wurzelt – wie der Liberalismus – in der Aufklärung und ihrer alles beherrschenden Folge, der Französischen Revolution, er bezieht die Gegenposition zu diesen großen Modernitätsbewegungen. Diese ursprüngliche und in gewisser Weise unaufhebbar defensive Stellung formte via negationis auch den Konservativismus, der sich gerade dem »Philosophismus« und Rationalismus des aufklärerischen Denkens entgegenstellte und schrieb ihm einen spezifisch modernen Zug ein: er konnte nicht mehr einfach nur Traditionalismus, Liebe zum Herkommen sein, sondern mußte selbst den Weg der Reflexion gehen, sich theoretisch artikulieren, sich in ein bewußtes und damit auch distanzierendes Verhältnis zur Vergangenheit setzen. Wie bei allen politischen Ideensystemen des frühen 19. Jahrhunderts klärte die Stellungnahme zum Ablauf der Französischen Revolution die eigene Position. So wie das andere Extrem, der entstehende Sozialismus, auch die zweite, radikale Phase der Revolution seit 1792 bejahte, und so wie die »Mitte«, der bürgerliche Liberalismus, sich an die erste, reformerische Phase 1789–1792 anschloß, so verwarf der Konservativismus schon die Anfänge der Veränderung, das Jahr 1789. Schreckensherrschaft und Alleinherrschaft, so die Konservativen, seien die notwendige und unabweisbare Folge, wenn auch nur einen Schritt weit von der Grundlage der bestehenden Ordnung abgewichen werde; daher sei allen, auch den unscheinbaren Anfängen zu wehren.

Keineswegs läßt sich vom Konservativismus im Vormärz als einer in die Breite gehenden Bewegung sprechen. Eine Massenbasis erhielt er erst seit 1848, als die Mehrheit der traditionalistischen Landbevölkerung und Teile des städtischen Gewerbebürgertums sich in ihrer herkömmlichen Loyalität zur Monarchie und zur gewachsenen Ordnung, in ihren religiösen Gefühlen und in ihrer kirchlichen Loyalität bedroht fühlten. Bis 1848 hatte er seinen Rückhalt zum einen im Staatsbeamtentum, soweit es sich nicht liberal verstand; es bildete die Sonderform des »Staatskonservativismus« heraus. Diesem ging es vor allem um die Erhaltung und Stärkung der Staatsmacht, die mit der Unabhängigkeit der monarchischen Gewalt von jeglicher verfassungsrechtlichen Beschränkung gleichgesetzt wurde gegen die Gefahr innerer Schwächung. Zweitens trug ihn der Adel, sofern dieser sich nicht, wie es doch in prägnanten Einzelfällen vorkam, konstitutionellen Ideen öffnete. Diese »altständische« Position wandte sich vor allem natürlich gegen jede Spielart aufklärerisch-liberaler Fortschrittsfreudigkeit, aber auch gegen den reformierten, rational arbeitenden Staatsapparat und gegen die latent oder offen absolutistischen Tendenzen der Monarchen.

Ansätze zu einer Organisation bildeten sich vor allem um Zeitschriften, wie das ›Berliner Politische Wochenblatt‹ (1831–1849) und das Organ der protestantischen Orthodoxie, die ›Evangelische Kirchenzeitung‹ (seit 1821) des Bischofs Hengstenberg. Seinen unmittelbaren Einfluß aber machte der Konservativismus – abgesehen von seiner bis 1848 wachsenden Macht in der Bürokratie – informell in einflußreichen Beraterstellen geltend, so etwa mit Friedrich Gentz als erstem Sekretär und Hauspublizisten Metternichs, vor allem aber mit der sogenannten »Kamarilla«, einem Freundes- und Beraterkreis um den Preußen-König Friedrich Wilhelm IV. mit den Brüdern Ludwig und Leopold von Gerlach, dem Historiker Heinrich Leo und vorübergehend auch Friedrich Julius Stahl. Die meisten dieser konservativen Wortführer sind bezeichnenderweise keineswegs direkt, aus bloßem Traditionalismus zu ihrer politischen Überzeugung gelangt. Gentz und Friedrich Schlegel hatten ursprünglich die Französische Revolution begrüßt, Leo und Stahl der Burschenschaft angehört, Ludwig Gerlach hatte Jahns Turnbewegung nahegestanden. Nicht ganz unähnlich manchen radikalen Intellektuellen suchten sie einen Ausweg aus den Gefährdungen der spezifisch modernen gesteigerten Subjektivität, indem sie die Bedeutung der Gemeinschaft hervorhoben, in diesem Falle der traditionalen Verbände und Institutionen.

Wie der Liberalismus ist der Konservativismus eine gemeineuropäische Bewegung mit den ersten Anstößen aus England und Frankreich, die dann aber mit originär deutschen Traditionen verschmolzen. Am Anfang der konservativen Theorie standen daher schon in den 1780er und 1790er Jahren nicht nur kritische Urteile über Aufklärung und Revolution aus deutscher, stark von orthodoxer Kirchlichkeit geprägter Sicht, sondern auch Rezeptions- und Übersetzungsleistungen. Friedrich Gentz übertrug 1793 eines der konservativen Gründungswerke, Edmund Burkes ›Reflexions on the French Revolution‹ (1790) ins Deutsche. Von Chateaubriands Zeitung ›Le Conservateur‹ (seit 1815) erhielt die Bewegung ihren Namen, die Theorien de Maistres und Bonalds wirkten auch in Deutschland. Die konsistenteste Lehre des altständischen Konservativismus stammte von einem Schweizer, Karl Ludwig von Haller, mit seinem Hauptwerk ›Restauration der Staatswissenschaften. Theorie des natürlich-geselligen Zustandes, der Chimäre des künstlich-bürgerlichen entgegengesetzt‹ (1816–1834). Haller ging vom Eigentum aus, und zwar gerade nicht vom freien, bürgerlichen Eigentum, sondern vom feudalen Grundbesitz. Die Machtverteilung in Staat und Gesellschaft beruhe – so Haller – auf der Verteilung dieses Eigentums. Der größte Eigentümer im Staat sei der Herrscher, da er das herrscherliche Obereigentum am ganzen Staatsterritorium innehabe; dieser Besitz begründe seine Landesherrschaft. Der Staat stellt für Haller demnach gar keine selbständige Körperschaft oder Anstalt dar, die vom persönlichen Besitz des Herrschers getrennt ist, sondern erscheint als eine Art riesiger feudaler Grundherrschaft, in welcher der Monarch gegenüber den Untertanen die Stellung eines Familienvaters und Hausvorstandes einnimmt. Haller verwarf demgemäß alle modernen, versachlichten Beziehungen zwischen dem einzelnen und dem Staat, wie etwa Wehrpflicht, Schulpflicht, Steuerpflicht, lehnte die moderne Repräsentativverfassung ab und plädierte für die alten Kreis- und Provinzialstände. Mit dieser Lehre griff Haller konsequent zurück auf die vormoderne Feudalgesellschaft; er konnte mit ihr aber – auch wegen des Fehlens christlich-theologischer Motive – nur *einen* Aspekt des Konservativismus abdecken, die Interessen der adligen Gutsbesitzer.

Versucht man hingegen, die konservative Theoriebildung im ganzen zu systematisieren, so ergibt sich folgender Aufriß: Im Zentrum steht die Ablehnung des modernen Rationalismus, des Glaubens an die vernünftig gesteuerte Veränderbarkeit der Wirklichkeit, des Glaubens an das »Machenkönnen« von Verfassungen, von mehr Wohlstand, mehr Glück überhaupt. Sie ruht auf einer betont realistischen, mitunter pessimistischen Lebensauffassung, auf der Überzeugung, daß der Mensch – im Gegensatz zur Lehre Rousseaus – nicht gut sei, sondern gut und schlecht gemischt, eher mit schlechten Seiten als guten. Die Welt verbessern zu wollen, gilt demnach als revolutionärer Wahn und, theologisch gedeutet, als Hybris, als Auflehnung gegen die Gottesordnung. Damit verband sich eine scharfe Ideologiekritik an den Anhängern des Modernismus. Man entlarvte die Behauptung der Liberalen, sie seien im Einklang mit dem Zeitgeist, sie verträten das Wohl der ganzen Gesellschaft, als Interessenbehauptung des städtischen Mittelstandes, der Kapitalisten, der Intelligenz, des »gebildeten Proletariats«, täuschte sich aber auch über die vielfältige Interessengebundenheit des eigenen Standorts hinweg.

Die Kritik am Rationalismus richtete sich dabei sowohl gegen die Liberalen, wie auch gegen den Absolutismus, den bürokratischen Reform- und Anstaltsstaat mit seiner egalisierenden Tendenz. Alt- bzw. ständischer Konservativismus und Staatskonservativismus sind dabei sorgfältig zu unterscheiden. Die Altkonservativen traten keineswegs für die absolute Königsherrschaft ein, im Gegenteil: sie verteidigten das Recht der Geburtsstände, in gewisser Weise wollten sie wie Haller hinter den antiständischen Absolutismus des 18. Jahrhunderts zurück. Jegliche Staatsomnipotenz sollte gerade verhindert, die staatliche Macht von Ständen kontrolliert werden, die Person dem Stand zugeordnet bleiben. Dahinter steht der alte Gegensatz von feudalem Adel und zentralisierendem Anstaltsstaat. Altständisch-Hochkonservative wie Ludwig von Gerlach erkannten daher auch ein Widerstandsrecht gegen eine unrecht, das heißt bei ihm unchristlich handelnde Obrigkeit an. Als die beste Staatsform erschien ihnen die Monarchie mit ständischen Beratungs- und Kontrollrechten gegenüber dem König. Die Rechte des Königs wiederum begründen sich aus dem »monarchischen Prinzip«, das Ludwig von Gerlach und Stahl religiös-theologisch ableiteten. Die Herrschaft ist von Gott übertragen und wird von ihm erhalten, der König hat sein Amt also von »Gottes Gnaden« – jetzt eine Legitimationsformel für die Unantastbarkeit der königlichen Prärogative. Auch die Hochkonservativen haben dabei natürlich gesehen, daß jede, auch die scheinbar schon von Ewigkeit her regierende Dynastie irgendwann auf dem Weg der Gewalt und der blanken Machtausübung zu ihrer Herrschaft gekommen war. Hier argumentierten sie dann historisch, mit der Verjährung und mit der sachlichen Herrschaftsleistung: Herrschaft, die schon seit langem besteht, ist rechtmäßig und unantastbar. Daraus ergab sich die Maxime des »Legitimismus«; jede Befugnis, Macht auszuüben, könne nur aus altem Recht kommen. Die Macht steht unter dem Recht und muß von ihm gebändigt werden. Es war dann auch der Streit um die Abkehr vom Legitimismus und den Rechtsbruch großen Stils, der, seit 1854 angebahnt, seit 1866 offen und bitter ausgetragen, die konservativen Ideenpolitiker wie die Gerlachs und den »konservativen Revolutionär« Bismarck entzweite. In den seit Jahrhunderten gewachsenen »organischen« Rechtszustand mit seiner ganzen Unsystematik und scheinbaren Widersprüchlichkeit dürfe niemand willkürlich eingreifen, liberale Verfassungsgeber nicht, bürokratisch regierende Monarchen nicht, aber auch nicht die Juristen. Der Staat vergehe sich an den göttlich sanktionierten Grundlagen seiner Ordnung, wenn er über die ihm zukommende Aufgabe der Rechtswahrung hinaus aktive Rechtsgestaltung betreibe. Aus der Bindung an Tradition und monarchische Legitimität ergab sich dann auch die Ablehnung jeder deutschen Einigungspolitik. Insbesondere die Hochkonservativen stellten sich auf den Rechtsboden des Deutschen Bundes und entwickelten daraus ein konstant durchgehaltenes Konzept der Außenpolitik: Zusammenarbeit der konservativen Kräfte im Bund, Anerkennung der einmal etablierten faktischen Vorherrschaft Österreichs, Zusammenhalt der sogenannten konservativen Mächte Österreich, Preußen, Rußland gegen die liberaleren Systeme in England und Frankreich.

Dem heutigen säkularisierten Denken am schwersten zugänglich ist das Verhältnis von Kirche und Staat, wie es die Hochkonservativen gesehen haben. Sie gingen davon aus, daß die Kirche über dem Staat stehe. Daraus ergab sich im Vormärz eine scharfe Bruchlinie zwischen Alt- bzw. Hochkonservativen und Staatskonservativen. König Friedrich Wilhelm III. hatte seine Staatskirchenverfassung mit Hilfe des Staatskonservativismus und der liberalen Bürokratie gegen die Altkonservativen durchgesetzt. Diesen erschien das herrschende evangelische Landeskirchenrecht als unzulässiger Eingriff in die Selbständigkeit und die Vorrangstellung der Kirche. Die Kirche galt ihnen als göttliche Stiftung – sie sollte staatsfrei, der Staat aber christlich sein. Das sicherte die Legitimität der monarchischen Herrschaft von Gottes Gnaden; daraus folgte aber auch, daß der Staat die christliche Ethik, konkret die christliche Erziehung und die christliche Ehe seiner Untertanen sichern und fördern sollte. Davon schien den Konservativen nicht nur der Bestand des Christentums abzuhängen, sondern auch der des Staates.

Diese in vielem im Vormärz bereits obsolete konservative Lehre wurde kurz vor der Revolution durch Friedrich Julius Stahl noch auf ein zeitgemäßeres Niveau gehoben. Stahl rang sich zu der Einsicht durch, daß eine ständische Verfassung in der bürgerlichen Gesellschaft der Gegenwart nicht mehr zu halten sei. Die offenere Haltung gegenüber der bürgerlichen Erwerbsgesellschaft ermöglichte es ihm auch, den Begriff der Nation erstmals für den Konservativismus anzuerkennen. Die »Teilnahme der Nation an der Gestaltung und Verbürgung des öffentlichen Rechtszustandes« sollte erreicht werden durch ein ständisch gegliedertes Parlament mit bloß beratenden und kontrollierenden Funktionen. Stahl verfocht einen konservativen Konstitutionalismus, der insbesondere in der Verfassungspolitik Friedrich Wilhelms IV. seit 1848 großen Einfluß gewann.

Das Verhältnis von Staat und katholischer Kirche und der politische Katholizismus

Anders als in den westlichen Nationalstaaten hat in Deutschland eine der großen Konfessionen, der Katholizismus, eine politische Partei hervorgebracht, das spätere »Zentrum«. Im Vormärz ist es zum organisatorischen Zusammenschluß noch nicht gekommen, doch fallen Entwicklungen und Ereignisse in diese Epoche, welche die Formierung des politischen Katholizismus stark befördert haben. Das Problem, wie das Verhältnis von Staat und Kirche zu regeln sei, stellte sich Katholiken wie Protestanten, doch sah sich der Katholizismus stärker in eine Konfrontation hineingedrängt als der von jeher landeskirchlich organisierte Protestantismus.

Am Anfang der hier aufbrechenden Krisen stand – nach der auch in diesem Fall grundlegenden Weichenstellung durch die Aufklärung – die Zerstörung der alten Reichskirche in der Säkularisation seit 1803. Alle geistlichen Territorien waren auf die weltlichen Landesherren verteilt worden. Dabei war nicht nur die Landeshoheit an die weltlichen Fürsten übergegangen, sondern auch der größte Teil des kirchlichen Besitzes. Einen nennenswerten Widerstand der Kirche hat es dagegen nicht gegeben, obgleich sie den ganzen äußeren Rahmen und die Grundlage ihrer Existenz eingebüßt hatte. In den Jahren bis 1815 bzw. 1821 litt das kirchliche Leben infolgedessen an erheblichen Störungen. Ein großer Prozentsatz katholischer Bevölkerung geriet durch die territorialen Veränderungen bis zum Wiener Kongreß unter protestantische Landeshoheit, so etwa, historisch am folgenreichsten, das Rheinland und Westfalen. Die meist protestantischen Monarchien zeigten wenig Verständnis für die katholischen Bedürfnisse. Aufgrund der Säkularisation gewann im Gebiet des Deutschen Bundes der Protestantismus ein beträchtliches politisches Übergewicht, an überwiegend katholischen Staaten blieben nur Österreich und Bayern. Allerdings gaben jetzt alle Staaten angesichts der Vermischung verschiedengläubiger Bevölkerungsteile das Prinzip der konfessionellen Landeseinheit auf und fixierten statt dessen den Grundsatz der konfessionellen »Parität«, das heißt die völlige rechtliche Gleichstellung der Konfessionen. Die Bundesakte von 1815 enthält eine einzige Bestimmung über religiöse Angelegenheiten, den Artikel 16; er besagt, daß die Verschiedenheit der »christlichen Religionsparteien« in den Ländern des Deutschen Bundes »keinen Unterschied in dem Genusse der bürgerlichen und politischen Rechte« begründen könne. Trotz dieser Absichtserklärung blieb aber die tatsächliche Parität noch lange heftig umstritten. Der päpstliche Unterhändler auf dem Wiener Kongreß, Kardinal Consalvi, legte offiziellen Protest ein gegen die Säkularisation und verlangte die Wiederherstellung des Heiligen Römischen Reiches. Er versuchte zunächst, der Kirche bei dieser Gelegenheit eine für das ganze alte Reichsgebiet gültige neue Ordnung zu geben, scheiterte aber am Partikularismus Metternichs und der Einzelstaaten. Der Kirche blieb also nichts anderes übrig, als auf dem Weg von Sonderregelungen mit den einzelnen Staaten ihre eigene Organisation, ihre Vermögensgrundlage, ihre Rechtsstellung im Staate wieder in Ordnung zu bringen. Dies geschah durch den Abschluß von Konkordaten, der sich in zähen Verhandlungen bis 1821 (Konkordat mit Preußen) hinzog. In diesen Verträgen gelang es den Staaten in erheblichem Umfang, das Prinzip des sogenannten Staatskirchentums durchzusetzen, eine Rechtsauffassung, derzufolge sich die Kirche der Souveränität und der Kontrolle durch den Staat zu unterwerfen hat. Die Verträge der Kurie mit Bayern (1818) etwa, einem überwiegend katholischen Staat mit einem katholischen Monarchen, sicherten dem Landesherrn ein sehr weitgehendes Recht zur Nomination des Klerus, aber auch die Staatsaufsicht über alle inneren Kirchenangelegenheiten, wie die Glaubenslehre selbst, den Gottesdienst, die geistliche Amtsführung, den Religionsunterricht, die Kirchendisziplin. Mit dieser von den Staaten schon seit der Aufklärung verfolgten und zunächst erfolgreich verwirklichten Absicht, ihren Vorrang vor der Kirche zu sichern, waren allerdings die kommenden Konflikte schon angelegt; sie mußten zum Ausbruch kommen, seit Katholizismus und Kirche sich in der »katholischen Erneuerung« regenerierten.

Diese innerkonfessionelle Reformbewegung wandte sich gegen den anhaltenden Einfluß aufklärerischen Denkens vor allem im höheren Klerus und brachte die ursprünglichen Motive und Formen katholischer Frömmigkeit wieder stärker zur Geltung.

In den breiten katholischen Schichten hatte die Kritik am Offenbarungsglauben und an der religiösen Volkskultur ohnehin nicht gegriffen, sie war eine Angelegenheit des oberen Bürgertums, der Studierten, also der Stadt und der Höfe geblieben. Für das katholische Kirchenvolk war und blieb es selbstverständliche Gewohnheit, die religiösen Pflichten zu erfüllen. Die kirchlich geprägte Sitte auf dem Land und damit eine keineswegs rigorose, recht pragmatische, aber insgesamt doch stabile Moralität erwies sich als festgefügt, noch ohne große Spannungen verflochten mit der traditional-ständischen Gesellschaftsordnung. In bewußter Auseinandersetzung mit dem modernen Säkularismus brachte die katholische Erneuerung nun eine neue Aktivierung des religiösen Sinnes, der Beschäftigung mit dem Glauben auch bei den Gebildeten. Der Anstoß dazu ging von kleinen, informellen Kreisen aus, so etwa um das konvertierte ehemalige Schulhaupt der Frühromantik, Friedrich Schlegel, um den Redemptoristenpater und Prediger Clemens Maria Hofbauer in Wien seit 1809, oder um den Würzburger Weihbischof Zirkel mit seinem innerkirchlichen »Verein zur Aufrechterhaltung, Verteidigung und Auslegung der römisch-katholischen Religion« (seit 1814). Von Landshut aus übte der Theologieprofessor Johann Michael Sailer (1751–1832) als Lehrer, Erzieher und Leitbild einer ganzen Generation von Priestern größten Einfluß aus, der sich noch steigerte, als sein Hörer Ludwig I. 1825 in München den Thron bestieg. Mit der Verlegung der Universität Landshut nach München entwickelte sich die bayerische Hauptstadt zum neuen Zentrum der katholischen Intelligenz. Um die Zeitschrift ›Eos‹ (1828–1832) entstand hier ein Kreis, in dem katholische Intellektuelle wie der Philosoph Franz von Baader mit Publizisten wie Joseph Görres, aber auch katholischen Kammerabgeordneten zusammenwirkten. Hier kündigte sich an, daß die zunächst innerkirchliche Erneuerungsbewegung in das Feld der politischen Auseinandersetzung hineinzuwirken begann. In dieselbe Richtung wirkte seit Beginn der zwanziger Jahre der sogenannte Mainzer Kreis. Das dortige Priesterseminar stand unter der Leitung von Geistlichen (Joseph Ludwig Colmar, Franz Leopold Liebermann, Andreas Räß), die alle aus den linksrheinischen Gebieten stammten und dort noch unmittelbar mit den Säkularisierungstendenzen der Französischen Revolution in Berührung gekommen waren. Hier entstand also zuerst das Programm, die Katholiken müßten sich aktiv-offensiv mit der säkularisiert-protestantischen Welt und mit dem kirchenfeindlichen Staat auseinandersetzen, man müsse die Massen ansprechen und mobilisieren. Mit der Monatsschrift ›Der Katholik‹ (seit 1821) suchte man die katholischen Gebildeten, mit erbaulich-populären Schriften, Romanen und Heftchen das Kirchenvolk anzusprechen. Mit der jetzt wiederhergestellten Volksnähe des Klerus und publizistisch-politisch aktiven Laien kam in den entstehenden politischen Katholizismus auch ein demokratisches Element. Zugleich bildete sich in der neuen Aktivierung der katholischen Kirche als Glaubens- und Organisationseinheit in mehr oder weniger latenter Frontstellung gegen den Staat der »Ultramontanismus« heraus: die Betonung der überterritorialen Zusammengehörigkeit in der römischen Kirche unter der eindeutigen Leitung des Papstes und der Kurie. Je mehr sich der Gegensatz von Katholiken und Staat verschärfte, desto stärker erinnerte man sich an diesen Rückhalt in der gesamtkirchlichen Organisation, in der Autorität ihrer überstaatlichen Leitung. Aus der Sicht von Regierungen und Bürokratien nahm diese Festigung des katholischen sozial-moralischen Milieus im Rahmen der reorganisierten Institution Kirche allmählich einen Anstrich von »Staatsfeindlichkeit« an, insbesondere natürlich in den mehrheitlich protestantischen Staaten.

1837 spitzte sich die wachsende Spannung zu in den »Kölner Wirren«. Seit der Angliederung des Rheinlandes und Westfalens an Preußen 1815 stand insbesondere das katholische, gewerbereiche Rheinland den protestantischen, konservativen, agrarischen Ostprovinzen mit einiger Ablehnung gegenüber. Die Regierung in Berlin hatte es versäumt, den Rheinländern die Eingewöhnung zu erleichtern. Leitende und vielfach auch kleinere Beamte kamen aus den Ostgebieten, sie traten in der selbstbewußten Bürgerregion häufig mit preußischem Superioritätsgehabe auf. In der zu mehr als drei Vierteln katholischen Provinz gab es im ganzen 19. Jahrhundert keinen einzigen katholischen Oberpräsidenten, in manchen Gemeinden war der Bürgermeister der einzige Protestant. Friedrich Wilhelm III. fand sich zwar aus Klugheit bereit zur Toleranz, »soweit sie dem protestantischen Charakter des Landes nicht schade«, tendierte aber im Grunde zur konfessionellen Landeseinheit. Den eigentlichen Anstoß zum Konflikt gab jedoch die Mischehenfrage. Im Rheinland wie auch andernorts hatte die Geistlichkeit entgegen dem kanonischen Recht die staatliche Regelung der Mischehenfrage hingenommen, die die Erziehung der Söhne in der Konfession des Vaters, der Töchter in der der Mutter vorschrieb. Als 1835 der asketisch-dogmatische Droste zu Vischering dem aufklärerisch-toleranten Graf Spiegel als Erzbischof von Köln nachfolgte, verbot er diese Praxis. Gleichzeitig nahm er den Kampf gegen die noch in aufklärerischen Traditionen stehende Lehre des Professors Hermes in Bonn, den »Hermesianismus«, auf. Dabei spitzte sich der Streit mit der preußischen Regierung so zu, daß sie schließlich die Verhaftung Droste-Vischerings anordnete.

Diese Maßnahme erwies sich für die preußische Regierung allerdings als verheerender Fehlgriff. Sie hatte das Prinzip der Rechtsstaatlichkeit durchbrochen und bot damit eine breite Angriffsfläche. Der Papst protestierte energisch; Joseph Görres schrieb ein Pamphlet, das in wenigen Tagen in 7000 Exemplaren verteilt war, den ›Athanasius‹, in dem er die Regierung regionalistisch-antizentralistisch der Verletzung der ursprünglichen rheinischen Stammesrechte und antimodern-traditionalistisch der revolutionären Zerstörung der gewachsenen staatlichen, gesellschaftlichen, kirchlichen Bindungen anklagte. Die interkonfessionelle konservative Solidarität zerbrach. Sowohl im parlamentarischen Leben der süddeutschen Kammern wie in der Publizistik hatte es Gesinnungs- und Aktionsgemeinschaften zwischen katholischen und protestantischen Konservativen gegeben. Jetzt schieden die Katholiken aus dem interkonfessionellen konservativen ›Berliner Politischen Wochenblatt‹ (seit 1831) aus. Ernst Jarcke gründete 1838 in München das große publizistische Organ des politischen Katholizismus, die ›Historisch-politischen Blätter für das katholische Deutschland‹. Vor allem aber gerieten unter dem Vorzeichen religiös-kirchlicher Emotionen und Ziele Massen in Bewegung wie sonst nirgends im Vormärz. Die Lösung des Kölner Kirchenstreits gelang erst nach dem Thronwechsel in Preußen 1840, wobei der Staat weitgehend nachgab. Friedrich Wilhelm IV. war vor allem bestrebt, die katholische Kirche als staatsloyale Kraft gegen die modernen »Kräfte der Zersetzung« zurückzugewinnen; Religion und Kirche, Thron und Altar, wie man jetzt sagte, sollten wieder zusammengeführt werden.

Einerseits gelang es also dem Katholizismus in seiner Auseinandersetzung mit dem Staat, das katholische Kirchenvolk zu aktivieren, andererseits aber befand er sich mit seiner Staats- und Gesellschaftslehre nach wie vor nach mehreren Seiten hin in der Defensive, sowohl gegenüber den spezifisch modernen

Bewegungen des Liberalismus, des Nationalismus und des Kapitalismus, wie gegenüber dem modernen Staat mit seiner egalisierenden Tendenz und seiner rational-innerweltlichen Herrschaftslegitimierung. Er sah die Wurzel aller Übel der Gegenwart im Individualismus, wie er erst durch Reformation und Protestantismus, dann durch die Aufklärung propagiert worden sei und immer noch propagiert werde. Dem liberal-fortschrittsfreudigen Glauben an die Fähigkeit des Menschen, sein Schicksal selbst bestimmen zu können, dem modernen Vertrauen in die Machbarkeit der politisch-gesellschaftlichen Ordnung und in die Verfügbarkeit des Glücks stand er zutiefst skeptisch gegenüber. Dem allem hielt er seine theozentrische Staats- und Gesellschaftslehre entgegen. Ihr zufolge beruht das natürliche Recht auf dem offenbarten positiven göttlichen Recht. Regent und Volk sind Gott unterworfen, daher hat der Herrscher sein Amt von Gottes Gnaden, und das Volk ist in die bestehende Sozialordnung, die in der statisch aufgefaßten Schöpfungsordnung ruht, eingelassen. Versuche, die Institutionen, den Staat oder gar die Kirche selbst in ihren Grundstrukturen zu ändern, erschienen so als widernatürlich und widergöttlich. Das schloß nicht aus, daß es auch Anpassungen an das moderne Leben und seine Ideen gegeben hat, wie überhaupt die Rolle der katholischen Aufklärung noch im Vormärz keineswegs unterschätzt werden darf. Vor allem in der Auseinandersetzung mit dem preußischen Staat machte sich die katholische Bildungsschicht liberale Forderungen zu eigen, insbesondere die zuvor strikt abgelehnte Pressefreiheit und das freie Vereinsrecht. Aus Frankreich und Belgien drangen demokratische Ideen ein, die freilich in der Breite keine Rolle spielten, aber in der Revolution 1848 vereinzelt aktualisiert werden sollten. Im ganzen blieb die politische Theorie des Katholizismus aber auf die ständische Gesellschaftsordnung, auf die korporativ-zünftische Einbindung und Absicherung des Individuums festgelegt, auf das Leben in der Über- und Unterordnung, mit starken Reminiszenzen eines feudalen Patriarchalismus, der zu seiner historischen Begründung gern auf das Vorbild des Mittelalters zurückgriff – gegen die Kompetenzfülle und den Zentralismus des modernen Staates, seinen »revolutionären« Egalitarismus, seine Tendenz zur »Atomisierung« der Gesellschaft.

Diese Gegnerschaft zur Moderne wies jedoch auch eine andere Seite auf; sie schärfte den Blick für deren Schattenseiten. In der Kritik an den Problemen der bürgerlichen Gesellschaft und an den sozialen Folgen der Industrialisierung stehen sich der Konservativismus, besonders der katholische, und der Sozialismus näher als etwa Sozialismus und Liberalismus. 1816 bereits kritisierte der Staatswissenschaftler und Publizist Adam Müller die »Konkurrenz- und Geldwirtschaft« als Ausdruck eines »antisozialen Geistes« und eines spezifisch modernen »hoffärtigen Egoismus«; die notwendige Folge des Kapitalismus, so heißt es später, sei der Kommunismus. Der Münchner Bergrat und Philosoph Franz von Baader machte 1835 in seiner Schrift ›Über das derzeitige Mißverhältnis der Vermögenslosen oder Proletairs zu den Vermögen besitzenden Klassen der Sozietät‹ die Konkurrenzwirtschaft und das Gewinnstreben der Unternehmer für die soziale Unruhe und die beginnende Selbstorganisation der Industriearbeiter verantwortlich. Im badischen Landtag unternahm der Freiburger Staatsrechtsprofessor Franz Joseph Buß 1837 den ersten parlamentarischen Vorstoß zum Erlaß einer Fabrikgesetzgebung. Die gesellschaftspolitischen Vorstellungen, die der politische Katholizismus dem bürgerlichen Individualismus und der kapitalistischen Konkurrenzwirtschaft entgegenhielt und die alle auf die Rückkehr zu traditional-korporativen Bindungen hinausliefen, hatten allerdings in ihrer ursprünglichen Form keine Zukunft. Wichtiger als diese Frühformen der später insbesondere von Bischof Ketteler weiterentwickelten katholischen Soziallehre waren den Wortführern des politischen Katholizismus auch die zentralen kirchen- und konfessionspolitischen Anliegen: die unbedingte Freiheit der Lehre, die selbständige Verwaltung des Stiftungsgutes und die Zuständigkeit für Schule und Erziehung. Im Namen dieser Forderungen organisierten Laien wie Buß und der Freiherr von Andlaw seit 1845 in Baden die katholische Bevölkerung in Vereinen – allerdings nicht ohne Spannungen zur Amtskirche. Insgesamt jedenfalls war die Mobilisierung der Katholiken bis 1848 bereits so weit vorangeschritten, daß sie *als Katholiken* auf die Wahl und die Entscheidungen der Frankfurter Nationalversammlung beträchtlichen Einfluß ausüben konnten.

9. Vormärz und Märzrevolution

Trotz der sozialen Krisensituation mit Bevölkerungswachstum, Pauperismus, Binnen- und Auswanderung und beginnender Verstädterung weisen die Unruhen im März 1848 in fast allen deutschen Staaten nicht oder nur in Ansätzen die Merkmale einer sozialen Revolution auf. Nur wo es vereinzelt bereits organisierte und sozialrevolutionär gestimmte Arbeiter gab, wie in Köln, ist von Anfang an die Unterschicht führend beteiligt und erhebt ihre eigenen, von den liberalen abweichenden Forderungen. Die Märzbewegung stellt sich primär dar als bürgerliche Protestbewegung. Fast gleichzeitig kam es in praktisch allen deutschen Staaten zu Unruhen, obwohl die Bekämpfung der aktuellen materiellen Notsituation seit dem Sommer 1847 durch die Behörden erhebliche Unterschiede zwischen den einzelnen deutschen Staaten aufwies. Den Anlaß für den Ausbruch in Deutschland aber gab die Pariser Februarrevolution. Es müssen also letzten Endes den deutschen und den nichtdeutschen Staaten gemeinsame Gründe gewesen sein, die zum nahezu widerstandslosen Zusammenbruch des vormärzlichen Systems geführt haben.

Diese Überlegung relativiert nicht die Bedeutung der Forderung nach nationaler Einheit für die deutsche Revolution. Die einzelstaatlichen Monarchien waren hier zunehmend in Widerspruch geraten zum Nationalismus als einer der bewegenden politischen Kräfte der ersten Jahrhunderthälfte. Es bleibt aber bemerkenswert, daß die Revolution von Frankreich aus übergesprungen war, und dort hatte die Nationalstaatsfrage überhaupt keine Rolle gespielt. Gemeinsam dagegen war allen Staaten, die 1848/49 revolutionäre Erschütterungen erlebten, das System der Restauration, die bürokratische Bevormundung der Bürger, die Beschränkung der politischen Mitspracherechte, der Vorrang des Adels, zum Teil, wie in Frankreich, in enger Verbindung mit einer kleinen bürgerlich-plutokratischen Oberschicht. Fast überall war zwar die Untertanenschaft an der staatlichen Willensbildung beteiligt worden, aber nach Geburt, Besitz und Bildung gestaffelt und unter Ausschluß der Bevölkerungsmehrheit. Die Rechte der Repräsentativkörperschaften selbst waren so begrenzt geblieben, daß sich – zumindest in den deutschen Staaten – ein immer stärkerer Dualismus von Volksrepräsentanten und monarchischer Gewalt herausgebildet hatte. Die liberalen und demokratischen Forderungen in den Kammern wurden unterstützt durch eine politische Öffentlichkeit, die sich in einer hochdifferenzierten Publizistik und Vereinsorganisation artikulierte. Die aufgeklärt-absolutistischen, spätabsolutistischen und frühkonstitutionellen Regierungen hatten diese Entwicklung selbst gefördert durch den Aufbau eines vielgliedrigen und sozialen Aufstieg ermöglichenden Bildungssystems; sie konnten jetzt den durch die Bildung vorangetriebenen Politisierungsprozeß nicht mehr aufhalten. Politisierend wirkte auch das Aufbrechen gesellschaftlicher bzw. sozialer Konflikte, für deren Lösung das Instrumentarium der staatlichen »Wohlfahrtspolizei« nicht mehr ausreichte, wenn nicht auf staatliche Interventionen ins Sozialgeschehen unter dem Vorzeichen des wirtschaftlichen Liberalismus überhaupt verzichtet wurde, wie in Preußen. Verschärfend wirkte sich auch der soziale Wandel aus, der entweder noch von den modernisierungswilligen Regierungen am Jahrhundertanfang oder von der technologischen Revolution mit ihren gesellschaftlichen Auswirkungen ausgelöst war. Mit dem Festhalten am System der Restauration behinderten die Regierungen alle Lösungsstrategien aus der Gesellschaft selbst heraus und zogen damit zunehmend die Kritik aller gesellschaftlicher Gruppen, auch ihrer eigenen Beamtenschaft, auf sich.

Andererseits darf diese Polarisierung von monarchischem Staat und bürgerlicher Gesellschaft auch nicht überzeichnet werden. Gerade im Vormärz gelang den Monarchien und der traditionellen Elite des Adels in Deutschland eine beträchtliche – freilich nur halb freiwillige – Integrationsleistung vor allem gegenüber der neuen bildungsbürgerlichen Elite. Sie mußten neben der Spaltung der bürgerlichen Emanzipationsbewegung in Liberale und Demokraten und neben der Schockwirkung, die von den beginnenden Klassenkonflikten mit der unterbürgerlichen Schicht der Arbeiter ausging, den Einfluß der Monarchien wieder stärken, nachdem die bürgerliche Einheits- und Freiheitsbewegung 1848/49 gescheitert war.

1. Friedrich Gentz, Monarchisches Prinzip, Volkssouveränität und europäisches Staatensystem, 1831

Friedrich Gentz (1764–1832), seit 1812 Berater Metternichs und »Sekretär Europas« in der europäischen Kongreßdiplomatie, formulierte in zahlreichen Publikationen die Prinzipien der Metternichschen Politik. Der folgende Artikel aus Cottas ›Allgemeiner Zeitung‹ im Jahr nach der Pariser Julirevolution verdeutlicht sowohl die Einheit von europäischer Staatenpolitik, deutscher Bundespolitik und Innenpolitik unter dem Gesichtspunkt der Status-quo-Erhaltung, als auch die Begründung der sozialkonservativen Restaurationspolitik aus dem Gegensatz von Volkssouveränität und monarchischem Prinzip. Die Toleranz gegenüber den frühkonstitutionellen Verfassungen entspricht Metternichs Linie, dürfte bei Gentz aber taktischer Anpassungsfähigkeit entspringen.

Quelle: Friedrich Gentz, Betrachtungen über die politische Lage von Europa. In: Allgemeine Zeitung v. 27./28. 9. 1831 (Auszug).

Jetzt, nachdem das Schicksal über eine alle tätige Politik lähmende Unternehmung entschieden hat, ist es an der Zeit, den Blick umsichtig und prüfend auf die großen europäischen Verhältnisse zu richten, um in ihnen die Aufgabe der Politik zu erkennen und nach denselben die Berechnung der Zukunft anzustellen. Es scheint, daß die gegenwärtige Periode vorzüglich durch den Kampf zweier entgegengesetzter Systeme sich charakterisiere und daß in diesem Kampfe alles darauf ankomme, ob die Volks-Souveränität als die Quelle aller Rechte im Staate sich geltend mache oder ob das monarchische Prinzip, wie bisher, als die bewegende Feder in der Uhr des Staatslebens erhalten werden könne. Die Anhänger der Volks-Souveränität beschuldigen ihre Gegner, daß sie die Willkür zur Basis des Rechts machen wollen, während viele Anhänger des monarchischen Prinzips durch die Tat bewiesen haben, daß sie Bürgschaft gegen Willkür für notwendig erkennen und, um solche zu gewähren, in feierlich beschworenen Verfasssungsurkunden die Rechte der Untertanen, die Herrschaft der Gesetze anerkennen. Welche Beschaffenheit aber auch der Streit zweier widersprechender Theorien haben mag, immer ist es nötig, sich davon zu überzeugen, daß diese Theorien nicht bloß sich in metaphysischen Regionen bewegen und gleichsam in der Luft schweben, sondern daß ihnen reelle Massen von Kräften zur Unterlage dienen, welche Kräfte man kennen muß, um danach den Ausgang eines ebenfalls reellen, nicht bloß theoretischen Kampfes erraten zu können.

Auf dem Festlande Europas ist nach Beendigung der ersten französischen Revolution nur erst in einem großen Staate, und zwar erst seit ungefähr einem Jahre, der Versuch gemacht worden, die Volks-Souveränität zum Grundgesetz des Staates zu erheben. Ließe nun der Begriff einer solchen Souveränität auch eine annehmbare Auslegung zu, so haben doch in demselben Lande, wo der Versuch im großen angestellt wurde, zahlreiche, zum Teil blutige Volksaufläufe bewiesen, wie leicht der Begriff mißverstanden werden könne. Erst nachdem die Regierung, um sich gegen die Aufstände zu sichern, eine größere Energie entwickelte und dadurch faktisch das monarchische Prinzip wieder in seine Rechte einsetzte, ist dort Ruhe und Vertrauen im Innern wie in den äußeren Verhältnissen wieder möglich geworden. Die Nachahmungen jenes Versuchs, die in einigen benachbarten Ländern im kleinen bemerkt wurden, waren noch weniger geeignet, die Vortrefflichkeit der Volks-Souveränität über allen Zweifel zu erheben und die Regierungen geneigt zu machen, ihr zu huldigen.

Vielleicht weist man auf England hin, wo ebenfalls, seit länger als einem Jahrhundert, durch eine Revolution gleichsam das göttliche Recht abgeschafft und das Prinzip der Volks-Souveränität anerkannt wurde? Aber man vergesse nicht, daß in England durch bisher unerschütterte Institutionen der Volksgewalt ein mächtiger Damm gegen ihre Übergriffe errichtet war; daß in diesen Institutionen die Regierung eine feste Stütze fand gegen die Beweglichkeit des demokratischen Prinzips.

Selbst in den Republiken, die sich in Europa erhalten hatten, wurde dieses Prinzip durch Institutionen, die nicht aus demselben hervorgegangen waren, wohltätig gemäßigt. Wenn sonach der noch junge große Staat, in welchem die Herrschaft der Volkssouveränität verkündet wird, als einziges Phänomen in Europa dasteht und bisher noch keine Gelegenheit hatte, die Haltbarkeit seines Prinzips durch die Tat zu beweisen: so sieht man dagegen auf der anderen Seite alle großen Mächte des Festlandes im Vereine mit den Mächten des zweiten Ranges fortwährend zur Erhaltung und Verteidigung des monarchischen Prinzips entschlossen, wie solches ihnen von der Weisheit der

Vorfahren vererbt wurde, wie es sich durch die Erfahrung der Jahrhunderte bewährt hat. Bei dem Abwägen der Kraftmassen also, auf welche sich die beiden erwähnten Systeme stützen, ist offenbar das Übergewicht auf Seite der alten Monarchien, die überdem durch einen einzelnen, noch unentschiedenen Versuch unmöglich sich für erschüttert und bedroht halten können. Der Krieg wäre sonach von ihnen nicht zu fürchten. Folgt aber aus dem Widerspruche beider Prinzipien, daß derselbe notwendig in einem blutigen Kriege sich auflösen müsse? Wir glauben dies nicht. Europa ist zu zivilisiert, als daß es wie in den Jahrhunderten der Religionskriege die Entscheidung in politischen Glaubenssachen dem barbarischen, blinden Spiele der Schlachten anvertrauen sollte ... Befänden wir uns aber auch in günstigeren Umständen, wären die Geister weniger in Gärung, wäre das Leben der Bevölkerungen weniger bedroht, so sähe sich das monarchische Europa dennoch nicht genötigt, zu dem Kriege als letztem Mittel seine Zuflucht zu nehmen. Es stützt sich auf die Erfahrung der Jahrhunderte, die sein System bewährt hat; es kann also gelassen das Resultat abwarten, wenn in einem einzelnen Lande, auf dessen eigene Gefahr der kühne Versuch gemacht wird, eine ganz neue, bisher unbekannte Erfahrung auf ungebahntem Wege aufzufinden. Was bisher bei diesem Versuche zustande kam, ist nicht geeignet, dem Schrecken vor einer neuen, alles umstürzenden Riesenmacht Gehör zu geben ...

Ist sonach der allgemeine Friede bei der Unmöglichkeit einer umwälzenden Propaganda als gesichert anzusehen, so kann es zur völligen Beruhigung der Gemüter vielleicht nützlich sein, darauf aufmerksam zu machen, wie eine etwaige Anfeindung des wahrhaft konstitutionellen Systems in den Ländern, wo dasselbe Staatsgrundgesetz geworden ist, keineswegs in der Absicht derjenigen liegen könne, welche in dem monarchischen Prinzip die sicherste Bürgschaft für den Bestand der Ordnung erkennen. Der leitende Grundgedanke ihrer Politik kann nur auf Erhaltung, nicht auf Umsturz gerichtet sein. Wo sonach die repräsentative Verfassung gesetzmäßig eingeführt, wo solche in Übereinstimmung mit dem monarchischen Prinzip gebracht wurde, da wird sie geachtet und geschützt werden ...

2. Die Zehn Artikel, 1832

Zweiter Bundesbeschluß »über Maßregeln zur Aufrechterhaltung der gesetzlichen Ruhe und Ordnung im Deutschen Bunde« vom 5. Juli 1832.

Die ›Zehn Artikel‹ mit dem Verbot jeglicher politischen Betätigung waren die Antwort des Deutschen Bundes auf die Unruhen, die in zahlreichen deutschen Staaten nach der Pariser Julirevolution 1830 ausgebrochen waren. Unmittelbaren Anlaß hatte das Hambacher Fest gegeben, mit dem die liberal-demokratische Bewegung ihren vormärzlichen Kulminationspunkt erreicht hatte.

Quelle: Protokolle der deutschen Bundesversammlung 1832, 24. Sitzung, § 231.

In Erwägung der gegenwärtigen Zeitverhältnisse und für die Dauer derselben, beschließt die Bundesversammlung, in Gemäßheit der ihr obliegenden Verpflichtung, die gemeinsamen Maaßregeln zur Aufrechthaltung der öffentlichen Ruhe und gesetzlichen Ordnung zu berathen, nach vernommenem Gutachten einer aus ihrer Mitte gewählten Commission, wie folgt:

Art. 1. Keine in einem nicht zum Deutschen Bunde gehörigen Staate in Deutscher Sprache im Druck erscheinende Zeit- oder nicht über zwanzig Bogen betragende sonstige Druckschrift politischen Inhalts darf in einem Bundesstaate, ohne vorgängige Genehmhaltung der Regierung desselben, zugelassen und ausgegeben werden; gegen die Uebertreter dieses Verbots ist eben so, wie gegen die Verbreiter verbotener Druckschriften, zu verfahren.

Art. 2. Alle Vereine, welche politische Zwecke haben, oder unter anderm Namen zu politischen Zwecken benutzt werden, sind in sämmtlichen Bundesstaaten zu verbieten und ist gegen deren Urheber und die Theilnehmer an denselben mit angemessener Strafe vorzuschreiten.

Art. 3. Außerordentliche Volksversammlungen und Volksfeste, nämlich solche, welche bisher hinsichtlich der Zeit und des Ortes weder üblich noch gestattet waren, dürfen, unter welchem Namen und zu welchem Zwecke es auch immer sey, in keinem Bundesstaate ohne vorausgegangene Genehmigung der competenten Behörde statt finden.

Diejenigen, welche zu solchen Versammlungen oder Festen durch Verabredungen oder Ausschreiben Anlaß geben, sind einer angemessenen Strafe zu unterwerfen.

Auch bei erlaubten Volksversammlungen und Volksfesten ist

es nicht zu dulden, daß öffentliche Reden politischen Inhalts gehalten werden; diejenigen, welche sich dieß zu Schulden kommen lassen, sind nachdrücklich zu bestrafen, und wer irgend eine Volksversammlung dazu mißbraucht, Adressen oder Beschlüsse in Vorschlag zu bringen und durch Unterschrift oder mündliche Beistimmung genehmigen zu lassen, ist mit geschärfter Ahndung zu belegen.

Art. 4. Das öffentliche Tragen von Abzeichen in Bändern, Cocarden oder dergleichen, sey es von In- oder Ausländern, in anderen Farben, als jenen des Landes, dem der, welcher solche trägt, als Unterthan angehört, – das nicht autorisirte Aufstecken von Fahnen und Flaggen, das Errichten von Freiheitsbäumen und dergleichen Aufruhrzeichen – ist unnachsichtlich zu bestrafen.

Art. 5. Der am 20. September 1819 gefaßte, gemäß weiterm Beschlusses vom 12. August 1824 fortbestehende, provisorische Beschluß über die in Ansehung der Universitäten zu ergreifenden Maaßregeln, wird sowohl im Allgemeinen, als insbesondere hinsichtlich der in den §§ 2 und 3 desselben enthaltenen Bestimmungen, in den geeigneten Fällen, in so weit es noch nicht geschehen, unfehlbar zur Anwendung gebracht werden.

Art. 6. Die Bundesregierungen werden fortwährend die genaueste polizeiliche Wachsamkeit auf alle Einheimische, welche durch öffentliche Reden, Schriften oder Handlungen ihre Theilnahme an aufwieglerischen Planen kund, oder zu deßfallsigem Verdacht gegründeten Anlaß gegeben haben, eintreten lassen; sie werden sich wechselseitig mit Notizen über alle Entdeckungen staatsgefährlicher geheimer Verbindungen und der darin verflochtenen Individuen, auch in Verfolgung deßfallsiger Spuren, jederzeit auf's schleunigste und bereitwilligste unterstützen.

Art. 7. Auf Fremde, welche sich wegen politischer Vergehen oder Verbrechen in einen der Bundesstaaten begeben haben, sodann auf Einheimische und Fremde, die aus Orten oder Gegenden kommen, wo sich Verbindungen zum Umsturz des Bundes oder der Deutschen Regierungen gebildet haben und der Theilnahme daran verdächtig sind, ist besondere Aufmerksamkeit zu wenden; zu diesem Ende sind überall in den Bundeslanden die bestehenden Paßvorschriften auf das Genaueste zu beobachten und nöthigenfalls zu schärfen.

Auch werden die sämmtlichen Bundesregierungen dafür sorgen, daß verdächtigen ausländischen Ankömmlingen, welche sich über den Zweck ihres Aufenthalts im Lande nicht befriedigend ausweisen können, derselbe nicht gestattet werde.

Art. 8. Die Bundesregierungen machen sich verbindlich, diejenigen, welche in einem Bundesstaat politische Vergehen oder Verbrechen begangen, und sich, um der Strafe zu entgehen, in andere Bundeslande geflüchtet haben, auf erfolgende Requisition, in so fern es nicht eigene Unterthanen sind, ohne Anstand auszuliefern.

Art. 9. Die Bundesregierungen sichern sich gegenseitig auf Verlangen die promptesete militärische Assistenz zu, und indem sie anerkennen, daß die Zeitverhältnisse gegenwärtig nicht minder dringend, als im October 1830, außerordentliche Vorkehrungen wegen Verwendung der militärischen Kräfte des Bundes erfordern, werden sie sich die Vollziehung des Beschlusses vom 21. October 1830 – betreffend Maaßregeln zur Herstellung und Erhaltung der Ruhe in Deutschland – auch unter den jetzigen Umständen, und so lange, als die Erhaltung der Ruhe in Deutschland es wünschenswerth macht, ernstlich angelegen seyn lassen.

Art. 10. Sämmtliche Bundesregierungen verpflichten sich, unverweilt diejenigen Verfügungen, welche sie zur Vollziehung vorbemerkter Maaßregeln nach Maaßgabe des in den verschiedenen Bundesstaaten sich ergebenden Erfordernisses getroffen haben, der Bundesversammlung anzuzeigen.

3. Die Präambel zur Bayerischen Verfassung von 1818

Die Einleitung zur Bayerischen Verfassung von 1818 legt die Grundsätze des frühkonstitutionellen Systems fest. Sie betont die Legitimität monarchischer Herrschaft »von Gottes Gnaden« und ihr patriarchalisches Selbstverständnis sowie die Funktion der Stände als Klammern der Integration, nicht als selbständige Mitträger staatlicher Hoheitsrechte. Die Grundrechte sollen mehr individuelle Freiheit der Untertanen ermöglichen und durch allgemeine, überpositive Rechtsnormen absichern; sie dienen im Kontext der vom König aus eigener Machtvollkommenheit erlassenen Verfassung aber auch dazu, die Souveränität der staatlichen Gewalt gegenüber allen Untertanen zu bekräftigen, die für prinzipiell rechtsgleich erklärt werden.

Quelle: Verfassungsurkunde für das Königreich Bayern vom 26. Mai 1818. Bayerisches Gesetzblatt 1818, S. 101 ff. (Auszug).

Maximilian Joseph, von Gottes Gnaden König von Baiern. Von den hohen Regentenpflichten durchdrungen und geleitet, haben Wir Unsere bisherige Regierung mit solchen Einrichtungen bezeichnet, welche Unser fortgesetztes Bestreben, das Gesammtwohl Unserer Unterthanen zu befördern, beurkunden. Zur festern Begründung desselben gaben Wir schon im Jahre 1808 Unserem Reiche eine seinen damaligen äußern und innern Verhältnissen angemessene Verfassung, in welche Wir schon die Einführung einer ständischen Versammlung, als eines wesentlichen Bestandtheiles, aufgenommen haben. – Kaum hatten die großen, seit jener Zeit eingetretenen Weltbegebenheiten, von welchen kein deutscher Staat unberührt geblieben ist, und während welcher das Volk von Baiern gleich groß im erlittenen Drucke wie im bestandenen Kampfe sich gezeigt hat, in der Acte des Wiener Congresses ihr Ziel gefunden, als Wir sogleich das nur durch die Ereignisse der Zeit unterbrochene Werk, mit unverrücktem Blicke auf die allgemeinen und besonderen Forderungen des Staatszweckes zu vollenden suchten; – die im Jahre 1814 dafür angeordneten Vorarbeiten und das Decret vom 2. Februar 1817 bestätigen Unsern hierüber schon früher gefaßten festen Entschluß. – Die gegenwärtige Acte ist, nach vorgegangener reifer und vielseitiger Berathung, und nach Vernehmung Unseres Staatsrathes – das Werk Unseres ebenso freyen als festen Willens. – Unser Volk wird in dem Inhalte desselben die kräftigste Gewährleistung Unserer landesväterlichen Gesinnungen finden.

Freyheit der Gewissen, und gewissenhafte Scheidung und Schützung dessen, was des Staates und der Kirche ist.

Freyheit der Meinungen, mit gesetzlichen Beschränkungen gegen den Mißbrauch.

Gleiches Recht der Eingeborenen zu allen Graden des Staatsdienstes und zu allen Bezeichnungen des Verdienstes.

Gleiche Berufung zur Pflicht und zur Ehre der Waffen.

Gleichheit der Gesetze und vor dem Gesetze.

Unpartheilichkeit und Unaufhaltbarkeit der Rechtspflege.

Gleichheit der Belegung und der Pflichtigkeit ihrer Leistung.

Ordnung durch alle Theile des Staats-Haushaltes, rechtlicher Schutz des Staats-Credits, und gesicherte Verwendung der dafür bestimmten Mittel.

Wiederbelebung der Gemeindekörper durch die Wiedergabe der Verwaltung der ihr Wohl zunächst berührenden Angelegenheiten.

Eine Standschaft – hervorgehend aus allen Klassen der im Staate ansässigen Staatsbürger, – mit den Rechten des Beyrathes, der Zustimmung, der Willigung, der Wünsche und der Beschwerdeführung wegen verletzter verfassungsmäßiger Rechte, – berufen, um in öffentlichen Versammlungen die Weisheit der Berathung zu verstärken, ohne die Kraft der Regierung zu schwächen.

Endlich eine Gewähr der Verfassung, sichernd gegen willkührlichen Wechsel, aber nicht hindernd das Fortschreiten zum Bessern nach geprüften Erfahrungen.

Baiern! – Dies sind die Grundzüge der aus Unserm freyen Entschlusse euch gegebenen Verfassung, – sehet darin die Grundsätze eines Königs, welcher das Glück seines Herzens und den Ruhm seines Thrones nur von dem Glücke des Vaterlandes und von der Liebe seines Volkes empfangen will! . . .

4. Friedrich Bühlau, Der Staat und die Industrie, 1834

Friedrich Bühlau (1805–1859), Professor für praktische Philosophie und Politik in Leipzig, repräsentiert mit seiner Schrift die umfangreiche Gattung bürgerlich-sozialreformerischer Literatur, die sich mit dem Pauperismus und der aufkommenden Industriearbeit auseinandersetzte. Für ihn erklärt sich der Pauperismus nicht nur aus der Bevölkerungsexplosion, sondern auch aus der Hemmung der produktiven Kräfte durch die Relikte der feudalen Agrarverfassung bei gleichzeitiger breiter Bedarfs- und Konsumsteigerung. Sozialkonservative Strategien wie die Beschränkung der Ehe- und Niederlassungsrechte lehnt er ebenso ab wie die Flucht in die Auswanderung; dagegen verspricht er sich eine Lösung des Problems vom freien Markt und modernen, auch industriellen Produktionsmethoden.

Quelle: Friedrich Bühlau, Der Staat und die Industrie. Beiträge zur Gewerbspolitik und Armenpolizei. Leipzig 1834, S. 22–56 (Auszüge).

In unsern Tagen ist eine plötzliche Angst unter die Reichen gekommen, und sie möchten sich um jeden Preis gegen die Gefahren sichern, die sie von dem wachsenden Elende der Armen fürchten. Ergriffen sie hier das natürlichste Mittel und erleichterten sie es den Armen, sich durch eigne Anstrengung auf eine höhere Stufe sinnlicher und geistiger Wohlfahrt zu heben, so wäre ihnen und dem Ganzen geholfen. So aber wollen sie bloß sich auf Kosten der Armen helfen und glauben, die

Gefahr entfernt zu haben, wenn sie sich durch neue Beschränkungen der arbeitenden Klassen gegen diese verschanzt, folglich den Grund der Gefahr verstärkt haben. Aus diesem Geiste sind die Vorschläge zu Gesetzen geflossen, welche die Verheiratung sogenannter nahrungsloser Personen verhindern sollen. Als nahrungslos betrachtet man dabei nicht etwa diejenigen, die ohne Einkommen und zugleich unfähig zur Arbeit sind, z. B. vornehme Verschwender, die nichts gelernt haben, sondern der gilt für nahrungslos, der in seinen natürlichen Kräften ein Wertkapital besitzt, dessen Zinsen ihn nähren könnten, der auch den Willen hat, diese Kräfte mit unermüdlichem Fleiße zu seinem und der Seinigen Unterhalt und des gemeinen Wesens Frommen anzustrengen, dem aber die bürgerlichen Einrichtungen selbst, dem die Gesetze der Reichen, die Zunftartikel, die Privilegien der Städte, die Zollgesetze des Staats die Gelegenheit genommen haben, sich sein Brot auf ehrliche Weise zu verdienen ... Verbietet ihr den Armen die Ehe, so habt ihr die Menschenwürde durch den insolentesten Übermut beleidigt, der natürlichen Gleichheit furchtbaren Hohn gesprochen, die heiligsten Gefühle zerrissen, eurem Mitmenschen und Mitbürger die letzte Quelle unschuldiger Freuden, das Band, was ihn in manchen Momenten der Stufe höher denkender Menschen näherte, was ihn an seinen Herd, an seine Gemeinde, sein Land fesselte, was ihm die Religion ehrwürdig und die bürgerliche Gesellschaft teuer, was ihm die Gegenwart wert und die Zukunft wichtig macht – diese Quelle habt ihr ihm verstopft ...

In neuerer Zeit ist man zu dem von den Alten versuchten Mittel zurückgekehrt und empfiehlt die Auswanderungen als den einzigen Weg, die überflüssige Bevölkerung auf eine für beide Teile wohltätige Weise loszuwerden. Wenigstens bekommen unsere ängstlichen Reichen bei dieser Gelegenheit die Armen aus dem Gesichte! Allerdings soll Freiheit der Auswanderung bestehen, weil ohne diese der Staat ein Kerker wäre. Der Entschluß jedoch, die Heimat seiner Väter zu verlassen, die Stätte, auf der man seinen Jugendtraum geträumt und auf der doch jeder wenigstens einige Momente des Glücks genossen, wenigstens etwas gefunden hat, das ihm teuer und wert war, ist ein großer Entschluß, und es steht nicht zu erwarten, daß ihn viele freiwillig ergreifen werden. Auch würde es wenigstens des Staates unwürdig sein, wenn er durch seine Einrichtungen nur darauf hinwirken wollte, einen Teil der Bevölkerung aus dem Lande zu treiben, gleichviel was das Geschick desselben in der

Ferne sein werde. Günstig kann dieses, besondere Glücksfälle ausgenommen, nur sein, wenn der Auswandernde Anlagskapitalien oder Fertigkeiten besitzt, die er in der Heimat nicht, wohl aber im Auslande verwerten kann. Die Inhaber der ersteren sieht niemand gern auswandern. In bezug auf die letzteren dürfte es doch dem Staate obliegen, vorher lieber im Inlande Gelegenheiten zur nützlichen Ausübung derselben zu eröffnen ...

Bei allen den Räsonnements über das Elend der Gegenwart hat man eine Ursache nur wenig hervorgehoben, die die Erscheinung in einem ganz andern Lichte erblicken läßt: daß nämlich nicht nur die Bevölkerung zugenommen hat, sondern auch der größte Teil derselben erst in der neueren Zeit gewissermaßen auf den vollen Standpunkt natürlicher Konsumtion hinaufgerückt ist ...

Aber eben jene künstlichen, neu entstandenen Bedürfnisse, wie soll sie der Arme befriedigen; wie können sie für die immer wachsende Anzahl des Volkes in erforderlicher Masse geschafft werden? Also ihr glaubt, dem Volke die einmal – und nicht zum Schaden der Menschheit – zum Bedürfnis gewordene Befriedigung zu erleichtern, wenn ihr die Kräfte vermindert, die sie schaffen? Wird denn nicht mit der Zunahme der Bevölkerung auch die Produktion, und bei diesen künstlichen Fabrikaten in einem die Progression der Volkszahl unendlich übersteigendem Verhältnisse erweitert? Werden nicht täglich neue Erleichterungen, neue und vollkommnere Hilfsmittel entdeckt und mit reißender Schnelligkeit verbreitet? Hat nicht die Naturkraft, indem sie in künstlichen Maschinen gefesselt ward, ein neues Bündnis mit dem Menschen geschlossen und ihm ihre Dienste in einer Art gelobt, in der sie sie früher ihm nicht zollte? Der Gedanke ist produktiv geworden; er wirkt in den Rädern der Dampfmaschine, und unermeßliche Gütermassen finden in theoretischer Spekulation ihre Quelle. Und klagt man wohl über Mangel und Teurung, klagt man nicht über Überfluß und Wertlosigkeit der Waren? Die Bevölkerung scheint der Produktion nicht gefolgt, die letztere scheint rascher vorgeschritten zu sein als die erstere. Jedenfalls hat auch hier das analoge Gesetz gewaltet: es ist mehr produziert worden, weil mehr gebraucht ward, und weil mehr produziert ward, wurde mehr gebraucht ...

Also schon der jetzige Ertrag des Bodens an Konsumtibilien reicht zur Ernährung der Bevölkerung, wie die geringen Getreidepreise beweisen, mehr als hin; dieser Ertrag ist einer außerordentlichen Vermehrung fähig; die Konsumtion desselben ist verhältnismäßig geringer geworden: die Erzeugnisse des Auslandes werden noch immer der Lohn unseres Fleißes und werden es stets sein; die künstlichen Bedürfnisse finden täglich eine leichtere Befriedigung, und gleichwohl soll Europa seine Kinder nicht ernähren können, weil ihrer zuviel sind. Eine Übervölkerung sollte da oder nahe sein? Eine Übervölkerung, wo Boden und Menschenhand mehr produzieren, als gebraucht wird? Nimmermehr kann man mit solchen Widersprüchen sich vereinigen ...

Es ist oben erwähnt worden, daß der Landbau fast noch in keinem europäischen Staate auf der Höhe steht, zu der sich emporzuschwingen er von der Natur bestimmt ist. Dieselben Verhältnisse aber, die größtenteils die Schuld dieses Übels tragen, bewirken zugleich, daß ein großer Teil der auch jetzt aus dem Landbaue erwachsenden Vorteile nicht der zahlreichen und achtbaren Klasse der eigentlichen Landbauer zugute geht und nicht auf produktive Unternehmungen verwendet wird. Alle die Verhältnisse, welche die Geschlossenheit der Güter bewirken, den Boden dem freien Verkehr entrücken, sowie die Grundlasten, die mit bleiernem Gewichte auf ihm ruhen, alles was in das Verhältnis des Menschen zum Grund und Boden andre Rücksichten bringt als die seiner bestmöglichen Benutzung, alles was diese selbst zurückhält, trägt auch dazu bei, daß weder der Landbau so viele Vorteile bringt als er könnte, noch an seinen Vorteilen so viele Anteil nehmen, als darauf Anspruch zu machen berechtigt sind. Der gefesselte Zustand des Landbaues hat einen großen Teil der Bevölkerung den Gewerben zugedrängt, der in dem Landbau, wenn dieser frei von Lasten und Beschränkungen gewesen wäre, einen sicheren Lebensberuf gefunden haben würde. Nicht in den landbautreibenden Dörfern, sondern in den Fabrikorten, den Städten und deren Umgebungen traten die traurigen Erscheinungen der Nahrungslosigkeit am sichtlichsten hervor ...

5. Ernst Dronke, Moral und Sitten, 1846

Ernst Dronke (1822–1891), frühsozialistischer bürgerlicher Schriftsteller, wurde nach dem Erscheinen seines Buches ›Berlin‹ (Auflage 15000 Stück) wegen Majestätsbeleidigung und »Erregung von Mißvergnügen und Unzufriedenheit« zu zwei Jahren Festung verurteilt. Er sucht die Gründe für den Geltungsverlust der herkömmlichen Sitte zum einen im neuen Individualismus mit seiner Ethik der Überzeugung, zum andern im Spannungsverhältnis zwischen der sozialen Wirklichkeit und einer gesetzlichen Ordnung, welche die Not der Unterschicht nicht zu verhindern vermag.

Quelle: Ernst Dronke, Berlin, Frankfurt a. M. 1846; Nachdruck, hrsg. von Rainer Nitsche. Darmstadt 1974, S. 65 (Auszug).

Die Entsittlichung, d. h. die Auflösung der heutigen Sittenge setze ist, wie wir aus dem Vorangegangenen ersehen, das Hauptmoment der großen Stadt. Die Bande werden gelöst, die Kreise erweitern sich und verschwinden im allgemeinen. Die Grundlage dieser allgemeinen »Demoralisation«, dieser »Entsittlichung« finden wir in der heutigen Moral und Sitte überhaupt.

Was ist Moral und Sitte? Wer bestimmt ihre Begriffe? Wir haben Sittengesetze, aber können sie denn Sitten vorschreiben, oder müßten sie denselben nicht vielmehr folgen? Das Gesetz überhaupt hat nicht die Macht, Begriffe zu schaffen, so diese nicht in der Brust, in dem Bewußtsein des Menschen bereits ausgebildet liegen, d. h. solange sie nicht dem Gesetz bereits vorangegangen sind. Und dann, wenn Sitte und Moral in der Brust des Menschen liegen, wozu Gesetze? Hierin liegt der erste Widerspruch der Sittlichkeits-Gesetze. Die gesetzlich bestimmten Moral- und Sittenbegriffe sind hinter dem gesunden Menschenverstand zurückgeblieben und – das Gesetz steht in keinem Ansehen mehr. Wohin wir sehen, macht sich ihm gegenüber das Bewußtsein geltend, vielleicht langsam, leise, aber doch immer zerstörend. Es ist dies ein Zeichen, daß der freie Menschengeist die Schranken, welche ihm das politische, das religiöse und soziale »System« setzt, immer zu durchbrechen weiß. In anderen Fällen werden die Moral und Gesetze (wir verstehen darunter immer das, was die heutige Gesellschaft durch Gesetze so bestimmt) durch den Drang äußerer Verhältnisse übertreten. Darf nun das wohl als vernünftiges Gesetz erscheinen, was von Menschen in gewissen Lagen nicht beobachtet werden kann? Was nicht allen die gleiche Freiheit zugesteht, ob sie es halten wollen oder nicht, sondern es den einen erlaubt, die anderen zur Nichtachtung zwingt? – Das auflösende Element der heutigen »Moral« ist daher auf der einen Seite die Macht der Überzeugung, auf der anderen der Konflikt der

Verhältnisse mit den »gesetzlichen« Schranken; jenes bei den sogenannten gebildeten Ständen, dieses bei den ärmeren Klassen, welche ihre Überzeugung nicht aus sich heraus, sondern von außen erhalten. Das Ansehen des Gesetzes ist in politischen und religiösen Dingen ebenso wenig unerschütterlich vor der Kritik der höheren Stände, wie das Ansehen der gesellschaftlichen Moralgesetze vor dem äußeren Drang der Ärmeren ...

6. Friedrich List, Arbeit ersparende Maschinen, 1834

Friedrich List (1789–1846) war der wichtigste publizistische Vorkämpfer der deutschen Zolleinigung. In seinen theoretischen Schriften brach er der Einsicht Bahn, daß auch die moderne Volks- und Weltwirtschaft nicht nur vom Markt, sondern auch von außerökonomischen Machtelementen abhängig sei und der politischen Gestaltung nach Wohlfahrtsgesichtspunkten bedürfe. In dem folgenden Ausschnitt aus einem Artikel im ›Staats-Lexikon‹, das er vorübergehend mitherausgab, verteidigt er die Vorteile maschineller Arbeit gegen konservative Industrialismuskritik und rechtfertigt ihre sozialen »Kosten« mit der These vom durchgehenden technisch-zivilisatorischen Fortschritt, der immer auch mehr Arbeitsplätze und soziale Gerechtigkeit schaffe.

Quelle: ›Arbeit ersparende Maschinen‹, Artikel in: Staats-Lexikon oder Encyklopädie der Staatswissenschaften. In Verbindung mit vielen der angesehensten Publicisten Deutschlands herausgegeben von Carl von Rotteck und Karl Welcker. Bd. 1, Altona 1834, S. 653/54 (Auszug).

Die zur Hervorbringung von Urproducten und Fabricaten und zu den Geschäften des Handels erforderliche Kraft wird durch Menschen, durch Maschinen und durch die Natur bewirkt. Das Schiff ist eine durch Menschen geleitete, durch die Kraft des Windes oder der Dämpfe getriebene Maschine. Der Pflug ist eine durch Thierkraft (d. h. durch Naturkraft) bewegte, von dem Menschen geleitete Maschine. Je mehr der Mensch durch Vervollkommnung der Wissenschaften, vermittelst Erfindung oder Verbesserung von Maschinen, die Naturkräfte zu seinen Zwecken benützen lernt, desto mehr wird er produciren, desto geringere Leibesanstrengung wird von seiner Seite erforderlich sein, desto mehr wird die körperliche eine geistige, indem er zuletzt nur noch die Naturkräfte zu dirigiren hat ...

Diejenigen, welche gegen neue Maschinen eifern, bedenken nicht, daß der Pflug, die Mahlmühle, das Rad, die Säge, das Beil, ja sogar der Spaten einst neu erfundene Maschinen gewesen sind, und daß man, wenn man zu allen Zeiten die Erfindung neuer Maschinen als ein Unglück betrachtet hätte, noch heute die Erde mit hölzernen Stöcken bearbeiten, das Korn mit den Händen vermittelst zweier Steine zerreiben, und das Mehl auf dem Rücken von Saumrossen nach der Stadt bringen müßte. Der ganze Unterschied zwischen jenen alten und unsern neuen Maschinen besteht darin, daß jene bereits mit den gesellschaftlichen und industriellen Verhältnissen verwachsen sind, daß dagegen die Einführung dieser im ersten Augenblick und so lange, bis dies geschehen ist, eine Anzahl von Menschen ihrer gewohnten Beschäftigung beraubt und sie nöthigt, zu andern Geschäftszweigen überzugehen, oder ihre bisherige Verfahrensweise mit einer neuen erst einzulernenden zu vertauschen, oder ihren Aufenthaltsort zu verändern, um sich anderwärts Beschäftigung zu verschaffen. Die Klagen dieser Menschen, die, wie nicht zu leugnen, insofern gegründet sind, als dadurch ihr Nahrungsstand vorübergehend gestört oder doch beeinträchtigt wird, veranlassen Kurzsichtige, die Maschinen überhaupt als ein Übel zu betrachten, als ob die Geburt eines Kindes ein Übel wäre, weil sie mit Schmerzen für die Mutter verbunden ist. Sie bedenken nicht, daß die Schmerzen vorübergehen, die Wohltat dagegen bleibt und von Generation zu Generation wächst. Weit entfernt, den arbeitenden Classen die Gelegenheit zur Arbeit zu schmälern, erweitern sie dieselbe auf außerordentliche Weise. Denn indem die Maschinen dazu beitragen, den Kostenpreis der Fabricate und Producte zu vermindern, vermindern sie auch die Marktpreise derselben, wodurch die Consumtion und dadurch die Nachfrage und dadurch die Production in solcher Weise gesteigert wird, daß nun weit mehr als zuvor, ja in einzelnen Fällen zehn Mal mehr Arbeiter durch den nämlichen Industriezweig Beschäftigung finden, ungeachtet jeder einzelne von diesen Arbeitern zehn Mal mehr producirt . . .

7. Karl Theodor Welcker, Vereine, Associationen, Volksversammlungen, 1835

Karl Theodor Welcker (1790–1869) ist eine der Gründergestalten des deutschen Liberalismus. Als Staatswissenschaftler in Freiburg (seit 1822) verkörpert er den Typus des »politischen Professors«. Seine wissenschaftliche Bedeutung blieb hinter seiner Ausstrahlung als historisch-politischer Publizist, Herausgeber des ›Staats-Lexikons‹ und badischer Kammerabgeordneter (1831/32) zurück. Für die politische Theorie des Frühliberalismus hat er zentrale Bedeutung. In dem hier im Auszug abgedruckten Artikel begründet er das freie Assoziationsrecht mit einer Mischung allgemein-anthropologischer, naturrechtlich-grundrechtlicher, historischer und unmittelbar politischer Argumente und entwickelt dabei Ansätze einer modernen Parteitheorie.

Quelle: Karl Theodor Welcker, ›Association, Verein, Gesellschaft, Volksversammlung (Reden ans Volk und collective Petitionen), Associationsrecht‹, Artikel in: Staats-Lexikon oder Encyklopädie der Staatswissenschaften. In Verbindung mit vielen der angesehensten Publicisten Deutschlands herausgegeben von Carl von Rotteck und Karl Welcker. Bd. 2, Altona 1835, S. 21/22, 31–37 (Auszüge).

Zu den Gegenständen, welche in den letzten Jahren in Deutschland große Meinungsverschiedenheiten und lebhafte Erörterungen veranlaßten, gehört besonders auch das Associationsrecht oder die Frage über Erlaubtheit und Heilsamkeit von Vereinen und Volksversammlungen. Kaum bei irgendeinem anderen Gegenstand zeigte sich so sehr der Kampf der Grundsätze der Repräsentativverfassung und des Absolutismus. Selbst aber auch da, wo man glaubte oder behauptete, auf dem konstitutionellen Standpunkte zu stehen, entbrannte doch ein lebhafter, verworrener Streit über diesen Gegenstand. Ursachen dieses Streites waren einerseits rohe und verkehrte Vorstellungen und Anwendungen politischer Freiheitsgrundsätze, andererseits eine deutsche Spießbürgerlichkeit, welche sich durch einzelne Verkehrtheiten bis zur völligen Verblendung und zur Lossagung von aller Freiheit und Gerechtigkeit einschüchtern läßt. Besonders nachteilig wirkte, außer den allerdings bedenklichen Erscheinungen unserer bewegten Zeit, auch der krankhafte Gegensatz mancher Staatsbeamten und ihres Kastengeistes gegen das Volk und seine freie Entwicklung und Bewegung. Diese Ängste und Leidenschaften des Tages vermehrten und befestigten natürlich die schon durch die Neuheit, weniger der Sache selbst als der Erörterung über sie, veranlaßten großen Mißverständnisse . . .

. . . wird man nach dem natürlichen Staatsrecht oder nach der Natur einer freien und rechtlichen Verfassung ebenso wie nach dem gemeinen deutschen Recht an sich alle Associationen für rechtlich erlaubt und straflos erklären müssen, wenn sie nicht für rechtsverletzende Zwecke oder mit besonderen rechtsverletzenden Mitteln ausgeführt wurden. Knüpfen sich, ohne ein wirkliches rechtliches Verschulden bei der Gründung des Vereins oder bei dem Eintritt in denselben rechtsverletzende Folgen daran, so sind diese, nicht aber die Association selbst widerrechtlich. Diese Erlaubtheit und Straflosigkeit ist der unmittelbare Ausfluß nicht bloß der staatsbürgerlichen und politischen, nein schon der allgemeinen rechtlichen und insbesondere der persönlichen Freiheit selbst. Das Wesen dieser Freiheit besteht ja aber darin, daß mein freies Handeln durch keine rechtliche Zwangsgewalt betroffen und aufgehoben werden darf, soweit dasselbe weder die allgemeinen natürlichen Rechtsgrundsätze noch auch besondere rechtsgültige positive Gesetze verletzt... Es ist dieses nämlich der Grundsatz, daß dasjenige, was allen einzelnen Bürgern rechtlich freisteht, wie z. B. das Spazierengehen, das Zeitungslesen, der Ausdruck erlaubter Wünsche und Bitten, die Beförderung guter wohltätiger patriotischer Zwecke, dadurch an sich noch nicht rechtsverletzend und zum Vergehen wird, daß sie dasselbe gemeinschaftlich, daß sie es in der wesentlichsten Grundform menschlicher Bildung und durch Ausübung des ältesten Menschenrechts, nämlich in freier Association tun. Es ist ja geradezu identisch mit der rechtlichen Freiheit und einem Rechtszustand, daß der freie Mann nach seiner eigenen Überzeugung rechtlich tun darf, was nicht rechtsverletzend ist. Es gibt aber kein wichtigeres und heiligeres in dieser rechtlichen Freiheit enthaltenes Recht als gerade die freie Verbindung des Menschen mit seinen Mitmenschen für das, was er für gut und recht und heilsam hält, für religiöse und moralische, für wissenschaftliche und künstlerische, für ökonomische und politische Ausbildung und Wirksamkeit. Es ist ein Recht auf Wahrheit und Bildung, ihre Erwerbung und Mitteilung und ein Recht für Erwerbung und Mitteilung der wichtigsten Mittel und Güter für alle menschlichen Zwecke und Genüsse ...

Auf Begriffsverwechselung und dem Mißverstehen des Wesens des Staates und der freien Verfassung beruhen insbesondere auch die Gründe, nach welchen man wenigstens die politischen oder – während die Briten nur die nicht öffentlichen verwerfen – wenigstens die sogenannten öffentlichen Vereine auf die erwähnte Weise für rechtsverletzend und strafbar erklären will. Schon die Begriffe und Grenzen solcher politischen oder öffentlichen Vereine sind ... so durchaus unbestimmt und schwankend, es gehen vollends in der Wirklichkeit die nicht politischen und nicht öffentlichen in politische und öffentliche über, oder sie fließen mit ihnen so sehr zusammen, daß eine juristische Unterscheidung derselben praktisch gar nicht durchführbar ist. Eine Vereinigung von zwei, von zehn, ja von dreihundert Gästen in einem Gast- oder Landhaus zu einem geselligen Mahl oder Vergnügen hält wohl jeder an sich für unsträflich, auch wenn dabei einzelne Gäste etwa in Trinksprüchen das Wort an die Anwesenden richten. Warum soll denn nun aber diese Vereinigung ... dadurch rechtswidrig und strafbar werden, wenn, statt für bestimmt bezeichnete Personen geschlossen zu sein, jedem anständigen Manne die Teilnahme gestattet ist, wenn der Verein einen allgemeinen vaterländischen Zweck hat ... Werden z. B. Vereine, in einer Gegend die Blumen-, die Bienen- oder die Obstbaum-Zucht, die Musik, die Volksbildung, die Mäßigkeit zu fördern, arme Kinder zu kleiden und ihnen passende Erziehung und Lehre zu verschaffen, die Armut zu unterstützen oder sie zweckmäßig zu beschäftigen oder Vereine zur Förderung des Handels durch Seeassekuranzen oder Vereine zur Verbesserung der Gesetze durch Veranlassung von Preisschriften oder zur Unterstützung einer Abschaffung der Tortur, der Leibeigenschaft, der Negersklaverei, der Zurücksetzung der Juden vermittels einer Berichtigung der öffentlichen Meinung oder vermittels der Sammlung und Beurteilung der Tatsachen, Vereine zur Austeilung von Bibeln oder anderen guten Büchern schon wegen ihres Zwecks fürs Gemeinwohl als öffentliche und politische Vereine strafbar? ...

8. Friedrich Julius Stahl, Das äußere Reich Gottes, 1837

Friedrich Julius Stahl (1802–1861), Sohn eines jüdischen Kaufmanns, als Mitglied der Burschenschaft für zwei Jahre von der Universität relegiert, früh zum Luthertum übergetreten und nach manchen Hindernissen seit 1832 Professor für Staats- und Kirchenrecht in Würzburg und Erlangen, ist der bedeutendste konservative politische Denker in Deutschland im 19. Jahrhundert. Er löste die Lehre des Konservativismus von ihren feudalständischen und privatrechtlichen Relikten, interpretierte den Staat theologisch als das »äußere Reich Gottes« und fundierte damit den Primat des Monarchen als Statthalterschaft Gottes. Gleichwohl erklärte er eine ständische Volksvertretung mit Beratungs- und Kontrollrechten für unerläßlich. Den herrschaftlichen Zug seines Staatsdenkens ergänzte und milderte er mit dem Hinweis auf die Bedeutung freiwillig-subjektiver Staatsbejahung durch das Individuum.

Quelle: Friedrich Julius Stahl, Die Philosophie des Rechts nach geschichtlicher Ansicht. Bd. 2: Christliche Rechts- und Staatslehre. Heidelberg 1837, S. 39–42 (Auszug).

Die Begründung des Staates durch Vertrag bewährt sich in aller Weise als unhaltbar. Sie ist im Widerspruch mit aller Wirklichkeit und Möglichkeit, da niemand um seine Einwilligung gefragt wird oder gefragt werden kann. Sie führt zu der Folgerung, daß auch fortwährend die Existenz des Staates vom Willen der Untertanen, ihrem beliebigen Austritt, abhängen muß und daß der Staat keine andere Gewalt über die Untertanen haben kann, als welche sie vertragsmäßig über sich festsetzen können, also namentlich keine über ihr Leben und ihre Freiheit (als ihre unveräußerlichen Rechte), wonach denn die ganze Strafgewalt, ohne die kein Staat bestehen kann, wegfallen müßte. – Wohl liegt der Vertragstheorie die Wahrheit zugrunde, daß die Menschen mit Willen und Erkenntnis im Staate sein sollen und daß der Staat zugleich die stete Äußerung des Gemeinwillens ist. Allein diese subjektive Seite ist nur die sekundäre: der Wille der einzelnen Menschen eignet sich, zum Bewußtsein gekommen, den Staat an, aber er erzeugt ihn nicht, und der Gemeinwille ist nur das Element und Werkzeug, in welchem der göttliche Impuls zum Staate wirksam ist, dieser Impuls aber ist es und nicht jener Gemeinwille, welcher die Pflicht des Gehorsams begründet.

Die Staatsgewalt ist ihrem Wesen nach in sich einig und unteilbar gleichwie der Wille Gottes oder eines Menschen. Sie kann nicht zerteilt werden in mehrere Gewalten, sie kann nicht zerteilt werden an mehrere Subjekte, sondern muß einem Subjekte zustehen, sei dies nun eine wirkliche Persönlichkeit (ein Monarch) oder eine künstliche (eine Volksversammlung). In dieser Einheit ist sie die Souveränität (Staatshoheit, Machtvollkommenheit). Ihrer Ausübung nach hat sie aber verschiedenartige Verrichtungen und dafür verschiedenartige Organe, mehr oder weniger selbständig gegen den Souverän. Hierauf beruht die Einteilung der Staatsgewalt. Doch sind dies immer nur Verrichtungen einer und derselben Staatsgewalt, die im Souverän ihren Sitz hat, und es ist unangemessen, sie als eigene Gewalten zu behandeln . . .

Die Souveränität ist sonach die erste, ursächliche und oberste Gewalt, die alle Organe und Verrichtungen der Staatsgewalt bedingt und sie alle beherrscht, sei es positiv bestimmt, sei es wenigstens negativ begrenzt. Sie ist gleichsam der oberste Herrscherwille, der im ganzen Bereiche des Staates gegenwärtig und wirksam ist, seine innerste Persönlichkeit. Sie ist keine Verrichtung, sondern sie ist die Gewalt über und in jenen Verrichtungen. Der Souverän allein veranlaßt alle Verrichtungen der Staatsgewalt und ernennt deshalb die Organe, wenigstens die obersten, für dieselben, er allein erteilt ihnen die Geltung und Autorität, er führt die oberste Aufsicht über sie, und er repräsentiert den Staat nach innen und nach außen. Der Souverän ist es aber auch, gemäß der Einheit der Staatsgewalt, welcher diese Verrichtungen dem Inhalte nach bestimmt, dessen Wille über sie entscheidet, soweit ihm nicht vermöge der eigentümlichen Natur derselben besondere Schranken gesetzt sind ...

Der Staat als ein Reich fordert vor allem eine Macht der Herrschaft. Nach einem Gesetze, das der göttlichen Gerechtigkeit, Liebe und Weisheit entstammt, muß aber der Herrschergewalt eine Vertretung an der Seite stehen zugunsten der Beherrschten. Endlich muß eine selbständige Macht innerlicher Einigung den Beherrschten sich mitteilen, damit es ein wahrhaftes und lebendiges Reich sei. Danach bestehen drei Mächte im Staate: die Regierung, die da herrscht und lenkt; die Volksvertretung, die Recht und Interesse der Untertanen bei der Regierung vertritt; die öffentliche Gesinnung, die das Volk mit jenen wie unter sich im gemeinsamen Interesse des Staates verbindet. Die Regierung ist das eigentliche Herrscheramt, sie steht über allen. Die Volksvertretung ist ein Mittleramt, ein Amt des Schutzes und der Fürsprache für das Volk bei der Regierung, sie hat Ansehen und Macht nur von und in der Regierung, aber zu gesichertem Gebrauch auch gegen sie. Die öffentliche Gesinnung ist eine Macht der Einigung und geistigen Gemeinschaft, sie hat keine bestimmte Verrichtung, keine äußere verfassungsmäßige Gewalt, sondern einen inneren unsichtbaren Einfluß. – Diese drei Mächte führen zusammen, jede in ihrer Weise, die Herrschaft. Sie haben zu ihrer Grundlage und zu ihrem gemeinsamen Wesen das Gesetz – als Ethos des Staates.

9. Friedrich Christoph Dahlmann, Der organische Verfassungsstaat, 1815

Friedrich Christoph Dahlmann (1785–1860), Historiker und Staatswissenschaftler und einer der »Göttinger Sieben«, hat das Denken und das Erscheinungsbild der liberal-nationalen Bewegung zwischen 1815 und 1849 wesentlich mitbestimmt. Er repräsentiert das historisch-»organische« Denken, plädiert für eine starke monarchische Gewalt, fordert aber an der Gesetzgebung beteiligte Kammern, die zwar an die altständische Tradition anknüpfen, vor allem aber die reale gesellschaftliche Machtverteilung widerspiegeln sollen. Der vorliegende Text dokumentiert auch die vehemente Ablehnung ahistorisch-egalitären Denkens, das nach Meinung der meisten Liberalen in Frankreich zu Revolution, Terror und napoleonischer Diktatur geführt habe.

Quelle: Friedrich Christoph Dahlmann, Ein Wort über Verfassung. In: Kieler Blätter. Hrsg. von einer Gesellschaft Kieler Professoren. Bd. 1, Kiel 1815, S. 56–60 (Auszug).

Eine heilige Sache ist der Staat. Wohl hat die Schrift recht, wenn sie Könige und Obrigkeiten von Gott eingesetzt nennt, aber sie sind es doch nur insofern, als das Volk es selber ist. Der gute Fürst will von selber nichts als des Volkes Wohl, er sucht auch keine andre Macht, als die zu diesem schönsten aller Zwecke führt, hat auch kein Recht darauf, man müßte denn annehmen, daß die Gottheit zur Übung des Unrechts den Herrschern Rechte verliehen habe. Um dem Volke sein Recht zu tun, muß man notwendig seine Stimme vernehmen, nicht das wüste Geschrei der Menge, die unwissend jedem nächsten Vorteil nachrennt, sondern seine Sprache, worin Vernunft und Eigentümlichkeit sich abbilden. Jede Verfassung, auch die roheste, will Volkssprache; den besseren Teil des Volks zur Sprache bringen, ist die Kunst der Verfassungen. Weil aber das Bessere und Vernunftmäßige nicht aller Orten gleich verteilt ist, so werden verschiedene Mittel in verschiedenen Staaten oft zu gleichen Zwekken führen, wiewohl keineswegs so abweichende, daß nicht gemeinsame Grundlagen des Verfahrens zu erkennen wären. Das neuere Europa hat bei aller Verschiedenheit seiner einzelnen Völkerschaften einen gemeinsamen Grundcharakter, ist also ähnlicher Verfassungen fähig. Auch sind alle diejenigen, welche überhaupt den Wert einer zweckmäßigen Gliederung des Staates anerkennen, darin einig, daß in England die Grundlagen der Verfassung, zu welcher alle neu-europäischen Staaten streben, am reinsten ausgebildet und aufbewahrt sind: zwei Kammern von wesentlich verschiedenem und doch in der Erhaltung des Ganzen wiederum zusammenschlagenden Interesse, die einen durch erblichen Rang, das Altertum des Geschlechts und großen Landbesitz an die Erhaltung des Herkömmlichen und Gültigen gefesselt, die andern durch mannigfaltige Einsichten, Gelehrsamkeit und Geschäftserfahrung geeignet, den Gang der Zeit und die notwendigen Forderungen des Augenblicks klar aufzufassen, an der Spitze ein König, den, heilig und unverletzlich, wie er ist, nie auch ein Schatten nur von Verantwortlichkeit trifft, weil er seine ersten Räte der Verantwortlichkeit und Volksanklage unterstellt; ... Eine bloß beratende Stimme der Vertreter, wie sie mancher neuere Staatskünstler will, hat keine innre Gewährleistung ihrer Dauer und muß mit jedem Jahre unkräftiger werden, weil Recht und Macht ihr nicht zur Seite stehen; die hinzugefügte Initiative ... kann zwar unruhigen Köpfen und Schreiern willkommen sein, die Bessern werden über Vorschlägen, welche zu nichts führen, gar bald ermüden. Die gefährlichste Form aber sind bloße Provinzial- oder Distrikt-Stände, die sich nie in einem gemeinschaftlichen Rate versammeln. Diese Einrichtung zerstört am schrecklichsten den Gemeinsinn, erniedrigt das Staatsinteresse zu einem bloß örtlichen und landschaftlichem, und statt kräftigen Zusammenhaltens kommt es am Ende dahin, daß eine jede Provinzial-Versammlung sich nur beeilt, es der andern, deren Standhaftigkeit sie ja nicht ermessen kann, in der Tugend des blinden Gehorsams zuvorzutun ...

Daß ein wackeres Volk Rechte habe und haben müsse, ist ein alter Glaube, den die Geschichte der ganzen Vorzeit heiligt, den seit einem Jahrhunderte freilich Scharen unlebendiger Theoretiker antasten, der aber gegenwärtig in dem Herzen der Bessern frischer als jemals eingegraben sein muß. Denn auch die ausgelassenste Volksfreiheit hat niemals so großes Elend über Europa gebracht als in den letzten Jahren die Tyrannei eines einzelnen; und nie noch haben die entschlossensten Machthaber, mit unbegrenzter Willkür bekleidet, solch eine wunderbare Rettung der Welt vollbracht als kürzlich die zum Selbstbewußtsein erwachenden Völker, mit freier Liebe an ihren gütigen Herrschern hangend. Nur Wahnsinnige und Rasende müssen gebunden werden; den andern Menschen gebührt ein gewisses Recht, worauf sie fußen und stolz sein können, nach ihrer verschiedenen Art und Bildung ein verschiedenes.

10. Das Offenburger Programm der südwestdeutschen Demokraten vom 12. September 1847

Der folgende Text kann als eines der ersten deutschen »Parteiprogramme« gelten. Er belegt die Umsetzung der Grundrechte in unmittelbare politische Forderungen, die Kritik an Bürokratie und monarchischem

Heer als Stützen des restaurativen Staates und die sozialegalitäre Komponente in der radikal-demokratischen Oppositionsbewegung unmittelbar vor dem Ausbruch der Revolution.

Quelle: Augsburger Allgemeine Zeitung vom 19. September 1847, Sp. 2495.

Art. 1. Wir verlangen, daß sich unsere Staatsregierung lossage von den Karlsbader Beschlüssen vom Jahre 1819, von den Frankfurter Beschlüssen von 1831 und 1832 und von den Wiener Beschlüssen von 1834. Diese Beschlüsse verletzen gleichmäßig unsere unveräußerlichen Menschenrechte, wie die deutsche Bundesakte und unsere Landesverfassung.

Art. 2. Wir verlangen Preßfreiheit: das unveräußerliche Recht des menschlichen Geistes, seine Gedanken unverstümmelt mitzuteilen, darf uns nicht länger vorenthalten werden.

Art. 3. Wir verlangen Gewissens- und Lehrfreiheit. Die Beziehungen des Menschen zu seinem Gott gehören seinem innersten Wesen an, und keine äußere Gewalt darf sich anmaßen, sie nach ihrem Gutdünken zu bestimmen. Jedes Glaubensbekenntnis hat daher Anspruch auf gleiche Berechtigung im Staat. Keine Gewalt dränge sich mehr zwischen Lehrer und Lernende. Den Unterricht scheide keine Konfession.

Art. 4. Wir verlangen Beeidigung des Militärs auf die Verfassung. Der Bürger, welchem der Staat die Waffen in die Hand gibt, bekräftige gleich den übrigen Bürgern durch einen Eid seine Verfassungstreue.

Art. 5. Wir verlangen persönliche Freiheit. Die Polizei höre auf, den Bürger zu bevormunden und zu quälen. Das Vereinsrecht, ein frisches Gemeindeleben, das Recht des Volks, sich zu versammeln und zu reden, das Recht des Einzelnen, sich zu ernähren, sich zu bewegen und auf dem Boden des deutschen Vaterlandes frei zu verkehren, seien hinfür ungestört.

Art. 6. Wir verlangen Vertretung des Volks beim Deutschen Bund. Dem Deutschen werde ein Vaterland und eine Stimme in dessen Angelegenheiten. Gerechtigkeit und Freiheit im Innern, eine feste Stellung dem Ausland gegenüber gebühren uns als Nation.

Art. 7. Wir verlangen eine volkstümliche Wehrverfassung. Der waffengeübte und bewaffnete Bürger kann allein den Staat schützen. Man gebe dem Volk Waffen und nehme von ihm die unerschwingliche Last, welche die stehenden Heere ihm auferlegen.

Art. 8. Wir verlangen eine gerechte Besteuerung. Jeder trage zu den Lasten des Staats nach Kräften bei. An die Stelle der bisherigen Besteuerung trete eine progressive Einkommensteuer.

Art. 9. Wir verlangen, daß die Bildung durch Unterricht allen gleich zugänglich werde. Die Mittel dazu hat die Gesamtheit in gerechter Verteilung aufzubringen.

Art. 10. Wir verlangen Ausgleichung des Mißverhältnisses zwischen Arbeit und Kapital. Die Gesellschaft ist schuldig, die Arbeit zu heben und zu schützen.

Art. 11. Wir verlangen Gesetze, welche freier Bürger würdig sind und deren Anwendung durch Geschworenengerichte. Der Bürger werde von dem Bürger gerichtet. Die Gerechtigkeitspflege sei die Sache des Volks.

Art. 12. Wir verlangen eine volkstümliche Staatsverwaltung. Das frische Leben eines Volks bedarf freier Organe. Nicht aus der Schreibstube lassen sich seine Kräfte regeln und bestimmen. An die Stelle der Vielregierung der Beamten trete die Selbstregierung des Volks.

Art. 13. Wir verlangen Abschaffung aller Vorrechte. Jedem sei die Achtung freier Mitbürger einziger Vorzug und Lohn.

11. Wilhelm Weitling, Die Gütergemeinschaft, 1839

Wilhelm Weitling (1808–1871), Schneidergeselle aus Magdeburg und Autodidakt, formuliert in dem hier auszugsweise abgedruckten Text erstmals die Idee der Gütergemeinschaft. Sein Denken spiegelt die für die Anfänge der deutschen Arbeiterbewegung in der Emigration charakteristische Übergangssituation zwischen traditioneller Handwerkermentalität und utopisch-kommunistischer Gesellschaftstheorie wider. Er arbeitet bewußt mit Anspielungen auf einen urchristlichen Kommunismus, begründet sein Organisationsmodell der Gütergemeinschaft aber ökonomisch-sozial auf der Forderung nach gleichem Recht für alle auf Arbeit und Genuß.

Quelle: Wilhelm Weitling, Die Menschheit, wie sie ist und wie sie sein sollte. O. O. 1839 (Auszug); Textvorlage: Hartwig Brandt (Hrsg.), Restauration und Frühliberalismus 1814–1840. Darmstadt 1979, S. 481f.

Grundsätze
Zweites Kapitel

Wenn ihr Glauben und Vertrauen in eure gerechte Sache habt, so habt ihr sie schon halb gewonnen; denn mit eurem Glauben könnt ihr Berge versetzen. Selig sind, die nicht sehen und doch glauben. Doch nicht der blinde Glaube führt zum Ziel, sondern der aus der Überzeugung entstandene.

Nun gibt es eine auf Christi Lehre und die Natur gegründete Überzeugung, nach welcher ohne die Verwirklichung folgender Grundsätze kein wahres Glück für die Menschheit möglich ist.

1. Das Gesetz der Natur und christlichen Liebe ist die Basis aller für die Gesellschaft zu machenden Gesetze.
2. Allgemeine Vereinigung der ganzen Menschheit in einem großen Familienbunde und Wegräumung aller engherzigen Begriffe von Nationalität und Sektenwesen.
3. Allen gleiche Verteilung der Arbeit und gleichen Genuß der Lebensgüter.
4. Gleiche Erziehung sowie gleiche Rechte und Pflichten beider Geschlechter nach den Naturgesetzen.
5. Abschaffung allen Erbrechtes und Besitztums des einzelnen.
6. Hervorgehung der leitenden Behörden aus den allgemeinen Wahlen. Verantwortlichkeit und Absetzbarkeit derselben.
7. Kein Vorrecht derselben sei bei der gleichen Verteilung der Lebensgüter, und Gleichstellung ihrer Amtspflicht mit der Arbeitszeit der übrigen.
8. Jeder besitzt außerhalb des Rechts anderer die größtmöglichste Freiheit seiner Handlungen und Reden.
9. Allen Freiheit und Mittel der Ausübung und Vervollkommnung ihrer geistigen und physischen Anlagen.
10. Der Verbrecher kann nur an seinem Rechte der Freiheit und Gleichheit gestraft werden; an seinem Leben nie und an seiner Ehre nur durch Ausstoßung und Verbannung aus der Gesellschaft auf Lebenszeit.

Diese Grundsätze lassen sich in wenig Worte zusammenfassen; sie heißen: liebe deinen Nächsten wie dich selbst.

Ohne diese Grundsätze und deren Verwirklichung ist kein wahres Heil für die Menschheit zu erwarten. Die Übel, die seit Jahrtausenden derselben so viel Tränen ausgepreßt haben, werden nicht verschwinden, solange deren Verwirklichung von Anstrengungen der Völker noch nicht gelungen ist.

Die Massen der dürftig von ihrer Hände Arbeit Lebenden sind wohl unseren Fahnen gewiß, schon wegen den materiellen Vorteilen, die wir ihnen bieten können, sowie aus Haß gegen die Reichen und Mächtigen, deren Übermut und Verschwendung ihnen ein Dorn im Auge sind.

Aber es bedarf auch Apostel der neuen Lehre, welche die Massen über den wahren Zustand der Gütergemeinschaft aufklären.

12. Statuten des Bundes der Kommunisten vom 8. Dezember 1847

Gegenüber dem »Handwerksgesellen-Kommunismus« von Weitling stellen die von Karl Marx (1818–1883) verfaßten Statuten des »Bundes der Kommunisten« den Versuch dar, die Ziele der sozial-revolutionären Richtung in der entstehenden Arbeiterbewegung begrifflich präzis zu formulieren und vor allem ein Konzept revolutionärer Machtaneignung zu entwickeln. Sie sehen organisatorisch einen straff zentralistischen Aufbau, aber auch die Wahl der Organe von unten nach oben vor. Sie zeigen, daß Karl Marx jetzt entscheidenden Einfluß im Bund der Kommunisten gewonnen hat und bedeuten einen wesentlichen Schritt auf seinem Weg zu einer planvollen Strategie des Klassenkampfes.

Quelle: Der Bund der Kommunisten. Dokumente und Materialien. Bd. 1: 1836–1849. Berlin (Ost) 1970, S. 626 (Auszug).

Proletarier aller Länder,
vereinigt Euch

Abschnitt I
Der Bund

Art. 1. Der Zweck des Bundes ist der Sturz der Bourgeoisie, die Herrschaft des Proletariats, die Aufhebung der alten, auf Klassengegensätzen beruhenden bürgerlichen Gesellschaft und die Gründung einer neuen Gesellschaft ohne Klassen und ohne Privateigentum.

Art. 2. Die Bedingungen der Mitgliedschaft sind:

A) diesem Zweck entsprechende Lebensweise und Wirksamkeit;
B) revolutionäre Energie und Eifer der Propaganda;
C) Bekennung des Kommunismus;
D) Enthaltung der Teilnahme an jeder antikommunistischen

politischen oder nationalen Gesellschaft und Anzeige der Teilnahme an irgendwelcher Gesellschaft bei der vorgesetzten Behörde;

E) Unterwerfung unter die Beschlüsse des Bundes;

F) Verschwiegenheit über das Bestehen aller Angelegenheiten des Bundes;

G) einstimmige Aufnahme in eine Gemeinde.

Wer diesen Bedingungen nicht mehr entspricht, wird ausgeschlossen ...

Art. 3. Alle Mitglieder sind gleich und Brüder und als solche sich Hülfe in jeder Lage schuldig.

Art. 4. Die Mitglieder führen Bundesnamen.

Art. 5. Der Bund ist organisiert in Gemeinden, Kreisen, leitenden Kreisen, Zentralbehörde und Kongresse.

Abschnitt II
Die Gemeinde

Art. 6. Die Gemeinde besteht aus wenigstens drei und höchstens zwanzig Mitgliedern.

Art. 7. Jede Gemeinde wählt einen Vorstand und einen Beistand. Der Vorstand leitet die Sitzung, der Beistand führt die Kasse und vertritt den Vorstand im Falle der Abwesenheit.

Art. 8. Die Aufnahme neuer Mitglieder geschieht durch den Gemeindevorstand und das vorschlagende Mitglied unter vorheriger Zustimmung der Gemeinde.

Art. 9. Gemeinden verschiedener Art sind sich gegenseitig unbekannt und führen keine Korrespondenz miteinander.

13. Programm einer katholischen politischen Zeitung am Rhein, 1844

Mit dem folgenden Aufruf unternahm eine Gruppe führender katholischer Persönlichkeiten Kölns den Versuch, eine katholische Tageszeitung ins Leben zu rufen. Damit sollte der liberalen und protestantischen Publizistik ein Organ gegenübergestellt werden, das in der Öffentlichkeit die Ziele des entstehenden politischen Katholizismus vertreten konnte. Inhaltlich zeigt es eine doppelte Frontstellung: einerseits gegen konfessionelle Indifferenz bzw. die antikatholische Tendenz des preußischen Staates, die in den »Kölner Wirren« ihren Höhepunkt erreicht hatte, andererseits gegen die Ideen von Demokratie und Liberalismus. Deren Forderung nach mehr bürgerlicher Freiheit wird allerdings im Sinne einer Verteidigung der Rechte der katholischen Kirche aufgenommen.

Text: Wilhelm Mommsen (Hrsg.), Deutsche Parteiprogramme. München 1960, S. 189f. (Auszug).

Kaum hat sich zu irgendeiner anderen Zeit das Bedürfnis nach einer freien öffentlichen Besprechung der Angelegenheiten der verschiedenen Staaten so lebhaft und so allgemein ausgesprochen als eben jetzt. Daher ist der Schwarm der Blätter, welche sich als Organ der öffentlichen Meinung hinstellen wollen, zahllos; dagegen ihr innerer Gehalt verschieden. Viele derselben glauben ihre Aufgabe erfüllt zu haben, wenn sie ohne entschiedenen Charakter, in einem ängstlichen Schaukelsystem sich wiegend, abwechselnd den verschiedensten Ideen huldigen, und nach der Gunst des Augenblickes haschend, durchaus unvereinbare Gegensätze vertreten. Andere Blätter dagegen verfolgen mit strenger Konsequenz eine falsche philosophische Richtung, unermüdlich alles, was bis dahin für heilig und ehrwürdig in Staat und Kirche gegolten, anzufeinden, indem sie auf eine allgemeine Verwirrung aller Begriffe über Recht und Ordnung hinwirken. Und doch ist die Belebung des religiösen und Rechtsgefühls die wichtigste und höchste Aufgabe in der Entwicklung des Volkslebens, welche jeder, dem das wahre Heil des Vaterlandes am Herzen liegt, immer vor Augen haben sollte. Entschiedener Ernst und Festigkeit des Charakters und der Gesinnung ist durchaus nötig, wo Halbheit und Gleichgültigkeit bereits so viel Unheil angestiftet haben, und sind das erste, welches von einem, der öffentlichen Belehrung bestimmten Blatte gefordert werden muß.

Protestanten und Juden haben ihre besonderen Zeitungen, welche mit rastlosem Eifer die Interessen ihrer Konfessionen vertreten; die Katholiken allein besitzen keine politische Zeitung, kein Blatt, welches die Tagesereignisse von ihrem Standpunkt aus bespricht und beurteilt. Und doch ist Deutschlands größere Hälfte katholisch und bloß durch äußere Verhältnisse von einer würdigen Vertretung ausgeschlossen geblieben, obgleich es sich wahrlich nicht behaupten läßt, daß sie einer solchen noch niemals bedurft hätte. Während die Anfeindungen alles desjenigen, welches den Katholiken heilig und teuer ist, auch in einzelnen Zeitungen, Zeitschriften, Romanen und so weiter sich täglich häuften, geschah nur sehr wenig zur Widerlegung unbegründeter Anschuldigungen und selbst boshafter

Verleumdungen, zur Belehrung und Aufklärung der lesenden Mengen ...

Die katholische Kirche ist wesentlich erhaltend. Selbst auf heiligen historischen Überlieferungen beruhend, ehrt sie alle wohlbegründeten Rechte und lehrt Treue und standhafte Ergebenheit. Alle Zerstörungen und gewaltsamen Umwälzungen sind ihr ein Greuel, und diese haben sich daher immer zuerst gegen die Kirche verschworen und gegen sie gewütet, daß sie längst untergegangen wäre, wenn sie nicht gebaut wäre auf Gott und ihre Grundlagen hätte von Gott. Wenn aber die Kirche auch allen Aufruhr und alle Unordnung verdammt, verteidigt sie doch niemals das Unrecht, welches Willkür und rücksichtslose Gewalt des einzelnen begeht. Sie verdammt die Tyrannei und die Übergriffe des Absolutismus ...

Daher wird ein Blatt, welches von wahrhaft katholischem Geiste erfüllt ist, nie der Willkür und dem Absolutismus das Wort reden und ebenso allen Umtrieben der Revolution und des Ultraliberalismus entgegenarbeiten. Wohlerworbene Rechte werden ihm heilig sein. Wahrheit und Gerechtigkeit gegen jeden ihm ewige Regel bleiben. Es wird unermüdlich zu gesetzlichem Fortschritt, zu wahrer Aufklärung, zu freier geistiger Entwicklung des Volkslebens hinstreben.

Zur Forschungslage

Der vorliegende Band ist gegenüber der ersten Auflage in der Darstellung unverändert, der Forschungsbericht wurde sowohl bei den Quellen als auch bei der Literatur grundlegend überarbeitet bzw. ergänzt. Folgende wesentliche Forschungstrends zeichneten sich in den vergangenen zwölf Jahren ab. Das Interesse an historischen Persönlichkeiten hat sich wieder belebt, wovon für unseren Zeitraum aber sonderbar selektiv neben Ludwig I. von Bayern vor allem Friedrich Wilhelm IV. von Preußen profitierte. Die Aufwertung der außerpreußischen Staatenwelt hielt an und schlug sich in zahlreichen Untersuchungen sowohl zur Verwaltung wie zum frühparlamentarischen Leben dieser Staaten nieder. Die demographische Forschung konzentrierte sich in bemerkenswertem Umfang auf die Auswanderung.

Als neuer Schwerpunkt des historischen Interesses hat sich die Bürgertumsforschung etabliert, mit durchaus unterschiedlichen erkenntnisleitenden Interessen und primären Fragestellungen. Dabei rückten vor allem Lebenswelt und Selbstverwaltung der Stadt in den Vordergrund. Stärker als zuvor wird jetzt die Kontinuität der gesellschaftlichen wie der politischen Einheit »Stadt« zum alteuropäischen Stadtrepublikanismus betont. In zahlreichen Fallstudien breit ausgearbeitet wurden die Medien der Kohäsion in den städtischen bürgerlichen Gesellschaften (v.a. das Vereinswesen), die ökonomischen und sozialen Transformationen im Übergang zur industriellen Gesellschaft und die im ganzen doch wohl stärker als bisher angenommen ausgeprägte Innovationsbereitschaft der Bürger, auch ihre – wenngleich gemäßigte – Bürokratie- und Staatskritik.

Die vom Arbeitskreis für moderne Sozialgeschichte initiierten Studien zum Bildungsbürgertum und seiner Rolle als funktionaler Elite sowie die stärker sozial- und wirtschaftsgeschichtlich angelegten Untersuchungen zu den »professions« (Ärzte, Rechtsanwälte u.ä.) legen meist mehr Gewicht auf die zweite Jahrhunderthälfte, unterstreichen aber auch für den Vormärz die zentrale Rolle kultureller Konstitutionskriterien von Bürgerlichkeit in bestimmten Wertorientierungen und Verhaltensnormen; hierin spiegelt sich im übrigen auch die verbreitete Tendenz zu einer kulturgeschichtlichen Erweiterung der Sozialgeschichte wider.

Zur Erforschung der stadtbürgerlichen Lebenswelt verhält sich komplementär die Untersuchung der städtischen Unterschichten bzw. des Umgangs mit dem Problem der Armut. Hinzu kommen – allgemeiner und nicht nur auf die Armen bezogen – die Entdeckung der Krankheit als politische Aufgabe und die Anfänge der modernen Medikalisierung. Die intensivierte Frauenforschung kommt auch – wenn auch nicht vorrangig – unserer Kenntnis des Vormärz zugute.

Erheblich zugenommen hat das Interesse an bildungs- und wissenschaftsgeschichtlichen Fragen. Daher ist zuletzt eine Reihe wichtiger Studien zur Schulgeschichte in einzelnen deutschen Staaten sowie zur Geschichte von Studium und Universität erschienen.

Was die Geschichte der politischen Strömungen bzw. der entstehenden politischen Parteien angeht, so werden die Defizite bei der Erforschung des Konservativismus und des politischen Katholizismus langsam ausgeglichen, beim Liberalismus trat seine Verankerung im kommunalen Milieu in den Vordergrund. Schließlich kommen der Kenntnis der Jahre zwischen 1815 und 1848 auch die neue Konjunktur der Nationalismusforschung und das verstärkte Interesse an der Geschichte von Judentum und Antisemitismus (bzw. Antijudaismus) zugute.

Quellenlage

Dem Historiker steht für das frühe 19. Jahrhundert eine Fülle von Quellen der verschiedensten Provenienz zur Verfügung. Die Gründe dafür sind mannigfaltig und verweisen ihrerseits auf grundlegende Entwicklungsprozesse der Epoche. Trotz der Überwindung des absolutistischen Omnipotenzanspruchs setzte sich der neuzeitliche Staatsbildungsprozeß intensiviert fort. In dem modernen Staatswesen, das sich jetzt endgültig ausformte, trat jeder einzelne als »Bürger« unmittelbar und ohne Brechung durch »intermediäre Gewalten« wie Stand oder Korporation dem Staat gegenüber; dabei dehnte sich die Verwaltungstätigkeit noch einmal aus und durchdrang mit ihren rechtlichen Normen immer mehr Bereiche – etwa über den Ausbau des Schul- und Bildungswesens, der allgemeinen Wehrpflicht, der allgemeinen Steuerpflicht. Auf der anderen Seite schuf die historisch singuläre Politisierung der Gesellschaft seit der Ära der Französischen Revolution neues, breitgestreutes und in sich höchst vielgestaltiges Quellengut. Immer mehr »Privatleute« nahmen in ihrer Eigenschaft als Staatsbürger zu gesellschaftlichen und politischen Fragen Stellung, sei es im Rahmen der neuen Repräsentationen, sei es in den charakteristischen Äußerungsformen der bürgerlichen, sich politisierenden »Öffentlichkeit«, in der Publizistik, in Vereinen oder vereinzelt auch schon in Verbänden. Dieser vermehrte Quellenanfall aus der Gesellschaft selbst heraus setzte seinerseits die für das frühe 19. Jahrhundert höchst charakteristische allgemeine Ausweitung der Artikulationsfähigkeit und Äußerungsbereitschaft voraus – ermöglicht durch die Alphabetisierung, die Verbreitung von Bildung in der Mittel- und Unterschicht, die Ausdehnung und zugleich Verdichtung der Kommunikation in der entstehenden bürgerlichen Gesellschaft und durch den Übergang vom Absolutismus zum bürgerlich geprägten Rechts-, Verfassungs- und Kulturstaat. Die Bevölkerungsbewegung, Krisenphänomene wie der Pauperismus, der Beginn der Industrialisierung, die Umformung der gesellschaftlichen Schichtung und die dadurch ausgelösten gesellschaftlichen Konflikte sowohl zwischen den einzelnen gesellschaftlichen Gruppen wie auch – zunehmend – zwischen der Gesellschaft als ganzer und dem Staat provozierten eine unüberschaubare Fülle von Stellungnahmen seitens der Bürokratie wie der Öffentlichkeit. Im folgenden können nur die wichtigsten Quellengattungen genannt und in signifikanten Beispielen belegt, bzw. einige Probleme bei der Auswertung bestimmter Quellen angedeutet werden[1].

[1] Einen instruktiven, gut benützbaren und kommentierten Überblick über die edierten und daher allgemein zugänglichen Quellen bietet Wolfram Siemann, Restauration, Liberalismus und nationale Bewegung (1815–1870). Akten, Urkunden und persönliche Quellen. Darmstadt 1982, ohne die für unseren Zeitraum unverzichtbaren publizistischen Quellen; auf Spezialbibliographien dazu wird allerdings verschiedent-

Grundlegend für unseren Zeitraum sind natürlich die Verfassungen, die den Rahmen für alles politische Handeln absteckten[2], und die Gesetzessammlungen, die den Rechtsbestand und die Verwaltungsanordnungen der Einzelstaaten dokumentieren[3]. Als neue Quellengattung erweisen sich die »Verhandlungen« bzw. »Protokolle« der Landtagsverhandlungen in den Verfassungsstaaten als höchst ergiebig. Sie enthalten in den Budgetdebatten die wesentlichen Informationen über den Staatshaushalt, belegen die parlamentarische Auseinandersetzung zwischen Regierung und »Bewegungspartei« und bieten darüber hinaus in den Beilagen Verordnungen, Gesetzentwürfe, Erhebungen zur wirtschaftlichen Lage, zum Steueraufkommen, zur Preisentwicklung etc[4]. Die Motive, Methoden und Ziele der Träger des staatlichen Handelns, der Monarchen, Minister und Räte sind durch eine Fülle persönlicher Quellen erschlossen, die in einer Reihe umfangreicher Editionen gesammelt wurden. Ausgaben der Briefe etwa von Carl August von Sachsen-Weimar und Ludwig I. von Bayern – typischen, zugleich aber über den Durchschnitt hinausragenden Repräsentanten des klein- und mittelstaatlichen Landesfürstentums – dokumentieren deren persönlichen Anteil an der staatlichen Verfassungs-, Zoll- und Wirtschaftspolitik, oder auch ihr »persönliches Regiment« in der Kulturpolitik und ihr Mäzenatentum[5]. Über die Parteiungen, die Rivalitäten und die Meinungsbildung in der Hofgesellschaft berichten persönliche Aufzeichnungen, so etwa die Tagebücher des Diplomaten, Hofmannes und Schriftstellers Karl August Varnhagen von Ense, mit einer Fülle von Informationen auch über politische Vorgänge außerhalb des Hofs, gelegentlich selbst, wie bei Varnhagen, mit kritischer Grundtendenz, freilich aber auch aus einer vielfach sehr beschränkten persönlichen Perspektive geschrieben[6]. Memoiren und Briefe

lich verwiesen; vgl. bes.: Gert Hagelweide, Deutsche Zeitungsbestände in Bibliotheken und Archiven (1770–1969). Düsseldorf 1974.

[2] Vgl. die umfassende zeitgenössische Sammlung: Die europäischen Verfassungen seit dem Jahre 1789 bis auf die neueste Zeit. 3 Bde. Mit geschichtlichen Erläuterungen u. Einleitungen (hrsg.) v. Karl Heinrich Ludwig Pölitz; Bd. 4 hrsg. v. Friedrich Bühlau. Bd. 1, 1–2, Leipzig 2. Aufl., 1832, Bd. 4, 1 Leipzig 1847.

[3] Z. B. Gesetz-Sammlung für die Kgl. Preußischen Staaten. Berlin 1815–1848; für den »normalen« Bedarf als Standardwerk, das die wesentlichen Verfassungs- und Gesetzestexte, aber auch die Manifeste der politischen Bewegung im Vormärz enthält: Ernst Rudolf Huber (Hrsg.), Dokumente zur deutschen Verfassungsgeschichte. Bd. 1, 3. Aufl., Stuttgart 1978.

[4] Vgl. z. B.: Verhandlungen der Ständeversammlung des Königreichs Bayern. München 1819–1848 (Reichsräthe und 2. Kammer); Hellmut Seier (Hrsg.), Akten und Briefe aus den Anfängen der kurhessischen Verfassungszeit 1830–1837. Bearb. v. dems. u. Ewald Grothe, Marburg 1992.

[5] Vgl. z. B. Politischer Briefwechsel des Herzogs und Großherzogs Carl August von Weimar. Hrsg. v. Willy Andreas, bearb. v. Hans Tümmler. 3 Bde, Stuttgart bzw. Göttingen 1954–1973; Briefwechsel zwischen Ludwig I. von Bayern und Georg von Dillis 1807–1841. Hrsg. u. bearb. von Richard Messerer. München 1966.

[6] Karl August Varnhagen von Ense, Tagebücher. Aus dem Nachlaß Varnhagen's von Ense. Hrsg. von Ludmilla Assing. 14 Bde, Leipzig, Zürich, Hamburg 1861–1870; Register (Bd. 15), Hamburg 1905.

gewähren auch Einblick in die persönlichen politischen Überzeugungen führender Minister, wobei es natürlich geboten ist, die subjektive Perspektive oder – im Falle der Memoiren – das Rechtfertigungs- und Stilisierungsbedürfnis, das in dieser Quellengattung gepflegt wird, durch das Studium von Akten und Urkunden zu kontrollieren[7]. Die Problematik solcher Quelleneditionen, vor allem wenn sie älteren Datums und noch von Familienmitgliedern veranlaßt oder herausgegeben sind, zeigt sich besonders an Metternichs ›Nachgelassenen Papieren‹. Sie enthalten zwar neben seinen autobiographischen Aufzeichnungen wesentliches Geschäftsgut, Denkschriften, Vorträge, Korrespondenzen u. a., sind jedoch von ihm selbst noch ausgewählt und zum Teil auch von den Herausgebern gekürzt und geglättet worden[8].

Die auswärtige Politik bzw. die Bundes- und Zollpolitik der deutschen Staaten ist mit dem meist in den staatlichen Zentralarchiven konzentrierten Quellengut der Zentralbehörden allgemein breit belegt. Die Staaten selbst veranlaßten vielfach noch im 19. Jahrhundert umfängliche Aktensammlungen, die unter Einsatz der herkömmlichen quellenkritischen Methoden ausgewertet werden können. Demgegenüber steht die Wirtschafts- und Sozialgeschichte zu unserem Zeitraum vor einer Reihe von Quellenproblemen. Will sie wirtschaftliche Wachstumsprozesse oder Krisenphänomene, Veränderungen der Produktionsformen und der Gewichtsverteilung zwischen den einzelnen Wirtschaftssektoren, die Lebensverhältnisse und die Lebenseinstellung einzelner gesellschaftlicher Gruppen, der Bauern, der Handwerker, des Bildungs- und Besitzbürgertums, des Adels oder der sozialen Unterschichten und ihrer einzelnen Gruppen, der Handwerksgesellen und Fabrikarbeiter, der Tagelöhner, des Gesindes und der Heimarbeiter erschließen, so muß sie neben dem natürlich auch hier unerläßlichen Aktenmaterial der Zentralbehörden das der mittleren und unteren, vor allem auch der kommunalen Verwaltungen heranziehen, daneben aber auch Lebenszeugnisse dieser Gruppen ausfindig machen, was bei den Unterschichten naturgemäß schwierig ist, und schließlich vor allem statistisches Material heranziehen. Gerade diese Quellen werfen jedoch für das frühe 19. Jahrhundert komplexe Probleme auf. Zwar stellen seit dem späten 18. Jahrhundert »Statistisch-topographische Handbücher« von Privatleuten und Beamten bereits umfängliches Datenmaterial

[7] Vgl. etwa den höchst umfangreichen, kontinuierlichen Briefwechsel des liberalen Osnabrücker Oberbürgermeisters und späteren Innenministers Bertram Stüve mit dem bedeutenden Jenaer Buchhändler Friedrich Frommann: Briefe Johann Carl Bertram Stüves. Eingel. und ausgew. v. Walter Vogel. Bd. 1: 1817–1850. Göttingen 1959. Zur Objektivierung und Dokumentierung sind dieser Quellengattung gelegentlich auch Aktenstücke beigegeben: vgl. z. B. Aus den Papieren des k. b. Staatsministers Maximilian Freiherr von Lerchenfeld. Hrsg. v. Max Freiherrn von Lerchenfeld. Nördlingen 1887.

[8] Aus Metternichs nachgelassenen Papieren. Hrsg. v. dem Sohne des Staatskanzlers Fürst Richard Metternich-Winneburg. Geordnet u. zusammengest. v. Alfons von Klinkowström. 8 Bde, Wien 1880–1884.

zusammen, doch sind sie noch wenig zuverlässig, weil die Verfasser nicht immer Zugang zu den Originaltabellen der Verwaltung hatten und weil die statistischen Methoden erst am Anfang ihrer Entwicklung standen[9]. Die Staatsverwaltungen selbst begannen ebenfalls seit dem späten 18. Jahrhundert vermehrt Zahlenmaterial zur Bevölkerungsentwicklung und zur Wirtschaftslage ihrer Landesteile zusammenzustellen – seit 1805 systematisiert durch die Gründung »Statistischer Büros« (Preußen 1805, Bayern 1808, Württemberg 1820, Österreich 1829). Nach wie vor bleiben aber die Aufstellungen einzelner Verfasser, etwa des Direktors des Preußischen Statistischen Büros, Carl Friedrich Wilhelm Dieterici (1840–1860), eine unverzichtbare Quellengrundlage[10]. Alle statistischen Quellen aus unserem Zeitraum – amtliche, »halbamtliche« (wie Dieterici) oder private – sind mit Vorsicht zu benutzen. Die Erhebungskriterien und Tabellenmuster differierten häufig auf den verschiedenen Ebenen der Verwaltung, demographische Angaben konnten aus politischen Motiven »frisiert« sein, terminologische Vorgaben, wie etwa der Begriff »Fabrik«, konnten unterschiedlich interpretiert werden. Angesichts dieser Schwierigkeiten sind mehrfach Zweifel geäußert worden, ob sich etwa der Lebensstandard der nicht armenunterstützten Unter- und unteren Mittelschicht überhaupt zuverlässig quantifizierend ermitteln läßt. Denn zu den Mängeln der Statistik kommen Unsicherheitsfaktoren, die auch durch an sich möglicherweise richtige Lohn- und Preisreihen nicht auszuschalten sind: so etwa die Höhe des Nebenerwerbs in Proletarierhaushalten oder das – aus der aktuellen Situation heraus bedingte – Überwiegen von Elendsschilderungen bei den deskriptiven Quellen. Diese Lückenhaftigkeit des Materials, methodologische Schwierigkeiten, vor allem aber auch der Vorrang der politischen Historie bis in die 1960er Jahre haben dazu geführt, daß es an Editionen statistischen Materials für unseren Zeitraum noch weitgehend mangelt[11]. Deswegen bemüht sich die Sozialhistorie, neue Quellen

[9] Als typisches Beispiel vgl. Leopold Krug, Betrachtungen über den National-Reichthum des preußischen Staates und über den Wohlstand seiner Bewohner. 2 Teile, Berlin 1805.

[10] Carl Friedrich Wilhelm Dieterici, Der Volkswohlstand im preußischen Staate. In Vergleichung aus den Jahren vor 1806 und von 1828 bis 1832, so wie aus der neuesten Zeit, nach statistischen Ermittlungen und aus dem Gange der Gesetzgebung aus amtlichen Quellen dargestellt. Berlin u. a. 1846.

[11] Grundlegend: Wolfgang Köllmann (Hrsg.), Quellen zur Bevölkerungs-, Sozial- und Wirtschaftsstatistik Deutschlands 1815–1875. Bearb. v. Antje Kraus. Bde. 1–5, Boppard 1980–1995; Datenhandbuch zur deutschen Bildungsgeschichte, Bd. 1/1: Hartmut Titze unter Mitarb. v. Hans-Georg Herrlitz, Volker Müller-Benedict, Axel Nath, Das Hochschulstudium in Preußen und Deutschland 1820–1944. Göttingen 1987, Bd. 1/2: dies., Wachstum und Differenzierung der deutschen Universitäten 1830–1945. Göttingen 1995, Bd. 2: Sozialgeschichte und Statistik des Schulsystems in den Staaten des Deutschen Reiches 1800–1945. Göttingen 1987; sowie zur Bevölkerungs-, Wirtschafts- und Sozialgeschichte: Wolfram Fischer, Jochen Krengel u. Jutta Wietog, Sozialgeschichtliches Arbeitsbuch I. Materialien zur Statistik des Deutschen Bundes 1815–1879. München 1982; Wolfram Fischer u. Andreas Kunz (Hrsg.), Grund-

zu erschließen, so etwa in Württemberg die anläßlich von Eheschließungen angelegten Notariatsakten, die eine Fülle von individuellen biographischen Daten mit Aussagen zur Vermögenslage verbinden und – mit Hilfe elektronischer Datenverarbeitung – die Rekonstruktion der Vermögenslage einzelner Bevölkerungsgruppen erlauben[12]. Aber auch die zahlreich vorhandenen deskriptiven Quellen, die im Zuge der publizistischen Auseinandersetzung etwa um den Pauperismus entstanden, werden erst seit etwa 20 Jahren systematisch ausgewertet und ediert[13]. Insgesamt ist die Aufbereitung der Sozialgeschichte in großen Quelleneditionen aus den genannten Gründen zwar noch unbefriedigend, doch liegen für einzelne soziale Gruppen inzwischen Dokumentationen vor, die entweder für begrenzte regionale Einheiten ein sehr detailliertes Bild geben oder, wenn sie allgemeiner angelegt sind, doch einen Überblick ermöglichen[14].

Die Geschichte der politischen Strömungen in Deutschland ist – abgesehen von den Landtagsverhandlungen – für unseren Zeitraum vor allem auf der Grundlage zweier Quellengattungen zu erschließen: 1. Die Unterlagen und Berichte bei den beaufsichtigenden und kontrollierenden Staatsbehörden. Hier liegt etwa zum Vereinswesen in den Archiven vielfältiges Material; die politischen Geheimberichte der Agenten des Mainzer Informationsbüros wurden zumindest teilweise ediert[15]; 2. Sehr viel wichtiger und zahlreicher sind die persönlichen Zeugnisse der Träger der politischen Bewegung. Sie weisen eine große Bandbreite auf, von den relativ intimen

lagen der historischen Statistik von Deutschland. Quellen, Methoden, Forschungsziele. Opladen 1991.

[12] Vgl. Peter Borscheid, Textilarbeiterschaft in der Industrialisierung. Soziale Lage und Mobilität in Württemberg (19. Jahrhundert). Stuttgart 1978.

[13] Vgl. Die Eigentumslosen. Der deutsche Pauperismus und die Emanzipationskrise in Darstellungen und Deutungen der zeitgenössischen Literatur. Bearb. u. hrsg. v. Carl Jantke u. Dietrich Hilger. Freiburg i. Br./München 1965.

[14] Wolfgang von Hippel, Die Bauernbefreiung im Königreich Württemberg. Bd. 2: Quellen (1782–1877). Boppard 1977; Wolfram Fischer, Quellen zur Geschichte des deutschen Handwerks. Selbstzeugnisse seit der Reformationszeit (1494–1896). Göttingen 1957; Jüdisches Leben in Deutschland. Selbstzeugnisse zur Sozialgeschichte. Hrsg. u. eingel. v. Monika Richarz. Bd. 1: 1780–1871, Stuttgart 1976; problematisch, da in der kritischen Aufbereitung und Einordnung der Quellen oft unzulänglich: Jürgen Kuczynski, Die Geschichte der Lage der Arbeiter unter dem Kapitalismus. 38 Bde, Berlin (Ost) 1960–1972; Friedrich Kleinemann (Hrsg.), Westfalen im Zeitalter der Restauration und der Julirevolution 1815–1833. Quellen zur Entwicklung der Wirtschaft, zur materiellen Lage der Bevölkerung und zum Erscheinungsbild der Volksstimmung. Münster 1987; Hans-Jürgen Apel u. Michael Klöcker (Hrsg.), Schulwirklichkeit in Rheinpreußen. Analysen und neue Dokumente zur Modernisierung des Bildungswesens in der ersten Hälfte des 19. Jahrhunderts. Köln u. a. 1986.

[15] Vgl. u. a. Karl Glossy (Hrsg.), Literarische Geheimberichte aus dem Vormärz. 3 Bde, Wien 1912; Werner Kowalski (Hrsg.), Die Hauptberichte der Bundeszentralbehörde in Frankfurt am Main von 1838 bis 1842 über die deutsche revolutionäre Bewegung. Neudruck Vaduz 1978.

Briefen[16] über Reden, politische Programmschriften und Statutenentwürfe für politische Vereinigungen bis hin zu den verschiedenen Varianten der politischen Publizistik[17]. Daneben sind für alle politischen Strömungen die großen Werke staats- oder geschichtswissenschaftlichen Inhalts bedeutsam, weil sie die für die Parteibildung konstitutiven Staats- und Gesellschaftstheorien entwickeln, erhoffte und erwartete Entwicklungsperspektiven aufzeigen und häufig direkt oder indirekt politisch Stellung beziehen[18]. Zur Geschichte der politischen Ideen liegen auch gut kommentierte Quellensammlungen vor[19]. Neuerdings gibt es einen für Schulunterricht und Studium konzipierten Band mit einer Auswahl der wichtigsten Quellen zur deutschen Geschichte 1815–1871[20].

Insgesamt ist darauf hinzuweisen, daß neben und mit der Geschichtsschreibung selbst auch der Quellenbestand, die Quellenauswahl, die Gewichtung der Quellen ihre eigene, inner- wie außerwissenschaftlich bedingte Geschichte hat. Auch für ein – in der Perspektive dieser Reihe – weit zurückliegendes Gebiet liest die Wissenschaft mit den jeweiligen Änderungen der Fragen Quellen, die möglicherweise früher in anderen Forschungskontexten benutzt wurden (etwa der Landes-, der Kultur- oder der Kirchenhistorie) im Rahmen veränderter Forschungsansätze (wie etwa der historischen Sozialisationsforschung oder der historischen Anthropologie) neu, oder sie erschließt aus der Fülle der schriftlichen Überlieferung überhaupt bisher unbeachtete oder – mangels geeigneter Methoden – ungenutzte Quellenbestände.

16 Vgl. z.B. Johann Jacoby, Briefwechsel. Hrsg. u. eingel. v. Edmund Silberner. Bd. 1: 1816–1849. Hannover 1974.

17 Vgl. z.B. Carl von Rotteck's gesammelte und nachgelassene Schriften mit Biographie und Briefwechsel. Geordnet u. hrsg. v. seinem Sohne Hermann von Rotteck. 5 Bde, Pforzheim 1841–1843; Karl Marx/Friedrich Engels, Historisch-kritische Gesamtausgabe (MEGA). Im Auftrag des Marx-Engels-Instituts hrsg. v. D. B. Rjasanow u. V.V. Adoratskij. 12 Bde (unvollst.). Frankfurt a.M., Berlin, Moskau 1927–1935; Joseph Görres, Gesammelte Schriften. Im Auftrage der Görres-Gesellschaft hrsg. v. Wilhelm Schellberg. 16 Bde, Köln 1926–1939.

18 Charakteristisch etwa: Johann Gustav Droysen, Vorlesungen über die Freiheitskriege. 2 Bde, Kiel 1846.

19 Deutsche Parteiprogramme (1809–1957). Hrsg. von Wilhelm Mommsen. 2. Aufl., München 1964; Restauration und Vormärz, 1814–1840. Hrsg. v. Hartwig Brandt. Darmstadt 1979; Vormärz und Revolution. 1840–1849. Hrsg. v. Hans Fenske. Darmstadt 1976.

20 Wolfgang Hardtwig u. Helmut Hinze (Hrsg.), Vom Deutschen Bund zum Kaiserreich 1815–1871. Stuttgart 1997 (Deutsche Geschichte in Quellen und Darstellung 7).

Literatur

Für die Jahre 1815 bis 1848 gibt es – zum Teil im Rahmen umfassenderer Epochendarstellungen – eine Reihe vorzüglicher Gesamtdarstellungen. Vor allem für die Ideengeschichte, die Kirchengeschichte und die Wissenschafts- und Technikgeschichte bleibt das ältere, aus liberalem Geist geschriebene monumentale Werk von Franz Schnabel unverzichtbar. Eine gelungene Handbuchdarstellung mit Einbeziehung der Revolutionsjahre gibt Karl Georg Faber[1]. Eine exemplarische Gesamtdarstellung stellt die für alle Aspekte der vormärzlichen Geschichte heranzuziehende ›Deutsche Geschichte‹ von Thomas Nipperdey dar, die auf dem neuesten Forschungsstand die Methoden und Ergebnisse der Wirtschafts- und Sozialgeschichte, der Politik- und Verfassungshistorie, der Bildungsgeschichte und der Mentalitätsforschung integriert und die Geschichte von Gesellschaft und Politik ergänzt durch die Darstellung von Wissenschaft, Kultur und Kunst[2]. Die Kontinuitätslinien über den Epochenbruch um 1800 hinweg betonen der Band 4 der Propyläen-Geschichte Europas und Band 6 der Propyläen-Geschichte Deutschlands[3]. Die Epoche im Zusammenhang der europäischen Geschichte behandelt auch Band 5 des ›Handbuchs der europäischen Geschichte‹[4].

Die Durchsetzung der Restauration in den Staaten des Deutschen Bundes nach 1815 und – noch einmal verschärft, nach 1830 – ist ein höchst vielschichtiges Problem und erschließt sich nur, wenn man das Gegeneinander der Bewegungs- und Beharrungskräfte in ihren vielfältigen Aspekten berücksichtigt. Für die letztlich doch wichtigsten Träger der konservativen

[1] Franz Schnabel, Deutsche Geschichte im 19. Jahrhundert. 4 Bde, Freiburg 1929–1937, ND München 1987; Karl Georg Faber, Deutsche Geschichte im 19. Jahrhundert. Restauration und Revolution. Von 1815–1851. Wiesbaden 1979; mit gründlicher Forschungsübersicht und europäischem Vergleich: Dieter Langewiesche, Restauration und Revolution 1815–1849. 3., überarb. u. erw. Aufl. München 1993; Reinhard Rürup, Deutschland im 19. Jahrhundert 1815–1971. Göttingen 1985; für die DDR-Historie: Karl Obermann, Deutschland von 1815 bis 1849. 4. Aufl., Berlin (Ost) 1976.

[2] Thomas Nipperdey, Deutsche Geschichte 1800–1865. Bürgerwelt und starker Staat. 46.–51. Tsd. München 1994; das Gegenstück, eine Synthese aus der Sicht der »kritischen« Sozialgeschichte: Hans-Ulrich Wehler, Deutsche Gesellschaftsgeschichte, Bd. 2: Von der Reformära bis zur industriellen und politischen »Deutschen Doppelrevolution« 1815–1845/49. München 1987.

[3] Eberhard Weis, Der Durchbruch des Bürgertums 1776–1847. Berlin 1977, für den Zeitraum 1815 bis 1847 allerdings recht kurz gefaßt; James Sheehan, Der Ausklang des alten Reiches. Deutschland seit dem Ende des siebenjährigen Krieges bis zur gescheiterten Revolution 1763 bis 1850. Berlin 1994.

[4] Walter Bussmann (Hrsg.), Europa von der Französischen Revolution zu den nationalstaatlichen Bewegungen des 19. Jahrhunderts. Stuttgart 1981; vgl. auch Louis Bergeron, François Furet, Reinhart Koselleck (Hrsg.), Das Zeitalter der europäischen Revolutionen. Frankfurt a. M. 1969.

Staatspolitik, die Monarchen, insbesondere Franz II. und Friedrich Wilhelm III., liegen bezeichnenderweise kaum umfassende moderne Biographien vor – ebensowenig wie etwa für Max I. Joseph von Bayern, welcher die Reformpolitik bis zur Einrichtung einer Verfassung fortführte. Die Gründe für dieses Defizit liegen zum einen im Strukturwandel staatlicher Herrschaft in den Jahren bis 1815, als eine Generation mittelmäßiger Monarchen die unmittelbare Staatsführung bedeutenden leitenden Ministern überließ und als die komplexe Reformverwaltung die Stellung leitender Beamter und der Zentralbürokratie überhaupt stärkte. Sie liegen zum andern aber auch in der erst seit jüngster Zeit wieder korrigierten allgemeinen Abwendung der Geschichtswissenschaft von der Biographie. Auch für den Kopf der Restaurationspolitik, Metternich, ist man daher noch auf die Biographie von Heinrich von Srbik angewiesen; sie rekonstruiert materialgesättigt und umfassend die Ideenwelt und die Geschäftsführung Metternichs und trägt insofern zu einer abgewogenen Würdigung bei, ist aber nicht frei von apologetischen Zügen[5]. Die Reformpolitik Preußens und das Scheitern der verfassungspolitischen Ziele sind dagegen in neueren Arbeiten personengeschichtlich zu fassen[6]. In seinem grundlegenden Werk ›Preußen zwischen Reform und Revolution‹ untersucht Reinhart Koselleck die Rechtsverfassung, die Verwaltung und die sozialen Schichten im Übergang von der altständischen, absolutistisch überformten Gesellschaft des Ancien régime zur bürgerlichen Gesellschaft. Dabei wird deutlich, daß die Reformziele der liberal-fortschrittsoffenen, in sich weitgehend homogenen Beamtenschaft nur im Bereich der ökonomischen und sozialen Reformen verwirklicht werden konnten, um den Preis einer gesamtstaatlichen Verfas-

[5] Heinrich Ritter von Srbik, Metternich. Der Staatsmann und der Mensch. 2 Bde, Neudruck München 1957. Großer Aufmerksamkeit erfreut sich plötzlich Friedrich Wilhelm IV. von Preußen: Otto Büsch (Hrsg.), Friedrich Wilhelm IV. und seine Zeit. Berlin 1987; Walter Bußmann, Zwischen Preußen und Deutschland. Friedrich Wilhelm IV. Eine Biographie. Berlin 1990; Frank-Lothar Kroll, Friedrich Wilhelm IV. und das Staatsdenken der deutschen Romantik. Berlin 1990; Dirk Blasius, Friedrich Wilhelm IV. Psychopathologie und Geschichte. Göttingen 1992; David E. Barclay, Anarchie und guter Wille. Friedrich Wilhelm IV. und die preußische Monarchie. Berlin 1995. Zu Friedrich Wilhelm III. von Preußen gibt es jetzt wenigstens eine biographische Studie: Thomas Stamm-Kuhlmann, König in Preußens großer Zeit. Friedrich Wilhelm III., der Melancholiker auf dem Thron. Berlin 1992. Zu Württemberg: Paul Sauer, Reformer auf dem Königsthron. Wilhelm I. von Württemberg. Stuttgart 1997. Zur bayerischen Geschichte liegen zwei bedeutende Biographien vor: Heinz Gollwitzer, Ludwig I. von Bayern. Eine politische Biographie. München 1986; ders., Ein Staatsmann des Vormärz. Karl von Abel 1788–1859. Beamtenaristokratie – Monarchisches Prinzip – Politischer Katholizismus. Göttingen 1993.

[6] Gerhard Ritter, Stein. Eine politische Biographie. 4. Aufl., Stuttgart 1981; Werner Gembruch, Freiherr vom Stein im Zeitalter der Restauration. Wiesbaden 1960; Hans Haussherr, Hardenberg. Eine politische Biographie. III. Teil, 2. Aufl., Köln/Graz 1965; Ernst Klein, Von der Reform zur Restauration. Finanzpolitik und Reformgesetzgebung des preußischen Staatskanzlers Karl August von Hardenberg. Berlin 1965; Peter Gerrit Thielen, Karl August von Hardenberg 1750–1822. Köln/Berlin 1967; Eberhard Kessel, Wilhelm von Humboldt. Idee und Wirklichkeit. Stuttgart 1967.

sung und erkauft durch die Verschärfung der sozialen Frage, die von der wirtschaftsliberalen Verwaltung nicht gelöst werden konnte[7]. Die unmittelbare Repressionspolitik des Bundes ist mit einigen Studien hinreichend dokumentiert[8]. Alf Lüdtke hat das System preußischer Ruhe- und Ordnungswahrung und die Praxis der Behörden ausführlich thematisiert, doch scheint hier bei der zweifellos berechtigten Ideologiekritik des »Gemeinwohltopos'« der Verwaltung der Faktor »staatliche Gewaltausübung« gegenüber der Ordnungswahrung überbetont[9].

Die Anfänge des »Parlamentarismus« in Deutschland, die frühkonstitutionellen Verfassungen, die Auseinandersetzungen in den Kammern, aber auch die theoretischen Äußerungen von Anhängern und Gegnern des konstitutionellen Systems sind in der deutschen Historie lange Zeit vernachlässigt worden. In der Tradition der kleindeutschen Reichsgründung traten die Klein- und Mittelstaaten ebenso wie der vermeintlich einheits- und machtstaatsfeindliche Frühkonstitutionalismus an die Peripherie der Aufmerksamkeit; das Verdikt Treitschkes hat hier lange nachgewirkt. Erst seit den sechziger Jahren hat sich die Perspektive grundlegend verschoben. Die internationale Diskussion über den Parlamentarismus, das Interesse an den eigenen freiheitlich-obrigkeitskritischen Traditionen, aber auch die Hin-

[7] Reinhart Koselleck, Preußen zwischen Reform und Revolution. Allgemeines Landrecht, Verwaltung und soziale Bewegung von 1791 bis 1848. 3. Aufl., Stuttgart 1981; die DDR-Literatur zu diesem Problemkomplex stellt in kritischer Übersicht vor: Jürgen Kocka, Preußischer Staat und Modernisierung im Vormärz. Marxistisch-leninistische Interpretationen und ihre Probleme. In: Hans-Ulrich Wehler (Hrsg.), Sozialgeschichte heute. Festschrift für Hans Rosenberg. Göttingen 1974. Als exemplarische landesgeschichtliche Studie für eine Region Preußens, die durch die Tradition der französischen »Institutionen«, durch regional-bürgerliches Selbstbewußtsein und ihren Katholizismus in ein besonderes Spannungsverhältnis zur Berliner Zentrale geriet: Karl Georg Faber, Die Rheinlande zwischen Restauration und Revolution. Probleme der rheinischen Geschichte von 1814–1848 im Spiegel der zeitgenössischen Publizistik. Wiesbaden 1966.

[8] A. Petzold, Die Zentral-Untersuchungskommission in Mainz. In: Quellen und Darstellungen zur Geschichte der Burschenschaft 5 (1920), S. 171–258; Eberhard Weber, Die Mainzer Zentraluntersuchungskommission. Karlsruhe 1970; Eberhard Büssem, Die Karlsbader Beschlüsse von 1819. Hildesheim 1974; Ernst Rudolf Huber, Zur Geschichte der politischen Polizei im 19. Jahrhundert. In: ders. (Hrsg.), Nationalstaat und Verfassungsstaat. Stuttgart 1965.

[9] Alf Lüdtke, »Gemeinwohl«, Polizei und »Festungspraxis«. Staatliche Gewaltsamkeit und innere Verwaltung in Preußen, 1815–1850. Göttingen 1982; Joachim Eibach, Der Staat vor Ort. Amtmänner und Bürger im 19. Jahrhundert am Beispiel Baden. Frankfurt a. M. 1994; Dirk Götschmann, Das bayerische Innenministerium 1825–1864. Organisation und Funktion, Beamtenschaft und politischer Einfluß einer Zentralbehörde in der konstitutionellen Monarchie. Göttingen 1993. Zum Aufbau eines überterritorialen Überwachungsapparates gegen die national-demokratischen, später auch die sozialistisch-kommunistischen Aktivitäten vgl. Wolfgang Siemann, »Deutschlands Ruhe, Sicherheit und Ordnung«. Die Anfänge der politischen Polizei 1806–1866. Tübingen 1985; vgl. a. Herbert Reinke (Hrsg.), ». . . nur für die Sicherheit da?« Zur Geschichte der Polizei im 19. und 20. Jahrhundert. Frankfurt a. M. 1993.

wendung zur Landesgeschichte und zur Geschichte der Einzelstaaten haben das Interesse am »Parlamentarismus« des deutschen Vormärz belebt. Hierfür, wie für alle verfassungsgeschichtlichen Fragen, ist vorab Ernst Rudolf Hubers ›Deutsche Verfassungsgeschichte‹ unentbehrlich[10]. Sie bindet die Verfassungsgeschichte in eine umfassende Geschichte der inneren Politik der deutschen Staaten ein und breitet reichhaltiges Material in strenger systematischer Gliederung und konsequenter Durchdringung aus, ist aber wegen der etatistischen Grundtendenz kritisch zu lesen. Für die Einordnung des deutschen Frühkonstitutionalismus in die gesamteuropäische Verfassungsentwicklung und für seine Deutung im Kontext der politischen Geschichte Deutschlands bis ins 20. Jahrhundert hat Ernst-Wolfgang Böckenförde den Weg gewiesen[11]. Detailliert ist mittlerweile herausgearbeitet worden, wie sehr die aus dem kontinentalen Absolutismus überlieferte Kategorie der »Staats-Souveränität« – in Opposition zur »Volkssouveränität« – auch bei den Anhängern des konstitutionellen Systems nachgewirkt und in der breiten Verfassungsdebatte nach 1815 im ganzen Spektrum der politischen Theorie die Bereitschaft gefördert hat, das »monarchische Prinzip« zu akzeptieren[12]. Dieser konservativ-etatistische Zug der zeitgenössischen Staatslehre darf jedoch nicht zu statisch gesehen werden, er schwächte sich im Lauf des Vormärz zugunsten des repräsentativstaatlichen Leitbilds der westlichen Nationalstaaten ab[13]. Untersuchungen zu einigen speziellen Aspekten der konstitutionellen Theorie und des parlamentarischen Lebens in den Kammern gehen im einzelnen den Überlagerungen etatistisch-staatskonservativer, altständischer und modern-repräsentativer Vorstellungen bei der Konzeption und der Interpretation der Verfassungen nach, belegen die Konfliktträchtigkeit des Systems im Spannungsfeld zwischen Integrations- und Partizipationsabsicht und zwischen

[10] Ernst Rudolf Huber, Deutsche Verfassungsgeschichte seit 1789. Bd. 1: Reform und Restauration 1789–1830. 2. Aufl., Stuttgart 1967 (Nachdruck 1990); Bd. 2: Der Kampf um Einheit und Freiheit 1830–1850. 3. Aufl., Stuttgart 1988.

[11] Ernst-Wolfgang Böckenförde, Der Verfassungstyp der deutschen konstitutionellen Monarchie im 19. Jahrhundert (1967), jetzt auch in: ders. unter Mitarbeit von Rainer Wahl (Hrsg.), Moderne deutsche Verfassungsgeschichte (1815–1914). 2. Aufl., Meisenheim 1981; vgl. auch ders. (Hrsg.), Probleme des Konstitutionalismus im 19. Jahrhundert. Berlin 1975.

[12] Vgl. dazu v. a. Hartwig Brandt, Landständische Repräsentation im deutschen Vormärz. Politisches Denken im Einflußfeld des monarchischen Prinzips. Neuwied, Berlin 1968; mit Vorbehalten, da zu theorieimmanent und zum Teil nicht auf dem neuesten Forschungsstand: Hans Boldt, Deutsche Staatslehre im Vormärz. Düsseldorf 1975.

[13] Am weitestgehenden bei Robert von Mohl, vgl. dazu vor allem Erich Angermann, Robert von Mohl, 1799–1875. Leben und Werk eines altliberalen Staatsgelehrten. Neuwied, Berlin 1962; Manfred Botzenhart, Deutscher Parlamentarismus in der Revolutionszeit 1848–1850. Düsseldorf 1977, S. 21–90. Für die starke Nachwirkung der absolutistisch-kameralistischen Vorstellung der staatlichen «Wohlfahrtspolizei« vgl. Hans Maier, Die ältere deutsche Staats- und Verwaltungslehre (Polizeiwissenschaft). Ein Beitrag zur Geschichte der politischen Wissenschaft in Deutschland. 2., neubearb. u. erg. Aufl. München 1980.

gouvernementalen und staatsbürgerlich-oppositionellen Reformimpulsen und arbeiten damit auch den im System selbst zumindest partiell angelegten Druck zu seiner Weiterentwicklung in Richtung auf einen vollgültigen Parlamentarismus heraus[14]. Symptomatischen Wert hat in diesem Zusammenhang die Stellung der Grundrechte in Verfassungstexten und Verfassungsdenken. In Deutschland wurden sie anders als im Westen nur in Ausnahmefällen (Rotteck) als vorstaatliche Urrechte konzipiert, von den Regierungen hingegen als zeitgemäßes Instrument zur Modernisierung der Gesellschaft gedacht[15]. Gegenüber dem ursprünglich stärker systematischen, politologisch-parlamentarismustheoretischen Ansatz der Fragen nach den Frühformen des deutschen Parlamentarismus rückte zuletzt mehr die historische Frage nach den Kontinuitätslinien aus den altständischen Verfassungsformen in den Vordergrund. Die Epochenschwelle der Jahre um 1800 wurde dabei zwar relativiert, gleichzeitig aber klargestellt, daß mit den Verfassungen der ersten Jahrhunderthälfte gegenüber der altständischen Repräsentation doch etwas grundsätzlich Neues begann[16].

[14] Für das machtpolitisch grundlegende Problem des Budgetrechts: Karl Heinrich Friauf, Der Staatshaushaltsplan im Spannungsfeld zwischen Parlament und Regierungen. Verfassungsgeschichtliche Untersuchungen über den Haushaltsplan im deutschen Frühkonstitutionalismus. Bad Homburg 1968; für die ersten Anfänge fraktionsartiger Zusammenschlüsse insbesondere in Baden: Helmut Kramer, Fraktionsbildungen in den deutschen Volksvertretungen 1819–1849. Berlin/München 1968; Lothar Gall, Das Problem der parlamentarischen Opposition im deutschen Frühliberalismus (1968); zuletzt in Gerhard A. Ritter (Hrsg.), Die deutschen Parteien vor 1918. Köln 1973; als Beispiel für zahlreiche landesgeschichtliche Untersuchungen: Manfred Bullik, Staat und Gesellschaft im hessischen Vormärz. Wahlrecht, Wahlen und öffentliche Meinung 1830–1848. Köln/Wien 1972; vgl. auch die Beiträge von Herbert Obenaus, Hans Boldt und Hartwig Brandt, in: Gerhard A. Ritter (Hrsg.), Gesellschaft, Parlament und Regierung. Zur Geschichte des Parlamentarismus in Deutschland. Düsseldorf 1974.

[15] Vgl. v. a. Wolfgang von Rimscha, Die Grundrechte im süddeutschen Konstitutionalismus. Köln 1973; sowie die Beiträge von Ulrich Scheuner, Dieter Grimm, Peter Krause, Bernd Wunder, Hartwig Brandt, Otto Dann und Wolfgang Hardtwig in: Günter Birtsch (Hrsg.), Grund- und Freiheitsrechte im Wandel von Gesellschaft und Geschichte. Beiträge zur Geschichte der Grund- und Freiheitsrechte vom Ausgang des Mittelalters bis zur Revolution von 1848. Göttingen 1981; vgl. auch: Michael Köhler, Die Lehre vom Widerstandsrecht in der deutschen konstitutionellen Staatsrechtstheorie der 1. Hälfte des 19. Jahrhunderts. Berlin 1973; Winfried Speitkamp, Restauration als Transformation. Untersuchungen zur kurhessischen Verfassungsgeschichte 1813–1830. Darmstadt/Marburg 1986; Hartwig Brandt, Parlamentarismus in Württemberg 1819–1870. Anatomie eines deutschen Landtags. Düsseldorf 1987 (grundlegend); neueste knappe Gesamtdarstellung, mit Brückenschlag zum Problem der Nationsbildung: Elisabeth Fehrenbach, Verfassungsstaat und Nationsbildung 1815–1871. München 1992 (Enzyklopädie deutsche Geschichte 22).

[16] Vgl. Rudolf Vierhaus, Land, Staat und Reich in der politischen Vorstellungswelt deutscher Landstände im 18. Jahrhundert. In: Historische Zeitschrift 223 (1976), S. 40–60; die Sammelbände: Karl Bosl u. Mitwirkung v. Karl Möckl (Hrsg.), Der moderne Parlamentarismus und seine Grundlagen in der ständischen Repräsentation. Berlin 1977; Franz Quartal (Hrsg.), Von der Ständeversammlung zum demokratischen Parlament. Die Geschichte der Volksvertretungen in Baden-Württemberg. Tübingen

Die deutsche Geschichte in der ersten Hälfte des 19. Jahrhunderts ist wie keine andere Epoche bestimmt von dem Neben- und Gegeneinander historisch »ungleichzeitiger« gesellschaftlicher Formationen und politischer Institutionen. Den Traditionen ständischer Schichtung und Herrschaftsprivilegierung, vormodern-korporativer Gemeinschaftsformen wie Zünften und vielfach Stadtgemeinden, der Macht des Herkommens bei der Lebensgestaltung überhaupt, stehen die staatlichen Reformmaßnahmen zur Freisetzung und Mobilisierung der Bevölkerung, die ersten Anfänge industrieller Klassenbildung und die Bildung von politischen Repräsentationskörperschaften in einem vielfach spannungsvollen Verhältnis gegenüber. Die von ihren Initiatoren zum Teil nicht mehr beherrschten Auswirkungen der Reformgesetzgebung zu Beginn des 19. Jahrhunderts, der Reformdruck, der von der sozioökonomischen Krisensituation auf die Verfassungspolitik ausging, die Kräfte der Veränderung und der Beharrung sind für die wichtigsten Staaten exemplarisch dargestellt worden[17].

Für alle Fragen der Bevölkerungs-, Wirtschafts- und Sozialgeschichte ist der Band 2 des ›Handbuchs der Wirtschafts- und Sozialgeschichte‹ heranzuziehen[18]. Zur Geschichte der Bevölkerungsrevolution, zum Wandel des generativen Verhaltens und zu den Binnenwanderungsbewegungen im sozioökonomischen Strukturwandel ist man neben vorläufig zu unserem Zeit-

1982; Volker Press, Landstände des 18. und Parlamente des 19. Jahrhunderts. In: Helmut Berding u. Hans-Peter Ullmann (Hrsg.), Deutschland zwischen Revolution und Restauration. Königstein, Düsseldorf 1981; Eberhard Weis, Kontinuität und Diskontinuität zwischen den Ständen des 18. Jahrhunderts und den frühkonstitutionellen Parlamenten von 1818/1819 in Bayern und Württemberg. In: Festschrift für Andreas Kraus. Kallmünz 1982; vorzüglicher Gesamtüberblick: Dieter Grimm, Deutsche Verfassungsgeschichte 1776–1866. Vom Beginn des modernen Verfassungsstaates bis zur Auflösung des Deutschen Bundes. Frankfurt a. M. 1988.

17 Vgl. Werner Conze (Hrsg.), Das Spannungsfeld von Staat und Gesellschaft im deutschen Vormärz 1815–1848. Stuttgart 1962; Manfred Hettling, Reform ohne Revolution. Bürgertum, Bürokratie und kommunale Selbstverwaltung in Württemberg von 1800 bis 1850. Göttingen 1990. (Kritische Studien 86); Paul Nolte, Staatsbildung als Gesellschaftsreform. Politische Reformen in Preußen und den Süddeutschen Staaten, 1800–1820. Frankfurt a. M./New York 1990; Eckhardt Treichel, Der Primat der Bürokratie. Bürokratischer Staat und bürokratische Elite im Herzogtum Nassau 1806–1866. Stuttgart 1991; Andreas Schulz, Herrschaft durch Verwaltung. Die Rheinbundreformen in Hessen-Darmstadt unter Napoleon (1803–1815). Stuttgart 1991; zusammenfassende Kurzdarstellungen mit ausführlicher Bibliographie: Walter Demel, Vom aufgeklärten Reformstaat zum bürokratischen Staatsabsolutismus. München 1993 (Enzyklopädie deutsche Geschichte 23); Lothar Gall, Von der ständischen zur bürgerlichen Gesellschaft. München 1993; zum Problem der »Gleichzeitigkeit des Ungleichzeitigen« in der deutschen Geschichte des 19. Jahrhunderts jetzt mit einer Vielzahl von Aspekten: Wolfgang Hardtwig und Harm-Hinrich Brandt (Hrsg.), Deutschlands Weg in die Moderne. Politik, Gesellschaft und Kultur im 19. Jahrhundert. München 1993 (Gedenkschrift Nipperdey).

18 Hermann Aubin, Wolfgang Zorn (Hrsg.), Handbuch der deutschen Wirtschafts- und Sozialgeschichte. Bd. 2, Stuttgart 1976; die Beiträge repräsentieren den neueren Forschungsstand und verweisen auf die Spezialliteratur.

raum noch wenigen allgemeineren und synthetisierenden Beiträgen[19] auf territorial und lokal begrenzte Untersuchungen angewiesen[20]. Zur regionalen Herkunft, den Motiven und der Organisation der Auswanderung liegen inzwischen umfangreiche Untersuchungen vor[21]. Die durch die Bevölkerungsvermehrung wesentlich mitbedingte Krisenerscheinung des Pauperismus ist seit etwa 30 Jahren Gegenstand intensiven Interesses und zwar zunächst vor allem unter drei Gesichtspunkten: der durch Marx' Begriff der »industriellen Reservearmee« provozierten Frage, ob das Massenelend des Vormärz industriell oder vorindustriell verursacht sei; der Frage nach den Folgen der Bauernbefreiung für die ländliche Mittel- und Unterschicht und schließlich der Frage nach den Bedingungen sozialistischer Theoriebildung im noch wesentlich agrarischen Deutschland des Vormärz. Der vorindustrielle Ursprung des Pauperismus, seine Erscheinungsformen und die bürgerlich-sozialreformerische Publizistik dazu sind mittlerweile viel-

[19] Wolfgang Köllmann u. Peter Marschalck (Hrsg.), Bevölkerungsgeschichte. Köln 1972; grundlegend: Gerhard Mackenroth, Bevölkerungslehre. Theorie, Soziologie und Statistik der Bevölkerung. Berlin 1953; Arthur E. Imhof, Einführung in die Historische Demographie. München 1977; Peter Marschalck, Bevölkerungsgeschichte Deutschlands im 19. und 20. Jahrhundert. Frankfurt a.M. 1984; Wolfgang Köllmann, Bevölkerung und Arbeitskräftepotential in Deutschland 1815–1865. In: ders. (Hrsg.), Bevölkerung in der industriellen Revolution. Göttingen 1974; Heinzpeter Thümmler, Zur regionalen Bevölkerungsentwicklung in Deutschland 1816–1871. In: Jahrbuch für Wirtschaftsgeschichte 1977, I, S. 55–72; Hartmut Harnisch, Bevölkerungsgeschichtliche Probleme der industriellen Revolution in Deutschland. In: K. Lörmer (Hrsg.), Studien zur Geschichte der Produktivkräfte Deutschlands zur Zeit der industriellen Revolution. Berlin 1979.

[20] Karl Heinz Blaschke, Bevölkerungsgeschichte von Sachsen bis zur industriellen Revolution. Weimar 1967; Karin Weimann, Bevölkerungsentwicklung und Frühindustrialisierung in Berlin 1800–1850. In: Otto Büsch (Hrsg.), Untersuchungen zur Geschichte der frühen Industrialisierung vornehmlich im Wirtschaftsraum Berlin/Brandenburg. Berlin 1971; Peter Borscheid, Textilarbeiterschaft in der Industrialisierung. Soziale Lage und Mobilität in Württemberg (19. Jahrhundert). Stuttgart 1979, S. 166–300.

[21] Peter Marschalck, Deutsche Überseewanderung im 19. Jahrhundert. Ein Beitrag zur soziologischen Theorie der Bevölkerung. Stuttgart 1973; Wolfgang von Hippel, Auswanderung aus Südwestdeutschland. Studien zur württembergischen Auswanderung und Auswanderungspolitik im 18. und 19. Jahrhundert. Stuttgart 1984; vgl. auch Günter Moltmann (Hrsg.), Deutsche Amerikaauswanderung im 19. Jahrhundert. Sozialgeschichtliche Beiträge, Stuttgart 1976; Agnes Bretting, Hartmut Bickelmann, Auswanderungsagenturen und Auswanderungsvereine im 19. und 20. Jahrhundert. Stuttgart 1991; Klaus J. Bade (Hrsg.), Deutsche im Ausland – Fremde in Deutschland. Migration in Geschichte und Gegenwart. München 1992; Herbert Reiter, Politisches Asyl im 19. Jahrhundert. Die deutschen politischen Flüchtlinge des Vormärz und der Revolution von 1848/49 in Europa und den USA. Berlin 1992; Georg Smolka, Die Auswanderung als politisches Problem in der Ära des Deutschen Bundes (1815–1866). Speyer 1993; Axel Lubinski, Entlassen aus dem Untertanenverband. Die Amerika-Auswanderung aus Mecklenburg-Strelitz im 19. Jahrhundert. Osnabrück 1996; Uwe Reich, Aus Cottbus und Arnswalde in die Neue Welt. Amerika-Auswanderung aus Ostelbien im 19. Jahrhundert. Osnabrück 1997.

fältig untersucht[22]. Eine neue und innovative Forschungsrichtung hat sich der Geschichte der Krankheit und des Gesundheitswesens zugewandt, wobei sozialgeschichtliche, medizingeschichtliche und ideen- bzw. wissenschaftsgeschichtliche Fragestellungen miteinander verknüpft werden[23].

[22] Wegweisend: Werner Conze, Vom »Pöbel« zum »Proletariat«. Sozialgeschichtliche Voraussetzungen für den Sozialismus in Deutschland. U.a. in: Hans-Ulrich Wehler (Hrsg.), Moderne deutsche Sozialgeschichte. 2. Aufl., Stuttgart 1968. Carl Jantke u. Dietrich Hilger (Hrsg.), Die Eigentumslosen. Freiburg/München 1965 (ausführliche Quellensammlung mit vorzüglicher Einleitung ›Zur Deutung des Pauperismus‹ von Carl Jantke). Wilhelm Abel, Massenarmut und Hungerkrisen im vorindustriellen Europa. Hamburg, Berlin 1974, S. 302–396; ders., Der Pauperismus in Deutschland am Vorabend der industriellen Revolution. Dortmund 1966; Wolfram Fischer, Armut in der Geschichte. Erscheinungsformen und Lösungsversuche der »Sozialen Frage« in Europa seit dem Mittelalter. Göttingen 1982, S. 56–92. Detaillierte Lokalstudie: Antje Kraus, Die Unterschichten Hamburgs in der 1. Hälfte des 19. Jahrhunderts. Entstehung, Struktur und Lebensverhältnisse. Eine historisch-statistische Untersuchung. Stuttgart 1965; Günter Liebchen, Zu den Lebensbedingungen der unteren Schichten in Berlin im Vormärz. Eine Betrachtung anhand von Mietpreisentwicklung und Wohnverhältnissen. In: Otto Büsch (Hrsg.), Untersuchungen; Klaus Jürgen Matz, Pauperismus und Bevölkerung. Die gesetzlichen Ehebeschränkungen in den süddeutschen Staaten während des 19. Jahrhunderts. Stuttgart 1980; weiterführend Dieter Dowe, Methodologische Überlegungen zum Problem des Hungers in Deutschland in der ersten Hälfte des 19. Jahrhunderts. In: Werner Conze u. Ulrich Engelhardt (Hrsg.), Arbeiterexistenz im 19. Jahrhundert. Lebensstandard und Lebensgestaltung deutscher Arbeiter und Handwerker. Stuttgart 1981; zur Armenpolitik und Armenfürsorge der Gemeinden und zur privaten Wohltätigkeit: Christoph Sachße u. Florian Tennstedt, Geschichte der Armenfürsorge in Deutschland vom Spätmittelalter bis zum 19. Jahrhundert. Stuttgart u.a. 1980, S. 179–324; Bernd Weisbrod, Wohltätigkeit und »symbolische Gewalt« in der Frühindustrialisierung. Städtische Armut und Armenpolitik in Wuppertal. In: Hans Mommsen und Winfried Schulze (Hrsg.), Vom Elend der Handarbeit. Probleme historischer Unterschichtenforschung. Stuttgart 1981; Antje Kraus, Die rechtliche Lage der Unterschicht im Übergang von der Agrar- zur Industriegesellschaft. Ebd.; Ulrike Dorn, Öffentliche Armenpflege in Köln von 1794–1871. Zugleich ein Beitrag zur Geschichte der öffentlichrechtlichen Anstalt. Köln/Wien 1990; Ralf Stremmel, »Gesundheit – unser einziger Reichtum?« Kommunale Gesundheits- und Umweltpolitik 1800–1945 am Beispiel Solingen. Solingen 1993; Johannes Frerich, Handbuch der Geschichte der Sozialpolitik in Deutschland. Bd. 1: Von der vorindustriellen Zeit bis zum Ende des Dritten Reiches. München 1993; Martin Krauß, Armenwesen und Gesundheitsfürsorge in Mannheim vor der Industrialisierung 1750–1850/60. Sigmaringen 1993; Thomas Küster, Alte Armut und neues Bürgertum. Öffentliche und private Fürsorge in Münster von der Ära Fürstenberg bis zum Ersten Weltkrieg (1756–1914). Münster 1995.

[23] Ute Frevert, Krankheit als politisches Problem 1770–1880. Soziale Unterschichten in Preußen zwischen medizinischer Polizei und staatlicher Sozialversicherung. Göttingen 1984; Alfons Labisch/Reinhard Spree (Hrsg.), Medizinische Deutungsmacht im sozialen Wandel des 19. und frühen 20. Jahrhunderts. Bonn 1989; Francisca Loetz, Vom Kranken zum Patienten. »Medikalisierung« und medizinische Vergesellschaftung am Beispiel Badens 1750–1850. Stuttgart 1993; Jens Lachmund/Gunnar Stollberg, Patientenwelten. Krankheit und Medizin vom späten 18. bis zum frühen 20. Jahrhundert im Spiegel von Autobiographien. Opladen 1995.

Dagegen bedarf der Verstädterungsprozeß in der ersten Jahrhunderthälfte noch der breiteren Erforschung. Die ältere Stadthistorie war überwiegend verfassungsgeschichtlich interessiert und hatte sich fast ganz auf die mittelalterliche Stadt konzentriert. Seit der Mitte der sechziger Jahre wandte sich die Aufmerksamkeit auch dem modernen Urbanisierungsprozeß unter dem Vorzeichen von Industrialisierung und Bevölkerungsrevolution zu, doch lag ihr Schwerpunkt auch jetzt noch lange auf der Phase der Hochindustrialisierung nach 1873. Einen knappen Abriß des Übergangs von der vormodern-korporativen Rechtseinheit »Stadt« zum modernen Selbstverwaltungsrecht geben Horst Matzerath und Engeli/Haus[24]. Inzwischen liegen mehrere Gesamtdarstellungen zum Urbanisierungsprozeß im 19. und 20. Jahrhundert vor, die auch den Vormärz, wenn auch sehr knapp, mitbehandeln[25]. Die Veränderungen in der Wirtschaftsstruktur, in Bevölkerungsaufbau, sozialer Schichtung, politischer Willensbildung und kirchlichem und kulturellem Leben sind für inzwischen zahlreiche Stadtgemeinden exemplarisch untersucht worden[26]. Vereinzelt wendet sich das Interesse auch der sozialräumlichen Gliederung der Stadt, dem Wandel der Wohn- und Kommunikationsformen sowie der urbanistischen Gestaltung des Stadtraumes zu[27].

[24] Horst Matzerath, Von der Stadt zur Gemeinde. Zur Entwicklung des juristischen Stadtbegriffs im 19. und 20. Jahrhundert. In: Archiv für Kommunalwissenschaften 13 (1974), S. 17–45; Christian Engeli u. Wolfgang Haus, Quellen zum modernen Gemeindeverfassungsrecht in Deutschland. Stuttgart 1975, darin die Einleitung: Die Entwicklung des modernen Gemeindeverfassungsrechts in Deutschland.

[25] Horst Matzerath, Urbanisierung in Preußen 1815–1914. Stuttgart u. a. 1985; Jürgen Reulecke, Geschichte der Urbanisierung in Deutschland. Frankfurt a. M. 1985; Wolfgang R. Krabbe, Kommunalpolitik und Industrialisierung. Die Entfaltung der städtischen Leistungsverwaltung im 19. und frühen 20. Jahrhundert. Fallstudien zu Dortmund und Münster. Stuttgart u. a. 1985; ders., Die deutsche Stadt im 19. und 20. Jahrhundert. Eine Einführung. Göttingen 1989.

[26] Wolfgang Köllmann, Sozialgeschichte der Stadt Barmen im 19. Jahrhundert. Tübingen 1960; Horst Matzerath, Industrialisierung, Mobilität und sozialer Wandel am Beispiel der Städte Rheydt und Rheindahlen. In: Hartmut Kaelble u. a., Probleme der Modernisierung in Deutschland. Sozialhistorische Studien zum 19. und 20. Jahrhundert. Opladen 1978; Peter Fassl, Konfession, Wirtschaft und Politik. Von der Reichsstadt zur Industriestadt. Augsburg 1750–1850. Sigmaringen 1988; Lothar Gall (Hrsg.), Stadt und Bürgertum im 19. Jahrhundert. München 1990; Hans-Werner Hahn, Altständisches Bürgertum zwischen Beharrung und Wandel. Wetzlar 1689–1870. München 1991; Lothar Gall (Hrsg.), Stadt und Bürgertum im Übergang von der traditionalen zur modernen Gesellschaft. München 1993; Ralf Roth, Stadt und Bürgertum in Frankfurt am Main. Ein besonderer Weg von der ständischen zur modernen Bürgergesellschaft 1760–1914. München 1996; Karin Schambach, Stadtbürgertum und industrieller Umbruch. Dortmund 1780–1870. München 1996; Thomas Weichel, Bürgerschaft und bürgerliche Elite in Wiesbaden 1800–1914. München 1996; Regina Jeske, Die Universitätsstadt Göttingen. München 1997; Ralf Zerback, Stadt und Bürgertum in München. München 1997.

[27] Ingrid Thienel, Städtewachstum im Industrialisierungsprozeß des 19. Jahrhunderts. Das Berliner Beispiel. Berlin/New York 1973; einzelne Beiträge in: Ludwig

Einen neuen sozialgeschichtlichen Ansatz stellt auch die historische Familienforschung dar. Sie nimmt zwar ältere Zweige der Geschichtswissenschaft auf, wie die Genealogie, die Bevölkerungsgeschichte und vor allem die Wirtschaftsgeschichte, verbindet sie aber systematisch mit Volkskunde, Rechtsgeschichte und mit soziologischen und ethnologischen Fragestellungen zur Untersuchung der Familie als eines historisch variablen Systems sozialer Beziehungen, das den Kern jeglicher sozialen Ordnung bildet, selbst aber in vieler Hinsicht von außen geprägt wird. Auch hier ist die Forschung wie bei der Urbanisierungsgeschichte noch damit beschäftigt, in lokal- und territorialgeschichtlichen Studien sowie in Untersuchungen zu einzelnen Gruppen die empirischen Grundlagen für allgemeingültige Aussagen zu legen. Ein breites Spektrum von methodologischen Überlegungen und einzelnen Fallstudien bieten zwei umfangreiche Sammelbände[28], ein weiterer untersucht das Verhältnis von Familie, sozialer Mobilität und Heiratsverhalten im Adel, in der ländlichen Dorfbevölkerung und in der städtischen Unterschicht einer Region (Westfalen)[29]. Daneben liegen Versuche weiter ausgreifender oder auf das 19. Jahrhundert konzentrierter Synthesen bzw. für ein breiteres Publikum gedachte Darstellungen vor. Die Ergebnisse von Helmut Möllers Studie über Lebensstandard, Lebensformen und Verhaltensweisen der mittelständischen Familie im 18. Jahrhundert sind auch für den Zeitraum bis um 1850 zu beachten[30].

Grote (Hrsg.), Die deutsche Stadt im 19. Jahrhundert. Stadtplanung und Baugestaltung im industriellen Zeitalter. München 1974; Gerhard Fehl, Juan Rodriguez-Lores (Hrsg.), Stadterweiterungen 1800–1875. Von den Anfängen des modernen Städtebaus in Deutschland. Hamburg 1983.

[28] Werner Conze (Hrsg.), Sozialgeschichte der Familie in der Neuzeit Europas. Stuttgart 1976; Neithard Bulst, Joseph Goy u. Jochen Hoock (Hrsg.), Familie zwischen Tradition und Moderne. Studien zur Geschichte der Familie in Deutschland und Frankreich vom 16. bis zum 20. Jahrhundert. Göttingen 1981, mit Beiträgen zum frühen 19. Jahrhundert von Michael Mitterauer, Arthur E. Imhof, David Sabean, Hans Medick, William H. Hubbard, Walter Schaub, Reinhart Koselleck, Wolfgang Mager, Josef Mooser, Jürgen Kocka und Heinz Reif; vgl. auch Karin Hausen, Familie als Gegenstand Historischer Sozialwissenschaft. Bemerkungen zu einer Forschungsstrategie. In: Geschichte und Gesellschaft 1 (1975), S. 171–209; Heidi Rosenbaum, Zur neueren Entwicklung der Historischen Familienfoschung. Ebd., S. 210–225.

[29] Jürgen Kocka, Karl Ditt, Josef Mooser, Heinz Reif, Reinhard Schüren, Familie und soziale Plazierung. Opladen 1980; vgl. auch die Beiträge von Ingrid Peikert, Josef Mooser, Jürgen Kocka in: Heinz Reif (Hrsg.), Die Familie in der Geschichte. Göttingen 1982.

[30] Adelheid van Nell, Die Entwicklung der generativen Strukturen bürgerlicher und bäuerlicher Familien von 1750 bis zur Gegenwart. Bochum 1973; Michael Mitterauer u. Reinhard Sieder, Vom Patriarchat zur Partnerschaft. München 1977; Heidi Rosenbaum, Formen der Familie. Untersuchungen zum Zusammenhang von Familienverhältnissen, Sozialstruktur und sozialem Wandel in der deutschen Gesellschaft des 19. Jahrhunderts. Frankfurt a. M. 1982, sowie als Einführung und Materialienbuch: William H. Hubbard, Familiengeschichte. Materialien zur deutschen Familie seit dem Ende des 18. Jahrhunderts. München 1983. Helmut Möller, Die kleinbürgerliche Familie im 18. Jahrhundert. Verhalten und Gruppenkultur. Berlin 1969.

Einen erheblichen Aufschwung hat in den letzten Jahren die Forschung zur Geschichte der Frauen genommen, wobei allerdings der Schwerpunkt nicht auf der ersten Hälfte des 19. Jahrhunderts liegt. Gleichwohl gibt es inzwischen sowohl Spezialstudien etwa zur Rolle der Frauen im religiösen Dissens um die Jahrhundertmitte und in der Revolution 1848/49 als auch erste Gesamtüberblicke zur Stellung der Frauen in Gesellschaft und Staat[31].

Im Zuge der Verlagerung des historischen Interesses zur Sozialgeschichte in den sechziger Jahren gelang vielfach die Überwindung erkenntnishemmender disziplinärer Schranken. Dies gilt zum Beispiel auch für die Agrargeschichte. Gesamtdarstellungen wie die Theodor Freiherrn von der Goltz' und Heinz Haushofers bewegen sich noch in der Tradition primär wirtschaftsgeschichtlicher und rechtshistorischer Fragestellungen mit dem Schwergewicht auf Organisation und Technik des landwirtschaftlichen Betriebs sowie auf der Entwicklung der Agrarwirtschaftslehre[32]. Seit den fünfziger und sechziger Jahren wurde die Liberalisierung der Agrarverfassung in den mittel- und süddeutschen Staaten in einer Reihe von Territorialstudien aufgearbeitet[33]. Dabei nahm die Agrargeschichte jetzt auch den quantifizierenden Ansatz auf, vor allem in einer exemplarischen Untersuchung über Württemberg[34]. Von Hippel verfolgt dabei die durch Kompromisse mit den Berechtigten retardierte Durchführung der Reformen bis 1848/49, arbeitet aber zugleich ihre Bedeutung für die Entstehung einer allgemeinen Staatsbürgergesellschaft heraus. Eine grundsätzliche Neuorientierung der Agrarhistorie bahnte das bereits 1935 erschienene umfassen-

[31] Ingeborg Weber-Kellermann, Frauenleben im 19. Jahrhundert. Empire und Romantik, Biedermeier, Gründerzeit. München 1983; John C. Fout (Hrsg.), German Women in the Nineteenth Century: A Social History. New York 1984; Ute Frevert, Frauen-Geschichte. Zwischen bürgerlicher Verbesserung und neuer Weiblichkeit. Frankfurt a. M. 1986; Carola Lipp (Hrsg.), Schimpfende Weiber und patriotische Jungfrauen. Frauen im Vormärz und in der Revolution 1848/49. Moos 1986; Sylvia Paletschek, Frauen und Dissens. Frauen im Deutschkatholizismus und in den freien Gemeinden 1841–1852. Göttingen 1990; Claudia Honegger, Die Ordnung der Geschlechter. Die Wissenschaften vom Menschen und das Weib 1750–1850. Frankfurt a. M. u. a. 1991; Geneviève Fraisse/Michelle Perrot (Hrsg.), Geschichte der Frauen. Bd. 4: 19. Jahrhundert. Frankfurt a. M. u. a. 1994; Sabine Kienitz, Sexualität, Macht und Moral. Prostitution und Geschlechterbeziehungen Anfang des 19. Jahrhunderts in Württemberg. Ein Beitrag zur Mentalitätsgeschichte. Berlin 1995.

[32] Theodor Freiherr von der Goltz, Geschichte der deutschen Landwirtschaft. Bd. 2: Das 19. Jahrhundert. Neudruck Aalen 1963; Heinz Haushofer, Die deutsche Landwirtschaft im technischen Zeitalter. Stuttgart 1963.

[33] Vgl. z. B. Eckart Schremmer, Die Bauernbefreiung in Hohenlohe. Stuttgart 1963. Für Preußen: Hanna Schissler, Preußische Agrargesellschaft im Wandel. Wirtschaftliche, gesellschaftliche und politische Transformationsprozesse von 1763 bis 1847. Göttingen 1978. Stefan Brakensiek, Agrarreform und ländliche Gesellschaft. Die Privatisierung der Marken in Nordwestdeutschland 1750–1850. Paderborn 1991. Einen Überblick über die Agrarreformperiode gibt Christoph Dipper, Die Bauernbefreiung in Deutschland 1790–1850. Stuttgart 1980.

[34] Wolfgang von Hippel, Die Bauernbefreiung im Königreich Württemberg. Bd. 1: Darstellung, Bd. 2: Quellen. Boppard 1977.

de Werk von Wilhelm Abel ›Agrarkrisen und Agrarkonjunktur‹ an[35]. Abel stellte die Bedeutung zyklischer Konjunkturbewegungen auch für die landwirtschaftliche Produktion seit dem Mittelalter in den Vordergrund, verfolgte systematisch die Entwicklung der Getreidepreise und schuf damit ein Deutungsmuster auch für die Veränderungen in der agrarischen Produktion im frühen 19. Jahrhundert, bei denen die sogenannte Bauernbefreiung nur einen von mehreren Faktoren darstellt.

Der säkulare Prozeß der Transformation der Agrar- zur Industriegesellschaft hat seit einiger Zeit zudem den Blick auf die ländliche Gesellschaft im ganzen zurückgewendet[36]. Die Auflösung der traditionellen Wirtschaftsweise und ihre sozialen Folgen beschreibt knapp und zusammenfassend Friedrich Wilhelm Henning[37]. Aus der Perspektive der Volkskunde liegen exemplarische Studien über Konflikte und Lebensformen in der ländlichen Gemeinde vor[38]. Neben den Grundherren und der Schicht der freien Hofbauern[39] wendet sich das Interesse zunehmend auch der ländlichen Unterschicht, den Kleinbauern, Landarbeitern und ländlichen Heimarbeitern[40] zu, wobei Fragestellungen der Wirtschafts- und Sozialge-

[35] Wilhelm Abel, Agrarkrisen und Agrarkonjunktur. Eine Geschichte der Land- und Ernährungswirtschaft Mitteleuropas seit dem hohen Mittelalter. 2. neubearb. u. erw. Aufl., Hamburg/Berlin 1966; vgl. auch den Aufriß von Aufgabenbereichen und Methodendesideraten der Agrarhistorie bei Hans Rosenberg, Deutsche Agrargeschichte in alter und neuer Sicht; zuletzt in: ders., Machteliten und Wirtschaftskonjunkturen. Studien zur neueren deutschen Sozial- und Wirtschaftsgeschichte. Göttingen 1978; zuletzt Hans-Heinrich Bass, Hungerkrisen in Preußen während der ersten Hälfte des 19. Jahrhunderts. St. Katharinen 1991.

[36] Für die Ausgangssituation vor Beginn der allmählichen Umschichtung von der Agrar- zur Industriegesellschaft vgl. auch Wilhelm Abel, Die Lage der deutschen Land- und Ernährungswirtschaft um 1800. In: Friedrich Lütge, Die wirtschaftliche Situation in Deutschland und Österreich um die Wende vom 18. zum 19. Jahrhundert. Stuttgart 1964; als Regionalstudie für das ganze 19. Jahrhundert: Hubert Kiesewetter, Industrialisierung und Landwirtschaft. Sachsens Stellung im regionalen Industrialisierungsprozeß Deutschlands im 19. Jahrhundert. Köln/Wien 1988.

[37] Friedrich Wilhelm Henning, Landwirtschaft und ländliche Gesellschaft in Deutschland. Bd. 2: 1750–1976. Paderborn 1978, sowie ders., Der Beginn der modernen Welt im agrarischen Bereich. In: Reinhart Koselleck (Hrsg.), Studien zum Beginn der modernen Welt. Stuttgart 1977; vgl. auch die sorgfältige Regionalstudie von Josef Mooser, Ländliche Klassengesellschaft 1770–1848. Bauern und Unterschichten, Landwirtschaft und Gewerbe im östlichen Westfalen. Göttingen 1984.

[38] Utz Jeggle, Kiebingen – eine Heimatchronik. Zum Prozeß der Zivilisation in einem schwäbischen Dorf. Tübingen 1977.

[39] Vgl. dazu den Sammelband von Günter Franz (Hrsg.), Bauernschaft und Bauernstand 1500–1970. Limburg 1970; Wolfgang Kaschuba/Carola Lipp, Dörfliches Überleben. Zur Geschichte materieller und sozialer Reproduktion ländlicher Gesellschaft im 19. und frühen 20. Jahrhundert. Tübingen 1982.

[40] Vgl. z. B. Josef Mooser, Gleichheit und Ungleichheit in der ländlichen Gemeinde. Sozialstruktur und Kommunalverfassung im östlichen Westfalen vom späten 18. bis in die Mitte des 19. Jahrhunderts. In: Archiv für Sozialgeschichte 19 (1979), S. 231–262; Hans-Gerhard Husung, Zur ländlichen Sozialschichtung im norddeutschen Vormärz. In: Hans Mommsen u. Winfried Schulze (Hrsg.), Vom Elend der Handarbeit; Bern-

schichte, der historischen Demographie, der Familiengeschichte und der Volkskunde integriert werden. Schließlich findet auch das Gesinde Beachtung, das um 1850 noch etwa 18 Prozent der Erwerbstätigen umfaßte und in der großen Mehrzahl (80–90 Prozent) in der Landwirtschaft tätig war. Neuere Untersuchungen haben vor allem den bis 1918 durch Gesindeordnungen fixierten Rechtsstatus, das Verhältnis von Abhängigkeit und patriarchalischer Fürsorge der »Herrschaft«, die Arbeitsmarktsituation und selbst den Bildungshorizont dieser Gruppe herausgearbeitet[41].

Ähnlich wie die Agrargeschichte erhielt auch die Handwerkshistorie aus der Erforschung von Industriewirtschaft und Industriegesellschaft neue Impulse, die zugleich die Rückfragen der politischen Geschichte in das Sozialgeschehen und die Öffnung der Wirtschafts- und Sozialwissenschaften für politische, rechtliche und kulturelle Rahmenbedingungen des Wirtschaftens intensivierten[42]. Grundlegend bleiben noch immer zwei Studien von Wolfram Fischer, die einen Querschnitt durch die Lage des Handwerks an der Epochenschwelle von 1800 legten. Die hier behandelten Fragen haben inzwischen in der – thematisch noch weiter ausgreifenden – Diskussion um das Verhältnis von Volkskultur und Elitenkultur neue Aufmerksamkeit gefunden[43]. Fischers Untersuchungen über Bestand und Wandel des geschriebenen und gewohnheitlichen Rechts sowie über den Bildungshorizont des Handwerks in Deutschland und Österreich werden

ward Selter, Waldnutzung und ländliche Gesellschaft. Landwirtschaftlicher ›Nährwald‹ und neue Holzökonomie im Sauerland des 18. und 19. Jahrhunderts. Paderborn 1993; Ingeborg Weber-Kellermann, Landleben im 19. Jahrhundert. München 1987 (deskriptiv-anschaulich, stark auf literarischen Quellen fußend); umfassend jetzt Robert von Friedeburg, Ländliche Gesellschaft und Obrigkeit. Gemeindeprotest und politische Mobilisierung im 18. und 19. Jahrhundert. Göttingen 1997.

41 Vgl. die Aufsätze von Rolf Engelsing, zuletzt in: ders., Zur Sozialgeschichte deutscher Mittel- und Unterschichten. Göttingen 1973; ders., Der Arbeitsmarkt der Dienstboten im 17., 18. und 19. Jahrhundert. In: Hermann Kellenbenz (Hrsg.), Wirtschaftspolitik und Arbeitsmarkt. Wien 1974; Klaus Tenfelde, Ländliches Gesinde in Preußen. Gesinderecht und Gesindestatistik 1810–1861. In: Archiv für Sozialgeschichte 19 (1979), S. 169–229; Thomas Vornbaum, Politik und Gesinderecht im 19. Jahrhundert (vornehmlich in Preußen 1810–1918). Berlin 1980.

42 Aufrisse zur Forschungsgeschichte von Wilhelm Abel, Neue Wege der handwerksgeschichtlichen Forschung. In: ders. (Hrsg.), Handwerksgeschichte in neuer Sicht. Göttingen 1978; Karl Heinrich Kaufhold, Handwerksgeschichtliche Forschung in der Bundesrepublik Deutschland. Überlegungen zur Entwicklung und zum Stande. In: Ulrich Engelhardt (Hrsg.), Handwerker in der Industrialisierung. Lage, Kultur und Politik vom späten 18. bis ins frühe 19. Jahrhundert. Stuttgart 1984.

43 Wolfram Fischer und Rudolf Stadelmann, Die Bildungswelt des deutschen Handwerkers um 1800. Studien zur Soziologie des Kleinbürgers im Zeitalter Goethes. Berlin 1955; ders., Handwerksrecht und Handwerkswirtschaft um 1800. Studien zur Sozial- und Wirtschaftsverfassung vor der industriellen Revolution. Berlin 1955; Wolfgang Kaschuba, Volkskultur zwischen feudaler und bürgerlicher Gesellschaft. Zur Geschichte eines Begriffs und seiner gesellschaftlichen Wirklichkeit. Frankfurt a. M./New York 1988; ders., Lebenswelt und Kultur der unterbürgerlichen Schichten im 19. und 20. Jahrhundert. München 1990.

neuerdings ergänzt durch die detaillierte Rekonstruktion der Situation des Handwerks in Preußen und, spezieller, in Düsseldorf in räumlicher, betrieblicher, sozialer, sektoraler Hinsicht[44]. Die methodisch schwierige Frage nach Lebensstandard und Pauperisierung angesichts der industriellen Konkurrenz im Angebot billiger Bedarfsgüter ist doch zumindest im Sinne aufschlußreicher Trendaussagen dahingehend beantwortet worden, daß die zeitgenössischen Verelendungsklagen als verifiziert gelten können[45]. Entgegen dem zeitgenössischen Meinungsbild, das die Entwicklung des Handwerks als reine Verfallsgeschichte erscheinen ließ, ist verschiedentlich herausgearbeitet worden, daß bei aller subjektiv berechtigten oder erklärbaren Niedergangserfahrung das Handwerk sich in einem inneren Umstrukturierungsprozeß auf die neuen Bedingungen einzustellen begann[46]. Wenig erforscht ist bisher noch die Lage der Heimarbeiter, nicht zuletzt deshalb, weil sie gegenüber selbständigen Handwerksmeistern auf der einen, Lohnarbeitern auf der anderen Seite schwer abzugrenzen sind. Dagegen ist man über die Situation der Handwerksgesellen inzwischen vergleichsweise gut informiert, wenngleich vielfach noch immer offen ist, wie sie die Veränderung bzw. Zerstörung der alten Handwerksverfassung erlebten, als Befreiung von der Enge der Zunftregeln oder als Öffnung neuer Freiheitsspielräume[47]. Die Konflikterfahrungen bei der Auseinan-

[44] Karl Heinrich Kaufhold, Das Gewerbe in Preußen um 1800. Göttingen 1978; vgl. auch ders., Umfang und Gliederung des deutschen Handwerks um 1800. In: Wilhelm Abel, Handwerksgeschichte in neuer Sicht; Friedrich Lenger, Zwischen Kleinbürgertum und Proletariat. Studien zur Sozialgeschichte der Düsseldorfer Handwerker 1816–1878. Göttingen 1986; eine gelungene, knappe Zusammenfassung des Wissensstandes bei: ders., Sozialgeschichte der deutschen Handwerker seit 1800. Frankfurt a. M. 1988.

[45] Klaus Aßmann u. Gerhard Stavenhagen, Handwerkereinkommen am Vorabend der industriellen Revolution. Materialien aus dem Raum Braunschweig-Wolfenbüttel. Göttingen 1969; Dietrich Saalfeld, Handwerkseinkommen in Deutschland vom ausgehenden 18. bis zur Mitte des 19. Jahrhunderts. In: Wilhelm Abel (Hrsg.), Handwerksgeschichte in neuer Sicht. Karl Heinrich Kaufhold, Grundzüge des handwerklichen Lebensstandards in Deutschland im 19. Jahrhundert. In: Werner Conze u. Ulrich Engelhardt (Hrsg.), Arbeiter im Industrialisierungsprozeß; Hans-Jürgen Gerhard, Quantitative und qualitative Aspekte von Handwerkereinkommen in nordwestdeutschen Städten von der Mitte des 18. bis zur Mitte des 19. Jahrhunderts. In: Ulrich Engelhardt (Hrsg.), Handwerker in der Industrialisierung.

[46] Dazu exemplarisch: Jürgen Bergmann, Das Berliner Handwerk in den Frühphasen der Industrialisierung. Berlin 1973, sowie die lokalgeschichtlichen Studien in dem Sammelband: Ulrich Engelhardt (Hrsg.), Handwerker in der Industrialisierung; sowie allgemein: Karl Heinrich Kaufhold, Das preußische Handwerk in der Zeit der Frühindustrialisierung. In: Wolfram Fischer (Hrsg.), Beiträge zu Wirtschaftswachstum und Wirtschaftsstruktur im 16. und 19. Jahrhundert. Berlin 1971.

[47] Vgl. auch: Klaus Bade, Altes Handwerk, Wanderzwang und Gute Policey. Gesellenwanderung zwischen Zunftökonomie und Gewerbereform. In: Vierteljahresschrift für Sozial- und Wirtschaftsgeschichte 69 (1982), S. 1–37; Winfried Reininghaus, Die Gesellenvereinigungen am Ende des Alten Reiches. Die Bilanz von dreihundert Jahren Sozialdisziplinierung. In: Ulrich Engelhardt (Hrsg.), Handwerker in der Industrialisierung.

dersetzung zwischen Meistern und Gesellen, der Wandel der Organisationsform hin zum neuen Typus des Vereins und der Mentalitätswandel bei beiden Gruppen bereitete jedenfalls das offene Auseinanderfallen in Handwerker- und Arbeiterbewegung seit 1848 vor[48].

Zur Frühindustrialisierung in Deutschland sind zunächst die neueren Gesamtdarstellungen heranzuziehen: die knappe Synthese von Knut Borchardt[49], das mehr als Materialienbuch angelegte, gehaltvolle Buch von Henning[50], die ›Deutsche Wirtschaftsgeschichte‹ von Hermann Kellenbenz und die Synthese bzw. der Forschungsüberblick von Kiesewetter und Pierenkemper[51]. Einen vorzüglichen Überblick über die Ausgangslage der deutschen Wirtschaft vor Beginn der Industrialisierung gibt Friedrich Wilhelm Henning[52]. Die zurückhaltende, auf die Herstellung wachstumsfreundlicher Rahmenbedingungen, eines Kommunikationsnetzes für technisches Wissen und auf verbesserte technische Ausbildung konzentrierte Industrieförderungspolitik der Staaten ist vor allem für Baden und Preußen mehrfach untersucht worden. Dabei tritt sowohl die Bedeutung einzelner führender wirtschaftsliberaler Beamter wie auch von Institutionen zur Beratung der Behörden durch das wirtschaftende Bürgertum hervor[53]. Die

48 Vgl. die Beiträge von Carola Lipp, Wolfgang Kaschuba und Hans Ulrich Thamer in: Ulrich Engelhardt (Hrsg.), Handwerker im Industrialisierungsprozeß; zur alteuropäischen Tradition der Gesellenvereinigungen: Wolfgang Hardtwig, Genossenschaft, Sekte, Verein in Deutschland. Bd. 1: Vom Spätmittelalter bis zur Französischen Revolution. München 1997, S. 55–69.

49 Knut Borchardt, Die industrielle Revolution in Deutschland. München 1972; ähnlich wieder in: Carlo M. Cipolla u. Knut Borchardt (Hrsg.), Europäische Wirtschaftsgeschichte. Bd. 4, Stuttgart/New York 1977.

50 Friedrich-Wilhelm Henning, Die Industrialisierung in Deutschland 1800–1914. Paderborn 1973.

51 Hermann Kellenbenz, Deutsche Wirtschaftsgeschichte. Bd. 2: Vom Ausgang des 18. Jahrhunderts bis zum Ende des Zweiten Weltkriegs. München 1981; Hubert Kiesewetter, Industrielle Revolution in Deutschland 1815–1914. Frankfurt a. M. 1989; Toni Pierenkemper, Gewerbe und Industrie im 19. und 20. Jahrhundert. München 1994.

52 Friedrich-Wilhelm Henning, Die Wirtschaftsstruktur mitteleuropäischer Gebiete an der Wende zum 19. Jahrhundert, unter besonderer Berücksichtigung des gewerblichen Bereichs. In: Wolfram Fischer (Hrsg.), Beiträge zu Wirtschaftswachstum; vgl. auch Wolfgang Zorn, Binnenwirtschaftliche Verflechtungen um 1800. In: Friedrich Lütge (Hrsg.), Die wirtschaftliche Situation, und Hermann Kellenbenz, Der deutsche Außenhandel gegen Ausgang des 18. Jahrhunderts. Ebd.

53 Ulrich Peter Ritter, Die Rolle des Staates in den Frühstadien der Industrialisierung. Die preußische Industrieförderung in der ersten Hälfte des 19. Jahrhunderts. Berlin 1961; Ilja Mieck, Preußische Gewerbepolitik in Berlin 1806–1844. Staatshilfe und Privatinitiative zwischen Merkantilismus und Liberalismus. Berlin 1965; Wolfram Fischer, Der Staat und die Anfänge der Industrialisierung in Baden. Berlin 1962; Peter Lundgreen, Techniker in Preußen während der frühen Industrialisierung. Ausbildung und Berufsfeld einer entstehenden sozialen Gruppe. Berlin 1975; Wolfram Fischer, Unternehmerschaft, Selbstverwaltung und Staat. Die Handelskammern in der deutschen Wirtschafts- und Staatsverfassung des 19. Jahrhunderts. Berlin 1964; Eric Dorn Brose, The Politics of Technological Change in Prussia. Out of the Shadow of Antiquity, 1809–1848. Princeton 1993.

hohe Qualifikation und die Modernisierungsleistung preußischer Beamter untersucht noch einmal Friedrich Zunkel am Sonderfall des preußischen Bergbaus[54]. Bedingungen und Verlauf des Wachstums im damals größten Zentrum der deutschen Frühindustrialisierung, Berlin, sind exemplarisch dargestellt worden[55]. Die wichtigsten Daten zur Verkehrs- und Kommunikationsrevolution faßte zuletzt Wolfgang Zorn übersichtlich zusammen[56]. Die zentrale Bedeutung des Eisenbahnbaus für das Gesamtwachstum der gewerblichen Wirtschaft und für die Konjunkturbelebung ist mehrfach herausgearbeitet worden[57], ebenso die Entwicklung des deutschen Außenhandels[58]. Lebhaft diskutiert wurde die Frage nach der Kapitalausstattung der deutschen Wirtschaft in der ersten Jahrhunderthälfte und nach der Finanzierung der Industrialisierung, und zwar vor allem unter dem Gesichtspunkt des verspäteten Starts der Industrialisierung in Deutschland. Entgegen der älteren Meinung scheint der Kapitalmangel keine entscheidende Wachstumsschranke gewesen zu sein[59]. Besondere Aufmerksamkeit haben auch die regionalen Unterschiede des industriellen Wachstums auf sich gezogen. Denn nicht zuletzt im Hinblick auf die heutige nationale und internationale Wirtschaftsordnung interessieren die Übertragungsformen wirtschaftlichen Wachstums aus Regionen mit hohem Pro-Kopf-Einkommen in solche mit beträchtlichen Einkommensrückständen. Offenbar kann

[54] Friedrich Zunkel, Die Rolle der Bergbaubürokratie beim industriellen Ausbau des Ruhrgebiets 1815–1848. In: Hans-Ulrich Wehler (Hrsg.), Sozialgeschichte heute.

[55] Otto Büsch, Das Gewerbe in der Wirtschaft des Raumes Berlin/Brandenburg 1800–1850. In: ders. (Hrsg.), Untersuchungen; vgl. dazu auch die übrigen Beiträge in diesem Band.

[56] Wolfgang Zorn, Verdichtung und Beschleunigung des Verkehrs als Beitrag zur Entwicklung der »modernen Welt«. In: Reinhart Koselleck (Hrsg.), Studien zum Beginn der modernen Welt.

[57] Horst Wagenblaß, Der Eisenbahnbau und das Wachstum der deutschen Eisen- und Maschinenbauindustrie 1835–1860. Stuttgart 1973; Rainer Fremdling, Eisenbahnen und deutsches Wirtschaftswachstum 1840–1879. Dortmund 1975; Ludwig Brake, Die ersten Eisenbahnen in Hessen. Eisenbahnpolitik und Eisenbahnbau in Frankfurt, Hessen-Darmstadt, Kurhessen und Nassau bis 1866. Wiesbaden 1991.

[58] Bodo von Borries, Deutscher Außenhandel 1836 bis 1856. Eine statistische Untersuchung zur Frühindustrialisierung. Stuttgart 1970; Martin Kutz, Deutschlands Außenhandel von der Französischen Revolution bis zur Gründung des Zollvereins. Eine statistische Strukturuntersuchung zur vorindustriellen Zeit. Wiesbaden 1974; zur Rolle der Banken im Industrialisierungsprozeß zusammenfassend im europäischen Vergleich: Karl Erich Born, Geld und Banken im 19. und 20. Jahrhundert. Stuttgart 1997.

[59] Vgl. dazu u.a. Knut Borchardt, Zur Frage des Kapitalmangels in der ersten Hälfte des 19. Jahrhunderts in Deutschland (1961). Zuletzt in: ders., Wachstum, Krisen, Handlungsspielräume der Wirtschaftspolitik. Studien zur Wirtschaftsgeschichte des 19. und 20. Jahrhunderts. Göttingen 1982; Richard Tilly, Financial Institutions and Industrialization in the Rhineland 1815–1870. Madison, London 1966, sowie ders., Zur Entwicklung des Kapitalmarkts und Industrialisierung im 19. Jahrhundert. Zuletzt in: ders., Kapital, Staat und sozialer Protest in der deutschen Industrialisierung. Göttingen 1980.

man nicht davon ausgehen, daß solche Entwicklungsdivergenzen regional unterschiedlicher Industrialisierungsprozesse sich selbständig ausgleichen[60].

Umstritten ist die These von der »Protoindustrialisierung«. Sie stellt die Frage nach den treibenden Kräften im Übergang von der feudal geprägten Agrargesellschaft zum industriellen Kapitalismus neu. Sie geht davon aus, daß – bedingt durch die Folgen der Agrarkonjunkturen und -krisen – in der frühen Neuzeit bereits die ländliche Besitz- und Sozialstruktur durchgreifenden Veränderungen unterworfen gewesen sei, die zur Ausdehnung des ländlichen Arbeitskräfteangebots und zum Aufbau eines umfangreichen ländlichen Heimgewerbes geführt hätten[61]. Kritische Fragen richten sich u. a. an den Allgemeinheitsanspruch der Theorie, an die Gewichtung politisch-institutioneller Rahmenbedingungen und an die Vergleichbarkeit der mitteleuropäischen Verhältnisse mit den west- und osteuropäischen. Trotz des noch offenen Diskussionsstandes wird jedenfalls der Beitrag des ländlichen Gewerbes und der Verleger-Kaufleute zur entstehenden Industrialisierung neuerdings höher eingeschätzt[62].

Im Vormärz bereits beginnt sich die neue Führungsschicht der frühindustriellen Unternehmer von ihren Herkunftskreisen in Großhandel, Manufaktur, Verlag und Handwerk abzulösen. Sie ist bedeutsam nicht nur als Trägerschicht der wirtschaftlichen Modernisierung, sondern auch des Liberalismus. Qualifikation, Karrierewege, typische Verhaltensweisen und Wertorientierungen sind mehrfach untersucht worden, und zwar sowohl unter biographisch-mentalitätsgeschichtlichen und konfessionellen Gesichtspunkten wie auch im Hinblick auf die Geschichte der Unternehmensorganisation[63]. Vor allem aber gehört die Geschichte der Arbeiter-

[60] Vgl. dazu Knut Borchardt, Regionale Wachstumsdifferenzen in Deutschland im 19. Jahrhundert unter besonderer Berücksichtigung des West-Ostgefälles (1965). Zuletzt in: ders. (Hrsg.), Wachstum, mit dem Schwerpunkt auf der Hochindustrialisierungsphase; Sidney Pollard (Hrsg.), Region und Industrialisierung. Studien zur Rolle der Region in der Wirtschaftsgeschichte der letzten zwei Jahrhunderte. Göttingen 1980, darin bes. die Einleitung und die Beiträge von Jürgen Reulecke, Hubert Kiesewetter und Gerd Hohorst; sowie der Sammelband von Rainer Fremdling u. Richard Tilly (Hrsg.), Industrialisierung und Raum. Studien zur regionalen Differenzierung im Deutschland des 19. Jahrhunderts. Stuttgart 1979.

[61] Peter Kriedte, Hans Medick u. Jürgen Schlumbohm, Industrialisierung vor der Industrialisierung. Göttingen 1977; kritisch dazu vor allem Hans Linde und Eckart Schremmer in: Geschichte und Gesellschaft 6 (1980), S. 103–124 u. 420–448; sowie die Replik: Peter Kriedte, Hans Medick u. Jürgen Schlumbohm, Die Protoindustrialisierung auf dem Prüfstand der historischen Zunft. Ebd. 9 (1983), S. 87–106; neuerdings: Karl Ditt u. Sidney Pollard (Hrsg.), Von der Heimarbeit in die Fabrik. Industrialisierung und Arbeiterschaft in Leinen- und Baumwollregionen Westeuropas während des 18. und 19. Jahrhunderts. Paderborn 1992.

[62] Vgl. etwa Sidney Pollard, Peaceful Conquest, The Industrialization of Europe 1760–1970. Oxford 1981, S. 63–78.

[63] Friedrich Zunkel, Der rheinisch-westfälische Unternehmer 1834–1879. Ein Beitrag zur Geschichte des deutschen Bürgertums im 19. Jahrhundert. Köln, Opladen 1962; Jürgen Kocka, Unternehmer in der deutschen Industrialisierung. Göttingen 1975; Hartmut Kaelble, Berliner Unternehmer während der frühen Industrialisierung.

schaft inzwischen zu den besterforschten Bereichen in der Geschichte des 19. Jahrhunderts, wenngleich hier – bedingt durch die retardierte Industrialisierung, aber auch durch die Quellenlage – der Schwerpunkt auf der zweiten Jahrhunderthälfte liegt. Die Hinwendung zur Sozialgeschichte, die vergleichsweise späte, aber dann um so intensivere Aufarbeitung der Industrialisierungsgeschichte Deutschlands, aber auch die politische, wissenschaftsexterne Klimaveränderung seit der Mitte der sechziger Jahre haben hier zu einer Fülle von Untersuchungen geführt. Die Geschichte des Begriffs »Arbeiter« selbst erschließt zunächst die außerordentliche Vielgestaltigkeit derjenigen Gruppen, die unter diesem Namen zusammengefaßt wurden[64]. Die Einkommens- und Lebensverhältnisse sowie Statusprobleme in den entstehenden Fabriketablissements stehen im Mittelpunkt älterer synthetisierender Darstellungen[65]. Einige der neuen regionalen Branchengeschichten bzw. Belegschaftsgeschichten einzelner Betriebe reichen in den Zeitraum vor 1850 zurück. Sie verbinden die Analyse der Einnahmen und Ausgaben der Arbeiterhaushalte mit Fragen nach der Betriebsorganisation, der Situation am Arbeitsplatz, der beruflichen Mobilität, der Fluktuation und Wanderung und der Selbsthilfeeinrichtungen[66]. Hinzu kommen Untersuchungen über alte und neue Formen sozialer Sicherungs- und Unterstützungssysteme, über das mit Disziplinierungs- und Erziehungsmaßnahmen gepaarte patriarchalische Fürsorgeverhalten der Unternehmer, über die Tradition genossenschaftlicher Versorgungsformen und über die

Herkunft, sozialer Status und politischer Einfluß. Berlin, New York 1972; Eberhard Schmieder, Die wirtschaftliche Führungsschicht in Berlin 1770–1850. In: Herbert Helbig (Hrsg.), Führungskräfte der Wirtschaft im 19. Jahrhundert 1790–1914. Limburg 1977; Dirk Schumann, Bayerns Unternehmer in Gesellschaft und Staat, 1834–1914. Fallstudien zu Herkunft und Familie, politischer Partizipation und staatlichen Auszeichnungen. Göttingen 1992; Clemens Wischermann, Preußischer Staat und westfälische Unternehmer zwischen Spätmerkantilismus und Liberalismus. Köln, Weimar, Wien 1992.

64 Werner Conze, Artikel ›Arbeiter‹ in: Otto Brunner, Werner Conze, Reinhart Koselleck (Hrsg.), Geschichtliche Grundbegriffe. Lexikon der politisch-sozialen Sprache in Deutschland. Bd. 1, Stuttgart 1972.

65 Jürgen Kuczynsky, Geschichte der Lage der Arbeiter in Deutschland von 1789 bis zur Gegenwart. Bde 1–11, Berlin 1961–1967, bes. die Bde 1–4, mit einer Fülle von Material, aber nicht zuverlässig; Wolfram Fischer, Soziale Unterschichten im Zeitalter der Industrialisierung (1963); ders., Innerbetrieblicher und sozialer Status der frühen Fabrikarbeiterschaft (1964), beide in: Wolfram Fischer, Wirtschaft und Gesellschaft im Zeitalter der Industrialisierung. Göttingen 1972; neuerdings: Wolfgang Köllmann, Industrielle Unterschichten im Bergischen Land und im Ruhrgebiet in der Früh- und Hochindustrialisierung. In: Hans Mommsen und Winfried Schulze (Hrsg.), Vom Elend der Handarbeit; Lothar Schneider, Der Arbeiterhaushalt im 18. und 19. Jahrhundert. Berlin 1967.

66 Peter Borscheid, Textilarbeiterschaft; Hermann-Josef Rupieper, Arbeiter und Angestellte im Zeitalter der Industrialisierung. Eine sozialgeschichtliche Studie am Beispiel der Maschinenfabrik Augsburg und Nürnberg (MAN) 1837–1914. Frankfurt a. M. 1982; Gerhard Schildt, Tagelöhner, Gesellen, Arbeiter. Sozialgeschichte der vorindustriellen und industriellen Arbeiter in Braunschweig 1830–1880. Stuttgart 1986.

neuen Selbsthilfeeinrichtungen auf Vereinsbasis[67], wobei auch die Selbstdisziplinierungs- und Integrationsleistung von Verbänden kollektiver Selbsthilfe Beachtung findet[68].

Eine neuere Fragerichtung der Unterschichtenforschung verbindet sich mit den Begriffen »sozialer« bzw. »kollektiver Protest«. Vorwiegend auf der Grundlage quantifizierender Erhebungen über sozialökonomisch bedingte Unzufriedenheit sucht sie Bewußtseinslagen und Aktionsformen des im allgemeinen »stummen« Bevölkerungsanteils, die Kontroll- und Unterwerfungsmechanismen und schließlich die Stabilität von Herrschaftssystemen überhaupt näher zu bestimmen[69]. Gerade in der Kulminationsphase des gewaltsamen Protests im Vormärz um 1830 zeigen sich noch Elemente herkömmlicher Tumultformen – die Trägergruppen fallen noch nicht entlang industriell bedingter Klassenbildung auseinander, die Familien können sich beteiligen – wie noch beim Schlesischen Weberaufstand 1844. Die Konzeption der sozialen Protestforschung ist allerdings noch in der Diskussion. Einwände richten sich vor allem gegen die »Kosten« quantifizierender Verfahren, etwa die Nivellierung und nicht gewichtete Verwertung heterogener Informationen, gegen die Gefahr der Indifferenz gegenüber durchaus unterschiedlichen Motiven und Lebenssituationen, die zu ähnlichen Aktionen führen können, endlich auch gegen die Zentrierung des Blicks auf die ereignishafte Zuspitzung der Interessenwahrung[70]. Die

67 Vgl. den Überblick von Wolfram Fischer, Die Pionierrolle der betrieblichen Sozialpolitik im 19. und beginnenden 20. Jahrhundert. In: Wilhelm Treue und Hans Pohl (Hrsg.), Betriebliche Sozialpolitik deutscher Unternehmen seit dem 20. Jahrhundert. Wiesbaden 1978; zu einem Beispiel traditioneller Fürsorge: Wolfram Fischer, Die Anfänge der Fabrik von St. Blasien. In: ders., Wirtschaft und Gesellschaft.

68 Ute Frevert, Arbeiterkrankheit und Arbeiterkrankenkassen im Industrialisierungsprozeß Preußens (1840–1870). In: Werner Conze u. Ulrich Engelhardt (Hrsg.), Arbeiterexistenz; Karl Ditt, »Soziale Frage«, Sparkassen und Sparverhalten der Bevölkerung im Raum Bielefeld um die Mitte des 19. Jahrhunderts. Ebd.

69 Richtungweisend: Charles, Louise and Richard Tilly, The Rebellious Century 1830–1930. Cambridge, Mass. 1975; Heinrich Volkmann, Wirtschaftlicher Strukturwandel und sozialer Konflikt in der Frühindustrialisierung. Eine Fallstudie zum Aachener Aufruhr von 1830. In: Peter Christian Ludz (Hrsg.), Soziologie und Sozialgeschichte. Opladen 1973; die Grundkonzeption ist inzwischen differenziert und in Regionalstudien praktiziert worden: Rainer Wirtz, Widersetzlichkeiten, Excesse, Crawalle, Tumulte und Skandale. Soziale Bewegung und gewalthafter sozialer Protest in Baden 1815–1848. Frankfurt a.M. 1981; Hans Gerhard Husung, Protest und Repression im Vormärz. Norddeutschland zwischen Restauration und Revolution. Göttingen 1983; Darstellung und modifizierte Anwendung des Konzepts in den Beiträgen von Heinrich Volkmann, Alf Lüdtke, Gerd Hohorst/Richard Tilly, in: Geschichte und Gesellschaft 3 (1977), S. 153–211, 236–263; Arno Herzig, Unterschichtenprotest in Deutschland 1790–1870. Göttingen 1988; Manfred Gailus, Straße und Brot. Sozialer Protest in den deutschen Staaten unter besonderer Berücksichtigung Preußens 1847–1849. Göttingen 1990; ders., Heinrich Volkmann (Hrsg.), Kampf um das tägliche Brot. Nahrungsmangel, Hunger und Protest 1770–1970. Opladen 1994.

70 Vgl. bes. die Beiträge von Heinz-Gerhard Haupt und Karin Hausen in: Geschichte und Gesellschaft 3 (1977), S. 236–263.

gesamte Unterschichtenforschung hat inzwischen, ausgehend von der Arbeiterbewegungsgeschichte, einen nur mehr schwer überschaubaren Umfang angenommen. Eine prägnante Zusammenfassung und konsequente Systematisierung entlang der Frage nach der Entstehung industrieller Klassenschichtung bietet zuletzt Jürgen Kocka. Inzwischen liegen auch zwei Bände seiner umfassenden Arbeiter- und Arbeiterbewegungsgeschichte bis zum Kaiserreich vor[71].

Die für das 19. Jahrhundert bestimmenden pädagogischen Ideen und die Grundzüge des Bildungssystems auch in dem sich ausdifferenzierenden Berufssystem der bürgerlich-industriellen Gesellschaft sind bereits im späten 18. Jahrhundert und um die Jahrhundertwende entwickelt worden. Wer sich mit dem verstärkten staatlichen Zugriff auf das Bildungs- und Erziehungssystem, mit der Bedeutung der Bildung für den sozioökonomischen und soziokulturellen Wandel, mit dem Bildungsverhalten der Bevölkerung und mit der Interdependenz zwischen diesen Phänomenen beschäftigt, ist daher auf die – zum Teil älteren – bedeutenden übergreifenden oder epochenspezifischen Werke zu diesem Themenkomplex angewiesen[72]. Zu Volksschulunterricht und Volksschulpolitik liegen landesgeschichtliche Untersuchungen vor[73], das Gymnasialschulwesen ist vor allem für Preußen und Bayern inzwischen vielfältig untersucht: die Entstehung des humanistischen Gymnasiums in der staatlich-gesellschaftlichen Modernisierung[74],

[71] Jürgen Kocka, Lohnarbeit und Klassenbildung. Arbeiter und Arbeiterbewegung in Deutschland 1800–1875. Berlin, Bonn 1983; ders., Weder Stand noch Klasse. Unterschichten um 1800. Bonn 1990; ders., Arbeitsverhältnisse und Arbeiterexistenzen. Grundlagen der Klassenbildung im 19. Jahrhundert. Bonn 1990.

[72] Friedrich Paulsen, Geschichte des gelehrten Unterrichts auf den deutschen Schulen vom Ausgang des Mittelalters bis zur Gegenwart. Neudruck 3. Aufl., Berlin 1965; Wilhelm Roessler, Die Entstehung des modernen Erziehungswesens in Deutschland. Stuttgart 1961; eine gelungene, sehr knappe Synthese: Peter Lundgreen, Sozialgeschichte der deutschen Schule im Überblick. Teil 1: 1770–1918. Göttingen 1980; zur Alphabetisierungsgeschichte: Rolf Engelsing, Analphabetentum und Lektüre. Stuttgart 1973; zuverlässiger Überblick über den Forschungsstand zur preußischen Schulgeschichte: Franzjörg Baumgart, Zwischen Reform und Reaktion. Preußische Schulpolitik 1806–1859. Darmstadt 1990; v. a. Karl-Ernst Jeismann, Peter Lundgreen (Hrsg.), Handbuch der deutschen Bildungsgeschichte. Bd. III: 1800–1870. München 1987; vgl. a. Karl-Ernst Jeismann (Hrsg.), Bildung, Staat, Gesellschaft im 19. Jahrhundert. Mobilisierung und Disziplinierung. Stuttgart 1989; sowie: Peter Lundgreen, Margret Kraul, Karl Ditt, Bildungschancen und soziale Mobilität in der städtischen Gesellschaft des 19. Jahrhunderts. Göttingen 1988.

[73] Josef Neukum, Schule und Politik. Politische Geschichte der bayerischen Volksschule 1818–1848. München 1969; Gerd Friederich, Die Volksschule in Württemberg im 19. Jahrhundert. Weinheim, Basel 1978; Karl A. Schleunes, Schooling and Society. The Politics of Education in Prussia and Bavaria, 1750–1900. Oxford/New York 1989; Frank-Michael Kuhlemann, Modernisierung und Disziplinierung. Sozialgeschichte des preußischen Volksschulwesens 1794–1872. Göttingen 1992.

[74] Karl-Ernst Jeismann, Das preußische Gymnasium in Staat und Gesellschaft. Die Entstehung des Gymnasiums als Schule des Staates und der Gebildeten 1787–1817. Stuttgart 1974.

die Abflachung der Bildungsreformbewegung insgesamt nach Humboldts Ausscheiden aus dem Amt[75] und die gleichwohl vor allem in der sozialen Zusammensetzung der Schülerschaft faßbare gesellschaftspolitische Reformleistung des Gymnasiums[76]. Zur Konzeption der Reformuniversität bleibt noch immer Schelskys aus der aktuellen Universitätsreformdiskussion heraus geschriebenes Buch grundlegend, doch gibt es inzwischen auch weiterführende Spezialuntersuchungen zur Sozialgeschichte der Studenten, zur Geschichte der Hochschullehrer und zum Verhältnis von Staat und Universität[77]. Neuerdings wird auch hier der Frage nach der mobilitätsöffnenden oder -blockierenden Funktion der zentralen Bildungseinrichtungen auf der Grundlage quantifizierender Erhebungen nachgegangen[78]. Unter-

[75] Clemens Menze, Die Bildungsreform Wilhelm von Humboldts. Hannover 1975, mit sehr kritischen Urteilen über das »Scheitern« von Humboldts ursprünglichen Intentionen in der »Nachgeschichte«.

[76] Margret Kraul, Gymnasium und Gesellschaft im Vormärz. Neuhumanistische Einheitsschule, städtische Gesellschaft und soziale Herkunft der Schüler. Göttingen 1980; für Baden mit ähnlichen Ergebnissen wie für Preußen: Peter Koppenhöfer, Bildung und Auslese. Untersuchungen zur sozialen Herkunft der höheren Schüler Badens 1834/36–1890. Frankfurt a.M. 1980, sowie K. Detlev Müller, Sozialstruktur und Schulsystem. Aspekte zum Strukturwandel des Schulwesens im 19. Jahrhundert. Göttingen 1977; Helga Romberg, Staat und Höhere Schule. Ein Beitrag zur deutschen Bildungsverfassung vom Anfang des 19. Jahrhunderts bis zum 1. Weltkrieg. Weinheim, Basel 1979; Ulrich G. Herrmann, Sozialgeschichte des Bildungswesens als Regionalanalyse. Die höheren Schulen Westfalens im 19. Jahrhundert. Köln u. a. 1991; Rainer A. Müller, Akademische Ausbildung zwischen Staat und Kirche. Das bayerische Lyzealwesen 1773–1849. 2 Bde, Paderborn 1986; Martin E. Hofmann, Offene Schule und geschlossene Welt. Die höhere Schule in der ersten Hälfte des 19. Jahrhunderts im Königreich Bayern. Köln, Weimar, Wien 1991; James C. Albisetti, Schooling German Girls and Women. Secondary and Higher Education in Nineteenth Century. Princeton 1988.

[77] Helmut Schelsky, Einsamkeit und Freiheit. Idee und Gestalt der deutschen Universität und ihrer Reformen. 2. Aufl., Hamburg 1971; Hartmut Titze, Der Akademikerzyklus. Historische Untersuchungen über die Wiederkehr von Überfüllung und Mangel in akademischen Karrieren. Göttingen 1990; Klaus Schwabe (Hrsg.), Deutsche Hochschullehrer als Elite 1815–1945. Boppard 1988; Marita Baumgarten, Vom Gelehrten zum Wissenschaftler. Studien zum Lehrkörper einer kleinen Universität am Beispiel der Ludoviciana Gießen, Gießen 1988; dies., Professoren und Universitäten im 19. Jahrhundert. Zur Sozialgeschichte deutscher Geistes- und Naturwissenschaftler. Göttingen 1997; Manfred Brümmer, Staat kontra Universität. Die Universität Halle-Wittenberg und die Karlsbader Beschlüsse 1819–1848. Weimar 1991.

[78] Wolfgang Zorn, Hochschule und Höhere Schule in der deutschen Sozialgeschichte der Neuzeit. In: Spiegel der Geschichte. Festschrift für Max Braubach. Hrsg. von Konrad Repgen u. Stefan Skalweit. München 1964; Hermann Mitgau, Soziale Herkunft der deutschen Studenten bis 1900. In: Hermann Rössler u. Günter Franz (Hrsg.), Universität und Gelehrtenstand 1400–1800. Limburg 1970; Konrad Jarausch, Die neuhumanistische Universität und die bürgerliche Gesellschaft 1800–1870. Eine quantitative Untersuchung zur Sozialstruktur der Studentenschaft deutscher Universitäten. In: Christian Probst u. a. (Hrsg.), Darstellungen und Quellen zur Geschichte der deutschen Einheitsbewegung im 19. und 20. Jahrhundert. Bd. 11, Heidelberg 1981; Wolfram Fischer u. Peter Lundgreen, The Recruitment and Training of Administration and Tech-

suchungen zum technisch-gewerblichen Schulwesen arbeiten einen weiteren Aspekt der industrialisierungsbedingten Berufsspezifizierung heraus und betonen den geringeren Sozialstatus seiner Absolventen gegenüber dem Gymnasium[79]. Die vielgestaltigen Bildungskonzeptionen zwischen Spätaufklärung und Frühliberalismus und die jeweiligen politischen Erwartungen und Befürchtungen, die sich mit ihnen verbanden, sind knapp und präzis anhand der Begriffsgeschichte von »Bildung« erschlossen[80]. Die Bildungsforschung hat für die Schwellenjahre 1750–1850 analog zu den revolutionären Wandlungen in der sozioökonomischen und politischen Verfassung den Begriff der »Leserevolution« geprägt und diese im einzelnen untersucht: etwa das Leseverhalten, die Buchproduktion und die Leserorganisation[81] sowie das Vordringen der Lektüre in die Unterschichten[82]. Eingehend untersucht ist inzwischen derjenige Teil des Bürgertums, der sich über den Besitz von Patenten der höheren Bildung und über Werte und Verhaltensnormen definiert, die vorrangig aus dem neuhumanistischen Bildungsbegriff abgeleitet wurden – das Bildungsbürgertum, das seit dem späten 18. Jahrhundert zur maßgeblichen Funk-tionselite aufstieg[83]. Eine

nical Personnel. In: Charles Tilly (Hrsg.), The Formation of National States in Western Europe. Princeton 1975; Peter Lundgreen, Educational Expansion and Economic Growth in 19th-Century Germany. A Quantitative Study. In: Lawrence Stone (Hrsg.), Schooling and Society. Studies in the History of Education. Baltimore 1976.

[79] Herwig Blankertz, Bildung im Zeitalter der großen Industrie. Pädagogik, Schule und Berufsbildung im 19. Jahrhundert. Hannover 1969; Christiane Schiersmann, Zur Sozialgeschichte der preußischen Provinz. Gewerbeschulen im 19. Jahrhundert. Weinheim/Basel 1979. Zur Sozialgeschichte der Lehrerschaft: Anthony J. La Vopa, Prussian Schoolteachers. Profession and Office 1763–1848. Chapel Hill 1980. Rainer Bölling, Sozialgeschichte der deutschen Lehrer. Ein Überblick von 1800 bis zur Gegenwart. Göttingen 1983.

[80] Rudolf Vierhaus, Artikel ›Bildung‹. In: Otto Brunner, Werner Conze und Reinhart Koselleck (Hrsg.), Geschichtliche Grundbegriffe. Bd. 1, Stuttgart 1972; Georg Bollenbeck, Bildung und Kultur. Glanz und Elend eines deutschen Deutungsmusters. 2. Aufl., Frankfurt a. M./Leipzig 1994; zum Neuhumanismus noch immer: Franz Schnabel, Das humanistische Bildungsgut im Wandel von Staat und Gesellschaft. München 1956.

[81] Grundlegend: Rolf Engelsing, Die Perioden der Lesergeschichte. In: ders., Zur Sozialgeschichte deutscher Mittel- und Unterschichten. Göttingen 1973. Ilsedore Rarisch, Industrialisierung und Literatur. Buchproduktion, Verlagswesen und Buchhandel in Deutschland im 19. Jahrhundert in ihrem statistischen Zusammenhang. Berlin 1976; Reinhard Wittmann, Geschichte des deutschen Buchhandels. Ein Überblick. München 1991. Überblick mit Bibliographie: Otto Dann (Hrsg.), Lesegesellschaften und bürgerliche Emanzipation. Ein europäischer Vergleich. München 1981; Georg Jäger u. Jörg Schönert (Hrsg.), Die Leihbibliothek als Institution des literarischen Lebens im 18. und 19. Jahrhundert. Organisationsformen, Bestände und Publikum. Hamburg 1980; Alberto Martino, Die deutsche Leihbibliothek. Geschichte einer literarischen Institution (1756–1914). Wiesbaden 1990; Peter-Uwe Hohendahl, Literarische Kultur im Zeitalter des Liberalismus 1830–1870. München 1985.

[82] Rudolf Schenda, Die Lesestoffe der kleinen Leute. Studien zur populären Literatur im 19. und 20. Jahrhundert. München 1976.

[83] Ulrich Engelhardt, Bildungsbürgertum. Begriffs- und Dogmengeschichte eines

breite, primär sozialgeschichtliche Forschung wandte sich zuletzt der Selbstdefinition und -abgrenzung, der materiellen Situation, den gesellschaftlichen und staatlichen Einflußchancen des Bürgertums in der Erosion der alteuropäischen Stadtbürgerlichkeit zu, wobei auch frauen- und religionsgeschichtliche Aspekte aufgenommen und die Sonderwegsdiskussion weitergeführt wurden[84].

Trotz der Behinderungen durch Vereinsverbot und Zensur setzt sich 1815 – wenn auch verschiedentlich verformt – die bürgerliche Öffentlichkeit als Medium der Selbstverständigung der Individuen in Fragen der Kultur, der Lebensinterpretation, der gesellschaftlich-politischen Meinungsbildung durch. Auf der Grundlage einer von Marx geleiteten Analyse der bürgerlichen Gesellschaft arbeitet Jürgen Habermas in seinem Standardwerk die Entstehung und die Theorie der politischen öffentlichen Meinung heraus[85], wobei er betont, daß die Öffentlichkeit als politisches Prinzip nur in dieser noch vor- bzw. frühindustriellen Entwicklungsphase wirklich funktioniert habe. Zu Theorie und Praxis von Pressefreiheit und Zensur, zur Ausbreitung und zur Typendifferenzierung der Publizistik liegen mehrere zusammenfassende Untersuchungen vor, welche die Anfänge der bürgerlichen Öffentlichkeit in der Aufklärung und ihre Behinderung durch die Restaurationspolitik mitbehandeln[86]. Die Pressepolitik Met-

Etiketts. Stuttgart 1986; Bildungsbürgertum im 19. Jahrhundert. Bd. 1: Bildungssystem und Professionalisierung in internationalen Vergleichen. Hrsg. v. Werner Conze u. Jürgen Kocka, Bd. 2: Bildungsgüter und Bildungswissen. Hrsg. v. Reinhard Koselleck, Bd. 3: Lebensführung und ständische Vergesellschaftung. Hrsg. v. M. Rainer Lepsius, Bd. 4: Politischer Einfluß und gesellschaftliche Formation, 2. Aufl., Stuttgart 1992, 1990, 1992, 1989.

[84] Jürgen Kocka (Hrsg.), Bürger und Bürgerlichkeit im 19. Jahrhundert. Göttingen 1987; ders. (Hrsg.), Bürgertum im 19. Jahrhundert. Deutschland im europäischen Vergleich. 3 Bde, München 1988; Ute Frevert (Hrsg.), Bürgerinnen und Bürger. Geschlechterverhältnisse im 19. Jahrhundert. Göttingen 1988; David Blackbourn u. Richard Evans (Hrsg.), The German Bourgeoisie. London 1991; Hans-Jürgen Puhle (Hrsg.), Bürger in der Geschichte der Neuzeit. Wirtschaft – Politik – Kultur. Göttingen 1991; Elisabeth Fehrenbach (Hrsg.), Adel und Bürgertum in Deutschland 1770–1848. München 1994; Klaus Tenfelde u. a. (Hrsg.), Wege zur Geschichte des Bürgertums. Göttingen 1994; Lothar Gall, Bürgertum in Deutschland. Die Bassermanns. Berlin 1989; Franz J. Bauer, Bürgerwege und Bürgerwelten. Familienbiographische Untersuchungen zum deutschen Bürgertum im 19. Jahrhundert. Göttingen 1991; Thomas Mergel, Zwischen Klasse und Konfession. Katholisches Bürgertum im Rheinland 1794–1914. Göttingen 1994.

[85] Jürgen Habermas, Strukturwandel der Öffentlichkeit. Untersuchungen zu einer Kategorie der bürgerlichen Gesellschaft. 4. Aufl., Frankfurt a. M. 1969.

[86] Franz Schneider, Pressefreiheit und politische Öffentlichkeit. Studien zur politischen Geschichte Deutschlands bis 1848. Neuwied/Berlin 1966; Kurt Koszyk, Deutsche Presse im 19. Jahrhundert. Geschichte der deutschen Presse, Teil 2. Berlin 1966; Heinz-Dietrich Fischer, Handbuch der politischen Presse in Deutschland 1480–1980. Düsseldorf 1981; Sibylle Obenaus, Literarische und politische Zeitschriften 1830–1848, Stuttgart 1986.

ternichs und die eines Mittelstaates sind neuerdings speziell bearbeitet worden[87].

Erst mit erstaunlicher Verspätung hat die deutsche Historie das Vereinswesen als einen bereits bis 1848 ins Massenhafte angewachsenen Versuch des Bürgertums thematisiert, sich im Zerfallsprozeß der ständischen Gesellschaft nach spezifisch bürgerlichen Maßstäben der – wenngleich vielfach beschränkten – Gleichheit und persönlichen Freiheit zu organisieren und Formen der Kommunikation auszubilden, die zugleich dem neuen Individualismus und dem Bedürfnis nach zweckbezogener Kooperation entsprachen. Das Spektrum der Arbeiten reicht inzwischen von der Ideengeschichte der Vereinigungsfreiheit über die faktische Ausbreitung und Funktionsdifferenzierung der Vereine bis zum Aufstieg der Begriffe »Verein« und »Assoziation« zu politischen Leitvorstellungen der Epoche, zu gründlichen lokal- und regionalgeschichtlichen Querschnitten und zu Untersuchungen über die spezifische Geselligkeitsform des Salons[88].

Der heuristische Wert der historischen Modellvorstellung »bürgerliche Gesellschaft« ist vor allem von der Begriffsgeschichte betont worden, die, Sozial- und Ideengeschichte vermittelnd, den gesellschaftlichen Strukturwandel von der vormodernen »societas civilis cum imperio« zum interde-

[87] Frank Thomas Hoefer, Pressepolitik und Polizeistaat Metternichs. Die Überwachung von Presse und politischer Öffentlichkeit in Deutschland und den Nachbarstaaten durch das Mainzer Informationsbüro (1833–1848). München 1983; Manfred Treml, Bayerns Pressepolitik zwischen Verfassungstreue und Bundespflicht (1815–1837). Berlin 1977.

[88] Friedrich Müller, Assoziation und Korporation. Eine Problemgeschichte der Vereinigungsfreiheit im deutschen Vormärz. Berlin 1965; Thomas Nipperdey, Der Verein als soziale Struktur. Eine Fallstudie zur Modernisierung I. Zuletzt in: ders., Gesellschaft, Kultur, Theorie. Göttingen 1976; Otto Dann, Die Anfänge politischer Vereinsbildung in Deutschland. In: Ulrich Engelhardt u. a. (Hrsg.), Soziale Bewegung und politische Verfassung. Beiträge zur Entstehung der modernen Welt. Festschrift für Werner Conze. Stuttgart 1976; Wolfgang Hardtwig, Strukturmerkmale und Entwicklungstendenzen des Vereinswesens in Deutschland 1789–1848. In: Otto Dann (Hrsg.), Vereinswesen und bürgerliche Gesellschaft in Deutschland. Historische Zeitschrift, Beiheft 9 (1984); für die inzwischen zahlreicheren Lokalstudien: Eberhard Illner, Bürgerliche Organisierung in Elberfeld 1775–1850. Neustadt a. d. Aisch 1982; zu dem umfassendsten und folgenreichsten Versuch überterritorialer politischer Vereinsbildung: Cornelia Foerster, Der Preß- und Vaterlandsverein von 1832/33. Sozialstruktur und Organisationsformen der bürgerlichen Bewegung in der Zeit des Hambacher Festes. Trier 1982; die Anfänge wirtschaftlicher Interessenorganisation bei: Heinrich Best, Interessenpolitik und nationale Organisation 1848/49. Göttingen 1980, S. 81–120; Carola Lipp, Verein als politisches Handlungsmuster. Das Beispiel des württembergischen Vereinswesens von 1800 bis zur Revolution 1848–1849, in: Etienne François (Hrsg.), Sociabilité et société bourgeoise en France, en Allemagne et en Suisse 1750–1850. Paris 1986, S. 275–296; Ursula Krey, Vereine in Westfalen 1840–1855. Strukturwandel, soziale Spannungen, kulturelle Entfaltung. Paderborn 1993; zu unternehmerisch-etatistischen Vereinsinitiativen u. a.: Jürgen Reuleke, Sozialer Frieden durch soziale Reform. Wuppertal 1983; zum Salon u. a.: Petra Wilhelmy, Der Berliner Salon im 19. Jahrhundert (1780–1914). Berlin/New York 1989.

pendenten »System der Bedürfnisse« anhand des begrifflichen Bedeutungswandels erschließt[89]. Auffallenderweise sind bisher der Ansatz der Modernisierungstheorie und der Begriff der »bürgerlichen Gesellschaft«, der die zeitgenössische Theoriebildung über den epochalen Wandel im Zeitraum zwischen 1750 und 1850 in sich enthält, nicht in Beziehung zueinander gesetzt worden[90]. Der Wandel des Systems gesellschaftlicher Schichtung und die Formierung neuer Eliten im Arbeits- und Berufssystem bis 1848 wurden zuletzt mit höchst unterschiedlicher Schwerpunktbildung bearbeitet. Der Flut von Studien zu den Unterschichten stehen bislang nur einzelne exemplarische Arbeiten über den Funktionswandel des Adels gegenüber[91], während sich die Kenntnis über Ausbildung, Karrierewege, Standesethos, soziale Zusammensetzung und realen Einfluß der funktionalen Elite des Beamtentums stark erweitert hat[92]. Für den Mentalitätswandel und die Organisationsansätze der jugendlichen Intelligenzschicht bleibt man z.T. noch auf die älteren, primär nationalgeschichtlich orientierten Darstellungen über die Anfänge der Burschenschaften angewiesen[93] sowie

[89] Manfred Riedel, Artikel ›Bürger, Staatsbürger, Bürgertum‹. In: Geschichtliche Grundbegriffe. Bd. 1; ders., Artikel ›Gesellschaft, bürgerliche‹, ebd., Bd. 2.

[90] Zur Modernisierungstheorie vgl. den Überblick bei Hans-Ulrich Wehler, Modernisierungstheorie und Geschichte. Göttingen 1975; Forschungsaufriß zum Problemkreis »bürgerliche Gesellschaft«: Utz Haltern, Entwicklungsprobleme der bürgerlichen Gesellschaft. In: Geschichte und Gesellschaft 5 (1979), S. 274–295.

[91] Heinz Gollwitzer, Die Standesherren. Die politische und gesellschaftliche Stellung der Mediatisierten 1815–1918. Ein Beitrag zur deutschen Sozialgeschichte. 2. Aufl., Stuttgart 1964; Rolf Schier, Standesherren. Zur Auflösung der Adelsvorherrschaft in Deutschland (1815–1918). Heidelberg, Karlsruhe 1978; Heinz Reif, Westfälischer Adel 1770–1860. Vom Herrschaftsstand zur regionalen Elite. Göttingen 1979; Francis L. Carsten, Geschichte der preußischen Junker. Frankfurt a.M. 1988. Gregory W. Pedlow, The Survival of the Hessian Nobility, 1770–1870. Princeton 1988; Armgard von Reden-Dohna u. Ralph Melville (Hrsg.), Der Adel an der Schwelle des bürgerlichen Zeitalters 1780–1860. Wiesbaden 1988; vgl. a. Dominic Lieven, Abschied von Macht und Würden. Der europäische Adel 1815–1914. Frankfurt a. M. 1995.

[92] Hans Hattenhauer, Geschichte des Beamtentums. 2 Bde, Köln 1980; Bernd Wunder, Privilegierung und Disziplinierung. Die Entstehung des Berufsbeamtentums in Bayern und Württemberg (1780–1825). München, Wien 1978; Reinhart Koselleck, Preußen zwischen Reform und Revolution; Wilhelm Bleek, Von der Kameralausbildung zum Juristenprivileg. Studium, Prüfung und Ausbildung der höheren Beamten des allgemeinen Verwaltungsdienstes in Deutschland im 18. und 19. Jahrhundert. Berlin 1972; Walter Schärl, Die Zusammensetzung der bayerischen Beamtenschaft von 1806 bis 1918. Kallmünz 1955; Klaus Schwabe (Hrsg.), Die Regierungen der deutschen Mittel- und Kleinstaaten 1815–1933. Boppard 1983; Christina von Hodenberg, Die Partei der Unparteiischen. Der Liberalismus der preußischen Richterschaft 1815–1848/49. Göttingen 1996; zum Offizierskorps vgl. Karl Demeter, Das deutsche Offizierskorps in Gesellschaft und Staat 1650–1945. 4. Aufl., Frankfurt a.M. 1965.

[93] Vgl. dazu: Wolfgang Hardtwig, Krise der Universität, studentische Reformbewegung (1715–1890) und die Sozialisation der jugendlichen deutschen Bildungsschicht. In: Geschichte und Gesellschaft 11 (1985), S. 155–176; Paul Wentzke, Geschichte der deutschen Burschenschaft. Bd. 1: Vor- und Frühzeit bis zu den Karls-

auf die originelle, strukturgeschichtliche und psychologische Gesichtspunkte verbindende Arbeit von Hans Gerth[94]. Für die freien Bildungsberufe gibt es jetzt eine Reihe grundlegender Studien[95]. Zur nichtbeamteten Intelligenz sind erste weiterführende Arbeiten entstanden. Zudem betritt die historische Sozialisationsforschung mit einigen Untersuchungen, die den Mentalitätswandel der Bildungs- und der Unterschichten in der entstehenden bürgerlichen Gesellschaft thematisieren, in Fragestellung, Quellengrundlage und Methode Neuland[96].

Die Forschung zu den Anfängen der deutschen Parteien schließlich ist im Zusammenhang einerseits mit der älteren politischen Ideengeschichte, andererseits mit der neueren Aufarbeitung des deutschen Frühkonstitutionalismus und mit dem Interesse an der bürgerlichen Selbstorganisierung in der sich allmählich öffnenden Gesellschaft zu sehen. Unterschiedliche Meinungen gibt es zunächst noch über die Frage, ab wann man von »Parteien« im modernen Wortsinn sprechen kann, wobei der Beginn der Parteibildung mit distinkter Programmbildung und ersten Organisationsverläufen noch im System der Restauration zu Beginn der vierziger Jahre

bader Beschlüssen. Neudruck Heidelberg 1965, und Georg Heer, Geschichte der deutschen Burschenschaft. Die Demagogenzeit (1820–1833). Neudruck Heidelberg 1965; Wolfgang Hardtwig, Protestformen und Organisationsstrukturen der deutschen Burschenschaft 1815–1833. In: Helmut Reinalter (Hrsg.), Protestbewegungen im deutschen Vormärz. Frankfurt a. M. 1985.

94 Hans Gerth, Bürgerliche Intelligenz um 1800. Zur Soziologie des deutschen Frühliberalismus. 2. Aufl., Göttingen 1976; Konrad Jarausch, The Sources of German Student Unrest 1815–1848. In: Lawrence Stone (Hrsg.), The University in Society. Bd. 2, Princeton 1974.

95 Claudia Huerkamp, Der Aufstieg der Ärzte im 19. Jahrhundert. Vom gelehrten Stand zum professionellen Experten. Das Beispiel Preußen. Göttingen 1985; Annette Drees, Die Ärzte auf dem Weg zu Prestige und Wohlstand. Sozialgeschichte der württembergischen Ärzte im 19. Jahrhundert. Münster 1988; Hannes Siegrist (Hrsg.), Bürgerliche Berufe. Zur Sozialgeschichte der freien und akademischen Berufe im internationalen Vergleich. Göttingen 1988; Geoffrey Cock u. Konrad Jarausch (Hrsg.), German Professions 1800–1950. Oxford u. a. 1990; Charles E. McClelland, The German Experience of Professionalization. Modern Learned Professions and their Organizations from the Early Nineteenth Century to the Hitler Era. Cambridge/New York 1991.

96 Edmund Silberner, Johann Jacoby. Politiker und Mensch. Bonn-Bad Godesberg 1976; Shlomo Avineri, Moses Hess. Prophet of Communism and Zionism. New York 1985; Wolfgang Eßbach, Die Junghegelianer. Soziologie einer Intellektuellengruppe. München 1988; Lloyd S. Kramer, Threshold of a New World. Intellectuals and the Exile Experience in Paris, 1830–1848. Ithaca/London 1988; Rainer S. Elkar, Junges Deutschland in polemischem Zeitalter. Das schleswig-holsteinische Bildungsbürgertum in der ersten Hälfte des 19. Jahrhunderts. Zur Bildungsrekrutierung und politischen Sozialisation. Düsseldorf 1979; Werner K. Blessing, Staat und Kirche in der Gesellschaft. Institutionelle Autorität und mentaler Wandel in Bayern während des 19. Jahrhunderts. Göttingen 1982; zur Kriminalitätsforschung: Dirk Blasius, Bürgerliche Gesellschaft und Kriminalität. Zur Sozialgeschichte Preußens im Vormärz. Göttingen 1976.

angesetzt wird[97]. Generell hat sich das Forschungsinteresse von älteren Arbeiten zur Ideengeschichte auf die soziale Zusammensetzung der entstehenden politischen Lagerbildung, auf die Umsetzung gesellschaftlicher Konflikte in politische Stellungnahme und auf die Organisationsstrukturen vormärzlicher Gesinnungs- und Interessengemeinschaften verlagert. Für Liberalismus und Demokratie bildeten Hans Rosenberg und Leonard Krieger die Meineckesche Tradition der Ideengeschichte zu einer Sozialgeschichte der Ideen sowie zur Pointierung der Sonderwegsfrage weiter[98]. Wesentliche neue Erkenntnisse ergaben sich aus der Frage, inwieweit die politische und gesellschaftliche Programmatik des Liberalismus in der vorindustriellen Gesellschaftsverfassung wurzelt[99]. Die Sozialgeschichte des vormärzlichen Liberalismus ist inzwischen insbesondere für den konstitutionell fortgeschrittenen Südwesten mit besonderem Schwerpunkt auf der Rheinpfalz besser erschlossen[100]. Hinzu kommen Spezialstudien zu der für den Liberalismus zentralen Wahlrechtsfrage oder zu seinem Verhältnis zur Industrialisierung[101]. Starker Mangel besteht weiterhin an modernen

[97] Vgl. Ernst Rudolf Huber, Deutsche Verfassungsgeschichte, und Thomas Nipperdey, Deutsche Geschichte; Manfred Botzenhart, Deutscher Parlamentarismus; Problemaufriß und Diskussionsstand bei Dieter Langewiesche, Die Anfänge der deutschen Parteien. Partei, Fraktion und Verein in der Revolution von 1848/49. In: Geschichte und Gesellschaft 4 (1978), S. 324–361; Thomas Nipperdey, Grundprobleme der deutschen Parteigeschichte im 19. Jahrhundert. Zuletzt in: Gerhard A. Ritter (Hrsg.), Die deutschen Parteien vor 1918. Köln 1973; Manfred Hörner, Die Wahlen zur zweiten badischen Kammer im Vormärz (1819–1847). Göttingen 1987; Dieter Langewiesche, »Fortschritt«, »Tradition« und »Reaktion« nach der Französischen Revolution bis zu den Revolutionen von 1848, in: Jochen Schmidt (Hrsg.), Aufklärung und Gegenaufklärung in der europäischen Literatur. Philosophie und Politik von der Antike bis zur Gegenwart. Darmstadt 1989, S. 446–458; Hans Fenske, Deutsche Parteiengeschichte. Von den Anfängen bis zur Gegenwart. Paderborn 1994.

[98] Hans Rosenberg, Politische Denkströmungen im deutschen Vormärz. Göttingen 1972 (Sammlung älterer Aufsätze); Leonard Krieger, The German Idea of Freedom. History of a Political Tradition. Boston 1957.

[99] Grundlegend: Lothar Gall, Liberalismus und bürgerliche Gesellschaft. Zu Charakter und Entwicklung der liberalen Bewegung in Deutschland. In: Historische Zeitschrift 220 (1975), S. 324–356, sowie Karl-Georg Faber, Strukturprobleme des deutschen Liberalismus im 19. Jahrhundert. In: Der Staat 14 (1975), S. 201–227.

[100] Wolfgang Schieder, Der rheinpfälzische Liberalismus von 1832 als politische Protestbewegung. In: Helmut Berding u. a. (Hrsg.), Vom Staat des Ancien régime zum modernen Parteienstaat. Festschrift für Theodor Schieder. München, Wien 1978; Wolfgang Schieder (Hrsg.), Liberalismus in der Gesellschaft des deutschen Vormärz. Göttingen 1983; gelungene Synthesen: James J. Sheehan, Der deutsche Liberalismus. Von den Anfängen im 18. Jahrhundert bis zum Ersten Weltkrieg 1770–1914. München 1983; Dieter Langewiesche, Liberalismus in Deutschland. Frankfurt a. M. 1988; ders. (Hrsg.), Liberalismus im 19. Jahrhundert. Deutschland im europäischen Vergleich. Göttingen 1988; generell zur Verwurzelung des Liberalismus in den Einzelstaaten: Lothar Gall u. Dieter Langewiesche (Hrsg.), Liberalismus und Region. Zur Geschichte des deutschen Liberalismus im 19. Jahrhundert. München 1995.

[101] Heinz Boberach, Wahlrechtsfragen im Vormärz. Die Wahlrechtsanschauung im Rheinland 1815–1849 und die Entstehung des Dreiklassenwahlrechts. Düsseldorf

Biographien bzw. monographischen Darstellungen zu führenden Liberalen und Demokraten[102]. Die älteren Standardwerke über Hegels Staatsbegriff und seine Stellung in der Geistesgeschichte des 19. Jahrhunderts sind vor allem im Hinblick auf den Theoriegehalt des Begriffs »bürgerliche Gesellschaft« ergänzt worden[103].

Entschieden schmaler als zum Liberalismus ist die Literatur zu den Anfängen der demokratischen Bewegung[104]. Nach wie vor ist man hier neben dem alten grundlegenden Aufsatz des Außenseiters Gustav Mayer[105] vor allem auf eine intensive vergleichende Studie zum Denken führender Demokraten – mit besonderem Akzent auf der Abgrenzung zum Liberalismus sowie auf monographische Arbeiten verwiesen[106]. Hinzu kommen Sammelbände, die einzelne radikale Milieus und die Traditionslinie des Vormärzradikalismus zur Französischen Revolution untersuchen[107]. Gro-

1969; Helmut Sedatis, Liberalismus und Handwerk in Südwestdeutschland. Wirtschafts- und Gesellschaftskonzeptionen des Liberalismus und die Krise des Handwerks im 19. Jahrhundert. Stuttgart 1979.

102 Vgl. Erich Angermann, Robert von Mohl 1799–1875. Neuwied 1962; Günter Birtsch, Die Nation als sittliche Idee. Der Nationalstaatsbegriff in Geschichtsschreibung und politischer Gedankenwelt Johann Gustav Droysens. Köln/Graz 1964. Franz Rosenzweig, Hegel und der Staat. Neudruck der Ausgabe von 1920, Aalen 1962; Karl Löwith, Von Hegel zu Nietzsche. Der revolutionäre Bruch im Denken des 19. Jahrhunderts. 7. Aufl., Stuttgart 1978.

103 Neuerdings arbeitet die Forschung zum Liberalismus dessen Verwurzelung in der Tradition des alteuropäischen Republikanismus und damit im politischen Milieu der Stadt heraus – Raimund Waibel, Frühliberalismus und Gemeindewahlen in Württemberg (1817–1855). Das Beispiel Stuttgart. Stuttgart 1992; Paul Nolte, Gemeindebürgertum und Liberalismus in Baden 1800–1850. Traditionalismus – Radikalismus – Republik. Göttingen 1994 – und geht der Verfestigung des Liberalismus im restriktiven politischen Klima des Vormärz mit Hilfe des kryptopolitischen Vereinswesens nach: Regine Quack-Eustathiades, Der deutsche Philhellenismus während des griechischen Freiheitskampfes 1821–1827. München 1984; Christoph Hauser, Anfänge bürgerlicher Organisation. Philhellenismus und Frühliberalismus in Südwestdeutschland. Göttingen 1990.

104 Manfred Riedel, Bürgerliche Gesellschaft und Staat. Grundproblem und Struktur der Hegelschen Rechtsphilosophie. Neuwied, Berlin 1970; Joachim Ritter, Hegel und die Französische Revolution. 2. Aufl., Frankfurt a. M. 1965; zu den Linkshegelianern vgl. Karl Löwith (Hrsg.), Die Hegelsche Linke. Stuttgart 1962.

105 Gustav Mayer, Die Anfänge des politischen Radikalismus im vormärzlichen Preußen. In: ders., Radikalismus, Sozialismus und bürgerliche Demokratie. Hrsg. von Hans-Ulrich Wehler. Frankfurt a. M. 1969; vgl. auch die Aufsätze von Hans Rosenberg.

106 Peter Wende, Radikalismus im Vormärz. Untersuchungen zur politischen Theorie der frühen deutschen Demokratie. Wiesbaden 1975. Rainer Koch, Demokratie und Staat bei Julius Fröbel 1805–1893. Liberales Denken zwischen Naturrecht und Sozialdarwinismus. Wiesbaden 1978; Siegfried Schmidt, Robert Blum. Vom Leipziger Liberalen zum Märtyrer der deutschen Demokratie. Weimar 1971; Jürgen Peiser, Gustav Struve als politischer Schriftsteller und Revolutionär. Frankfurt a. M. 1973.

107 Helmut Reinalter (Hrsg.), Demokratische und soziale Protestbewegung in Mit-

ße Aufmerksamkeit hatte dagegen sowohl in der DDR wie später erst in der Bundesrepublik die Geschichte der »ersten deutschen Arbeiterbewegung« gefunden. Sie berührt sich mit der Arbeiter- bzw. Handwerkergeschichtsforschung – etwa, was die Formen des sozialen Konflikts und die Anfänge der Gewerkschaftsbewegung angeht[108]. Die in Deutschland bis 1848 im allgemeinen noch dominierende Tradition handwerklichen Selbstbewußtseins, zugleich aber das wachsende Bedürfnis nach rationaler Aufklärung der eigenen Lage in der entstehenden kapitalistischen Verkehrswirtschaft und die Aneignung einer gesellschaftlich-politischen Zukunftsperspektive durch die Arbeiter-Handwerker läßt sich an der Geschichte des Handwerker- bzw. Arbeiterbildungsvereinswesens ablesen[109]. Neben der Ideengeschichte der frühsozialistischen Theoriebildung[110] sind vor allem die organisatorischen Anfänge der Arbeiterbewegung in den Auslandsvereinen, die Kommunikationsstrukturen, die Verflechtung von In- und Auslandsvereinen und die innerdeutsche Politisierung der Arbeiter-Handwerkervereine intensiv bearbeitet worden[111]. Für Leipzig, ein frühindustrielles Zentrum der Arbeiterbewegung, liegt eine gelungene Synthese von Arbeiter- und Arbeiterbewegungsgeschichte vor – auf marxistischer Theoriegrundlage, aber empirisch gesättigt[112]. Monographische Untersu-

teleuropa 1815–1848/49. Frankfurt a.M. 1986; ders. (Hrsg.), Die demokratische Bewegung in Mitteleuropa von der Spätaufklärung bis zur Revolution 1848/49. Innsbruck 1988.

108 Zur Geschichte des Streiks revisionsbedürftig, aber noch unverzichtbar: Elisabeth Todt u. Hans Radandt, Zur Frühgeschichte der Gewerkschaftsbewegung 1800–1849. Berlin (Ost) 1950; mit dem Schwerpunkt nach 1850: Klaus Tenfelde u. Heinrich Volkmann (Hrsg.), Streik. Zur Geschichte des Arbeitskampfes in Deutschland während der Industrialisierung. München 1981.

109 Karl Birker, Die deutschen Arbeiterbildungsvereine 1840–1870. Berlin 1973; Eckart Dittrich, Arbeiterbewegung und Arbeiterbildung im 19. Jahrhundert. Bensheim 1980.

110 Weitgehend immanent-geistesgeschichtlich: Thilo Ramm, Die großen Sozialisten als Rechts- und Sozialphilosophen. Bd. 1, Stuttgart 1955; Fritz Kool u. Werner Krause (Hrsg.), Die frühen Sozialisten. Olten 1967; orthodox die Frühsozialisten auf Marx hin mediatisierend: Ahlrich Meyer, Frühsozialismus. Theorien der sozialen Bewegung 1789–1848. Freiburg/München 1977.

111 Werner Kowalski, Vorgeschichte und Entstehung des Bundes der Gerechten. Berlin 1962; Wolfgang Schieder, Anfänge der deutschen Arbeiterbewegung. Die Auslandsvereine im Jahrzehnt nach der Julirevolution 1830. Stuttgart 1963; Dieter Dowe, Aktion und Organisation. Arbeiterbewegung, sozialistische und kommunistische Bewegung in der preußischen Rheinprovinz 1820–1852. Hannover 1970; Ernst Schraepler, Handwerkerbünde und Arbeitervereine 1830–1853. Die politische Tätigkeit deutscher Sozialisten von Wilhelm Weitling bis Karl Marx. Berlin 1972; umfassend, aber ganz auf dem Boden der herkömmlichen marxistischen Ideologie- und Organisationsgeschichte: Martin Hundt, Geschichte des Bundes der Kommunisten 1836–1852. Frankfurt a.M. 1993.

112 Hartmut Zwahr, Zur Konstitution des Proletariats als Klasse. Strukturuntersuchungen über das Leipziger Proletariat während der industriellen Revolution. München 1981

chungen häufen sich natürlich zu Marx/Engels[113], doch findet auch Wilhelm Weitling Beachtung[114].

Ähnlich wie die Historie zur Arbeiterbewegung steht die Erforschung des Konservativismus in engstem Zusammenhang mit jeweils aktuellen Verschiebungen im Gefüge der politischen Wertvorstellungen. Die Permanenz des gesellschaftlichen Wandels, der faktische Substanzverlust konservativer Positionen infolge des Verblassens christlich-kirchlicher Wertorientierungen, die im frühen Konservativismus eine beherrschende Rolle gespielt haben, und die Diskreditierung des »Konservativismus«-Begriffs durch die vielfache Verflechtung von Konservativismus mit Antiparlamentarismus und Nationalismus in der Weimarer Republik haben dazu geführt, daß hier nach dem Krieg eine breite, politisch an Kontinuitätslinien interessierte Forschung nicht entstanden ist[115]. Die in die zeitgenössische ideenpolitische und politische Auseinandersetzung involvierten, nach den wesentlichen Wurzeln und Motiven des Konservativismus fragenden Arbeiten aus der Weimarer Republik sind daher durch neuere Ansätze noch immer nicht überholt[116]. Zur Entstehungsgeschichte des Konservativismus aus dem Geiste der Opposition gegen Aufklärung und Revolution liegen dagegen zwei umfangreiche Darstellungen vor[117]. Aus politikwissenschaftlicher Sicht hat sich die Aufmerksamkeit konsequenterweise vor allem auf die konstitutionelle Modifikation der hochkonservativen Lehre gerichtet. Im übrigen erschließen den historischen Zugang einige einfühlsame personengeschichtliche Studien[118]. Differenzierte neue Untersuchungen konzen-

[113] Offiziös-marxistisch, aber inhaltsreich: Auguste Cornu, Karl Marx und Friedrich Engels. Leben und Werk. Bd. 1. Berlin (Ost)/Weimar 1954; Isaiah Berlin, Karl Marx. Sein Leben und sein Werk. München 1959; Raymond Aron, Hauptströmungen des soziologischen Denkens. Bd. 1. Köln 1965, S. 131–200.

[114] Waltraud Seidel-Höppner, Wilhelm Weitling – der erste deutsche Theoretiker und Agitator des Kommunismus. Berlin (Ost) 1961.

[115] Diese Problemstellung leitet die zusammenfassende Darstellung der »philosophischen Theorie« des Konservativismus bei Martin Greiffenhagen, Das Dilemma des Konservativismus in Deutschland. München 1971.

[116] Carl Schmitt, Politische Romantik (1919). 3. Aufl., Berlin 1968; Sigmund Neumann, Die Stufen des preußischen Konservativismus. Ein Beitrag zum Staats- und Gesellschaftsbild Deutschlands im 19. Jahrhundert (1930). Neudruck Vaduz 1965; Karl Mannheim, Das konservative Denken. Soziologische Beiträge zum Werden des politisch-historischen Denkens in Deutschland (1927). Zuletzt in: Hans Gerd Schumann (Hrsg.), Konservativismus. Köln 1974; vgl. darin auch die Beiträge von Otto Heinrich v. d. Gablentz und Johann Baptist Müller.

[117] Fritz Valjavec, Die Entstehung der politischen Strömungen in Deutschland 1779–1815. Neudruck Düsseldorf 1978; Klaus Epstein, Die Ursprünge des Konservativismus in Deutschland. Der Ausgangspunkt: Die Herausforderung durch die Französische Revolution 1770–1800. Frankfurt a. M. 1973.

[118] Dieter Grosser, Grundlagen und Struktur der Staatslehre Friedrich Julius Stahls. Köln/Opladen 1963; Wilhelm Füßl, Professor in der Politik. Friedrich Julius Stahl (1802–1861). Das monarchische Prinzip und seine Umsetzung in die parlamentarische Praxis. Göttingen 1988; Hans-Joachim Schoeps, Das andere Preußen. Konservative Gestalten und Probleme im Zeitalter Friedrich Wilhelms IV. 5. Aufl., Berlin 1981;

trieren sich auf den preußischen Konservativismus[119] und auf die Organisation konservativer Gesinnung in kryptopolitischen Vereinen[120]. Auch für das Verhältnis von Staat und katholischer Kirche bzw. die Entstehung des politischen Katholizismus ist noch auf ältere zusammenfassende Darstellungen zurückzugreifen[121]. Umfangreiche Monographien liegen vor zu Geschichte und Vorgeschichte der »Kölner Wirren«, Mischehenfrage, Hermesianismus, Konfrontation des rheinischen Katholizismus mit der latent staatsprotestantischen Politik der preußischen Regierung[122]. Verstärkte Aufmerksamkeit haben zuletzt die katholische Volksfrömmigkeit und Ansätze der Milieubildung im Katholizismus des Vormärz gefunden[123]. Die religiös-politischen und die sozialethischen Ideen des Katholizismus in den Jahren seiner Auseinandersetzung mit Aufklärung, Liberalismus und entstehendem Kapitalismus sind Gegenstand von Einzelstudien zu den für die Regeneration und politische Formierung des Katholizismus zentralen Persönlichkeiten[124]. Schließlich sind auch die Anfänge der politi-

Golo Mann, Friedrich Gentz. 2. Aufl., Wien 1973; vgl. auch Wolfgang Scheel, Das ›Berliner Politische Wochenblatt‹ und die politische und soziale Revolution in Frankreich und England. Ein Beitrag zur konservativen Zeitkritik in Deutschland. Berlin/Frankfurt a. M. 1964.

119 Robert M. Berdahl, The Politics of the Prussian Nobility. The Development of a Conservative Ideology, 1770–1848. Princeton 1988; Lothar Dittmer, Beamtenkonservativismus und Modernisierung. Untersuchungen zur Vorgeschichte der Konservativen Partei in Preußen 1810–1848/49. Stuttgart 1992; Larry Eugene Jones u. James N. Retallack (Hrsg.), Between Reform, Reaction, and Resistance. Studies in the History of German Conservatism from 1789 to 1945. Oxford 1992.

120 Eckhard Trox, Militärischer Konservativismus. Kriegervereine und »Militärpartei« in Preußen zwischen 1815 und 1848/49. Stuttgart 1990.

121 Ausführlich: Franz Schnabel, Deutsche Geschichte. Bd. 4; Georg Franz, Kulturkampf. Staat und katholische Kirche in Mitteleuropa von der Säkularisation bis zum Abschluß des preußischen Kulturkampfes. München 1954.

122 Walter Lipgens, Ferdinand August Graf Spiegel und das Verhältnis von Kirche und Staat 1789–1835. Die Wende vom Staatskirchentum zur Kirchenfreiheit. 2 Bde, Münster 1965; Rudolf Lill, Die Beilegung der Kölner Wirren 1842–1849. Vorwiegend nach Akten des Vatikanischen Geheimarchivs. Düsseldorf 1962; Christoph Weber, Aufklärung und Orthodoxie am Mittelrhein 1820–1850. München 1973.

123 Jonathan Sperber, Popular Catholicism in Nineteenth-Century Germany. Princeton, N.J. 1984; Wolfgang Schieder (Hrsg.), Volksreligiosität in der modernen Sozialgeschichte. Göttingen 1986; ders. (Hrsg.), Religion und Gesellschaft im 19. Jahrhundert. Stuttgart 1993; Rudolf Schlögl, Glaube und Religion in der Säkularisierung. Die katholische Stadt – Köln, Aachen, Münster – 1700–1840. München 1995; Irmtraud Götz von Olenhusen (Hrsg.), Wunderbare Erscheinungen. Frauen und katholische Frömmigkeit im 19. und 20. Jahrhundert. Paderborn 1995.

124 Anton Rauscher (Hrsg.), Deutscher Katholizismus und Revolution im frühen 19. Jahrhundert. München 1975; Albrecht Langner (Hrsg.), Katholizismus, konservative Kapitalismuskritik und Frühsozialismus bis 1850. München 1975; Martin Schmidt u. Georg Schwaiger (Hrsg.), Kirchen und Liberalismus im 19. Jahrhundert. Göttingen 1976; Anton Rauscher (Hrsg.), Katholizismus, Bildung und Wissenschaft im 19. und 20. Jahrhundert. Paderborn 1987; ders. (Hrsg.), Religiös-kulturelle Bewegungen im deutschen Katholizismus seit 1800. Paderborn 1986; Matthias Klug, Rückwendung

schen Parteibildung in den südwestdeutschen Kammern in Einzelaspekten untersucht[125]. Eine moderne Gesamtdarstellung der Auseinandersetzung des Katholizismus mit den Zeitströmungen und ihrer Umsetzung in politisch-gesellschaftliche Programmatik vor dem Organisationsschub der Revolutionsjahre 1848/49 steht noch aus, doch wird der Vormärz im Rahmen von Gesamtdarstellungen mitbehandelt[126].

Die neu belebte Nationalismusforschung beginnt das Feld des vormärzlichen Nationalismus in vieler Hinsicht neu zu vermessen. So arbeitet sie die Bedeutung krypto- oder semipolitischer Vereinigungen für den Nationalismus[127] heraus, relativiert herkömmliche Periodisierungen, sowohl was die Ursprünge und vormodernen Prägungen[128], die Übergänge zu einem integralen Nationalismus[129] als auch die Interferenzen von »Reich« und »Nation« angeht[130] und thematisiert das Verhältnis von Religion und Nation[131] und die Ausformung nationaler Rituale im politischen Fest[132].

zum Mittelalter? Geschichtsbilder und historische Argumentation im politischen Katholizismus des Vormärz. Paderborn 1995.

125 Walter-Siegfried Kircher, Adel, Kirche und Politik in Württemberg 1837–1851. Kirchliche Bewegung, katholische Standesherren und Demokratie. Göppingen 1973; Julius Dorneich, Franz Joseph Buss und die katholische Bewegung in Baden. Freiburg 1979.

126 Heinz Hürten, Kurze Geschichte des deutschen Katholizismus 1800–1960. Mainz 1986; Kurt Nowak, Geschichte des Christentums in Deutschland. Religion, Politik und Gesellschaft vom Ende der Aufklärung bis zur Mitte des 20. Jahrhunderts. München 1995.

127 Dieter Düding, Organisierter gesellschaftlicher Nationalismus in Deutschland (1808–1847). Bedeutung und Funktion der Turner- und Sängervereine für die deutsche Nationalbewegung. München 1984; Dieter Langewiesche, ». . . für Volk und Vaterland kräftig zu würken . . .« Zur politischen und gesellschaftlichen Rolle der Turner zwischen 1811 und 1871, in: Ommo Grupe (Hrsg.), Kulturgut oder Körperkult? Sport und Sportwissenschaft im Wandel. Tübingen 1990, S. 22–61.

128 Otto Dann (Hrsg.), Nationalismus in vorindustrieller Zeit. München 1986; Wolfgang Hardtwig, Vom Elitebewußtsein zur Massenbewegung. Frühformen des Nationalismus in Deutschland 1500–1840, in: ders., Nationalismus und Bürgerkultur in Deutschland 1500–1914. Ausgewählte Aufsätze. Göttingen 1994, S. 34–54.

129 Manfred Meyer, Freiheit und Macht. Studien zum Nationalismus süddeutscher, insbesondere badischer Liberaler 1830–1848. Frankfurt a. M., u. a. 1994.

130 Dieter Langewiesche, Reich, Nation und Staat in der jüngeren deutschen Geschichte, in: HZ 254 (1992), S. 341–381.

131 Wolfgang Altgeld, Katholizismus, Protestantismus, Judentum. Über religiös begründete Gegensätze und nationalreligiöse Ideen in der Geschichte des deutschen Nationalismus. Mainz 1992.

132 Dieter Düding, Peter Friedemann, Paul Münch (Hrsg.), Öffentliche Festkultur. Politische Feste in Deutschland von der Aufklärung bis zum Ersten Weltkrieg. Reinbek 1988. Manfred Hettling u. Paul Nolte (Hrsg.), Bürgerliche Feste. Symbolische Formen politischen Handelns im 19. Jahrhundert. Göttingen 1993; eine knappe, in Konzeption und Begrifflichkeit nicht unproblematische Gesamtdarstellung des Nationalismus: Otto Dann, Nation und Nationalismus in Deutschland. 3. Aufl., München 1996; vgl. a. Harold James, Deutsche Identität 1770–1990. Frankfurt a. M./New York 1991.

Erheblich erweitert wurde zuletzt unsere Kenntnis der Geschichte des Judentums zwischen Aufklärung und der Revolution von 1848/49. Neben umfassenden Forschungsberichten[133] liegen Detailstudien zur Emanzipationsgesetzgebung und zum tatsächlichen Emanzipationsprozeß[134] und Synthesen auf lokaler und nationaler Ebene vor[135]. Auch Ursachen und Zusammenhänge der Judenfeindschaft zwischen traditionellem Antijudaismus und modernem Antisemitismus werden jetzt genauer erforscht[136].

133 Trude Maurer, Die Entwicklung der jüdischen Minderheit in Deutschland (1780–1933). Neuere Forschungen und offene Fragen. Tübingen 1992; Shulamit Volkov, Die Juden in Deutschland 1780–1918. München 1994.

134 Jacob Katz, Aus dem Ghetto in die bürgerliche Gesellschaft. Jüdische Emanzipation 1770–1870. Frankfurt a. M. 1986; Annegret Brammer, Judenpolitik und Judengesetzgebung in Preußen 1812 bis 1847 mit einem Ausblick auf das Gleichberechtigungsgesetz des Norddeutschen Bundes von 1869. Berlin 1987; Rainer Erb u. Werner Bergmann, Die Nachtseite der Judenemanzipation. Der Widerstand gegen die Integration der Juden in Deutschland 1780 bis 1860. Berlin 1989; Dorothee Schimpf, Emanzipation und Bildungswesen der Juden im Kurfürstentum Hessen 1807–1866. Jüdische Identität zwischen Selbstbehauptung und Assimilationsdruck. Wiesbaden 1994.

135 Steven M. Lowenstein, The Berlin Jewish Community. Enlightenment, Familiy, and Crisis, 1770–1830. New York, Oxford 1994; David Sorkin, The Transformation of German Jewry, 1780–1840. New York/Oxford 1987; Michael Meyer u. a. (Hrsg.), Deutsch-jüdische Geschichte in der Neuzeit. Bd. 2: Emanzipation und Akkulturation 1780–1870. München 1996.

136 Dietz Bering, Der Name als Stigma. Antisemitismus im deutschen Alltag 1812–1933. Stuttgart 1987; Stefan Rohrbacher, Gewalt im Biedermeier. Antijüdische Ausschreitungen in Vormärz und Revolution (1815–1848/49). Frankfurt a. M./New York 1993; Jacob Katz, Die Hep-Hep-Verfolgungen in Deutschland 1819. Berlin 1994.

1815 24. 4. Verfassung des lombardo-venezianischen Königreiches
22. 5. Zweites Verfassungsversprechen Friedrich Wilhelms III.
8. 6. Verabschiedung der Bundesakte
9. 6. Schlußakte des Wiener Kongresses
22. 6. Gründung der Jenaer Burschenschaft
1816 Karl Ludwig von Haller, ›Die Restauration der Staatswissenschaften‹; Bde 1–4: 1816–1820
1817 Gründung der ersten Druckmaschinenfabrik durch Friedrich König in Würzburg
18. 10. Wartburgfeier
1818 26. 5. Verfassung des Königreiches Bayern
22. 8. Verfassung des Großherzogtums Baden
18. 10. Gründung der Allgemeinen Deutschen Burschenschaft in Jena
1819 23. 3. Ermordung August von Kotzebues durch Karl Ludwig Sand
20. 9. Verabschiedung der Karlsbader Beschlüsse durch den Bundestag
25. 9. Verfassung des Königreichs Württemberg
Denkschrift Hardenbergs ›Ideen zu einer landständischen Verfassung in Preussen‹
Gründung des »Vereins deutscher Kaufleute und Fabrikanten« durch Friedrich List
Einbruch der Agrarkonjunktur
1820 17. 1. Drittes Verfassungsversprechen Friedrich Wilhelms III.
17. 12. Verbesserte Verfassung des Großherzogtums Hessen
1821 Georg Wilhelm Friedrich Hegel, ›Grundlinien der Philosophie des Rechts‹
1823 5. 6. Provinzialständische Verfassung in Preußen
1830 27.–29. 7. Julirevolution in Frankreich
September: Unruhen in mehreren deutschen Staaten
November: Beginn des polnischen Aufstands
24. 12. Studententumulte in München
1831 5. 1. Verfassung Kurhessens
26. 5. Entlassung des Innenministers Schenk durch Ludwig I. von Bayern
4. 9. Verfassung des Königreichs Sachsen
Gründung des interkonfessionellen konservativen ›Berliner Politischen Wochenblattes‹
1832 29. 1. Gründung des »Preß- und Vaterlandsvereins«
27.–30. 5. Hambacher Fest
5. 7. Bundesmaßnahmen gegen Vereins-, Versammlungs- und Pressefreiheit

28. 7. ›Sechs Artikel‹ des Deutschen Bundes gegen landständische Rechte

1833 3. 4. Frankfurter Wachensturm
26. 9. Verfassung des Königreichs Hannover
Friedrich Christoph Dahlmann, ›Die Politik auf den Grund und das Maß der gegebenen Zustände zurückgeführt‹
Friedrich List, ›Über ein sächsisches Eisenbahnsystem als Grundlage eines allgemeinen deutschen Eisenbahnsystems‹

1834 1. 1. Inkrafttreten des Deutschen Zollvereins
März: Gründung der »Gesellschaft für Menschenrechte« durch Georg Büchner in Gießen
Umformung des »Deutschen Volksvereins« (1832) in Paris zum »Bund der Geächteten«
Rotteck und Welcker, ›Staats-Lexikon‹ (Bde 1–10, 1834–1845)

1835 2. 3. Thronwechsel in Österreich
Verbot der Schriften des »Älteren Jungen Deutschland«
7. 12. Eröffnung der Eisenbahnlinie Nürnberg – Fürth

1837 1. 11. Aufhebung der Hannoverschen Verfassung durch König Ernst August
22. 11. Verhaftung des Kölner Erzbischofs Klemens August von Droste-Vischering

1838 Gründung der ›Historisch-Politischen Blätter für das katholische Deutschland‹ in München
Wilhelm Weitling, ›Die Menschheit, wie sie ist und wie sie sein sollte‹

1839 Erster Tiefbauschacht von Haniel mit Einsatz von Dampfmaschinen

1840 7. 6. Regierungsantritt Friedrich Wilhelms IV. von Preußen

1843 Preußisches Aktiengesetz

1844 4.–6. 6. Schlesischer Weberaufstand
Gründung des »Centralvereins für das Wohl der arbeitenden Klassen«

1845 Friedrich Engels, ›Die Lage der arbeitenden Klasse in England‹

1846 Friedrich Julius Stahl, ›Über das monarchische Prinzip‹

1846/47 Mißernten und Anwachsen des Pauperismus

1847 Juni: Gründung des »Bundes der Kommunisten«
12. 9. Offenburger Programm der süd- und westdeutschen Demokraten
10. 10. Heppenheimer Programm der süd- und westdeutschen Liberalen

1848 Februar: Marx und Engels, ›Kommunistisches Manifest‹
27. 2. Beginn der Märzrevolution

1. Die Bevölkerungsbewegung auf dem Territorium des späteren Deutschen Reichs 1817–1848[1]

Jahr	mittlere Bevölkerung[2]	jährliche Wachstumsrate	Anzahl der ... auf je 1000 Einw.			Geburtenüberschuß auf 1000 Einw.	Wanderungsgewinn bzw. -verlust[4]
			Eheschließungen	Lebendgeborenen	Gestorbenen[3]		
1817	25009	–	9,7	39,5	27,0	+ 12,5	
1818	25369	+ 1,44	9,5	39,5	27,1	+ 12,4	– 36
1819	25733	+ 1,43	9,3	41,5	27,9	+ 13,6	
1820	26101	+ 1,43	9,0	39,9	24,4	+ 15,5	
1821	26473	+ 1,42	8,5	40,8	22,9	+ 17,9	– 55
1822	26851	+ 1,42	8,4	39,7	24,6	+ 15,1	
1823	27217	+ 1,36	7,9	38,8	24,5	+ 14,3	
1824	27571	+ 1,30	8,2	38,6	24,2	+ 14,4	– 42
1825	27930	+ 1,30	8,5	39,1	24,5	+ 14,6	
1826	28259	+ 1,18	8,3	38,9	26,1	+ 12,8	
1827	28558	+ 1,06	7,9	36,1	26,4	+ 9,7	– 5
1828	28863	+ 1,07	7,7	36,1	26,6	+ 9,5	
1829	29143	+ 0,97	7,8	35,3	27,8	+ 7,5	
1830	29392	+ 0,85	7,7	35,5	27,4	+ 8,1	+ 52
1831	29.642	+ 0,85	7,2	35,0	30,4	+ 4,6	
1832	29906	+ 0,89	8,6	34,1	28,9	+ 5,2	
1833	30185	+ 0,93	8,7	36,7	28,5	+ 8,2	+ 64
1834	30467	+ 0,93	8,7	37,6	29,4	+ 8,2	
1835	30802	+ 1,10	8,3	36,4	26,2	+ 10,2	
1836	31129	+ 1,06	8,2	36,7	25,9	+ 10,8	+ 34
1837	31455	+ 1,05	8,2	36,3	29,1	+ 7,2	
1838	31824	+ 1,17	8,0	36,3	26,0	+ 10,3	
1839	32223	+ 1,25	8,1	36,4	27,2	+ 9,2	+ 83
1840	32621	+1,24	8,1	36,4	26,5	+ 9,9	
1841	32987	+ 1,12	8,2	36,4	26,2	+ 10,2	
1842	33306	+ 0,97	8,4	37,6	27,1	+ 10,5	– 18
1843	33612	+ 0,95	8,2	36,0	26,9	+ 9,1	
1844	33930	+ 0,95	8,2	35,9	24,5	+ 11,4	
1845	34290	+ 1,06	8,1	37,3	25,3	+ 12,0	– 30
1846	34616	+ 0,95	7,9	36,0	27,1	+ 8,9	
1847	34790	+ 0,50	7,2	33,3	28,3	+ 5,0	
1848	34847	+ 0,16	7,6	33,3	29,0	+ 4,3	– 104

[1] Reichsgebiet von 1871, inklusive Elsaß-Lothringen
[2] In 1000
[3] Ohne Totgeborene
[4] Durchschnittlicher jährlicher Gewinn oder Verlust zwischen den Zählungen in 1000

Quelle: Walther G. Hoffmann u. a., Das Wachstum der deutschen Wirtschaft seit der Mitte des 19. Jahrhunderts. Berlin 1965, S. 172; hier übernommen nach dem leicht modifizierten Abdruck bei Wolfram Fischer, Jochen Krengel, Jutta Wietog, Sozialgeschichtliches Arbeitsbuch I. Materialien zur Statistik des Deutschen Bundes 1815–1870. München 1982, S. 26ff.

2. Die Beschäftigten in den drei Hauptsektoren der Wirtschaft 1800–1849[1]

	absolut in 1000							
	Landwirtschaft[2]		Industrie u. Handwerk[2]		Dienstleistungen[2]		Gesamtbeschäftigung	
	absolut	1871 = 100,0	absolut	1871 = 100,0	absolut	1871 = 100,0	absolut	1871 = 100,0
1800	6510	76,2	2240	44,6	1785	47,2	10535	60,8
1825	7434	87,0	2772	55,3	2394	63,4	12600	72,7
1846	8298[3]	97,2	3403	67,8	2917	77,2	14618	84,3
1849	8298	97,2	3491	69,6	3024	80,0	14813	85,4

Jahr	relativ, jeweilige Beschäftigung = 100,0[4]			
1800	61,8	21,3	16,9	100,0
1825	59,0	22,0	19,0	100,0
1846	56,8	23,3	20,0	100,0
1849	56,0	23,6	20,4	100,0

[1] Ohne die Angaben Luxemburgs

[2] Unter »Landwirtschaft« ist sowohl die eigentliche Landwirtschaft als auch Forstwirtschaft und Fischerei zu verstehen; unter »Dienstleistungen« sind Verkehr, Handel, Banken, Versicherungen, Gaststätten, häusliche Dienstleistungen, öffentlicher Dienst inklusive Verteidigung und nicht näher spezifizierte sonstige Dienstleistungen zu subsumieren.

[3] In Ermangelung einer Zahlenangabe wurde die Beschäftigtenzahl von 1849 in Ansatz gebracht.

[4] Differenz zu 100,0 = Rundungsfehler

Quelle: Fischer, Krengel, Wietog, Sozialgeschichtliches Arbeitsbuch I, S. 52f.

3. Volksunruhen in Deutschland, geordnet nach Typen 1816–1875

	Studenten[1] Universität	Religion[2]	Politik[3]	Sozioökonomisch[4]	andere	Summe
1816–1829	13	9	4	3	–	29
1830–1839	13	20	72	28	3	136
1840–1847	5	17	33	103	–	158
1850–1859	5	15	61	21	5	107
1860–1875	1	21	77	32	2	133
Summe	37	82	247	187	10	563

[1] Studenten waren entweder Hauptakteure oder Studenten- bzw. Universitätsangelegenheiten waren Hauptobjekt des Konflikts.

[2] Religion war, zumindest vorgeblich, Hauptobjekt des Konflikts.

[3] Der Protest war gegen den Staat mit seinen Organen gerichtet, um politische Änderungen durchzusetzen (Auswechseln eines bestimmten Staatsbeamten, Durchsetzung eines neuen Gesetzes etc.).

[4] Gewalttätige Streiks, Brotkrawalle, Maschinenstürmerei (Luddismus), massenhaftes gesetzwidriges Betreten von Wäldern und Feldern, Steueraufruhr und Tumulte, die deutlich mit einer bestimmten sozioökonomischen Gruppe verbunden waren, z. B. Angriffe von Armen gegen Reiche.

Quelle: Richard Tilly, Unruhen und Proteste in Deutschland im 19. Jahrhundert. In: ders., Kapital, Staat und sozialer Protest in der deutschen Industrialisierung. Göttingen 1980, S. 154. – Unter »Unruhen« versteht Tilly »kollektive Ruhestörungen mit physischer Gewaltanwendung«. Ebd., S. 145; als Quelle benutzt er ausgewählte Zeitungen, insbesondere die ›Augsburger Allgemeine‹.

4. Öffentliche höhere Schulen 1822–1849

Jahr	Anstalten[1]	Lehrer[2]	Schüler[3]	Schüler pro Lehrer	Schüler pro 100 Einwohner
1822	129	952	24344	26	0,21
1825	147	1063	27602	26	0,23
1828	134	1053	25819	25	0,20
1831	140	1124	26041	23	0,20
1834	148	1093	26616	24	0,20
1837	237	1546	37074	24	0,26
1840	245	1625	37432	23	0,25
1843	249	1683	41787	25	0,27
1846	246	1718	45548	27	0,28
1849	251	1804	49268	27	0,30

[1] Höhere Bürger- und Realschulen, Progymnasien, Gymnasien, bis 1834 »Gymnasien und andere Gelehrtenschulen«

[2] Festangestellt

[3] Nur Jungen, Mädchen sind nicht erfaßt

Quelle: Ernst Engel, Beiträge zur Geschichte und Statistik des Unterrichts, insbesondere des Volksschulunterrichts, im preußischen Staate. In: Zeitschrift des Königlich Preußischen Statistischen Bureaus 9 (1869), S. 102f.; abgedruckt in Fischer, Krengel, Wietog, Sozialgeschichtliches Arbeitsbuch I, S. 224.

Deutsche Geschichte der neuesten Zeit
vom 19. Jahrhundert bis zur Gegenwart
Herausgegeben von
Martin Broszat, Wolfgang Benz, Hermann Graml
in Verbindung mit dem Institut für Zeitgeschichte

Die »neueste« Geschichte setzt ein mit den nachnapoleonischen Evolutionen und Umbrüchen auf dem Wege zur Entstehung des modernen deutschen National-, Verfassungs- und Industriestaates. Sie reicht bis zum Ende der sozial-liberalen Koalition (1982). Die großen Themen der deutschen Geschichte des 19. und 20. Jahrhunderts werden, auf die Gegenwart hin gestaffelt, in dreißig konzentriert geschriebenen Bänden abgehandelt. Ihre Gestaltung folgt einer einheitlichen Konzeption, die die verschiedenen Elemente der Geschichtsvermittlung zur Geltung bringen soll: die erzählerische Vertiefung einzelner Ereignisse, Konflikte, Konstellationen; Gesamtdarstellung und Deutung; Dokumentation mit ausgewählten Quellentexten, Statistiken, Zeittafeln; Workshop-Information über die Quellenproblematik, leitende Fragestellungen und Kontroversen der historischen Literatur. Erstklassige Autoren machen die wichtigsten Kapitel dieser deutschen Geschichte auf methodisch neue Weise lebendig.

4501 Peter Burg: Der Wiener Kongreß
Der Deutsche Bund im europäischen Staatensystem
4502 Wolfgang Hardtwig: Vormärz
Der monarchische Staat und das Bürgertum
4503 Hagen Schulze: Der Weg zum Nationalstaat
Die deutsche Nationalbewegung vom 18. Jahrhundert bis zur Reichsgründung
4504 Michael Stürmer: Die Reichsgründung
Deutscher Nationalstaat und europäisches Gleichgewicht im Zeitalter Bismarcks
4505 Wilfried Loth: Das Kaiserreich
Obrigkeitsstaat und politische Mobilisierung
4506 Richard H. Tilly: Vom Zollverein zum Industriestaat
Die wirtschaftlich-soziale Entwicklung Deutschlands 1834 bis 1914
4507 Helga Grebing: Arbeiterbewegung
Sozialer Protest und kollektive Interessenvertretung bis 1914
4508 Hermann Glaser: Bildungsbürgertum und Nationalismus
Politik und Kultur im Wilhelminischen Deutschland
4509 Michael Fröhlich: Imperialismus
Deutsche Kolonial- und Weltpolitik 1880 bis 1914
4510 Gunther Mai: Das Ende des Kaiserreichs
Politik und Kriegführung im Ersten Weltkrieg

4511 Klaus Schönhoven: Reformismus und Radikalimus
Gespaltene Arbeiterbewegung im Weimarer Sozialstaat
4512 Horst Möller: Weimar
Die unvollendete Demokratie
4513 Peter Krüger: Versailles
Deutsche Außenpolitik zwischen Revisionismus und Friedenssicherung
4514 Corona Hepp: Avantgarde
Moderne Kunst, Kulturkritik und Reformbewegungen nach der Jahrhundertwende
4515 Fritz Blaich: Der Schwarze Freitag
Inflation und Wirtschaftskrise
4516 Martin Broszat: Die Machtergreifung
Der Aufstieg der NSDAP und die Zerstörung der Weimarer Republik
4517 Norbert Frei: Der Führerstaat
Nationalsozialistische Herrschaft 1933 bis 1945
4518 Bernd-Jürgen Wendt: Großdeutschland
Außenpolitik und Kriegsvorbereitung des Hitler-Regimes
4519 Hermann Graml: Reichskristallnacht
Antisemitismus und Judenverfolgung im Dritten Reich
4520 Hartmut Mehringer: Widerstand und Emigration. Das NS-Regime und seine Gegner
4521 Lothar Gruchmann: Totaler Krieg
Vom Blitzkrieg zur bedingungslosen Kapitulation
4522 Wolfgang Benz: Potsdam 1945
Besatzungsherrschaft und Neuaufbau im Vier-Zonen-Deutschland
4523 Wolfgang Benz: Die Gründung der Bundesrepublik
Von der Bizone zum souveränen Staat
4524 Dietrich Staritz: Die Gründung der DDR
Von der sowjetischen Besatzungsherrschaft zum sozialistischen Staat
4525 Martin Broszat: Die Adenauer-Zeit
Wohlstandsgesellschaft und Kanzlerdemokratie
4526 Manfred Rexin: Die Deutsche Demokratische Republik
Von Ulbricht bis Honecker
4527 Ludolf Herbst: Option für den Westen
Vom Marshallplan bis zum deutsch-französischen Vertrag
4528 Peter Bender: Neue Ostpolitik
Vom Mauerbau bis zum Moskauer Vertrag
4529 Thomas Ellwein: Krisen und Reformen
Die Bundesrepublik seit den sechziger Jahren
4530 Helga Haftendorn: Sicherheit und Stabilität
Außenbeziehungen der Bundesrepublik zwischen Ölkrise und Nato-Doppelbeschluß

Personenregister